교회력에 맞춘
모범 대표기도문

교회력에 맞춘 모범 대표기도문

2010년 03월 15일 초판 1쇄 인쇄
2023년 12월 14일 초판 15쇄 인쇄

지은이	노진향
펴낸이	황성연
펴낸곳	도서출판 청우
등록번호	8-63호
주문처	하늘물류센터
주소	경기도 파주시 광탄면 혜음로883번길 39-32
전화	(031)947-7777 , Fax. (0505)365-0691
ISBN	978-89-85580-96-0 03230

이 책은 저작권법에 의해 보호를 받는 저작물이므로 무단전재 및 복제를 금합니다.
잘못 만들어진 책은 구입하신 시점에서 바꾸어 드립니다.
이 책의 서론과 본문 상단에 사용된 성경은 개역개정판입니다.

책값은 뒤표지에 있습니다.

교회력에 맞춘

모범대표 기도문

노진향 지음

청우

머리말

기독교에서 행해지는 모든 예배의 형식을 이루는 것은 찬송과 기도와 말씀입니다. 크게는 주일예배를 포함해서 작게는 소그룹 모임에 이르기까지 이 예배의 형식을 크게 벗어나지 않습니다.

그런데 그동안 한국 교회가 천주교처럼 의식에 치우칠 것을 염려하여 말씀만을 강조하다 보니, 말씀(설교) 외에 다른 예배 순서는 말씀을 듣기 전에 치러지는 간단한 절차 정도로만 인식되어 가볍게 생각하는 경향이 생겼습니다. 그러나 경배의 대상이 인간이 아니라 하나님임을 생각할 때, 그분께 드리는 예배 순서 중에 어느 것 하나 중요하지 않은 것이 없습니다. 찬송과 기도, 말씀, 사람 등 모든 것이 하나님이 받으시는 예배입니다. 우리가 예배드리는 가운데 하나님의 임재를 경험하려면 예배의 모든 순서에 우리의 마음을 담아 정성껏 예배하여야 합니다.

목회가 다소 권위적인 방향으로 흐르던 과거에는 목회자의 위상 때문에 예배나 예식 및 모임에 관한 모든 순서를 목회자가 직접 담당하고 주관하다시피 했습니다. 그러나 오늘날에는 예배를 비롯하여 모임의 모든 순서가 목회자의 일방적인 주도로 진행되는 것보다는 평신도의 참여를 높이는 방향으로 점차 바뀌어가고 있습니다. 그렇다보니 평신도의 역할이 커진 만큼 그에 따른 준비와 책임감도 무시할 수 없게 되었습니다.

목회자는 성도들에게 선포할 한 편의 설교를 준비하기 위하여 영혼까지도 쥐어짜내는 고통을 감내하듯이, 예배 순서에 참여하는 평신도들도 그에 못지 않은 준비와 태도가 수반되어야 합니다. 의사가 수술실에 들어갈 때 가벼운 마음으로 들어가면 환자를 죽일 수도 있듯 우리의 준비 없는 때우기 식의 무성의한 태도는 하나님이 받지 않으시는 예배가 될 수도 있습니다. 더 나아가 예배에 참석한 자들의 마음을 불편하게 하거나 상하게 하는 결과를 낳을 수도 있습니다.

특히 주일 예배 시 회중 대표기도를 맡은 평신도는 철저한 준비를 해야 합니다. 회중 대표기도는 습관에 따라 할 수 있는 기도의 자리가 아닙니다. 말을 많이 하며 시간 끌기 식 기도를 하는 자리도 아닙니다. 반드시 많은 준비가 있어야 하고, 철저한 기도생활이 뒷받침 되어야만 합니다. 그럴 때 하나님이 향기로 받으시는 기도를 할 수 있고 청중의 영혼을 깨우는 기도를 할 수 있습니다.

독자의 사랑에 힘입어 또 한 권의 대표기도문을 내놓습니다. 필자가 '대표기도문'이라는 책을 최초로 출간한 이후 여러 권의 기도문을 집필했지만 늘 부족함을 느낍니다. 졸작이지만 사랑을 주시기에 용기를 내서 또 한 권의 대표기도문을 내게 되었습니다. 폭넓은 대표기도를 위하여 기도하며 준비하시는 분들에게 조금이나마 도움이 되었으면 합니다.

이 책의 특징은 주일 예배를 비롯해서 작은 모임에 이르기까지 다양한 기도문을 수록했다는 것입니다. 이 책을 참고하시되, 혹 복제 기도문에만 머무는 기도가 되지 않기 위하여 영혼을 파고드는 기도무릎이 늘 강해지실 수 있기를 바랍니다.

이 책이 출판되기까지 연약한 종을 위하여 밤낮을 가리지 않고 성전에서 기도로 사시는 어머니, 기도로 협력해 주신 교우들과 사랑하는 아내에게 감사드리며, 어려운 가운데서도 이 책의 출판을 위하여 힘써 주신 출판사 집사님께도 감사의 말씀을 드립니다.

반달마을에서 저자 노진향

"모든 좋은 것을 아시는 하나님이 왜 우리에게 기도를 원하시는가?
그것은 모든 좋은 것이 하나님께로부터 온다는 믿음을 강화시키기 위해서이다."
― 요한 칼빈 John Calvin ―

머리말 _ 4

서론

기도를 하기 전에 … 16
1. 기도란 무엇인가?
2. 기도가 주는 유익
3. 어떻게 기도하는가?(응답받는 기도)
4. 하나님이 기뻐하시지 않는 기도(응답받지 못하는 기도)

대표기도에 대하여 … 22
1. 대표기도란?
2. 대표기도는 어떻게 하는가?
3. 대표기도는 어떻게 준비해야 하는가?
4. 대표기도를 잘 할 수 있는 방법이 있는가?
5. 대표기도 시 빼먹지 말아야 할 기도
6. 대표기도 시 버려야 할 악습관
7. 대표기도 시 틀리기 쉬운 말들

교회력에 대하여 … 30
1. 대강절(Advent)
2. 성탄절(Christmas)
3. 현현절(Epiphania)
4. 사순절(Lent)
5. 성회 수요일(Ash Wednesday:속죄일)
6. 종려주일(Palm Sunday)
7. 고난주간(수난주간)
8. 성금요일(Good Friday)
9. 부활절(Easter)
10. 성령강림절(Witsunday)
11. 왕국절(Kingdom)

일반절기에 대하여 … 34
   1. 어린이 주일(Chridren's Day)
   2. 어버이주일(Parents Day)
   3. 맥추감사절
   4. 종교개혁주일(Reformation Sunday)
   5. 추수감사절(Thanksgiving Day)
   6. 성서주일(Bible Sunday)

1장 교회력과 주제별에 맞춘 주일예배 대표기도문

1월의 기도- 새해 새 출발 … 39
   절기 및 국가 기념일- 주현절/ 신년축하(감사)주일
   교회행사- 제직임명/ 공동의 회

2월의 기도- 치유와 회복 … 53
   절기 및 국가 기념일- 설(구정)/ 산상변모일/ 사순절

3월의 기도- 십자가와 생명(15편) … 67
   절기 및 국가 기념일- 삼일절/ 사순절

4월의 기도- 고난, 부활의 영광(12편) … 83
   절기 및 국가 기념일- 종려주일/ 고난주간/ 부활주일

5월의 기도- 가정, 은총의 그릇(15편) … 97
   절기 및 국가 기념일-어린이주일 / 어버이주일 / 스승의 날 / 성년의 날
   5.18민주화 운동 기념일 / 성령강림주일 / 웨슬리 회심기념주일 (감리교)

6월의 기도- 아픔, 치유의 은혜(12편) … 113
   절기 및 국가 기념일- 삼위일체주일/ 현충일/ 6.25 상기주일

7월의 기도- 감사와 성장(12편) ··· 127
　　절기 및 국가 기념일- 맥추감사주일
　　교회행사- 여름행사

8월의 기도- 사랑과 나눔(15편) ··· 141
　　절기 및 국가 기념일- 8.15광복 기념주일
　　교회행사- 여름행사

9월의 기도- 영성과 낮아짐(12편) ··· 157

10월의 기도- 변화와 본분(12편) ··· 171
　　절기 및 국가 기념일- 국군의 날/ 추석/ 노회(지방회)/ 종교개혁주일

11월의 기도- 감사와 열매(15편) ··· 185
　　절기 및 국가 기념일- 추수감사주일/ 대강절(대림절)

12월의 기도- 은총과 축복(12편) ··· 201
　　절기 및 국가 기념일- 대강절(대림절)/ 성서주일/ 성탄절
　　교회행사- 송구영신예배

2장 주제별로 여는 사계절 수요예배 대표기도문 ··· 215

봄 ··· 216
　　순종의 마음을 채우소서 / 십자가에 붙들리게 하소서
　　부활의 기쁨으로 넘쳐나게 하소서 / 구명선이 되게 하소서
　　확신에 찬 삶을 전하게 하소서 / 영혼을 향한 믿음이 식지 않게 하소서
　　은혜의 역사가 있게 하소서

여름 … 223
    주님의 영으로 덮으소서 / 북녘의 교회가 부활되게 하소서
    신앙의 나태함이 없게 하소서 / 교회의 사명을 감당하게 하소서
    섬김과 사랑을 나타내게 하소서 / 핑계 없게 하소서
    새사람으로 세워져 가게 하소서 / 어두운 영안을 밝혀 주소서

가을 … 231
    미자립 교회와 농어촌 교회를 기억 하소서 / 주님을 가까이 하게 하소서
    흠 없는 신앙을 가꿀 수 있게 하소서 / 하나님을 경외하게 하소서
    성전을 사랑하게 하소서 / 열매 맺는 신앙생활이 되게 하소서

겨울 … 237
    예배와 영성이 있게 하소서 / 이 나라를 긍휼히 여기소서
    영적인 사람으로 거듭나게 하소서 / 삶의 멍에를 기꺼이 짊어지게 하소서
    교회의 정체성을 회복 하소서 / 기도의 불이 꺼지지 않게 하소서
    십자가를 붙들게 하소서 / 십자가의 신앙이 되게 하소서
    십자가의 사랑을 나타내게 하소서

3장 금요기도회 대표기도문 … 245

    눈물로 기도하게 하소서 / 깊은 기도를 체험하게 하소서
    주님의 은혜를 경험하게 하소서 / 주님의 능력이 깃들게 하소서
    주님을 찬양할 수 있게 하소서

4장 헌신예배 대표기도문 … 251

    제직헌신예배/ 찬양대 헌신예배 / 교사 헌신예배/ 구역(속회) 헌신예배
    남전(선교)도회 헌신예배 / 여전(선교)도회 헌신예배 / 청년회 헌신예배
    학생회 헌신예배 / 선교 헌신예배

5장 교회와 가정예식 대표기도문 … 261

성례식 / 성찬식 / 임직식 / 약혼식 / 결혼식 / 임종(1) / 임종(2)
입관식(1) / 입관식(2) / 발인식(1) / 발인식(2) / 하관식(1) / 하관식(2)
화장(1) / 화장(2) / 추도식(1) / 추도식(2)

6장 교회와 가정 감사예배 대표기도문 … 279

설립(창립) / 정초(상량) / 입당 / 헌당 / 백일 / 생일(돌) / 생일(어른)
수연(회갑) / 고희(칠순) / 입주 / 개업 / 사업 확장 / 사업 이전

7장 행사와 회의 대표기도문 … 293

부흥회 / 찬양집회 / 긴증집회 / 전도집회 / 총동원주일 / 체육대회
전교인 수련회 / 특별 새벽기도회 / 야외예배 / 특별기도회
입시생을 위한 기도회 / 제직회 / 월례회 / 공동의회, 사무총회(예, 결산)
공동의회(직원선출) / 기관총회

8장 모임 대표기도문 … 311

구역(속회)모임 / 교사모임 / 성가대 모임 / 남전도(선교)회 모임
여전도(선교)회 모임 / 성경공부 모임 / 기도 모임 / 전도 모임
봉사 모임 / 식사 모임

9장 셀(구역) 모임 대표기도문 ··· 323

셀기도(1) / 셀기도(2) / 셀기도(3) / 셀기도(4) / 셀기도(5) / 셀기도6
셀기도(7) / 셀기도(8) / 셀기도(9) / 셀기도(10) / 셀기도(11)
셀기도(12) / 셀기도(13) / 셀기도(14) / 셀기도(15) / 셀기도(16)
셀기도(17) / 셀기도(18)

10장 심방 대표기도문 ··· 333

등록한 새신자 / 등록한 기신자 / 이사 / 신혼 / 출산 / 불화 / 이혼 / 시험
나태 / 재난 / 고난 / 핍박 / 면회(교도소) / 병문안(가정) / 병문안(병원)
병문안(장기입원) / 수술(일반) / 수술(긴급) / 불치(난치)병 / 사고(죽음)
임종 / 장례식장(어린이) / 장례식장(어른)

11장 대심방 대표기도문 ··· 357

심방대원을 위하여 / 일반적인 성도의 가정 / 사업을 경영하는 가정
믿음이 신실한 가정 / 홀로 신앙생활을 하는 가정 / 먼 거리에 있는 가정
연로한 교우 가정 / 초신자 가정 / 생활이 바쁜 가정 / 환자 가정
교회 중직자 가정 / 젊은 부부 가정 / 중년 부부 가정
문제와 아픔이 있는 가정

12장 헌금 대표기도문 ··· 373

헌금기도(1) / 헌금기도(2) / 헌금기도(3) / 헌금기도(4) / 헌금기도(5)
헌금기도(6) / 헌금기도(7) / 헌금기도(8) / 헌금기도(9) / 헌금기도(10)

13장 자녀 축복기도문 … 379

이런 자녀이길 원합니다 / 기회를 잃지 않게 하소서
감사할 수 있게 하소서 / 소중함을 알게 하소서 / 팔복이 있게 하소서
사명을 감당하게 하소서 / 다스릴 수 있게 하소서 / 신자가 되게 하소서(1)
신자가 되게 하소서(2) / 주님을 닮게 하소서 / 바르게 살게 하소서
이런 자녀이게 하소서(1) / 이런 자녀이게 하소서(2)
이런 자녀이게 하소서(3) / 이런 자녀이게 하소서(4)
이런 자녀이게 하소서(5)

14장 가정 축복기도문 … 397

이런 가정이 되게 하소서 / 성령 충만한 가정이 되게 하소서
믿음이 성장하는 가정이 되게 하소서 / 화평한 가정이 되게 하소서
감사하는 가정이 되게 하소서 / 기쁨의 가정이 되게 하소서
화목한 가정이 되게 하소서 / 열심을 다하는 가정이 되게 하소서
이런 부모로 살게 하소서

15장 타인을 위한 축복기도문 … 405

처음 예수 믿는 성도를 위하여 / 구원의 확신이 없는 성도를 위하여
출산한 성도를 위하여 / 이혼한 성도를 위하여 / 재난 당한 성도를 위하여
시험에 든 성도를 위하여 / 질병이 있는 성도를 위하여
탈선 자녀를 둔 성도를 위하여 / 고부간의 갈등이 있는 성도를 위하여
치매 부모를 모시는 성도를 위하여 / 외로움을 느끼는 성도를 위하여
용서가 필요한 성도를 위하여 / 교회에 나오지 않는 성도를 위하여
헌금에 시험 든 성도를 위하여 / 목사님께 상처받은 성도를 위하여
주일성수를 못하는 성도를 위하여 / 교우 간 시험에 든 성도를 위하여

16장 교회와 민족을 위한 축복 기도문 … 423

이런 교회가 되게 하소서 / 목사님을 붙드소서
기관과 부서를 붙드소서 / 직분자를 붙드소서
구역(속회)를 붙드소서
이 나라를 기억 하소서 / 경제를 회복시키소서
남북통일을 이루소서 / 근로자들을 기억 하소서

부록 대표기도 문구 자료 … 433

서론

기도를 하기 전에
대표기도에 대하여
교회력에 대하여
일반절기에 대하여

기도를 하기 전에

1. 기도란 무엇인가?

　기도는 하나님이 그 자녀에게 주신 특권이다. 따라서 그리스도인만이 기도할 수 있고, 그리스도인에게 기도는 생명이다. 태아는 탯줄을 통하여 어머니에게서 생명을 공급받는다. 이와 같이 그리스도인은 기도란 줄을 통하여 하나님께로부터 은혜와 능력의 생명을 공급받는 것이다.

　하나님과 대화(기도)하지 않고는 그분의 사랑을 체험할 수 없으며, 응답을 내 것으로 삼을 수 없고, 하나님이 원하시는 방향으로 쓰임 받을 수도 없다. 그리스도인에게 기도는 우선적이고 절대적인 것이다. 예수님도 기도하셨고, 그의 제자들도 기도했다. 성경에 나오는 하나님의 사람들은 하나같이 기도의 사람들이었다. 그들은 기도를 사랑했고, 기도를 통하여 하나님의 능력과 은혜를 체험했다. 그들에게 있어서 기도는 바로 하나님과 직결되는 생명줄이었던 것이다. 따라서 기도 없는 신앙생활은 상상할 수도 없는 일이다. 기도가 늘 신앙생활의 중심이 되도록 해야만 한다.

2. 기도가 주는 유익

1) 죄를 알게 하신다.
　"나의 죄악이 얼마나 많으니이까 나의 허물과 죄를 내게 알게 하옵소서"(욥 13:23)

2) 죄의 용서를 구하게 하신다.
　"하나님이여 주의 인자를 따라 내게 은혜를 베푸시며 주의 많은 긍휼을 따라 내 죄악을 지워 주소서"(시 51:1)

3) 하나님의 뜻을 깨닫게 하신다.
 "내가 말하겠사오니 주는 들으시고 내가 주께 묻겠사오니 주여 내게 알게 하옵소서 내가 주께 대하여 귀로 듣기만 하였사오나 이제는 눈으로 주를 뵈옵나이다"(욥 42:4,5)

4) 하나님의 말씀에 순종하게 하신다.
 "내가 전심으로 주를 찾았사오니 주의 계명에서 떠나지 말게 하소서"
 (시 119:10)

5) 하나님께 영광을 돌리게 하신다.
 "너희가 내 이름으로 무엇을 구하든지 내가 행하리니 이는 아버지로 하여금 아들로 말미암아 영광을 받으시게 하려 함이라"(요 14:13)

6) 일용할 양식을 구하게 하신다.
 "오늘 우리에게 일용할 양식을 주시옵고"(마 6:11)

7) 질병을 낫게 하신다.
 "너희 중에 병든 자가 있느냐 그는 교회의 장로들을 청할 것이요 그들은 주의 이름으로 기름을 바르며 그를 위하여 기도할지니라 믿음의 기도는 병든 자를 구원하리니 주께서 그를 일으키시리라 혹시 죄를 범하였을지라도 사하심을 받으리라 그러므로 너희 죄를 서로 고백하며 병이 낫기를 위하여 서로 기도하라 의인의 간구는 역사하는 힘이 큼이니라"
 (약 5:14~16)

8) 시험에 들지 않고 악에 빠지지 않게 하신다.
 "우리를 시험에 들게 하지 마시옵고 다만 악에서 구하시옵소서"
 (마 6:13)

9) 모든 계획이 하나님께 있음을 알게 하신다.

"너의 행사를 여호와께 맡기라 그리하면 네가 경영하는 것이 이루어지리라"(잠 16:3)

10) 성공과 축복이 하나님께 있음을 깨닫게 하신다.

"주께서 내게 복을 주시려거든 나의 지역을 넓히시고 주의 손으로 나를 도우사 나로 환난을 벗어나 내게 근심이 없게 하옵소서 하였더니 하나님이 그가 구하는 것을 허락하셨더라"(대상 4:10)

3. 어떻게 기도하는가?(응답받는 기도)

1) 회개가 있어야 한다. 우리에게 죄악이 있을 때는 응답이 없다.

"여호와의 손이 짧아 구원하지 못하심도 아니요 귀가 둔하여 듣지 못하심도 아니라 오직 너희 죄악이 너희와 너희 하나님 사이를 갈라 놓았고 너희 죄가 그의 얼굴을 가리어서 너희에게서 듣지 않으시게 함이니라" (사 59:1,2)

"만일 우리가 우리 죄를 자백하면 그는 미쁘시고 의로우사 우리 죄를 사하시며 우리를 모든 불의에서 깨끗하게 하실 것이요"(요일 1:9)

2) 성령님을 의지하여야 한다. 성령님이 우리를 도우신다.

"이와 같이 성령도 우리의 연약함을 도우시나니 우리는 마땅히 기도할 바를 알지 못하나 오직 성령이 말할 수 없는 탄식으로 우리를 위하여 친히 간구하시느니라 마음을 살피시는 이가 성령의 생각을 아시나니 이는 성령이 하나님의 뜻대로 성도를 위하여 간구하심이니라"(롬 8:26,27)

"모든 기도와 간구를 하되 항상 성령 안에서 기도하고 이를 위하여 깨어 구하기를 항상 힘쓰며 여러 성도를 위하여 구하라"(엡 6:18)

3) 하나님의 뜻대로 기도해야 한다.

"너희가 내 안에 거하고 내 말이 너희 안에 거하면 무엇이든지 원하는 대로 구하라 그리하면 이루리라"(요 15:7)

"구하여도 받지 못함은 정욕으로 쓰려고 잘못 구하기 때문이라" (약 4:3)

4) 듣고 계신 줄 믿고 기도해야 한다.

"그를 향하여 우리가 가진 바 담대함이 이것이니 그의 뜻대로 무엇을 구하면 들으심이라 우리가 무엇이든지 구하는 바를 들으시는 줄을 안즉 우리가 그에게 구한 그것을 얻은 줄을 또한 아느니라"(요일 5:14,15)

5) 믿음으로 기도해야 한다.

"오직 믿음으로 구하고 조금도 의심하지 말라 의심하는 자는 마치 바람에 밀려 요동하는 바다 물결 같으니 이런 사람은 무엇이든지 주께 얻기를 생각하지 말라"(약 1:6,7)

6) 끈기 있게 기도해야 한다.

"하물며 하나님께서 그 밤낮 부르짖는 택하신 자들의 원한을 풀어 주지 아니하시겠느냐 그들에게 오래 참으시겠느냐"(눅 18:7)

7) 감사함으로 기도해야 한다.

"아무 것도 염려하지 말고 다만 모든 일에 기도와 간구로, 너희 구할 것을 감사함으로 하나님께 아뢰라"(빌 4:6)

8) 하나님이 기뻐하시는 기도를 해야 한다.

"너희는 먼저 그의 나라와 그의 의를 구하라 그리하면 이 모든 것을 너희에게 더하시리라"(마 6:33)

9) 상한 심령으로 기도해야 한다.

"하나님께서 구하시는 제사는 상한 심령이라 하나님이여 상하고 통회하는 마음을 주께서 멸시하지 아니하시리이다"(시 51:17)

4. 하나님이 기뻐하시지 않는 기도(응답받지 못하는 기도)

1) 중언부언하는 기도

"또 기도할 때에 이방인과 같이 중언부언하지 말라 그들은 말을 많이 하여야 들으실 줄 생각하느니라"(마 6:7)

2) 회개가 없는 기도

"너희 허물이 이러한 일들을 물리쳤고 너희 죄가 너희로부터 좋은 것을 막았느니라"(렘 5:25)

3) 의심하는 기도

"믿음이 없이는 하나님을 기쁘시게 하지 못하나니 하나님께 나아가는 자는 반드시 그가 계신 것과 또한 그가 자기를 찾는 자들에게 상 주시는 이심을 믿어야 할지니라"(히 11:6)

4) 남의 죄를 용서치 않는 기도

"너희가 각각 마음으로부터 형제를 용서하지 아니하면 나의 하늘 아버지께서도 너희에게 이와 같이 하시리라"(마 18:35)

"서서 기도할 때에 아무에게나 혐의가 있거든 용서하라 그리하여야 하늘에 계신 너희 아버지께서도 너희 허물을 사하여 주시리라 하시니라"
(막 11:25)

5) 자만한 기도

"바리새인은 서서 따로 기도하여 이르되 하나님이여 나는 다른 사람들

곧 토색, 불의, 간음을 하는 자들과 같지 아니하고 이 세리와도 같지 아니함을 감사하나이다 나는 이레에 두 번씩 금식하고 또 소득의 십일조를 드리나이다 하고 세리는 멀리 서서 감히 눈을 들어 하늘을 쳐다보지도 못하고 다만 가슴을 치며 이르되 하나님이여 불쌍히 여기소서 나는 죄인이로소이다 하였느니라 내가 너희에게 이르노니 이에 저 바리새인이 아니고 이 사람이 의롭다 하심을 받고 그의 집으로 내려갔느니라 무릇 자기를 높이는 자는 낮아지고 자기를 낮추는 자는 높아지리라 하시니라"
(눅 18:11 ~ 14)

6) 정욕으로 구하는 기도
"너희는 욕심을 내어도 얻지 못하여 살인하며 시기하여도 능히 취하지 못하므로 다투고 싸우는도다 너희가 얻지 못함은 구하지 아니하기 때문이요 구하여도 받지 못함은 정욕으로 쓰려고 잘못 구하기 때문이라"
(약 4:2,3)

7) 화목하지 않은 기도
"예물을 제단에 드리려다가 거기서 네 형제에게 원망들을 만한 일이 있는 것이 생각나거든 예물을 제단 앞에 두고 먼저 가서 형제와 화목하고 그 후에 와서 예물을 드리라"(마 5:23,24)

대표기도에 대하여

1. 대표기도란?

대표기도란 쉽게 말해서 많은 사람 중에 한 명이 회중을 대표로 하여 하나님께 간구하는 기도이다. 따라서 대표기도를 하는 사람은 대표기도에 대한 분명한 이해가 있어야 한다.

첫째, 회중 모두가 기도의 주체자라는 것이다.
대표기도는 회중 한 사람이 회중 전체를 대표하여 하나님께 드리는 기도이다. 때문에 회중 모두가 기도의 주체자라는 것을 잊어서는 안 된다.

둘째, 공동체의 관심과 문제를 파악할 수 있어야 한다.
대표기도는 한 사람이 기도를 하겠지만 회중을 대표하여 기도하는 것이니 만큼 공동체의 관심과 문제가 무엇인지를 정확히 파악하고 있어야 한다.

셋째, 개인에 한정된 기도 내용으로 치우치지 말아야 한다.
대표기도는 말 그대로 회중을 대표하여 기도하는 것이다. 따라서 기도의 성격과 내용이 개인에 관계된 기도 내용으로 흘러가지 않도록 주의해야만 한다. 자칫 잘못하면 대표기도의 자리가 사사로운 인간의 감정을 들추어내는 추잡스러운 자리로 변할 수 있기 때문이다.

넷째, 기도의 방향을 제시할 수 있어야 한다.
대표기도자는 회중 전체로 하여금 예배에 집중하도록 인도하며 기도의 방향을 제시해 줄 수 있어야 한다. 개인 또는 교회가 감당해야만 할 책임감에 대하여 자각할 수 있도록 해야 하고, 관심을 가질 수 있도록 기도의 방향을 제시할 수 있어야 한다.

2. 대표기도는 어떻게 하는가?

하나님께 드리는 모든 기도의 형태가 그렇듯이 대표기도의 형태도 마찬가지이다. 1) 찬양과 감사, 2) 죄에 대한 고백, 3) 회중 전체의 염원과 소망을 담은 간구, 4) 기도를 들어주실 것에 대한 신뢰와 확신, 5) "예수님의 이름으로 아멘" 하며 끝을 맺는다.

3. 대표기도는 어떻게 준비해야 하는가?

교회의 공식 예배의 경우 사전에 대표기도를 준비할 수 있도록 한 달 전, 또는 한 주 전에 대표기도 담당자를 교회소식지에 기재한다. 따라서 자신이 대표기도 담당자라는 것을 알고 그때부터 준비하면 된다. 그러나 자신이 언제라도 대표로 기도할 수 있다는 것을 생각하고 항상 대표기도를 준비하는 습관을 갖는 것이 바람직하다.

4. 대표기도를 잘할 수 있는 방법이 있는가?

기도를 들으시는 분은 회중이 아니라 하나님이시기 때문에 인간의 잣대로 대표기도를 이렇다 저렇다 평가할 수는 없다. 그러나 대표기도자가 기도할 때 그 자리에 함께한 회중이 대표기도를 들으면서 나름대로 느끼게 되는 감정이 있다. 그 감정을 무시할 수는 없는 것이다. 따라서 회중 모두가 은혜롭게 느껴지는 기도를 하기 위해서는 평소에 기도생활을 꾸준히 지속해 나가는 것이 대표기도를 잘할 수 있는 비결이다.

5. 대표기도 시 빼먹지 말아야 할 기도

　대표기도는 주일예배의 경우 주마다 내용이 다를 수 있다. 나라와 민족을 위해서도 기도할 수 있고, 고통 받는 이웃을 위해서 기도할 수도 있다. 또한 교회의 각 기관을 위해서서나 특별 행사를 위해서도 기도할 수 있다. 그리고 특별히 교우 중에 질병 등의 어려움 당한 자들을 위해서도 기도할 수 있고, 믿음이 연약한 자를 위해서도 기도할 수 있다. 그러나 매번 기도할 때마다 빼먹지 말아야 할 기도가 있으니 그날 말씀을 전하시는 목사님에 대한 기도이다. 이 기도는 절대로 사사로운 감정의 지배를 받아서는 안 된다. 예배의 모든 순서가 중요하겠지만 가장 중요한 부분이 말씀 선포이기 때문이다. 일반 기도의 자리에서도 그 교회를 담임하고 있는 목사님에 대한 기도는 빼놓지 않는 것이 그 교회에서 신앙의 지도를 받고 있는 성도의 마땅한 도리일 것이다.

6. 대표기도 시 버려야 할 악습관

1) 길지 않아야 한다.
　길게 하면 믿음이 좋아 보이는 것 같이 생각하기 쉬우나 대표기도가 길어지면 예배 시간의 전체적인 조화가 깨지기 쉽고, 회중이 지루해 하고, 설교시간을 침범하게 된다. 따라서 대표기도는 2~3분 정도면 적당하다.

2) 탄원과 원망과 원성이 섞여 있으면 안 된다.
　대표기도 시간을 이용하여 교회에 대한 불만과 불평을 늘어놓는 경우가 종종 있는데 이것은 하나님께로 향하여 있는 성도들의 마음을 막아버릴 뿐만 아니라 자신도 하나님 앞에 범죄하는 행위나 다름없다.

3) 개인 기도로 착각하지 말아야 한다.
　대표기도의 내용을 보면 회중을 대표하는 기도라기보다 개인 기도와

관련된 제목들을 가지고 기도를 하는 경우가 종종 있다. 따라서 자신이 기도하는 내용이 대표기도의 성격을 띠고 있는지 아니면 개인 기도로 치우치고 있는지 잘 분별하여 기도할 수 있어야 한다.

4) 설교 식으로 하지 말아야 한다.
   간혹 대표기도자 중에 하나님께 대한 설교인지, 혹은 광고인지, 기도인지를 분간할 수 없이 기도하는 경우가 있다. 이 같은 기도는 성도들을 지루하게 만들고 따분하게 만들기 때문에 대표기도를 하는 자는 각별히 주의해야 한다.

5) 상투적인 용어를 쓰지 말아야 한다.
   호칭의 남발이나, 앞뒤의 연결성이 결여된 반복이나, 의미 없이 인용하는 성경이나 인물 등은 기도를 맥없이 만드는 요인이 된다.

6) 가성을 쓰지 말아야 한다.
   기도 생활을 많이 하고 영적으로 충만하다는 것을 드러내 보이려고 일부러 쇳소리 같은 가성을 내며 기도하는 경우가 있는데 이것은 아직도 대표기도의 성격을 파악하고 있지 못한 무지한 행동이다.

7) 어려운 문자를 사용하지 말아야 한다.
   될 수 있으면 온 회중이 쉽게 알아들을 수 있는 평범한 언어를 구사하는 것이 대표기도자의 바람직한 언어태도이다.

8) 격한 어조로 기도하지 말아야 한다.
   대표 기도를 하는 사람 가운데 울음 섞인 음성으로 기도하는 사람도 있고, 웅변조로 기도하는 사람도 있다. 예배에 참석한 사람들 가운데는 사업이 잘되고, 승진하고, 기쁘고, 즐겁고, 밝은 마음으로 예배에 참석한 사람들도 있고, 반대로 괴로움과 슬픔과 좌절 가운데 잠겨있는 사람도 있기 때문에 처음부터 끝까지 격한 어조로 기도하는 일은 삼가야 한다.

9) 축복이란 말은 사용하지 않는 것이 좋다.

축복은 한 사람이 다른 사람을 위해서 하나님께 복을 달라고 기도하는 것이고(즉, 목사가 하나님께 기도하여 성도들에게 복을 비는 것은 축복이다.) 복은 친히 하나님께서 내려 주시는 것이다. 그러므로 기도 가운데 하나님께 축복하여 달라는 말을 하는 것은 바람직하지 않다.

10) 기도의 습관적인 잘못된 말버릇은 고쳐야 한다.

사람마다 그 사람에게 독특한 말버릇이 있다. 어떤 사람은 "에…", "그런데…", "그리고…" 등 기도하는 데 좋지 못한 말버릇이 섞여 나오는 경우가 많이 있다. 이를테면 "아버지 하나님"이라는 말은 하나님을 아버지로 고백하고 부르는 매우 은혜로운 말이지만, 말끝마다 "아버지 하나님"을 연발하는 기도습관은 결코 바람직하지 않다. 또한 "주여!" 하면서 한숨을 내쉬듯 하는 버릇은 듣는 이로 하여금 짜증을 유발시킬 수 있으므로 은혜로운 기도가 되기 위해서는 이런 습관적인 말버릇은 고치는 것이 유익하다.

11) 개인적이기 보다는 일반화 시킨 대명사를 사용해야한다.

예컨대 '제가' 보다는 '저희가', '내가' 보다는 '우리가'로 일반화한 대명사를 사용해야 한다.

12) 하나님이나 예수님에 대하여 "당신"이라는 단어는 사용하지 않는 것이 바람직하다.

'당신'이라는 말이 상대방을 향한 극존칭이기는 하나, 하나님을 향해서 '당신'이라고 부르는 것은 좋은 언어적 습관이라고는 볼 수 없다. 그리고 하나님을 향하여 '당신'이라는 단어를 사용하면 하나님을 격하 시키는 것이 되고 무례함을 범하는 것이 될 수도 있음을 잊지 말아야 한다.

13) 자랑하듯이 기도하지 말아야 한다.

기도는 어디까지나 기도 그 자체에서 벗어나서는 안 된다. 어떤 경우에 보면 기도 시간이 성경암송 시간인 듯 착각하게 되는 경우도 있다. 신구약 성경의 여러 구절들을 언급하면서 모든 성경을 훤히 알고 있는 것처럼 자랑하듯 기도를 하는 경우가 있는데 기도 시간에 여러 성경 구절들을 자주 인용하여 성경해석을 하는 식으로 기도하는 것은 좋지 못한 습관이다.

14) "지금은 처음시간" 이라는 말을 하지 말아야 한다.
　예배의 시작을 알리는 종이 울리면 예배는 이미 시작된 것이다. 사회자의 기도를 시작으로 찬송 , 성시교독, 사도신경, 찬송에 이어 대표기도자가 나와 대표기도를 하는데, 대개의 대표기도자들은 자기의 기도하는 그 시간이 예배가 시작되는 첫 시간으로 착각을 하는 경우가 있다. 그래서 "지금은 처음 시간이오니 마치는 시간까지"라고 기도한다. 이것은 대단히 잘못된 것이고 '예배의 시종을 주님께 의탁' 한다거나 '예배가 이미 시작' 되었다는 식으로 말을 바꿔야만 한다.

15) 기도의 성격을 잘 알아야 한다.
　주일 낮 예배인지, 오후 예배인지, 구역(속회) 예배인지, 식사 감사 기도인지 기도의 성격을 잘 알아야 하고 거기에 맞는 기도를 드려야 할 것이다. 어떤 이는 설교 후의 기도를 하면서 이제 예배를 시작하는 것 같은 착각을 일으키게 만들기도 하며, 식사 기도를 하면서 예배 기도 하듯이 길게 하는 경우도 있다.

16) 중언부언하지 말아야 한다.
　중언부언은 "바타르 게네테"라고 하는데 이것은 히브리어의 "파트파트"라는 단어에서 비롯된 것이다. 이 단어의 뜻은 어린아이들이 어른에게서 말을 배울 때 그 뜻도 알지 못하고 부모를 따라 발음하는 데서 생겨났다. 따라서 중언부언이란 말은 마음에도 없는 단어의 기계적인 반복이며 마음의 간절함 없이 길기만 하고 말만 많은 나열일 뿐이다.

17) 발음이 정확해야만 한다.

자신은 이해할 수 있으되 청중이 알아들을 수 없다면 이보다 더 답답한 것은 없다. 대표기도는 청중을 대표하여 하나님께 드리는 기도이므로 청중이 대표기도에 참여할 수 있도록 유도하는 것이 대표로 기도하는 자의 바른 자세이다.

7. 대표기도 시 틀리기 쉬운 말들

1) '당회장'은 '담임목사'로

당회장이란 호칭은 당회가 있을 시에만 사용하는 호칭이지, 평소에 일반적으로 사용하는 호칭이 아니다. 따라서 대표기도를 할 때 담임목사님을 '당회장님', '당회장 목사님', '당회장 사자 목사님'이라고 표현하는 것은 적합하지 않다.

2) '제단'은 '교회'로

흔히 교회를 제단이란 말로 종종 바꾸어서 사용하게 되는데 제단이란 말은 십자가 밑에 성경을 놓아두는 촛대를 둔 곳을 말한다. 그러므로 교회를 이야기하려고 할 때 가급적 제단이란 말은 피하고 교회라는 명칭을 사용하는 것이 바람직하다.

3) '새신자'는 '교우'로

성도(신자, Saints)라는 명칭은 원래 초대 교회 시 순교한 교인들이나 사도들에게 붙이던 호칭이다. 그리고 교인 전체를 부를 때는 '성도'라고 일컫는다. 따라서 금방 등록한 사람을 성도라고 부르는 것은 너무 지나친 표현이 될 수도 있다. 이럴 때는 가급적이면 '교우'라고 부르는 것이 적합하다.

4) '예배보다'는 '예배드리다'로

예배를 보는 것과 예배를 드리는 것은 그 의미가 엄격히 다르다. 본다는 것은 내가 무엇인가를 구경할 때 쓰는 말이고, 드린다는 것은 내가 무엇인가를 할 때 쓰는 말이다. 따라서 '예배를 본다'는 말은 구경한다는 의미가 강하게 느껴지므로 '예배드린다'는 말로 사용하는 것이 바람직하다.

5) '대예배'를 '낮 예배' 또는 '오전 예배'로

주일 낮 예배를 대예배로 부르는 것은 아마도 가장 큰 예배이기 때문일 것이다. 그런데 주일 낮 예배를 대예배라고 부르는 것은 조금 문제가 있다. 왜냐하면 주일 낮 예배가 대예배가 된다면 주중에 드려지는 다른 예배는 소예배로 격하시켜 버리는 것이 되기 때문이다. 하나님이 보시기에 그분께 드려지는 모든 예배는 다 소중하게 보시고, 동일하게 보신다. 그러므로 대예배라는 말 보다는 '낮 예배' 또는 '오전예배'로 부르는 것이 적합하다.

6) '우리'를 '저희'로

대표기도는 하나님께 드리는 기도이다. 따라서 '우리'라는 말은 낮추는 말이 아니므로 '저희'로 고쳐 쓰는 것이 바람직하다.

교회력에 대하여

현재 한국 교회에 모든 교단이 교회력을 다 지키고 있는 것은 아니다. 일부 교단이 교회력을 전혀 부정하는 것은 아니지만, 교단의 신학노선에 따라서 교회력에 대한 입장을 약간은 달리하고 있다는 것을 기억해 둘 필요가 있다.

1. 대강절(Advent): 전례색- 보라

교회는 성탄절 전 네 주간을 대강절이라 하며, 그 의미는 '오심' 이라는 뜻이다. 세상에서 가장 중요한 손님, 예수 그리스도의 오심을 기다리는 때이다. 대강절은 예수님께서 오셨음, 오심, 오실 것이라는 세 가지 의미의 '오심'을 포함한다. 즉, 과거와 현재, 미래의 오심을 의미한다. 현재 우리가 지키는 대강절은 앞으로 오시는 예수님을 기다리는 계절이다.

2. 성탄절(Christmas): 전례색- 흰색

크리스마스란 뜻은 그리스도(Christ)와 마스(Mass)의 두 낱말이 합하여 된 합성어이다. 그리스도란 구약 히브리어 메시아(Messiah)에 해당하는 헬라어로서 '하나님께로부터 기름 부음을 받은 자' 란 뜻이고 '마스' 란 카톨릭의 '미사' 혹은 '예배'를 뜻하는 말이다. 따라서 크리스마스란 그리스도의 탄생을 축하하고 예배한다는 뜻이다.

3. 현현절(Epiphania): 전례색- 흰색

현현절의 성경적 근거로는 마태복음 2장 1~12절의 내용으로 본다. 그

내용은 먼저 그리스도 탄생의 복음으로 보며, 동시에 생명의 빛으로서 이방의 세계로 오는 것이다. 동방교회에서는 마태복음 3장 13~17절에 근거하여 이 날을 예수님의 수세 후 그 출현을 기념하고 축하하는 날로 보고 있으며, 독일의 루터 교회나 로마 카톨릭 교회도 현현 후 첫 주일을 예수의 세례 받으심의 축하일로 보고 있다. 날짜로는 사순절 전까지 여섯 번 주일을 포함한 46~47일간으로 보고 있으며, 유동적인 부활절의 날짜 결정에 따라 현현절의 날짜도 유동적이다.

현재 교회력을 지키는 교회는 처음에는 그리스도의 세례를 기념하는 날로, 후에는 그리스도께서 이방인에게 나타나신 것을 기념하는 의미로 현현절을 지켰기 때문에 이에 따르고 있는 것으로 보고 있다.

4. 사순절(Lent): 전례색- 흰색

사순절은 교회력에 있어서 성탄절과 마찬가지로 신자들에게 중요한 절기 중의 하나이다. 사순절은 부활절을 위한 신앙의 성장과 회개를 통한 영적 준비의 시기이며, 교회력 중에서 주님의 수난과 죽음에 초점이 맞추어지는 때이다. 이 기간에는 금식하며 자기 회개의 기회로 삼기도 하였으며, 구제와 사회봉사를 강화하여 신앙훈련 기간으로 삼기도 하였다. 사순절을 거룩한 주간(Holy Week)이라고도 하며, 위대한 주간(Great Week)라고도 일컫는다.

5. 성회 수요일(Ash Wednesday:속죄일): 전례색- 보라

사순절은 언제나 수요일에 시작되는데 이 날을 '재의 수요일 성회'라고도 한다. 성경에서 재는 슬픔과 죄에 대한 회개의 상징으로 나타나는데, 재는 전년도 종려주일에 사용되었던 종려가지의 숯을 사용해 신자들의 이마에 십자가 상징을 그리는 데 사용되기도 했다.

6. 종려주일(Palm Sunday): 전례색- 보라(빨강)

종려주일은 사순절의 여섯 번째 주일이 된다. 한 때 이 주일은 "호산나 주일"(Dominica Hosanna)이라고 불리기도 하였으며 예수님의 예루살렘으로의 입성을 축하하는 주일이며, 고난주간의 시작이기도 하다. 종려주일은 그리스도를 모르는 사람들에게 그리스도의 비밀을 공적으로 알려주는 절기로서 그 가치를 가지고 있다. 또한 이 날은 왕으로 오시는 예수님을 기쁨으로 영접하는 예수님의 고난의 시작과 십자가의 죽음을 생각하며 정결하게 일주일을 시작해야 하는 날이기도 하다.

7. 고난주간(수난주간): 전례색- 보라(빨강)

부활 주일 전 한 주간을 고난주간 또는 수난주간이라 하며, 이 주간은 수난절의 절정기로서 예수님께서 고난 받으신 주간임을 뜻한다. 고난주간은 종려주일로부터 시작된다.

8. 성금요일(Good Friday): 전례색- 보라(빨강)

성 금요일은 하나님께서 인간을 구원하시기 위해 예수 그리스도를 죽음에서 생명으로 이끄신 놀라운 사랑이 나타난 날로 성 금요일이이라고 한다. 부활절 전 금요일로서 예수께서 십자가에 못 박히신 슬픈 날이지만 하나님께서 그리스도의 생애를 통하여 인간을 위한 그의 사역을 성취하셨기에, 또한 예수 그리스도의 부활사건을 좋게 받으셨기에 Good Friday라고 한다.

9. 부활절(Easter): 전례색- 흰색

　부활절은 기독교 축일 중에서 가장 오랜 것이며 교회력에서 다른 축일의 근원이 된다. 다른 축일과 절기가 해마다 바뀌어 지는 것은 부활절의 날짜에 따라 정해지고 있기 때문이다. 이 주간의 첫 날에 예수가 죽은 자 가운데서 다시 살아나셨기 때문에 이 절기는 기독교의 결정이라고 할 수 있다. 동방교회에서는 부활절이 교회력의 시작이다.
　부활절이란 명칭 이스터(Easter)는 앵글로색슨 족의 봄의 여신 '이오스터'(Eoster)에서 나온 것이다. 이오스터의 축일은 해마다 '춘분'에 왔는데, 부활절 날짜에 대하여 일치를 보지 못하고 있던 교회는 주후 325년 니케아회의 때에 와서야 이 문제를 해결한 듯하다.
　모든 그리스도인들이 "봄의 첫날인 3월 21일 또는 그 이후인 만월 후 첫 주일, 또는 만월이 주일인 경우 그 다음 주일"을 받아들이도록 명령받았다.
　부활절의 기쁨과 승리는 현대 그리스도인들이 알거나 되찾기 어려우리만큼 초대교회의 정신을 지배하였다. 부활은 초기 설교자들의 전도활동의 원동력이었으며 설교의 핵심이기도 하였다.

10. 성령강림절(Witsunday): 전례색- 빨강

　성령강림은 오순절에 이루어졌다(행2장). 그리스도께서 승천하신 후에 약속하신대로 예루살렘을 떠나지 않고 기다리는 무리들에게 임하신 날이다(요16:7, 행1:4). 오순절은 성령강림하신 날의 공식적인 명칭이다.
　그리스도인의 오순절은 유대인의 오순절과 관계가 있다. 유대인에게는 7주 후에 오는 칠칠절(출34:22, 신16:10, FP 23:15-22)이 있었다. 이것은 율법의 선포와 이스라엘의 건국을 의미한다. 마찬가지로 그리스도인들은 성령을 받고 새 이스라엘을 세운 날로서 오순절을 축하한다.

11. 왕국절(Kingdom): 전례색 - 녹색

오순절은 성령강림절 후 9월 마지막 주일까지이고, 그 역사를 기념하는 기간인데 10월부터는 왕국절이 시작된다. 왕국절은 대강절(대림절) 전까지이고 그리스도인들의 사회적 책임을 깨닫게 하는 절기이다.

일반절기에 대하여

1. 어린이 주일 (Chridren's Day)

교회에서 어린이날을 전후하여 어린이 주일을 지키고 있는데 어린이 주일은 다른 말로 '꽃주일' 이라고도 한다. 어린이 주일은 여러 해 동안 프로테스탄트 교회학교 달력에서 널리 준수되어 오고 있고, 한국에서는 5월 첫째 주일(미국에서는 보통 6월 둘째 주일)에 지키며 이 날은 교회생활에서 특별히 어린이의 중요성을 강조하는 시간으로 되어왔다. 어린이 주일을 꽃주일이라고 한 것은 과거 교회들은 어린이 주일날, 들과 숲에서 가져온 꽃들로 교회를 아름답게 장식하였는데 여기서 꽃주일이라는 말이 생겨났다.

2. 어버이주일(Parents Day)

어머니 날 운동은 '어머니날의 어머니' 라고 불리게 된 쟈비스 부인(Mrs. Ann M. Jarvis)에게서부터 시작되었다. 한국에서는 1930년 6월 15일 가정단에 의해 최초로 어머니 주일이 실시되었으며, 그 후 한국 교회가 어머니 주일을 지켰고, 이후 어머니날이 어버이날로 바뀌면서 교회에서도 어버이주일로 명칭을 바꾸어서 지키고 있다.

3. 맥추감사절

이스라엘의 3대 절기 중 맥추절은 두 번째 절기이기도하다. 유월절로부터 시작되는 절기 주기의 종결로서 간주되는 절기가 맥추절이다. 이 절기의 다른 명칭은 '칠칠절' 혹은 '초실절'이다. 신약교회에 있어서 아버지의 약속하신 성령을 기다리는 성도들에게 강림하는 역사가 오순절이었는데, 이 날이 바로 칠칠절 그 다음날이었으며 칠칠절이 바로 맥추절이다. 오늘날 한국 교회들은 성령강림절과 맥추절을 따로 구분하여 지키고 있는데 아마도 한국 교회가 지키고 있는 맥추절은 추수감사절과 같은 차원에서 지킨다고 보는 것이 정확할 것이다.

4. 종교개혁주일(Reformation Sunday)

종교개혁은 1517년 10월 31일 마틴 루터(Martin Luther)가 비텐베르그(Wittenberg)대학 게시판에 95개 조항을 써 붙이면서 시작되었다. 이 95개 조항은 주로 면죄부 판매의 부당성에 관한 것인데, 이것이 종교개혁의 도화선이 되었다.

루터는 첫째, 오직 믿음으로(Sola Fide) 둘째, 오직 성경으로(Sola Scriptura) 셋째, 오직 은혜로(Sola Gratia)라는 슬로건을 종교개혁의 3대 원리로 삼았다. 당시 로마 카톨릭 교회는 인간의 구원은 '오직 믿음으로'가 아니라 인간이 율법을 지킨다든가, 선행을 한다든가 하는 행위에 의해 가능함을 강조했다. 이것은 성경에서 벗어난 구원 교리이며, 이러한 잘못된 성경해석으로 인해서 면죄부를 판매하는 해괴한 일이 생겨났던 것이다. 이것을 예리하게 간파한 루터는 '속죄와 구원은 인간의 행위에 의해서 얻는 것이 아니고 믿음으로 말미암아 가능하다'고 했다. 이러한 루터의 주장은 로마 카톨릭 교회 편에서 볼 때는 대단한 도전이요 반항이었다.

이 외에도 로마 카톨릭 교회는 인간의 죄를 교황이 용서해 줄 수 있다고 했으나, 루터는 '우리의 죄를 용서해 주실 분은 예수 그리스도를 통한 하나님의 은혜에서만 가능하다' 고 했다. 이런 주장들로 인해 루터는 교황으로부터 파문당했으나 조금도 굴하지 않고 자기 주장을 당당히 펴나갔고, 오늘날 교회가 종교개혁주일을 지키는 것은 이러한 루터의 종교개혁 정신을 다시 한 번 되새겨 보자는 뜻에서 지키는 것이다.

5. 추수감사절(Thanksgiving Day)

추수감사절의 기원은 영국의 청교도들이 영국 국교의 박해를 피해 신대륙에 정착한 후 처음 거둔 농작물을 하나님 앞에 드리면 시작된 것이다. 한국 교회의 추수감사절은 1904년 장로교 단독으로 지키다가 1914년 각 교파 선교부의 회의를 거쳐 미국인 선교사가 처음으로 조선에 입국한 날을 기념한 11월 세째 주일 후 수요일을 감사절로 지켰다. 이후에 다시 변경하여 셋째 주일로 지키게 되었다.

6. 성서주일(Bible Sunday)

성서주일이 특별히 강조된 것은 마틴 루터가 종교개혁을 일으킨 후부터이다. 종교개혁 이후 각 교회에서는 말씀을 주신 하나님께 감사하고 이 말씀을 더 열심히 읽고 전파하겠다는 서약으로 성서주일을 지켜왔다. 내용보다는 형식으로 치우고, 말씀보다는 의식에 기울어지는 로마 카톨릭에 대하여 성서의 권위를 바로 세우고 성서에 대한 바른 이해를 가지고 말씀으로 굳게 무장하는 개신교의 개혁 정신을 더욱 새롭게 하기 위하여, 이 성서 주일은 더욱 큰 의미가 있다고 보겠다. 성서주일은 강림절 두 번째 주일로 지키기 때문에 일반 달력이 교회력과 일치하지 않으므로 12월 첫째 주가 되기도 하고, 둘째 주가 되기도 한다.

1

교회력과 주제별에 맞춘
주일예배 대표기도문

기도를 알게 하소서

주님!
기도는 사랑의 교제이며
믿음의 고백임을 알게 하소서.
기도는 하나님께 나아가는
최선의 길임을 알게 하소서.
기도는 하나님의 살아계심을
증명하는 최선의 길임을 알게 하소서.
기도는 서로 사랑하는 아버지와 자녀 사이의
뜨거운 대화임을 알게 하소서.
기도는 하나님의 형상대로 지음을 받은 사람이
성령 안에서 하나님 아버지와
대화하는 것임을 알게 하소서.
기도는 성령 충만에 이르는
길임을 알게 하소서.
기도는 하나님과 동행하는
방법임을 알게 하소서.
기도는 하나님을 나의 생활 속에
모셔드리는 일임을 알게 하소서.
기도는 나의 마음을
하나님의 마음속에 뜨거운 물처럼
쏟아 붓는 일임을 알게 하소서.
기도는 하나님의 자녀들이
하나님 아버지께 말씀을 아뢰며
또한 하나님 아버지의 말씀을 듣는
사랑의 관계임을 알게 하소서.
기도는 나의 마음과 목숨과 뜻을 다하여 드리는
강하고 비밀스러운 행동임을 알게 하소서.
기도는 하나님 아버지와 생명적이고
끊임없는 사랑을 완성시켜 나가는
거룩한 축제임을 알게 하소서.

1월의 기도
새해, 새 출발

• 절기 및 국가 기념일

주현절
신년축하(감사)주일

• 교회행사

제직임명

1월 첫째 주 주일 예배(1)

새롭게 하소서 — 신년축하주일 및 제직임명

그런즉 누구든지 그리스도 안에 있으면 새로운 피조물이라 이전 것은 지나갔으니 보라 새 것이 되었도다 — 고후 5:17

천지를 창조하신 하나님 아버지!
 오늘까지 생명을 연장시켜 주셔서 또다시 새해를 맞이할 수 있게 하여 주시니 감사드립니다. 저희에게 새로운 새해를 선물로 주셨사오니 새 소망을 안고 예배할 수 있는 시간이 되게 하여 주옵소서.
 주님! 저희들은 지나온 날들을 생각할 때 주님 뜻대로 살지 못한 것이 너무 많아서 주님을 대면하기가 부끄럽습니다. 고개를 들 용기조차 없지만, 참회하는 마음으로 예배드리고자 하오니 긍휼을 베풀어 주옵소서.
 주님! 저희들에게 새로운 존재의 가치도 주시고 새 날을 주셨사오니, 새해에는 저희 모두 주님의 새사람으로, 새 일을 이루어 갈 수 있는 한 해가 되게 하여 주옵소서. 영성이 충만한 가운데 한 해를 살게 하시고, 연초부터 연말까지 믿음의 주요 온전케 하시는 이인 주님만을 바라보며 살아갈 수 있게 하옵소서. 성령의 충만함으로 주님을 증거하게 하시고, 불신 영혼을 주님 앞으로 많이 인도할 수 있는 한 해가 되게 하옵소서. 이웃을 부요케 하고, 주님의 나라를 부요케 하는 복된 한 해가 되게 하옵소서.
 오늘은 특별히 신년축하주일로 하나님께 영광을 돌립니다. 그리고 주님의 몸 된 교회를 위하여 일하는 일꾼을 세우는 제직임명도 있습니다. 첫 주일의 결심이 흐트러지지 않게 하시고, 택하여 주신 주님께 감사하며 맡겨진 일에 충성을 다할 수 있는 제직들이 되게 하여 주옵소서. 올 한 해를 마무리 지을 때 주님이 칭찬하시는 일꾼들이 되게 하여 주옵소서.
 오늘 여기에 모여 예배드리는 한 사람 한 사람 마다 신령한 은혜를 체험하는 시간이 되게 하시고, 특히 말씀을 강론하시는 목사님을 주님의 오른손으로 붙드셔서 새해 첫 주일을 맞은 저희들에게 꼭 필요한 능력의 말씀을 전하실 수 있게 하여 주옵소서.
 예배를 수종 드는 손길들이 있습니다. 그 손길을 붙드실 것을 믿사옵고 예배의 시종을 주님께 의탁하오며 새날을 주신 예수 그리스도의 이름으로 기도합니다. 아멘

1월 첫째 주 주일 예배(2)

빛의 자녀로 살게 하소서 – 주현절

예수께서 또 말씀하여 이르시되 나는 세상의 빛이니 나를 따르는 자는 어둠에 다니지 아니하고 생명의 빛을 얻으리라
- 요 8:12

 새해 들어 처음 맞는 이 주일에 빛으로 나타나신 우리 주님의 현현하심을 기뻐하며 찬양과 영광을 돌립니다. 여기에 모여 새해 첫 예배를 드리는 저희에게도 빛으로 살아갈 수 있도록 은혜를 주셨사오니, 빛이신 주님을 바라보며 빛의 자녀로 살아갈 수 있는 저희 모두가 되게 하여 주옵소서. 하오나 지금 이 시간 주님 앞에 선 저희에게는 아직도 어둠의 모습이 자리 잡고 있는 것을 발견합니다. 주님, 빛의 자녀들이면서도 어둠의 자녀들처럼 살았던 저희의 삶을 용서하여 주시고, 다시는 어둠의 그늘에서 서성이는 일이 없도록 이끌어 주옵소서.
 새해 첫 주일을 맞이하여 여기에 모여 예배드리는 저희 모두가 올 한 해는 빛의 열매를 거둘 수 있게 하옵소서. 구원의 빛, 소망의 빛, 봉사의 빛, 헌신의 빛, 충성의 빛을 발할 수 있는 복된 한 해가 되게 하여 주옵소서. 어디에서 무엇을 하든지 일어나 빛을 발하는 일들이 넘쳐나게 하여 주옵소서.
 새해에 모든 성도들이 주님의 도우심을 바라며 저마다 세운 계획들이 있습니다. 성령님의 인도를 철저히 받을 수 있게 하여 주시고, 주님의 나라와 그의 몸 된 교회를 부요케 할 수 있는 길로 인도하여 주옵소서.
 오늘 이 소중한 날에 참석하지 못한 교우들을 기억하시옵소서. 특히 병든 자들, 실직자들, 가난한 이들, 해외 나간 이들을 기억하셔서 흑암에 있지 않도록 빛으로 보호하시고 지켜주옵소서.
 특별히 양 무리를 보살피시는 목사님과 교역자들을 주님의 강하신 팔로 붙드셔서 저희를 보살피기에 조금도 부족함이 없게 하여 주옵소서. 찬양으로 예배를 섬기는 찬양대의 찬양을 받으시고, 세우신 목사님을 통하여 계시된 주님의 음성을 듣는 시간이 되게 하여 주옵소서.
 저희에게 미래를 열어 주시고 올해의 첫 걸음을 주님께로 향하게 하여 주신 주님께 모든 영광을 돌리오며 빛이신 예수 그리스도의 이름으로 기도합니다. 아멘

1월 첫째 주 주일오후예배

부흥의 불길이 타오르게 하소서

온 땅이여 여호와께 즐거운 찬송을 부를지어다 기쁨으로 여호와를 섬기며 노래하면서 그의 앞에 나아갈지어다 시 100:1,2

온누리에 자비를 주셔서 새로움으로 거듭나게 하신 하나님!
오늘 새해를 맞이하여 첫 찬양 예배를 주님께 드리게 됨을 감사드립니다. 저희 모두가 새 소망을 가지고 주님 앞에 왔사오니 맞아주시고 넓으신 품으로 품어 주시옵소서.

사랑의 주님! 무엇보다도 올해는 우리의 구주 되시는 예수님의 삶을 더 깊이 깨닫는 한 해가 되기를 원합니다. 어떤 환경과 여건을 만날지라도 믿음으로 살아가려는 결단이 변치 않게 하여 주시고, 믿음의 주요 온전케 하시는 주님만을 바라보며 살아갈 수 있는 한 해가 되게 하여 주옵소서.

은혜의 주님! 저희 교회를 오늘날까지 인도하시고 부흥케 하심을 감사드립니다. 올 한 해도 부흥의 불길이 타오르게 하셔서 주님의 몸 된 교회가 더욱 왕성해지는 역사가 있게 하여 주옵소서. 특히 저희 ○○교회가 이 지역에 죽어가는 영혼을 구원하는 구명선이 되게 하여 주시고, 산 위에 세운 등대가 되게 하시며, 부패와 사망을 막는 소금의 역할을 다하는 교회가 되게 하여 주옵소서.

당회로부터 제직회, 교회에 속한 여러 기관들도 더욱 든든히 서가는 한 해가 되기를 원합니다. 부서의 기관장들에게는 더 큰 믿음과 더 큰 지혜를 허락하여 주셔서 주님의 몸 된 교회를 위하여 밀알로 썩어질 수 있는 헌신의 일꾼들이 되게 하여 주옵소서.

담임목사님과 모든 교역자들께 용기와 힘과 건강을 주시고 사역의 어려움이 있을 때마다 주님이 채우시는 위로와 평안을 맛보며 넉넉히 이기게 하여 주옵소서.

저희들에게 새로움을 주시고 소망의 삶을 살게 하여 주신 예수 그리스도의 이름으로 기도합니다. 아멘

1월 둘째 주 주일 예배(1)

진리의 말씀 속에 서게 하소서

태초에 말씀이 계시니라 이 말씀이 하나님과 함께 계셨으니 이 말씀은 곧 하나님이시니라 - 요 1:1

말씀이 육신이 되어 이 땅에 오신 주님!

저희를 살리시려고 하늘 보좌를 버리시고 가장 낮은 자리로 친히 오신 주님의 한없는 사랑을 찬양하며 감사드립니다. 주님이 저희를 찾아오시지 않으셨다면, 어떻게 하나님을 아버지라 부를 수 있겠으며, 이 영광스럽고 복된 자리의 주인공이 될 수 있겠습니까? 전적인 주님의 은혜임을 믿습니다.

주님! 저희들이 그 크신 주님의 은혜를 입었사오니 진리의 말씀 속에 굳게 선 삶을 살아갈 수 있게 하옵소서. 좌로나 우로나 치우치지 않게 하시고, 주님이 주신 말씀을 늘 되새기며 믿음으로 달려갈 수 있는 삶이 되게 하여 주옵소서. 무슨 일을 하든지 말씀보다 앞서는 저희의 어리석음이 없게 하시고, 언제나 말씀을 앞세워 주님의 뜻을 담아낼 수 있는 저희 모두가 되게 하옵소서.

어떤 아픔이나 깊은 절망에 빠지는 경우에도 말씀으로 새 힘을 얻어 이기고 나갈 수 있는 삶이 되게 하옵소서. 올 한 해는 저희들에게 주님의 말씀이 기준이 되고 왕 노릇 하는 삶이 되기를 원합니다. 저희를 주님의 말씀으로 충만케 하여 주소서.

지금도 사탄 마귀는 자기 왕국을 세우기 위해 성도들의 심령을 노리며 주님의 몸 된 교회를 표적으로 삼고 있사오니, 주님이 친히 세우신 교회에 사탄이 범접하지 못하도록 말씀의 등불을 밝히고 진리의 깃발을 높이 세울 수 있는 교회가 되게 하옵소서. 또한 교회의 지체된 저희들에게 귀한 직분을 맡기셨사오니 그 귀한 성직에 최선을 다할 수 있는 사람들이 되게 하옵소서. 복음 전하는 사명도 주셨사오니 흑암에 있는 백성들을 구하기 위하여, 때를 얻든지 못 얻든지 말씀을 전파하는 데 최선을 다할 수 있게 하옵소서.

오늘도 말씀을 강론하시는 목사님을 주님의 오른팔로 붙들어 주시고, 전하시는 말씀에 저희들의 심령이 새로워지는 복된 시간이 되게 하여 주옵소서. 우리 주 예수 그리스도의 이름으로 기도합니다. 아멘

1월 둘째 주 주일 예배(2)

믿음의 경주를 잘하게 하소서

구름 같이 둘러싼 허다한 증인들이 있으니 모든 무거운 것과 얽매이기 쉬운 죄를 벗어 버리고 인내로써 우리 앞에 당한 경주를 하며 - 히12:1

언제나 새로운 역사로 저희와 함께 계시는 주님!

흑암에서 헤매던 저희들에게 정한 마음을 주시고 정직한 영을 허락하여 주시오니 그 은혜를 감사드립니다. 저희의 심령을 날마다 새롭게 하셔서 주님의 영광을 대할 수 있는 맑은 마음을 주옵소서. 만물을 새롭게 함 같이 교만에 굳어진 저희의 마음을 부드럽게 하시고, 불평불만으로 무거워진 마음을 가볍게 하시며, 포위도 아성도 무너지게 하여 주옵소서.

주님! 이 시간 주께서 예비하신 은혜를 저희가 마음의 문을 열어놓고 기다리오니 하늘 문을 여셔서 아낌없이 채워주시기를 원합니다. 용서와 치료의 은혜를 내려 주시옵소서. 그리하여 저희의 심령에 새로운 소망을 채워주시고, 새로운 능력을 얻어 신앙의 경주장에 담대히 나설 수 있게 하여 주시옵소서. 푯대를 향하여 예수 그리스도 안에서 하나님이 위에서 부르신 부름의 상을 위하여 달려갈 수 있게 하여 주옵소서(빌3:14). 어렵다고 포기하거나, 힘들다고 주저앉지 않게 하여 주옵소서. '오직 여호와를 앙망하는 자는 새 힘을 얻을 것이라'(사40:31)는 확실한 약속의 말씀을 주셨사오니 그 말씀을 굳게 붙들고 믿음의 승리를 보여 줄 수 있는 저희 모두가 되게 하여 주옵소서.

주님! 이 땅의 모든 교회가 하나가 되게 하시옵소서. 높고 낮음이 없게 하시고, 빈부귀천이 없게 하시고, 시기와 다툼이 없게 하셔서 모든 것이 균형을 잃지 않는 사랑의 공동체가 되게 하여 주옵소서. 속박과 고통이 있는 이 땅에도 자유와 위로를 허락하시고 평화를 더하여 주셔서 인생들이 서로 믿고 정답게 살도록 도와주옵소서.

이 시간 말씀을 전하시는 목사님께 성령 충만을 허락하셔서 주님의 은혜를 사모하는 모든 심령들에게 생수의 강이 흘러넘치게 하여 주옵소서.

예배의 시종을 주님께 의탁합니다. 성령님이 운행하시는 거룩한 예배가 되게 하옵소서. 믿음 안에서 늘 승리케 하시는 예수 그리스도의 이름으로 기도합니다. 아멘

1월 둘째 주 주일오후예배

뜨거운 믿음을 갖게 하소서

나의 의인은 믿음으로 말미암아 살리라 또한 뒤로 물러가면 내 마음이 그를 기뻐하지 아니하리라 하셨느니라 - 히10:18

사랑의 하나님!

죄와 허물로 소망 없이 살아오던 저희를 구원해 주신 하나님께 찬양과 영광과 감사를 돌립니다. 날마다 저희를 소망의 길로 인도해 주시기 위하여 지금도 하늘 보좌 우편에서 쉼 없이 기도하시는 주님의 크신 사랑을 생각할 때, 뜻을 정하여 바르게 살지 못한 지난날이 너무나 부끄럽습니다. 용서하여 주심을 바라옵고 주님 앞에 나왔사오니, 오늘도 믿음을 찾고자 모인 저희들에게 좌정하시고 영광의 모습으로 임재하사 크신 영광을 홀로 받으시기를 원합니다.

주님! 저희가 뜨거운 믿음을 갖게 하옵소서. 마음은 원이로되 육신이 연약하여 곁길로 접어드는 경우가 너무나 많습니다. 한편으로는 하나님 나라의 영원한 축복을 갈망하면서도 다른 한편으로는 이 땅의 재물과 행복에 마음이 끌려서 믿음을 파는 경우도 많습니다. 그리하여 신앙에서 오는 참된 기쁨을 깨닫지 못하고 믿음의 열심이 식을 때도 많습니다. 믿음이 덥지도 않고 차지도 않은 미지근한 상태에 있으면 주님께서 토해내리라는(계 3:16) 말씀을 상기할 때 두려운 마음을 금할 수가 없습니다. 원하옵기는 저희로 하여금 썩어 없어질 세상의 재물에 욕심내지 않게 하여 주시고, 영원한 그 나라와 그 의를 구할 수 있는 믿음이 되게 하여 주옵소서. 물질로 말미암아 시험당하는 일이 없게 하시고, 가난하여 주님을 원망하는 일이 없게 하옵소서. 어떠한 환경에서도 믿음의 주요 온전케 하시는 이인 주님을 바라보고(히 12:2) 의지하며, 범사에 감사할 수 있는 저희가 되게 하여 주옵소서. 올 한 해에 저희가 더욱 성숙한 신앙을 가질 수 있게 하옵소서.

목사님을 통하여 주시는 말씀을 주님의 음성으로 듣게 하시고, 은혜의 자리, 믿음의 자리를 항상 놓치지 않는 저희가 되게 하옵소서. 하늘에서 홀로 영광을 받으실 것을 믿사옵고 언제나 변함 없는 사랑으로 이끌어 주시는 예수 그리스도의 이름으로 기도합니다. 아멘

1월 셋째 주 주일 예배(1)

사랑의 실천이 있게 하소서

사랑하는 자들아 하나님이 이같이 우리를 사랑하셨은즉 우리도 서로 사랑하는 것이 마땅하도다 - 요일 4:11

사랑과 은혜가 풍성하신 주님!

주님을 멀리 떠나 헤매던 저희들이 돌아왔습니다. 마치 탕자와 같은 모습으로 세상일에 깊이 빠진 채 허우적거리며 살다가 이제 모든 것이 들꽃과 같이 느껴지게 되매, 주님밖에 바랄 곳이 없어 찾아 나왔습니다. 세상의 때로 역겨운 저희를 불쌍히 여기사 씻기시고 용서하옵소서.

늘 이기적인 마음과 생각을 떨쳐 버리지 못한 채 주님 뵈옵기를 바라는 저희 모습에서 뱉은 것을 도로 삼키는 미물과 같은 존재임을 발견하지 않을 수 없습니다. 그러나 온전한 마음이 아니더라도 주님을 가까이 하고자 하는 인생을 거절치 아니하시는 무한하신 사랑을 생각할 때 오늘도 심히 부끄러운 저희들이지만 주님 앞에 예배드리기를 원합니다. 홀로 영광을 받으시고 주님의 선하심과 인자하심을 다시금 체험하는 시간이 되게 하여 주옵소서.

주님! 소돔과 고모라 같은 세상이지만 아직도 곳곳에 사랑을 나타내고 심어야 할 곳이 많음을 깨닫습니다. 사랑을 베풀기에 지극히 인색한 마음을 녹여 주시고, 주님의 사랑을 실천할 수 있는 도구가 되게 하여 주옵소서. 하나님을 사랑하면 또한 그와 같이 이웃을 사랑하라고 말씀하신 주님의 큰 계명을 잊지 않는 저희들이 되게 하셔서, 언제나 하나님의 사랑을 보여 줄 수 있는 삶이 되게 하여 주옵소서. 주님의 몸 된 교회도 사랑할 수 있는 저희가 되기를 원합니다. '하나님을 아버지로 부르려면 교회를 어머니같이 사랑해야 한다'는 말이 있듯이, 교회를 내 어머니 같이 사랑함으로, 하나님을 아버지로 힘 있게 부를 수 있는 저희가 되게 하여 주옵소서.

오늘도 예배를 인도하시는 목사님을 성령께서 온전히 붙드시고 부족한 저희들이 예배 순서마다 동참할 때에, 저희 가운데 성령의 운행하심을 체험하는 시간이 되게 하여 주옵소서.

사랑이 많으신 예수 그리스도의 이름으로 기도합니다. 아멘

1월 셋째 주 주일 예배(2)

새롭게 변화되게 하소서

너희는 이 세대를 본받지 말고 오직 마음을 새롭게 함으로 변화를 받아 하나님의 선하시고 기뻐하시고 온전하신 뜻이 무엇인지 분별하도록 하라 - 롬 12:2

거룩하신 하나님 아버지!

주님의 뜻을 따라 살지 못하는 못난 저희들을 불러 주셔서 거룩한 예배에 동참할 수 있도록 이끌어 주시니 감사드립니다. 흑암의 권세 아래 헤매던 죄인의 모습 그대로 주님의 전을 찾아왔습니다. 빛 되신 주님을 바로 쳐다보기에 너무도 허물 많은 저희들이지만, 긍휼히 여기시고 주님의 크신 사랑과 은혜가 충만한 시간이 되게 하여 주옵소서.

주님! 올해에는 저희들이 이 세대를 본받지 않는 삶을 살기를 원합니다. 믿음의 연수가 깊어질수록 죄의 습관을 벗어버리고 정욕을 좇아 행하지 말아야 하는데, 여전히 길들여져 있는 저희들 자신을 생각할 때 주님 앞에 심히 거짓되고 부끄러움을 느끼지 않을 수 없습니다.

주여! 긍휼히 여기셔서 예배드리는 동안 저희의 심령이 새롭게 변화되는 시간이 되게 하옵소서. 주님의 말씀을 들을 때에 하나님의 선하시고 기뻐하시고 온전하신 뜻을 깨닫게 하셔서 언제나 말씀의 법도를 좇아서 주님을 따를 수 있는 저희 모두가 되게 하옵소서.

주님! 오늘도 고통을 다루시는 주님의 사랑을 느끼고 싶습니다. 근심과 걱정과 염려 가운데 사는 저희들을 불쌍히 여겨 주시고 내일을 염려하지 않는 믿음으로 살아갈 수 있는 주의 자녀들이 되게 하여 주옵소서. 주님께서 저희들을 진정 사랑하시고 저희 안에 역사하심을 느끼기를 원합니다. 멀리 계시지 아니하시고 가까이 계신 주님을 발견하기를 원합니다. 주여! 이끌어 주옵소서.

오늘도 말씀을 선포하시는 목사님을 성령의 권능으로 함께하시어 말씀을 듣는 모든 자들이 직접 말씀하시는 주님의 음성을 듣는 시간이 되게 하여 주옵소서. 예배를 위하여 수종드는 모든 손길들을 기억하시고 그 손길을 통하여 주님의 몸 된 교회가 더욱 아름다워지는 복이 있게 하여 주옵소서. 홀로 영광을 받으실 것을 믿사옵고 예배의 시종을 주님께 의탁하오며 예수 그리스도의 이름으로 기도 합니다. 아멘

1월 셋째 주 주일오후예배

주님과 교제하는 삶이 되게 하소서

우리가 스스로 우리의 행위들을 조사하고 여호와께로 돌아가자 우리의 마음과 손을 아울러 하늘에 계신 하나님께 들자
- 애 3:40,41

자비로우신 하나님 아버지!

죄악으로 멍든 심령, 죄에 무감각해져 본질상 진노의 자녀였던 저희의 심령을 바꾸셔서 주님을 섬기는 사람으로 삼아 주신 것을 감사드립니다. 이 시간에도 주님을 찾았사오니 천사도 흠모하는 예배를, 마음과 정성을 다하여 드릴 수 있게 하여 주옵소서. 하지만 저희 심령은 여전히 메말라 있음을 고백하지 않을 수 없습니다. 말씀을 들을 때 회개함으로 통곡하며 말씀을 받을 때 기뻐하는 모습은 잠시뿐이고, 항상 돌덩이같이 살아가는 저희들을 불쌍히 여기시고 용서하여 주옵소서. 순종의 기쁨으로 회개하고 가슴을 적시는 눈물이 영혼을 파고드는 시간이 되게 하옵소서.

주님, 좋으신 우리 주님과 더 깊은 교제 속에서 살아갈 수 있도록 도와주시옵소서. 주님께서는 저희들에게 늘 새로운 것으로 채워주시기를 원하고 계시지만 저희들이 주님을 멀리하기 때문에 그 귀한 은혜와 사랑을 받지 못하고 있음을 깨닫습니다. 올해에는 주님을 가까이 하고 주님과의 교제에 더욱 힘쓸 수 있는 저희가 되게 하시고, 신실하심이 그지없으신 주님과의 깊은 교제를 통해서 충만함으로 이끄시는 주님의 은총을 누릴 수 있게 하여 주옵소서. 주님을 가까이 대면할 수 있는 지성소가 항상 저희의 삶에 중심이 되게 하옵소서.

또한 주님과의 깊은 교제를 경험하는 만큼 주님의 몸 된 교회를 위해서도 충성하는 일꾼이 되게 하옵소서. 매일 아침 기도의 첫 자리에 저희가 있게 하시고, 순종의 첫 자리에 항상 서 있는 저희의 삶이 되게 하여 주옵소서.

오늘도 주님의 계시된 말씀을 전하시는 목사님을 성령의 권능으로 붙들어 주시고, 주님의 권세와 한없으신 은혜가 선포되는 시간이 되게 하여 주옵소서. 예배의 시종을 주님께 의탁하오며 밝은 역사와 섭리로 이 땅을 다스리시고 주관하시는 예수 그리스도의 이름으로 기도합니다. 아멘

1월 넷째 주 주일 예배(1)

변함없이 의지하게 하소서

여호와는 너를 지키시는 이시라 여호와께서 네 오른쪽에서 네 그늘이 되시나니 낮의 해가 너를 상하게 하지 아니하며 밤의 달도 너를 해치지 아니하리로다 - 시 121:5,6

    참 좋으신 하나님 아버지!
    오늘도 저희들을 통해서 영광을 받으시려고 불러 주신 은혜와 사랑을 감사드립니다. 저희에게 향하신 주님의 은혜와 사랑을 어찌 다 형용할 수 있겠습니까? 다만 심령의 가난함으로 주님 앞에 설 따름이오니 용납하여 주옵소서.
    지난 한 주간도 저희의 중심은 미미한 물결에도 돛단배처럼 심히 요동하며 근심하는 삶을 살았습니다. 저희의 영혼을 지키시는 주님께서 언제나 함께하심에도 불구하고 혼자인 것처럼 불안해하고 괴로워했습니다. 믿음 없는 저희의 연약함을 불쌍히 여기시고 용서하옵소서.
    주님! 저희를 지키시는 주님이 계시오니, 오로지 구원의 주님만을 굳게 믿고 확신 속에서 살아가는 저희들이 되게 하여 주옵소서. 무슨 일을 만나든지 저희의 영혼을 지키시는 주님을 의지함으로 담대함을 갖게 하시고, 그 어떤 환경 앞에서도 굴하지 않는 꿋꿋한 삶이 되게 하여 주옵소서. 저희를 지키시는 주님을 의지하되 언제까지든지 변함없는 모습이 되게 하시고, 한결같은 마음을 가지고 주님을 의뢰할 수 있게 하옵소서.
    주님! 새롭게 다짐한 새해가 벌써 첫 달의 마지막 주일을 맞이하고 있습니다. 창조적인 믿음을 위하여 다짐하면서 노력해 왔지만, 한 달이 다 가도록 아직도 제자리를 서성거리고 있습니다. 주님, 저희들의 무능함으로 주님께서 능욕을 받는 일이 생기지 않도록 저희들에게 용기를 주시고 담대한 믿음을 허락하여 주옵소서. 이 한 해가 저희들에게 있어서 가장 참되고 후회함이 없는 한 해가 되게 하실 것을 믿습니다.
    오늘도 예배를 인도하시는 목사님을 성령으로 세워 주시고, 말씀을 전하실 때에 주님의 은혜가 이슬같이 내리는 것을 경험하게 하옵소서.
    예배의 시종을 주님께 의탁하오며 예수 그리스도의 이름으로 기도합니다. 아멘

1월 넷째 주 주일 예배(2)

진정한 예배자가 되게 하소서

형제들아 내가 하나님의 모든 자비하심으로 너희를 권하노니 너희 몸을 하나님이 기뻐하시는 거룩한 산 제물로 드리라 이는 너희가 드릴 영적 예배니라 – 롬 12:1

저희의 아버지 되시는 하나님!

이 시간도 주님의 자녀 된 저희들이 찬송과 영광과 감사를 드릴 수 있도록 주님의 전으로 불러 주신 은혜를 감사드립니다. 저희들은 주님의 부르심에 다만 간절하고도 갈급한 마음으로 엎드립니다. 거룩한 자녀로서 특권을 가진 저희의 약한 것과, 신앙 없이 살아온 한 주간의 삶을 용서하여 주시고, 이 시간 저희의 심령을 성령으로 충만케 하셔서, 마음으로 하나님을 사랑하고 주시는 말씀에 겸손히 순종하는 시간이 되게 하여 주옵소서.

주님! 겨우 짧은 예배만 드리고 가는 이 시간이 되지 않기를 원합니다. "너희 몸을 하나님이 기뻐하시는 거룩한 산제사로 드리라"(롬 12:1)고 말씀하였사오니 마음과 영이 하나 되어 주님 앞에 엎드리는 시간이 되게 하여 주옵소서. 헌금은 드려도 마음은 드리지 않는 모습이 없게 하시고, 입술은 드려도 중심은 드리지 않는 모습이 없게 하옵소서.

주님! 무엇보다도 올해에는 주님이 찾으시는 예배자로 서기에 힘쓸 수 있는 한 해가 되기를 원합니다. 개방의 물결을 타고 경건의 능력을 잃어버린 예배가 만연하고 있는 요즘, 저희들이 참된 예배를 회복하고 경건의 능력을 회복하기 위하여 마음을 쏟을 수 있는 한 해가 되게 하여 주옵소서. 주님이 받으시고 기뻐하시는 예배가 되기 위하여 먼저 저희의 삶 속에서 순종의 마음을 가다듬어 나가는 모습이 있게 하시고(삼상 15:22), 주님의 전을 찾을 때마다 주님이 찾으시는 예배자의 모습인 상한 심령으로 설 수 있는 저희들이 되게 하여 주옵소서(시 51:17). 오늘 이 시간도 저희의 죄악 된 습성이 주님의 보좌 앞을 향할까 두렵사오니 저희의 마음을 다스려 주옵소서.

오늘도 송이꿀보다 단 주님의 말씀을 사모하기를 원합니다. 단 위에 서신 목사님을 기억하셔서 주님의 은혜와 사랑을 온전히 전하게 하시고 찬양으로 섬기는 찬양대 위에도 함께하실 것을 믿사옵고, 세세토록 영광을 받으실 예수 그리스도의 이름으로 기도합니다. 아멘

1월 넷째 주 주일오후예배

교회가 든든히 서가게 하소서

날마다 마음을 같이하여 성전에 모이기를 힘쓰고 집에서 떡을 떼며 기쁨과 순전한 마음으로 음식을 먹고 하나님을 찬미하며 또 온 백성에게 칭송을 받으니 주께서 구원 받는 사람을 날마다 더하게 하시니라 – 행 2:46,47

은혜가 풍성하신 하나님!

쓸모없는 인생을 버려두지 않으시고 주님의 백성으로 부르셔서 빛과 진리 가운데로 인도하여 주시니 감사드립니다.

주님! 지난 한 주간에도 저희의 영혼을 경영하시는 주님께서 함께 계심에도 불구하고 혼자인 것처럼 생활하며 괴로워했습니다. 내 아버지 집에 돌아온 저희들을 긍휼히 여기시고 주님을 주인으로 모시고 살아갈 수 있는 심령으로 변화시켜 주옵소서.

주여! 벌써 새해의 한 달이 저무는 자리에 섰습니다. 오직 주님께 온 맘과 정성을 다하여 섬기기로 작정하였지만, 저희의 연약함으로 인하여 다시금 주님과 멀어지고 있는 현실을 깨닫습니다. 믿음 없는 저희의 약함을 용서하여 주옵소서.

오늘도 주님께서 바라시는 것은 주님의 몸 된 교회가 든든히 세워지는 것이요, 주님의 나라가 확장되는 것임을 믿습니다. 저희들을 통해서 주님의 몸 된 교회가 반석 위에 든든히 세워지게 하시고(마 16:18), 천국의 지경이 확장되는 역사가 있게 하여 주옵소서(행 4:4). "맡은 자들에게 구할 것은 충성이라"(고전 4:2)고 말씀하셨사오니 주님께서 주신 직분을 인하여 더욱 눈물 흘리며 무릎 꿇는 저희들이 되게 하여 주옵소서. "그 작은 자가 천을 이루겠고 그 약한 자가 강국을 이룰 것이라"(사 60:22)고 말씀하셨사오니, 자신의 약함을 보며 좌절하지 않게 하시며, 주님의 강함을 붙들고 달려갈 수 있는 저희가 되게 하여 주옵소서. 올해에 주님의 몸 된 교회를 부요케 하고, 성장케 하는 역사가 저희들의 마음과 손끝과 발끝에서부터 시작되게 하실 것을 믿습니다.

오늘도 예배를 드리는 가운데 성령의 위로가 있게 하시고 목사님을 통하여 주님의 말씀을 전달 받을 때에 위로부터 내리시는 계시의 은총을 충만히 경험하는 시간이 되게 하여 주옵소서. 마치는 시간까지 주께서 홀로 영광 받으실 것을 믿고 예수 그리스도의 이름으로 기도합니다. 아멘

이런 기도가 있게 하소서

주님!
제게 이런 기도가 있게 하여 주옵소서.
심판받을 소돔과 고모라에 멸망을 유보해 달라고
의인을 놓고 안타깝게 기도하던
아브라함의 그 기도가 있게 하여 주옵소서.
얍복 강변에서 밤새도록 하나님의 사람과 씨름하였던
야곱의 그 기도가 있게 하여 주옵소서.
범죄한 이스라엘 백성을 위하여
자신의 이름이 생명책에서 지워질지라도
민족의 용서를 구하던
모세의 그 기도가 있게 하여 주옵소서.
하나님의 사람 모세도 떠나고 없던 회막에서
이스라엘의 광야 행군을 위하여 마음을 쏟아 기도하였던
여호수아의 그 기도가 있게 하여 주옵소서.
절체절명의 위기에 놓인 민족의 구원을 놓고
죽으면 죽으리이다 하고 아하수에로 왕에게로 나아갔던
에스더의 그 기도가 있게 하여 주옵소서.
사울에게 쫓겨 그 혹독한 광야의 도피생활 중에도
여호와 하나님에 대한 찬송의 기도를 쉬지 않았던
다윗의 그 기도가 있게 하여 주옵소서.
나의 형제 곧, 골육의 친척을 위하여
자신이 저주를 받아 그리스도에게서 끊어질지라도
항상 기도하기를 쉬지 않았던
바울의 그 기도가 있게 하여 주옵소서.
겟세마네 동산에서 떨어지는 땀이 핏방울 같이 되기까지
쥐어짜내는 기도를 쉬지 않으셨던
주님의 그 기도가 있게 하여 주옵소서.

_ 노진향

2월의 기도
치유와 회복

• 절기 및 국가 기념일

설(구정)
산상변모일
사순절

2월 첫째 주 주일 예배(1)

믿음에 덕을 더하게 하소서

너희가 더욱 힘써 너희 믿음에 덕을, 덕에 지식을, 지식에 절제를, 절제에 인내를, 인내에 경건을, 경건에 형제 우애를, 형제 우애에 사랑을 더하라 － 벧후 1:5~7

높이 들린 보좌에 앉으신 하나님!
거룩하신 성호를 찬양합니다. 수많은 세상 사람들 가운데 저희를 부르셔서 주님의 보좌 앞에 서게 하시니 감사와 영광을 돌립니다.
지난 한 주간의 삶을 돌아보니 생각과 입술과 행동으로 주님의 이름을 망령되이 일컫는 경우가 너무 많았고, 불평불만이 멈추지 않았으며, 원망의 소리만을 더욱 높였음을 고백합니다. 주님의 말씀을 받기 전에 마음으로 회개하오니 용서하여 주옵소서.
주님! 저희의 생각과 마음을 잘 다스려 주시기를 원합니다. 저희들에게 믿음을 선물로 주셨사오니 언제나 믿음에 덕을 더하고 덕에 지식을 더할 수 있는 저희가 될 수 있도록 인도하여 주옵소서. 교회에서나 가정에서나 사회에서나 일터에서나 믿음의 자녀로서 본을 보일 수 있게 하시고, 언제나 덕을 세울 수 있는 저희가 되게 하옵소서. 남을 세워 주고 주님의 몸을 세우는 자로 덕 있는 말을 아끼지 않게 하시고, 덕 있는 행동을 하는 데 주저함이 없게 하옵소서. 저희 모두가 온전한 믿음의 사람으로 바로 서서 주님의 성품을 드러내고 그 얼굴을 보여줄 수 있는 삶이 되게 하옵소서.
주님! 이 시간은 주님의 말씀을 들으면서 깊은 깨달음이 있기를 원합니다. 심령의 변화가 있기를 원합니다. 주님의 뜻을 따라 믿음의 삶을 실천할 수 있는 능력을 받기 원합니다. 역사하여 주옵소서.
특별히 말씀을 강론하시는 목사님을 주님의 강하신 권세로 붙드시고 말씀에 귀기울인 모든 자들이 주님의 복된 음성을 듣는 시간이 되게 하옵소서. 예배를 위하여 섬기는 손길들이 있습니다. 저들의 아름다운 봉사의 손길을 통해서 더욱 주님이 받으시는 예배가 풍성해지게 하시고, 은혜의 샘물이 흘러넘치게 하여 주옵소서. 주님의 은혜를 간절히 사모하는 마음으로 예배 순서에 참여하는 저희 가운데 주의 성령께서 친히 운행하시고 연약함을 도우실 것을 믿사옵고 저희를 죄와 사망에서 구원하여 주신 예수 그리스도의 이름으로 기도합니다. 아멘

2월 첫째 주 주일 예배(2)

오직 주께만 영광 돌리게 하소서 – 설

우리가 그 명령하신 대로 이 모든 명령을 우리 하나님 여호와 앞에서 삼가 지키면 그것이 곧 우리의 의로움이니라 할지니라
– 신 6:25

저희의 힘이 되신 하나님 아버지!

지난 한 주간 동안도 저희들을 주님의 사랑과 은혜와 보호 속에서 살게 하시고, 이 시간 주님의 전을 찾아 주님의 거룩하신 임재 앞에 예배하게 하시니 감사드립니다. 그러나 지난 한 주간도 돌아보니 주님의 은혜를 외면한 채, 인생이 온통 저희의 것인 양 착각하며, 마음대로 즐기고 함부로 생활해 왔음을 고백합니다. 어리석은 저희를 불쌍히 여기시고 용서하여 주시기를 원합니다.

주님! 오늘도 저희들은 갈급합니다. 말씀으로 저희들의 갈급한 영혼을 채워 주시고, 주님의 음성을 들을 수 있는 영적인 귀를 열어 주시기 원합니다. 저희의 몸과 마음도 새롭게 하여 주시기를 원합니다. 주님을 위하여, 주님의 사업을 위하여 정성을 다해서 헌신하고 또 헌신하는 생활이 되게 하여 주옵소서.

주님! 이번 주에는 이 민족이 대대로 지켜오는 명절인 설날이 있습니다. 설날이 되면 제각기 흩어졌던 가족들이 고향을 찾고, 반가운 모습으로 만나서 혈육의 정을 확인하게 됩니다. 비록 설날이 선조로부터 내려오는 아름다운 명절이기는 하오나 우상과 귀신에게 절하고 제사하는 관습도 있사오니, 하나님의 백성들이 우상에게 절하거나 제사하는 일이 없도록 믿음을 굳게 하여 주옵소서. 또한 주님의 계명을 철저히 지켜 창조주 하나님께 영광 돌릴 수 있는 명절이 되게 하여 주옵소서. 특별히 온 가족이 정겨운 마음과 대화로 사랑을 나눌 수 있게 하시고 하나님의 은혜를 깊이 경험하는 귀한 시간이 되게 하여 주옵소서.

이 시간 주님의 말씀을 전하시기 위하여 단 위에 서신 목사님을 붙들어 주시고, 생명의 말씀을 전하시기에 조금도 부족함이 없도록 채워 주시옵소서.

예배의 시종을 주님께 의탁하오며 예수 그리스도의 이름으로 기도드립니다. 아멘

2월 첫째 주 주일오후예배

주님만을 의지합니다

그리스도 예수 안에 있는 자에게는 결코 정죄함이 없나니 이는 그리스도 예수 안에 있는 생명의 성령의 법이 죄와 사망의 법에서 너를 해방하였음이라 － 롬 8:1,2

사랑의 하나님!

저희를 예수 안에 있는 생명의 성령의 법으로 죄와 사망의 법에서 해방시켜 주셨음을 감사드립니다. 이 시간 주님께서 친히 값 주고 사신 주의 백성들이 한 자리에 모여 예배하게 하시니 무한 영광입니다.

모든 짐을 주님께 맡길 때에 의인의 요동함을 영영히 허락지 않으시는 주님!(시55:22) 지난 한주간도 모든 일을 주님께 맡기고 의지해야만 함에도 불구하고 저 혼자의 힘으로 해결하려고 했던 불신앙의 모습이 많았음을 고백합니다. 주님께 온전히 맡기지 못하는 저희의 어리석음을 불쌍히 여기시고 용서하여 주옵소서.

인생을 의지하지 말라고 하신 주님!(사2:22) 주님만을 의지함으로 두려움이 없게 하시고, 주님의 말씀에 의지하여 그물을 내렸던 베드로처럼 머리로는 이해되지 않는 일일지라도 주님만을 의지함으로 문제의 해결을 얻는 저희가 되게 하여 주옵소서. 여호와께 피함이 사람을 신뢰함보다 나으며, 여호와께 피함이 방백들을 신뢰함보다 낫다고 하셨사오니(시 118:8,9), 모든 행사를 경영하시는 주님만을 의지하고, 주님만을 바라볼 수 있는 저희들이 되게 하여 주옵소서.

주님! 오늘도 이 자리에 함께한 교우들 중에 험난한 세상을 살면서 피할 수 없는 상처와 아픔을 겪고 있는 자들이 있습니다. "오라 우리가 여호와께로 돌아가자 여호와께서 우리를 찢으셨으나 도로 낫게 하실 것이요 우리를 치셨으나 싸매어주실 것임이라"(호 6:1)고 말씀하셨사오니 상처 난 부분을 싸매어 주시고 뼛속 깊숙이 자리 잡은 아픔을 성령의 불로 녹여 주셔서, 주님을 의뢰하는 인생이 얼마나 복된지 깨닫는 시간이 되게 하여 주옵소서.

오늘도 말씀을 들고 서시는 목사님을 기억하시고 성령의 능력으로 붙들어 주셔서 영혼 깊숙한 곳까지 내려지는 은혜의 단비를 경험하게 도와주옵소서. 살아 계신 예수 그리스도의 이름으로 기도합니다. 아멘

2월 둘째 주 주일 예배(1)

나라와 정치가를 기억하소서

각 사람은 위에 있는 권세들에게 복종하라 권세는 하나님으로부터 나지 않음이 없나니 모든 권세는 다 하나님께서 정하신 바라 - 롬 13:1

사랑이 무한하신 하나님 아버지!

이 땅에 임하신 하나님의 사랑을 깨닫게 해주심을 감사드립니다. 세상은 냉랭하고 험악하여 믿음이 없어 불신과 의혹으로 방황하는 이 때, 인생의 편안함보다 하나님을 생각하게 해주셨으니 감사드립니다.

용서의 주님! 경건한 마음으로 예배드리기 전에 먼저 한 주간의 죄과를 고백합니다. 뜻대로 되지 않는다고 주님을 원망하던 일들, 이웃을 사랑하기 보다는 오히려 짜증을 냈던 일들, 경건한 생활은 커녕 오히려 방만하고 나태했던 일들을 고백합니다. 주님의 크신 사랑으로 용서하여 주옵소서. 그 크신 긍휼로 다시 한 번 저희의 영혼을 격려해 주시고 새로운 힘으로 살게 하여 주옵소서. 진실하고 강한 믿음으로 살아갈 수 있게 하여 주옵소서.

은혜 베푸시기를 즐겨하시는 하나님! 이 시간은 국민의 대표자로서 세우심을 받아 이 나라를 다스리고 있는 정치가들을 위해서 기도합니다. 대통령을 비롯한 국무위원과 국회의원들이, 위로는 정의로우신 하나님을, 아래로는 백성들을 두려워하는 마음으로 정치를 할 수 있게 하옵소서.

이 나라에 헤롯과 같이 악하고 백성을 압제하는 위정자가 없게 하여 주옵소서. 백성들이 원하는 바가 무엇인지를 잘 살필 수 있는 정치가가 되게 하시고, 후대의 역사가들로부터 훌륭한 평가를 받을 수 있는 위정자들이 되게 하여 주옵소서. 이 나라에 더 이상의 정치적인 불안과 위기가 없게 하시고, 모든 백성들이 안심하고 삶을 영위할 수 있는 정치풍토를 허락하여 주옵소서.

주님! 저희들의 신앙의 현주소도 생각해 봅니다. 신앙인이라 자처하면서도 세상적인 것들로 옷을 입었던 저희들은 아니었는지 돌아볼 수 있게 하시고, 비뚤어진 신앙관이 바르게 교정되는 시간이 되게 하여 주옵소서.

말씀을 전하시는 목사님을 기억하시고 피곤치 않도록 도와주옵소서. 예배의 시종을 주님께 의탁하오며 끝없는 사랑을 주신 예수 그리스도의 이름으로 기도합니다. 아멘

2월 둘째 주 주일 예배(2)

고통당하는 자들을 기억하소서

여호와의 속량함을 받은 자들이 돌아오되 노래하며 시온에 이르러 그들의 머리 위에 영영한 희락을 띠고 기쁨과 즐거움을 얻으리니 슬픔과 탄식이 사라지리로다 — 사 35:10

저희의 예배를 받으시는 하나님!

하나님을 의지하고 그 뜻대로 살기 원하는 사람들이 여기 한 자리에 모였습니다. 흙 한줌에 불과한 저희가 하나님의 은혜로 인하여 영생을 받기까지 존귀해졌음을 감사하오며, 저희의 몸을 전능하신 하나님께 드려 헌신합니다.

온전하신 하나님! 예배드리는 저희의 부족함을 돌아보시고 의지하는 자들을 사랑으로 감싸주옵소서. 주여! 영과 진리 안에서 예배드리려니 저희가 얼마나 무가치하고 무자격한 존재인지를 다시 한 번 깨닫지 않을 수 없습니다. 육신에 치우친 지나친 욕심 때문에 주님의 법도를 망각하고 주님의 계율을 따르지 않으며, 불의한 길에 처하여 제 뜻만 세우면서 교만히 행하던 저희들이었습니다. 회개하오니 용서하여 주옵소서.

여호와를 섬기는 자에게 질병을 제하여 주신다고 말씀하신 하나님!(출 23:25) 병마와 싸우며 고통당하고 있는 자들을 도와주시기를 원합니다. 질병으로 인하여 신앙에 흔들림이 없게 하시며, 주님을 더욱 의지하는 기회가 될 수 있게 하옵소서. 특별히 무거운 질병과 사투를 벌이고 있는 교우들을 기억하시고, 질병을 친히 걸머지신 주님께서(마8:17) 병마에서 속히 놓임을 받을 수 있는 복된 길로 인도하여 주옵소서. 혹여 주님의 치료의 손길이 더디다하여 낙심치 말게 하시고, 바울이 병 고침을 받지 못했어도 주님의 뜻으로 믿고 감사했듯이(고후12:7~9) 저들에게도 그와 같은 믿음을 주옵소서. 또한 생활의 여러 가지 문제로 고통당하며 고민에 빠진 교우들을 기억하시기를 원합니다. 질그릇같이 깨지기 쉬운 인생이오니(롬9:1~21) 모든 염려를 주님께 맡기고, 믿음으로 승리할 수 있도록 붙들어 주옵소서.

주님! 양떼를 위하여 날마다 눈물 흘리는 목사님을 기억하시고, 그 마음의 소원을 감찰하시옵소서. 예배를 위하여 수고하는 교우들을 기억하시고 그 수고로움이 주님의 축복으로 이어지게 하여 주옵소서. 예배의 시종을 주님께 의탁하오며 예수 그리스도의 이름으로 기도합니다. 아멘

2월 둘째 주 주일오후예배

고난당하는 자를 기억하소서

고난 당한 것이 내게 유익이라 이로 말미암아 내가 주의 율례들을 배우게 되었나이다 주의 입의 법이 내게는 천천 금은보다 좋으니이다 - 시 119:71,72

영광과 찬송을 홀로 받으시기에 합당하신 주님!

복되고 은혜로운 주일을 맞아 주님 품 안에 안길 수 있도록 은총을 허락하여 주시고 또 다시 찬양 예배로 주님께 영광 돌릴 수 있게 하여 주시니 진심으로 감사드립니다.

먼저 세밀하게 보살피시는 주님의 사랑을 온몸으로 느끼며 살면서도 때때로 불의와 적당히 타협하며 세속의 종이 되기를 부끄러워하지 않았던 저희 자신을 돌아봅니다. 주님께 소망을 두지 않으면 물 위에 떠다니는 부초처럼, 그렇게 세상을 살게 되리라는 것을 알면서도 사리사욕과 세상 염려 때문에 불신앙에 치우쳤던 것을 회개하오니 용서하여 주옵소서. 이 시간 주님 앞에 예배할 때에 죄로 오염된 저희의 영과 육을 주님의 보혈로 정결하게 씻어 주시고 주님의 거룩한 자녀로 다시 태어날 수 있도록 도와주시옵소서.

고난 받는 자들을 능히 도우시는 주님!(히2:18) 고난 가운데 놓여 있는 교우들을 기억하여 주옵소서. 먼저 고난의 이유가 무엇인지를 깨닫게 하시고, 고난 중에라도 좌절하지 않게 하옵소서. 시편 기자의 고백같이 고난당하는 것이 유익이 되게 하시고, 주님의 뜻을 더욱 분명하게 알며, 주님의 음성을 더욱 세밀하게 들을 수 있는 계기가 되게 하옵소서. 시험당할 즈음에 피할 길도 주신다고 하셨사오니(고전10:13) 구원해 주실 주님의 손길을 바라보며 어려운 역경을 잘 이길 수 있게 하옵소서. 혹여 자신의 잘못으로 인하여 당하는 고난이라면 회개하는 심령을 주시고, 고난으로 인하여 믿음이 더욱 성장할 수 있게 하옵소서. 또한 주님을 의뢰하는 가운데 담대함을 얻을 수 있게 하옵소서. 고난으로 인하여 심히 피곤하고 마음이 불안할지라도 곤비한 자가 얻게 될 평강을(욥3:17) 바라보며 끝까지 인내하여 승리할 수 있게 하옵소서. 오늘도 진리의 말씀을 듣고 단 위에 서신 목사님을 기억하셔서 말씀을 능력 있게 선포하실 수 있도록 붙들어 주옵소서. 예배를 마치는 시간까지 이 자리에 성령님이 운행하심을 믿사옵고 예수 그리스도의 이름으로 기도합니다. 아멘

2월 셋째 주 주일 예배(1)

예배의 감격을 회복하게 하소서

하나님께서 구하시는 제사는 상한 심령이라 하나님이여 상하고 통회하는 마음을 주께서 멸시하지 아니하시리이다
- 시 51:17

언제나 가까이 계시는 사랑의 주님! 죄로 인하여 주님의 형상을 잃어버린 저희들을 추하게 여기지 아니하시고 예배할 수 있도록 사랑을 베푸시니 무한 감사드립니다. 인류의 빛으로 오시고 저희의 죄를 도말하신 주님을 생각할 때 오늘도 감격이 넘치옵니다.

그러나 이 시간 차마 말로 형언하기 어려운 죄들을 주님께 가지고 나왔음을 고백합니다. 주님의 피 묻은 십자가의 은혜로 깨끗하게 씻어주시옵소서. 그리고 죄의 권세를 이기고 주님의 영광을 나타낼 수 있는 성령의 사람이 되게 하여 주옵소서.

사랑의 주님! 교회도 위기의식을 절감하지 않을 수 없습니다. 사랑이 식어 가고 있고, 굳어진 심령들을 애써 감추며 형식적인 예배만 힘겹게 드리는 교회가 점차 늘어가고 있습니다. 예배의 감격을 잃어가고 예배 중에 임재하시는 하나님을 경험하지 못하고 있습니다.

주여! 간절히 원하옵기는 저희 모두가 예배의 감격을 회복하게 하여 주옵소서. 하나님을 경험하는 삶이 되게 하여 주옵소서. 빛으로 소금으로 세상을 비추고 치유할 수 있는 교회가 되게 하여 주옵소서. 죽어가는 영혼을 구원할 수 있는 구원의 방주가 되게 하여 주옵소서.

저희들도 산 신앙인이 되게 하여 주옵소서. 그리하여 주님의 몸 된 교회가 살아서 역사하는 교회라는 것을 보여 줄 수 있는 증인들이 되게 하여 주시고, 이 땅 위에 천국의 지경을 확장할 수 있는 십자가의 군병으로 쓰임 받을 수 있게 하옵소서.

주님께 예배드리는 이 복된 시간, 성령께서 친히 저희 가운데 운행하여 주시고 하나님을 가까이 하는 것이 얼마나 복된 것인지를 깨달아 알게 하여 주옵소서.

예배를 위하여 섬기는 손길들이 있사오니 그들의 수고가 더해지는 만큼 주님이 주시는 은혜도 더해지게 하여 주옵소서. 말씀을 전하시는 목사님을 기억하시고 성령께서 피곤치 않도록 붙들어 주옵소서. 길이요 진리요 생명 되시는 예수님의 이름으로 기도합니다. 아멘

2월 셋째 주 주일 예배(2)

열심을 다하여 충성하게 하소서

그런즉 너희는 먼저 그의 나라와 그의 의를 구하라 그리하면
이 모든 것을 너희에게 더하시리라 - 마 6:33

　어둠 속에서 죄악으로 부패해가던 저희를 사랑해 주셔서 주님의 백성들이 둘러 선 자리에 참여시켜 주심을 생각할 때 오직 감격할 뿐입니다. 이 시간 사랑의 빛을 저희 마음 구석구석까지 비춰 주시고 주님께 예배하는 기쁨과 즐거움이 넘치는 복된 시간이 되게 하여 주옵소서.
　"너희는 먼저 그의 나라와 그의 의를 구하라(마6:33)"고 하신 주님! 주님께 예배하면서 죄로 물든 심령을 보며 두렵고 떨리는 마음을 감출 길 없습니다. 자신의 힘만을 의지하고 이 세상이 주는 기쁨과 안전만을 찾으며 살았던 저희의 무지함을 용서하여 주옵소서. 이제는 주님께서 기뻐하시는 일에 열심의 겉옷을 입게 하셔서(사59:17) 주님의 뜻을 구하며 사는 삶이 되게 하여 주옵소서.
　죽도록 충성할 때 생명의 면류관을 주신다고 약속하신 하나님,(계2:10) 자꾸만 나태해지려고 하는 저희의 신앙을 붙잡아 주시고 좀 더 뜨거운 열심으로 주님의 몸 된 교회를 섬길 수 있게 하옵소서. 차지도 않고 덥지도 않은 미지근한 신앙생활을 버리고(계3:15,16), 얍복 강가의 야곱과도 같이 전심을 다해서 복 받기를 사모하게 하시며(창32:24-28) 맡은 바 사명에 충성을 다할 수 있게 하옵소서.
　천국은 침노하는 자의 것이라고 말씀하신 주님,(마11:12) 하늘나라의 상급을 받겠다는 신앙으로(히11:6) 열심히 봉사하게 하시고, 이웃을 사랑하며 전도하는 일에 최선을 다할 수 있게 하옵소서. 모든 예배와 교회 활동에 빠지지 않게 하시고, 수동적이고 소극적인 자세를 벗고 적극적이고 능동적인 신앙을 갖도록 인도하여 주옵소서. 또한 기도의 불을 꺼뜨리지 않게 하셔서 언제나 기도의 통로가 하늘과 맞닿아 있게 하여 주옵소서.
　이 시간 말씀을 들고 서시는 목사님을 기억하시고 성령의 능력으로 함께하시기를 원합니다. 엘리사에게 부어 주셨던 갑절의 능력을 허락하셔서 목양하시기에 부족함 없도록 도와주시옵소서.
　거룩하신 예수 그리스도의 이름으로 기도합니다. 아멘

2월 셋째 주 주일오후예배

한 알의 밀알이 되게 하소서

하나님께 가까이 함이 내게 복이라 내가 주 여호와를 나의 피난처로 삼아 주의 모든 행적을 전파하리이다 - 시 73:28

고마우신 주님!

오늘도 주일 오후에 주님의 전을 찾아 예배할 수 있도록 저희의 발걸음을 인도하여 주시니 감사합니다. "하나님께 가까이 함이 내게 복이라"는 시편기자의 찬양과 같이 복 있는 삶이 주님으로부터 오는 것이기에 주님을 사모하며 이 자리에 모였나이다. 부족한 입술로 경배드리며 감사함으로 드리는 예배를 받아주옵소서.

사랑이 많으신 주님! 주님께서는 죄 많은 저희들을 대신하여 산 제물이 되기 위해 한 알의 밀알이 되신 것을 기억합니다(요12:24,25). 이러한 주님의 은혜를 생각할 때 어찌 저희들이 감사하지 않겠습니까? 저희들도 주님처럼 한 알의 밀알이 되는 삶이 되게 하여 주옵소서. 이 땅에서의 짧은 인생을 사는 동안 무엇을 먹을까 무엇을 입을까에만 마음을 쏟을 것이 아니라(마6:25), 주님이 보여주신 그 밀알의 모습을 저희의 삶으로 나타낼 수 있는 영광을 누릴 수 있게 하옵소서. 한 알의 밀알은 썩어야만 많은 열매를 거둘 수 있듯이, 썩어지는 자리가 저희의 자리가 되게 하시고, 희생하고 헌신하는 것이 저희의 사역이 되게 하여 주옵소서. 교회에서나, 가정에서나, 직장에서나 한 알의 밀알이 되기를 항상 기뻐하게 하시고, 감사함으로 썩어질 수 있는 저희가 되게 하옵소서.

주님! 사랑하는 조국을 생각할 때 안타까운 일들이 많습니다. 이 조국을 불쌍히 여기셔서 어서 속히 안정을 찾을 수 있게 하시고 새날을 볼 수 있게 하여 주옵소서.

오늘도 저희들에게 생명의 말씀을 전하는 목사님을 기억하시고 영육간에 강건함을 더하셔서 선포하시는 말씀마다 생명을 살리고 건지는 말씀이 되게 하여 주옵소서. 예배를 섬기는 사람들의 수고의 땀이 더해질 때마다 주님이 채우시는 기쁨도 샘솟게 하실 것을 믿습니다. 이 예배를 통해 우리 주님이 홀로 영광을 받으실 것을 믿고 예수 그리스도의 이름으로 기도합니다. 아멘

2월 넷째 주 주일 예배(1)

참 빛을 비추게 하소서

요셉을 양 떼 같이 인도하시는 이스라엘의 목자여 귀를 기울이소서 그룹 사이에 좌정하신 이여 빛을 비추소서 - 시 80:1

영광의 주님!

지극히 높으신 주님의 위엄을 찬양합니다. 보잘것없는 인생들에게 영원한 계시의 빛을 밝혀 주시오니 참으로 감사드립니다. 감히 주님을 바라보며 은혜 받을 수 있도록 허락하여 주셔서 저희가 이곳에 왔습니다. 그 밝은 광채 아래 저희도 변화되게 하셔서 주님의 영을 더욱 사모하며 사는 백성이 되게 하여 주옵소서.

오늘도 주님께 예배하며 감추고 싶었던 죄들을 통회하며 두려운 마음으로 내어놓사오니 어떤 죄라도 진정으로 참회하며 회개하는 자에게 긍휼하심과 자비로우심을 허락하시는 주님의 은혜를 경험하게 하옵소서.

앞으로는 영광의 빛이신 주님을 좇아, 일어나 빛을 발하는 삶을 살 수 있게 하여 주시고(사60:1), 빛의 열매를 거둘 수 있는 삶이 되게 하여 주옵소서.

오늘도 주님의 빛이 비춰었음에도 불구하고 영적인 비늘에 가려 마귀에게 속고 사는 영혼들이 얼마나 많습니까? 저들에게 구원의 빛, 진리의 빛을 밝게 비출 수 있게 하시어 참 빛이신 주님 앞으로 인도할 수 있도록 도와주옵소서. 참 빛을 비추기 위하여 영혼을 더욱 사랑할 수 있는 마음을 갖게 하시고, 영적인 부담이 저희의 영혼으로 스며들게 하여 주옵소서. 저희 모두가 주님의 구원의 깃발을 높이 들고 세상을 변화시켜 갈 수 있는 빛의 자녀가 되게 하여 주옵소서.

이 시간, 주님께 예배드리는 동안 마귀의 속임수에 넘어가서 주옥같은 주님의 말씀을 놓치는 일이 없게 하시고, 능력 있는 새 일꾼으로 거듭나는 시간이 되게 하여 주옵소서. 또한 몸도, 마음도, 물질도 주님께 아낌없이 드리는 시간이 되기를 원합니다.

단 위에 서신 목사님에게 갑절의 영감으로 함께하실 것을 믿고 예배의 시종을 주님께 의탁하오며 저희를 죄에서 구원하신 예수 그리스도의 이름으로 기도합니다. 아멘

2월 넷째 주 주일 예배(2)

심지가 견고하게 하소서 – 산상변모일

주께서 심지가 견고한 자를 평강하고 평강하도록 지키시리니 이는 그가 주를 신뢰함이니이다 너희는 여호와를 영원히 신뢰하라 주 여호와는 영원한 반석이심이로다 – 사 26:3,4

저희를 지키시는 하나님!
　주님의 지극히 크신 사랑을 찬양합니다. 오늘도 저희를 평강에 평강으로 지키시고 인도하셔서 주님을 의뢰할 수 있는 성전으로 이끄심을 감사드립니다. 저희들에게 영원한 반석은 주님밖에 없음을 깨닫습니다. 이 시간 주님을 의지하는 저희의 영혼에 밝은 빛을 비추옵소서.
　주님! 저희의 마음에는 좋지 못한 습관이 있습니다. 어둠의 그림자들을 친구 삼아 죄의 소리에 귀기울이며 살기를 좋아했습니다. 영광의 빛이신 주님 앞에 떨리는 마음으로 죄를 내려놓사오니 긍휼을 베푸셔서 용서하여 주옵소서.
　은혜로우신 주님! 주님께서는 심지가 견고한 자를 더욱 기뻐하시고 붙드심을 깨닫습니다. 저희의 삶이 심지가 견고한 삶이 되기를 원합니다. 그 어떤 유혹이 밀려와도 흔들림 없는 모습으로 주님 앞에 설 수 있는 저희의 믿음이 되게 하시고, 그 어떤 고난이 닥쳐온다 할지라도 거꾸러지지 않는 신앙으로 주님을 기쁘시게 할 수 있는 저희들이 되게 하여 주옵소서. 흔들리지 않는 견고한 신앙의 삶을 위하여 더욱 주님을 의뢰할 수 있게 하시고, 더욱 주님의 말씀을 마음 판에 새길 수 있는 저희들이 되게 하여 주옵소서.
　주님! 세상이 죄에 눌려 중병을 앓고 있습니다. 탄식 소리가 점점 더 높아지고 있고, 갈 길 몰라 향방 없이 비틀거리는 영혼들이 곳곳마다 몸부림치고 있습니다. 이런 때에 영혼 때문에 울 수 있는 교회가 되게 하시고, 죄악에 찢겨 몸부림치는 영혼들을 주님의 따뜻한 사랑으로 감싸 안을 수 있는 교회가 되게 하여 주옵소서. 진정으로 헤진 상처를 싸매며 치유하는 교회가 되게 하여 주옵소서.
　오늘도 영생의 말씀을 들고 단 위에 서신 목사님을 붙들어 주시고, 저희 모두가 말씀을 귀기울여 들어 주님의 은혜와 사랑을 다시 한 번 깨닫게 하여 주옵소서. 예배의 시종을 주님께 의탁합니다. 거룩하신 예수 그리스도의 이름으로 기도합니다. 아멘

2월 넷째 주 주일오후예배

사순절에 동참하게 하소서 - 사순절

이튿날 요한이 예수께서 자기에게 나아오심을 보고 이르되 보라 세상 죄를 지고 가는 하나님의 어린 양이로다 - 요 1:29

구원의 하나님! 인류의 죄를 사하시려고 주 예수 그리스도를 보내 주심을 감사드립니다. 하나님의 아들이 우리의 죄를 대신 지시고 죽임을 당하심으로 우리에게 평화와 고침이 있게 되었음을 믿습니다. 이 은혜에 감사하여 하나님께 예배드리오니 저희들의 예배를 받아주시옵소서.

사랑의 주님! 십자가를 지신 주님을 생각한다 하면서도 사랑이 필요한 곳에 사랑을 베풀지 못하고 살았던 저희들이었습니다. 저희들이 진정 주님을 본받는 삶을 사는 선택된 주님의 백성인지, 저희 자신을 돌아보지 않을 수 없나이다. 인애하신 주님을 앙망하며 통회하오니 용서하여 주옵소서.

세상 죄를 지기 위하여 어린양으로 오신 주님! 저희의 죄를 친히 담당하시기 위하여 고난의 자리로 나아가신 주님의 수난을 기억하는 사순절입니다. 죄 없으신 주님이 왜 그토록 혹독한 수치와 멸시를 받으셔만 했는지 온 몸으로 느낄 수 있는 사순절이 되게 하시고, 주님의 그 십자가 정신을 기억하며 저희들도 주님의 고난에 동참하는 사순절이 되게 하여 주옵소서. 저희를 위하여 모든 것을 내어 주신 주님의 희생을 기억하며 저희들도 내어줌의 삶을 실천할 수 있게 하시고, 저희를 사랑하시되 끝까지 사랑하신 주님의 사랑을 본받아 저희도 사랑할 수 없는 사람까지도 사랑할 수 있게 하옵소서. 또한 주님의 용서의 눈물이 있으셨기에 저희의 죄가 사해졌듯, 저희도 용납할 수 없는 것까지 품고 용서할 수 있는 사순절을 보내게 하옵소서. 이 사순절이 끝나는 날 저희들에게서도 주님의 흔적을 발견할 수 있게 하옵소서.

오늘도 주님의 말씀을 선포하시는 목사님을 능력의 손으로 붙드시고, 권세 있는 말씀을 전하실 수 있도록 도우실 것을 믿습니다. 예배를 돕는 손길들을 기억하시고 수고의 깊이가 더하여질 때마다 기쁨의 깊이도 더하여지게 하여 주옵소서. 이 예배를 주님께 의탁하오며 예수 그리스도의 이름으로 기도합니다. 아멘

기도를 체험케 하소서

주님!
기도는 무릎의 능력임을
체험케 하소서.
기도는 고백의 능력임을
체험케 하소서.
기도는 타오르는 영혼의 능력임을
체험케 하소서.
기도는 하나님의 보좌를 움직이는 힘임을
체험케 하소서.
기도는 하나님의 작정하신 뜻을 변경시킬 수 있는 힘임을
체험케 하소서.
기도는 태양을 머물게 하는 힘이요
자연법칙을 변경케 하는 힘임을
체험케 하소서.
기도는 죽은 자를 살리는 능력임을
체험케 하소서.
기도는 성난 사자의 힘에
재갈을 물리는 능력임을
체험케 하소서.
기도는 폭풍우를 잠잠케 하는 능력임을
체험케 하소서.
기도는 마귀를 쫓아내며
질병을 치유케 하는 능력임을
체험케 하소서.
기도는 헛된 근심과 천박한 욕망과
몸을 병들게 하는 심령의 모든 부정적 요소를
가장 힘 있게 정복하는 영적 능력임을
체험케 하소서.
기도는 참 평안과 기쁨과 소망을 부어주는
하늘의 신령한 힘임을
체험케 하소서.
　_ 노진향

3월의 기도
십자가와 생명

• 절기 및 국가 기념일

사순절
3.1절

3월 첫째 주 주일 예배(1)

그 날을 기억하게 하소서 - 3.1절 기념주일

여호와의 속량을 받은 자들은 이같이 말할지어다 여호와께서 대적의 손에서 그들을 속량하사 동서 남북 각 지방에서부터 모으셨도다 - 시 107:2,3

  역사를 주관하시는 하나님! 놀라우신 섭리를 찬송합니다. 우리의 선조들이 일찍이 하나님을 찾게 하여 주시고, 독립을 위해 기도하게 하시며, 이 민족이 자유와 독립을 쟁취하게 하심을 감사드립니다.
  오늘은 착취와 억압 속에 있던 이 나라에 해방과 자유를 주신 주님의 은혜에 감사하여 3.1절 기념 주일로 영광을 돌리고자 합니다. 저희의 드리는 예배를 받으시옵소서.
  세월이 흐르고 세대가 바뀌면서 과거 일제의 침략으로 35년간 자유를 잃고 인권을 유린당하면서 고통의 삶을 이어왔던 그 쓰라린 아픔도 잊혀가고 있습니다. 이 세대는 나라를 잃는 것이 얼마나 서글프고 뼈아픈 것인지를 잘 모릅니다. 이스라엘 백성이 애굽에서 종살이 했던 것과, 광야에서 하나님의 인도하심을 잊지 않도록 하시기 위하여 절기를 지키도록 하셨던 것을 기억합니다. 오늘 저희들이 3.1절을 지켜야 하는 것도 그와 같음을 깨닫습니다. 그날의 아픔을 잊지 않게 하여 주시고, 그 날의 희생을 잊지 않게 하여 주옵소서. 자손 대대로 그 정신을 이어받아 나라를 사랑하는 마음이 골수에 사무치게 하여 주시고, 주님의 몸 된 교회를 지키기 위해 피를 흘리며 순교한 선조들의 귀한 믿음도 이어갈 수 있는 이 시대의 교회가 되게 하여 주옵소서.
  주님! 이 나라에 자유와 평화가 오기를 기도합니다. 나라는 여전히 남북으로 갈라져 있고, 고통과 슬픔의 역사가 계속 이어지고 있습니다. 이 나라에 슬픔의 역사가 계속 되지 않도록 인도하여 주시고, 공의와 공법이 강물을 이룰 수 있는 나라가 되게 하여 주옵소서. 무엇보다도 모든 백성들이 주님의 말씀에 귀를 기울이고, 주님을 믿어야만 진정한 평화와 안식을 얻을 수 있다는 것을 깨닫게 하옵소서.
  이 시간에도 말씀을 전하시는 목사님을 능력과 권능의 오른팔로 붙들어 주셔서 강퍅한 저희의 심령을 쇳물처럼 녹이는 능력의 말씀이 되게 하여 주옵소서. 지금도 이 민족을 불쌍히 여기시고, 쉼 없이 동행하여 주시는 예수 그리스도의 이름으로 기도합니다. 아멘

3월 첫째 주 주일 예배(2)

슬픔이 없게 하소서 - 3.1절 기념주일

무릇 시온에서 슬퍼하는 자에게 화관을 주어 그 재를 대신하며 기쁨의 기름으로 그 슬픔을 대신하며 찬송의 옷으로 그 근심을 대신하시고 그들이 의의 나무 곧 여호와께서 심으신 그 영광을 나타낼 자라 일컬음을 받게 하려 하심이라 - 사 61:3

　천지의 주재이신 하나님! 이 땅의 구속 사역을 완성하시기 위해 친히 오심을 감사드립니다. 십자가의 보혈로 구원을 얻은 우리가 그 은혜를 힘입어 이 전에 모였습니다. 영원토록 주님 안에 거하는 저희 모두가 되게 하여 주옵소서.

　하나님 아버지! 주님 안에 거하며 주님과 함께 일한다 하면서도 스스로의 생각을 앞세웠으며 주님의 뜻을 멀리하는 시간들이 많았습니다. 저희의 부족함을 고백하오니 용서하여 주시고, 새롭게 하여 주옵소서.

　오늘은 특별히 일제의 포악한 침략과 잔인한 착취에 항거하여 자유와 평화의 깃발을 높이 들었던 3.1절을 기념하며 예배를 드립니다. 무력하고 나약하였기에 이방 민족에게 주권을 빼앗기는 설움을 당했으나, 그럼에도 불구하고 온 백성이 민족의 정기를 잃지 않고 분연히 일어설 수 있었던 것은 이 나라를 사랑하고 붙들고 계신 주님의 은총이 함께하셨기 때문인 것을 믿습니다. 거리마다 가슴마다, 비굴하게 노예 되기를 거부하고 빼앗긴 나라와 이 민족의 주권을 위하여 목놓아 외쳤던 함성은 사라졌지만, 일제의 탄압과 총칼 앞에 쓰러진 순교자들의 피는 여전히 이 강산 이 강토에 강이 되어 흐르고 있는 줄 믿습니다. 강산이 변하고 세대가 바뀐다 할지라도 그 날의 정신만큼은 저희들 가슴에서 지워지지 않게 하시고, 더욱 나라를 사랑하고 아끼는 마음으로 나타날 수 있게 하옵소서. 이 나라에 다시는 치욕과 슬픔의 역사가 없게 하시고 전진과 영광만이 가득한 조국으로 성장하게 하실 것을 믿습니다. 더욱이 모든 백성들이 하나님을 섬김으로 주님의 통치를 받을 수 있는 복된 나라가 되게 하옵소서.

　오늘도 목사님을 통하여 주시는 은혜의 말씀을 하나도 놓치지 않게 하여 주시고, 전하시는 목사님께 큰 능력으로 함께하여 주옵소서. 예배를 돕는 손길들과 봉사하는 손길들을 기억하셔서 저들의 아름다운 헌신이 주님 나라에서 기억되게 하여 주옵소서. 예배의 시종을 주님께 의탁하오며 예수 그리스도의 이름으로 기도합니다. 아멘

3월 첫째 주 주일오후예배

사순절에 동참하게 하소서

이제 내가 육체 가운데 사는 것은 나를 사랑하사 나를 위하여 자기 자신을 버리신 하나님의 아들을 믿는 믿음 안에서 사는 것이라 - 갈 2:20

구원의 주님! 환한 불꽃처럼 이 땅을 밝히시려 임재하신 주님의 놀라운 권능을 찬송합니다. 사망 길에 빠진 저희들을 건져내셔서 생명의 자리로 옮겨 주시고, 하늘 영광을 바라보며 기쁜 마음으로 살아갈 수 있도록 택하여 주신 은혜와 사랑을 감사드립니다.

그러나 저희들은 이렇게 주님의 놀라운 축복을 받았음에도 불구하고 예전의 습관과 태도를 버리지 못하고, 여전히 주님의 은혜와 사랑을 거역하는 방만한 삶을 살고 있습니다. 이렇게 주님 뜻대로 사노라 하면서도 여전히 사탄의 유혹을 뿌리치지 못하여 이중적인 생활을 하는 저희들을 용서하여 주옵소서. 이 시간 영광의 주님께 찬양을 드리고자 다시 모인 저희들을 긍휼히 여겨 주시고, 죄를 이기며 영광의 주님을 나타낼 수 있는 복된 삶이 되게 하여 주옵소서.

사랑의 주님! 주님의 고난과 환희를 나타내는 사순절 기간입니다. 주님의 십자가의 사랑을 뼛속 깊숙이 깨닫는 기간이 되게 하여 주시고, 우리 주님께서 수난과 아픔을 당하셨듯이, 저희들도 주님의 고난에 동참하고자하는 몸부림이 있게 하여 주옵소서. 사도 바울이 삶의 철학을 "나를 사랑하사 나를 위하여 자기 몸을 버리신 하나님의 아들을 믿는 믿음 안에서 사는 것이라"(갈 2:20) 고 분명히 하였듯이, 저희들도 그와 같은 삶의 철학을 세워서 주님을 기쁘시게 하는 신앙생활이 되게 하여 주옵소서. 사순절 기간에 고통 받고 아픈 이웃들을 돌아보기를 원합니다. 그들에게 주님의 피 묻은 십자가의 사랑을 보여줌으로 사순절 기간이 더욱 의미 있게 하시고, 사랑을 베풀면 베풀수록, 나누면 나눌수록 주님께서 나 같은 죄인을 건지기 위하여 온몸을 던지신 까닭을 깨달아 알게 하옵소서.

오늘도 십자가의 사랑을 증거하시기 위하여 단 위에 서신 목사님을 기억하시고, 말씀을 강론하실 때에 저희의 죄를 사하시기 위하여 골고다 언덕을 오르시는 주님의 사랑을 느낄 수 있게 하여 주옵소서. 예배의 시종을 주님께 의탁하오며 예수 그리스도의 이름으로 기도합니다. 아멘

3월 둘째 주 주일 예배(1)

자기를 부인하게 하소서 - 사순절

누구든지 제 목숨을 구원하고자 하면 잃을 것이요 누구든지 나를 위하여 제 목숨을 잃으면 찾으리라 - 마 16:25

사랑의 주님!

저희 죄를 대신 지시고 슬픔을 당하신 그 역사를 생각하나이다. 주님께서 십자가를 지심으로 저희에게 하나님과의 화평이 이루어졌음을 믿사오며 눈물로 감사를 드립니다.

십자가를 지신 주님을 바라보면 저희가 겪고 있는 아픔들이 얼마나 보잘것없는 것인지를 깨닫게 됩니다. 저희들이 당하는 아픔들은 모두 다 주님의 뜻을 온전히 순종하지 못한 데서 비롯되었음을 절감합니다. 저희의 연약한 믿음을 긍휼히 여기시고 지금 회개하오니 용서하여 주옵소서.

이번 사순절 기간 동안 저희를 위하여 고난을 받으시고, 겸손하게 낮아지신 주님을 본받을 수 있게 하옵소서. 자기를 부인할 줄 아는 신앙의 사람으로 다듬어질 수 있게 하시고, 저희에게 맡겨진 십자가를 지고 주님을 좇을 수 있게 하옵소서. "누구든지 제 목숨을 구원코자 하면 잃을 것이요 누구든지 나를 위하여 제 목숨을 잃으면 찾으리라"(마16:25) 하셨사오니 주님의 희생하심을 본받아 내어줌의 삶을 조금이라도 더 실천할 수 있는 사순절이 되게 하옵소서. 주님의 피 묻은 십자가를 생각할 때마다 새로운 감동이 밀려올 수 있게 하시고, 고난도 기쁨으로 여길 수 있는 저희가 되게 하옵소서. 또한 이번 사순절 기간에 형식적인 기도 생활에서 벗어나 주님처럼 진액을 짜내는 기도를 할 수 있게 하시고, 영혼을 사랑하사 죽기까지 사랑하신 주님의 사랑을 본받아 영혼 사랑에 마음을 쏟을 수 있는 저희가 되게 하옵소서.

이 시간 주님의 고난 받으심을 생각하며 예배하기를 원합니다. 저희의 심령에 영원토록 지워지지 않는 고난의 낙인을 새겨주시고, 목사님이 전하시는 말씀을 통해서도 고난 속에 담겨진 신비를 체험할 수 있게 하여 주옵소서. 예배의 시종을 주님께 의탁합니다. 봉사로, 찬양으로 수종 드는 손길을 기억하시고 은혜의 직임임을 잊지 말게 하여 주옵소서.

고난의 종으로 오셔서 저희를 구원하신 예수 그리스도의 이름으로 기도합니다. 아멘

3월 둘째 주 주일 예배(2)

십자가를 자랑하게 하소서 – 사순절

내게는 우리 주 예수 그리스도의 십자가 외에 결코 자랑할 것이 없으니 그리스도로 말미암아 세상이 나를 대하여 십자가에 못 박히고 내가 또한 세상을 대하여 그러하니라 – 갈 6:14

사랑의 주님!

온 천지에 봄의 기운이 약동하는 이때에 주님의 십자가 공로로 인하여 저희의 심령도 훈훈해지며 밝아지게 되오니 참 감사합니다.

저희를 위하여 고난을 받으신 주님! 아직도 저희들은 주님의 고난을 내 것으로 받아들이고, 주님의 십자가를 자랑하는 결심이 나약함을 감출 수 없나이다. 그럼에도 연약한 저희들을 꾸짖지 않으시고 넓으신 품으로 안아주시는 주님을 생각할 때, 눈물과 감사만 남습니다.

주님! 이제는 주님이 당하신 고난을 내 것으로 받아들이고, 주님의 피 묻은 십자가를 자랑하는 삶이 되게 하여 주옵소서. 저희의 신앙의 연수가 더해질수록 삶 속에서 주님께서 당하신 고난의 흔적들이 더 많이 발견되게 하시고, 고난 받으신 주님의 피 묻은 십자가를 최고의 영광과 최고의 자랑으로 삼을 수 있게 하여 주옵소서. 무엇을 하든지 십자가를 앞세우게 하시고, 십자가를 높일 수 있는 삶이 되게 하여 주옵소서.

저희에게 또다시 주님의 고난에 동참할 수 있는 복된 기간을 주셨사오니 주님의 고난 받으심에 적극적으로 동참하여 고난의 욕구를 충족시킬 수 있는 저희가 되게 하여 주옵소서. 주님을 사랑하는 모습이 고난에 동참하는 모습을 통해서 확인될 수 있게 하시고, 주님을 따르는 모습이 고난에 동참하는 모습을 통해서 확증될 수 있게 하옵소서.

특별히 십자가의 복음을 전하시기 위하여 단 위에 서신 목사님을 기억하시고 성령의 능력으로 붙드시기를 원합니다. 말씀을 듣는 저희는 지금도 저희가 올라가야 할, 보이지 않는 골고다 언덕이 있음을 깨닫고 감사함으로 말씀에 순종하는 결심이 있게 하옵소서. 이 예배가 주님의 고난에 동참하기를 원하는 고백이 넘치는 시간이 되게 하여 주실 것을 믿사옵고, 예배의 시종을 주님께 의탁하며, 저희 죄를 속량하시기 위하여 골고다 언덕으로 향하신 예수 그리스도의 이름으로 기도합니다. 아멘

3월 둘째 주 주일오후예배

기념하는 삶이 되게 하소서 - 사순절

예수께서 우리를 위하여 죽으사 우리로 하여금 깨어 있든지 자든지 자기와 함께 살게 하려 하셨느니라 그러므로 피차 권면하고 서로 덕을 세우기를 너희가 하는 것 같이 하라
- 살전 5:10,11

사랑과 구원의 주님! 주님께서 죄 많은 저희를 위하여 깨든지 자든지 주님과 함께 살게 하시려고 십자가의 고난을 받으신 것을 생각할 때 감격의 고백을 드리지 않을 수 없나이다. 이 시간에도 그 사랑 앞에 저희의 온 마음을 다하여 찬양하고 예배할 수 있게 하여 주옵소서.

주님! 주님의 고난을 기리는 사순절을 보내고 있습니다. 주님께서 고난 당하시고 십자가를 지신 것이 오직 저희를 죄에서 구원하여 주신 것임을 생각할 때, 오직 저희를 구원하신 주님을 기념하는 삶이 되기를 원합니다. 이 놀라운 십자가의 사건을 알리는 데 저희 몸을 드리기를 원합니다. 양초가 자신의 몸을 태워 어둠을 밝히듯이, 저희의 몸을 주님을 위하여 닳아 없어지게 하여 주옵소서. 주님을 뵈올 때까지 십자가에 대한 벅찬 감격을 끌어안고 선한 싸움을 싸우면서 달려갈 수 있는 저희의 삶이 되게 하여 주옵소서.

주님의 몸 된 교회도 구석구석마다 피 묻은 십자가의 정신과 복음이 깊이깊이 스며들게 하셔서, 교회를 찾는 모든 심령들이 십자가의 예수 그리스도를 만날 수 있게 하여 주옵소서. 또한 그 십자가의 감격을 머리가 아닌 가슴으로 체험하는 영적인 부흥이 있게 하여 주옵소서.

예루살렘을 보시며 통곡하시던 주님! 저희들도 죄악에 찢기운 상처로 고통 받고 있는 이 민족을 보며 주님의 마음을 품을 수 있게 하시고, 영혼을 사랑하사 죽기까지 사랑하신 그 사랑을 본받아 이 민족을 눈물로 보듬고 품을 수 있는 주님의 자녀들이 되게 하여 주옵소서.

오늘 이 시간 주님께 예배드리는 이 모습이 바로 십자가의 사랑 앞에 죄 사함을 받은 인생들의 삶인 것을 믿습니다. 주님 앞에 예배할 때마다 못 박혀 죽으신 주님을 기억하며, 주님의 몸에서 쏟아지는 십자가 보혈에 저희의 영혼이 잠기는 놀라운 은혜가 있게 하여 주옵소서.

말씀을 증거하시는 목사님을 붙드시고 예배의 시종을 주님께 의탁하오며 예수 그리스도의 이름으로 기도합니다. 아멘

3월 셋째 주 주일 예배(1)

고난도 받게 하소서 – 사순절

그리스도를 위하여 너희에게 은혜를 주신 것은 다만 그를 믿을 뿐 아니라 또한 그를 위하여 고난도 받게 하려 하심이라
- 빌 1:29

저희를 위하여 친히 고난을 받으사 한없으신 사랑을 보여 주신 주님! 사순절을 맞이하여 주님의 고난에 조금이라도 동참할 수 있게 하시니 감사합니다. 또한 죄 많은 자신을 돌아보며 진정으로 회개할 수 있는 기회도 주심을 감사드립니다. 오만하고 자고하였던 마음이 하나씩 깨져 가는 것을 경험합니다. 주님이 지신 고난의 십자가를 바라볼 때마다 새로운 감동과 기쁨으로 인하여 변화되는 자신을 깨닫습니다. 늘 주님을 구속의 주님으로 고백하며 살게 하시고, 영원토록 십자가의 은혜 안에 사는 삶이 되게 하여 주옵소서.

은혜의 주님! 저희들에게 주님을 믿을 수 있는 은혜를 주신 것은 주님을 위하여 고난도 받게 하심이라고 옛 사도는 증거하고 있습니다. 믿음의 증인들이 죄악의 낙을 누리는 것보다 주님을 위하여 받는 능욕을 기뻐했듯이(히11:26), 저희들도 그와 같은 믿음의 흔적을 갖게 하옵소서. 한없이 낮아지기를 원하셨던 주님의 모습을 본받아 낮아지기를 기뻐할 수 있는 저희가 되게 하시고, 끝없이 섬기기를 원하셨던 주님의 모습을 본받아 섬기기를 즐거워할 수 있게 도와주옵소서. 무조건적으로 누구든지 사랑하기를 원하셨던 주님의 사랑을 본받아 무조건적 사랑을 실천하는 데 주저함이 없게 하시고, 누구든지 차별치 않으시고 세워주기를 원하셨던 주님의 성품을 본받아 남을 세워주는 일에 차별의 잣대로 선을 긋지 않는 삶이 되게 하여 주옵소서. 이 땅을 살아가는 동안 주님 주신 십자가의 은혜를 따라서 주님을 닮아갈 수 있는 일들이 저희 삶 가운데 넘쳐나기를 원합니다. 크신 능력으로 붙들어 주옵소서.

주님! 힘든 서민 경제와 정신적인 기갈에 놓여 있는 조국의 뼈아픈 현실을 주님의 십자가 사랑으로 치유하여 주시고, 어서 속히 온 백성이 구원의 주님을 만날 수 있도록 은총을 더하여 주옵소서.

이 시간 목사님이 말씀을 증거하실 때 십자가의 사랑이 녹아 있는 주님의 음성을 듣게 하시고, 한없는 주님의 사랑 속에 잠기는 시간이 되게 하여 주옵소서. 감사드리며 예수 그리스도의 이름으로 기도합니다. 아멘

3월 셋째 주 주일 예배(2)

그 사랑을 증거 하게 하소서 - 사순절

사랑은 여기 있으니 우리가 하나님을 사랑한 것이 아니요 하나님이 우리를 사랑하사 우리 죄를 속하기 위하여 화목 제물로 그 아들을 보내셨음이라 - 요일 4:10

저희의 죄를 위하여 화목제로 그 아들을 세상에 보내신 하나님!
그 놀라우신 사랑을 어찌 다 형용할 수 있겠습니까? 다만 머리 숙여 감사와 찬송과 기도로 주님을 경배하오니 받아주시옵소서.

참 좋으신 하나님! 저희는 주님의 은혜와 사랑을 망각하고 심히 근심하며 낙심하기도 하고, 하나님의 심판이 있다는 사실조차 잊고 살 때가 많았습니다. 주님의 피 묻은 십자가 앞에서 진정으로 회개하오니 용서하여 주시고 전폭적으로 주님을 의지하는 삶이 되게 하여 주옵소서.

사랑의 하나님! 이 시간 저희 모두가 하나님의 놀라우신 사랑 한 복판에 있음을 느끼며 화목제물이 되셨던 주님을 더욱 사랑하기를 원합니다. 화목의 십자가를 끌어안는 삶이 되기를 원합니다. 그 십자가를 붙드는 삶이 되기를 원합니다. 주여! 저희의 심령을 복되게 하여 주옵소서.

은혜로우신 하나님! 이 땅을 살아가는 동안 주님의 놀라우신 사랑을 증거 하는 삶이 되게 하여 주옵소서. 마지막 피 한 방울 까지도 아낌없이 쏟으셨던 주님의 사랑을 본받아, 십자가의 사랑으로 이웃을 부요케 하고 사람을 살리는 삶이 되게 하여 주옵소서. 십자가의 사랑을 품고 온 세상을 건지는 삶이 되게 하여 주옵소서.

주님! 주님이 사랑하시는 이 교회도 모든 것을 내어줌으로 주님의 사랑을 증거하고 영적으로 가난한 자들을 부요케 하는 교회가 되게 하여 주옵소서. 세속적인 배부름으로 채워지는 교회가 아니라, 영혼을 사랑하는 목마름으로 채워지는 교회가 되게 하여 주옵소서.

오늘도 십자가의 복음을 들고 설교하시는 목사님을 십자가의 능력으로 붙드시고, 말씀을 듣는 저희 모두는 저희의 삶을 붙들고 계시는 주님의 은혜를 깨닫게 하여 주옵소서.

예배의 시종을 주님께 의탁합니다, 성령님께서 주장하시는 예배가 되게 하여 주옵소서. 예수 그리스도의 이름으로 기도합니다. 아멘

3월 셋째 주 주일오후예배

깨뜨리는 삶이 되게 하소서 - 사순절

우리가 아직 죄인 되었을 때에 그리스도께서 우리를 위하여 죽으심으로 하나님께서 우리에 대한 자기의 사랑을 확증하셨느니라 — 롬 5:8

저희에게 지극하신 사랑으로 함께하신 주님!

저희를 위하여 목숨까지 버리신 그 크신 사랑을 생각할 때 한없이 감사할 뿐이옵니다. 그 크신 사랑을 의지하여 주님의 전을 찾았습니다. 감격과 감사의 마음을 가지고 주님께 경배하기를 원하오니 저희의 영혼을 받아 주시옵소서.

주님! 십자가로 저희에 대한 사랑을 완성하신 주님을 바라보며 사노라 하면서도 작은 유혹에도 쉽게 흔들리는 저희들입니다. 저희 부족과 죄를 다시 소멸해 주시는 주님의 은혜를 구합니다. 없어져야 할 것들을 완전히 제하여 주시고 정결한 새사람으로 변화되게 도와주옵소서.

주님! 주님께서 자신의 몸을 십자가에 깨뜨리심으로 저희를 영원한 생명의 길로 인도하셨사오니 저희들도 자신을 깨뜨려 주님의 은혜와 사랑에 보답하는 삶이 되게 하여 주옵소서. 그동안 채우려고만 힘썼던 삶에서, 이제는 깨뜨림으로 진정한 사랑이 흐를 수 있게 하옵소서. 저희가 깨뜨려야만 할 것들이 얼마나 많습니까? 잘 깨뜨릴 줄 아는 것이 온전한 믿음으로 나아가는 삶임을 잊지 않게 하시고, 언제나 깨뜨림의 자리에 저희가 있게 하옵소서.

주님! 주님의 몸 된 교회도 저희들의 깨뜨리는 모습들로 넘쳐나기를 원합니다. 자신을 잘 깨뜨림으로 희생의 욕구를 충족시킬 수 있게 하시고, 순종의 욕구를 충족시킬 수 있는 저희 모두가 되게 하여 주옵소서. 그리하여 갈한 심령들이 주님의 말씀으로 영원히 목마르지 않는 생수를 얻는 교회가 되게 하시고, 이 시대에 소망을 심어줄 수 있는 공동체가 되게 하여 주옵소서.

오늘도 말씀을 전하시는 목사님을 붙드셔서 전하시는 말씀이 저희들에게 생수와 같은 말씀이 되게 하여 주옵소서. 주님을 본받고 닮아가기를 원하여 온 마음을 다하여 드림의 삶을 사는 권속들을 기억하시고, 저들이 흘린 수고의 땀방울이 천국의 아름다운 열매가 되게 하여 주옵소서.

예수 그리스도의 이름으로 기도합니다. 아멘

3월 넷째 주 주일 예배(1)

주님을 깊이 생각하게 하소서 - 사순절

그리스도 예수 안에 있는 자에게는 결코 정죄함이 없나니 이는 그리스도 예수 안에 있는 생명의 성령의 법이 죄와 사망의 법에서 너를 해방하였음이라 - 롬 8:1,2

존귀와 영광을 받으시기에 합당하신 주님! 주님께서 이 땅에 오셔서 저희를 위하여 십자가에서 죽으심으로 저희가 죄와 사망의 법에서 해방되었음을 믿습니다. 오늘도 저희를 예수 안에 있는 생명의 법이 이 복된 전으로 이끄셨기에 저희가 이 은혜의 자리에 있게 됨을 믿습니다. 저희를 살리신 은혜와 사랑을 감사드립니다.

주님! 사순절 기간이 계속되고 있습니다. 이 기간에 저희를 사망의 법에서 해방시켜 주시려고 기꺼이 희생의 자리로 나아가신 주님을 깊이 생각할 수 있게 하여 주옵소서. 주님의 고난 받으심을 묵상하며 그 고통을 가슴 깊이 새길 수 있게 하시고, '나는 죄인입니다'라고 통회하는 저희가 되게 하여 주옵소서. 저희가 자랑할 것은 생명의 법 아래 살게 하신 주님의 피 묻은 십자가밖에 없음을 깨닫습니다. 사도 바울처럼 주님의 십자가를 담대히 자랑할 수 있는 저희가 되게 하시고, 사망의 법 아래 놓여 있는 영혼을 주님 앞으로 인도할 수 있는 영적 부담을 갖게 하옵소서.

주님! 주님의 몸 된 교회가 오직 생명의 법을 완성하신 십자가만을 붙들기를 원합니다. 십자가 외에 다른 것으로 대치하려는 어리석음이 없게 하시고, 오직 십자가만을 앞세우는 교회가 되게 하여 주옵소서. 병든 심령을 치료하고, 연약한 심령을 강하게 하며, 삶의 의미를 찾는 데에도 생명의 법을 완성하신 주님의 십자가밖에 없음을 고백합니다. 그 십자가 아래에서 휴식과 평안을 얻고 새 소망이 넘치는 삶이 되도록 이끌어 주옵소서. 오늘 이 시간에도 주님의 십자가 앞에 두 손 들고 아픔을 호소하는 교우들을 불쌍히 여기시고 치료하여 주시기를 원합니다.

말씀을 전하시는 목사님을 성령의 능력으로 이끌어 주시고 저희 모두를 새롭게 변화시킬 수 있는 귀한 말씀을 증거하게 도와주옵소서. 예배의 시종을 주님께 의탁합니다. 악한 세력들이 조금도 틈타지 못하게 하실 것을 믿사옵고 저희를 죄악 가운데서 구원하신 예수 그리스도의 이름으로 기도합니다. 아멘

3월 넷째 주 주일 예배(2)

교회를 위하여 고난을 받게 하소서 - 사순절

나는 이제 너희를 위하여 받는 괴로움을 기뻐하고 그리스도의 남은 고난을 그의 몸된 교회를 위하여 내 육체에 채우노라
- 골 1:24

자비로우신 주님! 죄 중에 출생하여 죄 가운데 방황하며 살다가 영원히 멸망 받을 수밖에 없는 저희를 주님이 대속해 주셔서 새 생명을 누리게 하시니 얼마나 감사한지요. 놀라우신 은혜와 사랑에 감격할 뿐이옵니다.

저희들이 이렇게 말할 수 없는 주님의 은혜를 입었지만, 삶으로는 주님을 부인하여 육신이 원하는 대로만 살게 되니 저희의 모습이 한없이 부끄럽기만 합니다. 아직도 믿음이 부족하여 주님을 온전히 의지하지 못하는 저희를 자비와 사랑으로 안위하여 주시기를 원합니다. 굳건한 믿음으로 더욱 채워 주셔서 주님을 온전히 의지하고 바라보며 살게 하여 주옵소서. 주님이 고난을 당하신 아픔을 기념하여 그 고난에 동참하는 사순절 기간이 계속되고 있습니다. 아직도 주님이 세우신 교회에는 저희를 위하여 남기신 고난이 있는 것을 믿습니다. 주님이 저희를 위하여 고난의 쓴잔을 기쁨으로 받으셨듯이, 저희도 주님의 몸 된 교회를 위하여 주님이 남기신 고난을 저희의 육체에 채우는 일에 마음 쏟을 수 있게 하옵소서. 대우 받고 대접받는 자리에 기뻐하며 만족하기보다는 주님이 남기신 고난의 욕구를 채우는 자리에 기뻐하며 만족할 수 있는 저희가 되게 하여 주옵소서. 땀 흘리는 자리를 기뻐할 수 있게 하시고, 눈물 흘리는 자리를 사랑할 수 있게 하옵소서. 희생이 묻어 있는 자리를 찾아갈 수 있게 하시고, 헌신이 묻어 있는 자리를 사모할 수 있게 하옵소서. 사도 바울과 같이 성도들의 봉사 위에 관제로 드려질지라도 기뻐하고 또 기뻐할 수 있는 저희의 믿음이 되게 하여 주옵소서(빌2:17) "현재의 고난은 장차 우리에게 나타날 영광과 족히 비교할 수 없도다(롬8:18)"고 하였사오니 이 땅 위에서 주님이 남기신 고난을 따라 살다가 저희 모두가 그 영광을 누리는 자들이 되게 하옵소서.

이 시간, 말씀을 들고 서시는 목사님을 기억하시고 말씀을 전하실 때 저희 모두가 주님의 사랑을 깊숙이 경험하는 은혜가 있게 하여 주옵소서. 예수 그리스도의 이름으로 기도합니다. 아멘

3월 넷째 주 주일오후예배

순종하게 하소서 - 사순절

그가 아들이시면서도 받으신 고난으로 순종함을 배워서 온전하게 되셨은즉 자기에게 순종하는 모든 자에게 영원한 구원의 근원이 되시고 — 히 5:8,9

　자비하신 주님! 이 시간에도 주님 앞에 나와 찬양하며 영광 돌릴 수 있게 하시니 감사드립니다. 주님의 고난 받으심을 잊지 않게 하시려고 만물이 약동하는 봄날에 사순절을 지킬 수 있도록 이끄심을 감사드립니다. 이 예배를 통해 사랑과 감사와 구원의 기쁨이 나타나게 하시고, 십자가로 구속하신 주님의 은혜가 저희 영혼을 덮게 하여 주옵소서.

　자비하신 주님! 저희들에겐 아직도 죄에 결박된 삶의 흔적들이 있습니다. 회개하오니 주님의 크신 은혜로 용서하여 주옵소서. 죄의식이 살아날 때마다 저희를 위하여 속죄의 길을 걸어가신 주님의 희생을 생각하며 억누를 수 있게 하옵소서.

　사랑의 주님! 주님은 하나님의 아들이시라도 받으신 고난으로 순종함을 배워서 온전함을 이루셨습니다. 저희들도 주님의 제자로서 순종의 욕구를 충족시킬 수 있는 삶이 되게 하여 주옵소서. 순종함으로 저희의 구원을 온전히 이룰 수 있는 삶이 되게 하시고(빌2:12) 순종함으로 주님의 마음을 기쁘게 해드릴 수 있는 믿음이 되게 하여 주옵소서. 주님의 말씀이라면 언제나 기쁜 마음으로 순종할 수 있게 하시고, 주님의 몸 된 교회를 위한 일이라면 언제나 순종의 첫 자리에 저희가 있게 하옵소서. 순종하다가 불의한 일을 만나거나 고난이 닥친다 할지라도 낙심치 않게 하시고, 순종하는 것 그 자체로 만족할 줄 아는 신앙이 되게 하옵소서. 오직 저희들의 삶에 주님을 본받아 언제나 순종을 최우선으로 삼을 수 있는 신앙생활이 되게 하옵소서.

　주님께 더 큰 영광을 돌리기 위해 말씀을 들고 단 위에 서신 목사님을 붙드시고, 말씀을 선포할 때 성령의 능력을 허락하옵소서. 주님께 더 큰 봉사와 충성을 드리지 못하는 것을 아쉬워하며 주님의 몸 된 교회를 위하여 몸을 드려 봉사하는 손길들이 있습니다. 주님을 위해 힘쓰는 것이 평생의 기쁨이 되게 하여 주옵소서.

　모든 것 감사드리며 예수 그리스도의 이름으로 기도합니다. 아멘

3월 다섯째 주 주일 예배(1)

약함을 앞세우게 하소서 - 사순절

내가 그리스도를 위하여 약한 것들과 능욕과 궁핍과 박해와 곤고를 기뻐하노니 이는 내가 약한 그 때에 강함이라
- 고후 12:10

  존귀하신 주님! 약하고 부족한 저희들을 부르셔서 세상의 어떤 강한 것, 지혜 있는 것보다 더욱 복되게 하신 은혜에 감격할 뿐이옵니다. 저희를 위하여 주님의 수난 기간에 모든 것을 내어주신 주님의 사랑을 더욱 뼛속 깊숙이 느낍니다. 이 시간 주님의 그 크신 사랑을 온몸으로 느끼며 예배드리기 원하오니 기쁘게 받아주시옵소서.

  자비로우신 주님! 주님의 품에서 지내는 것이 자유가 없고 속박당하는 것인 양 생각하며 어디론가 활개치며 떠나려 했던 저희들이었습니다. 주님을 증거하고 자랑하는 일을 기쁨으로 하기보다는 오히려 짐으로 생각하고 회피하며 살았던 저희들입니다. 용서하여 주옵소서. 강퍅한 저희 심령이 주님의 사랑 앞에 녹아 주님이 일평생 하나님의 뜻에 절대 순종하신 것처럼 저희도 주님을 본받아 그 뜻을 이루기 위하여 힘쓰는 삶이 되게 하여 주옵소서.

  주님! 주님을 위하여 약함을 기뻐할 수 있는 저희의 삶이 되게 하여 주옵소서. 우리 주님은 모든 권세를 가지셨음에도 불구하고 스스로 약함을 자원하셨기에, 저희가 주님의 자녀가 되는 권세를 누리게 된 것을 믿습니다(요1:12). 저희도 강함을 앞세우기보다 주님과 같이 약함을 앞세울 수 있게 하시고, 약함의 철학을 가지고 세상을 변화시킬 수 있는 주님의 자녀들이 되게 하여 주옵소서. 하나님의 뜻대로 하는 근심은 후회할 것이 없는 구원에 이르게 하는 회개를 이루는 것이라(고후7:10)고 하였사오니 저희의 삶에 하나님의 뜻대로 하는 근심이 많아지게 하셔서 많은 사람을 주님께로 돌아오게 할 수 있는 삶이 되게 하여 주옵소서(단12:3). 주님의 뜻을 나타내기 위하여 받는 능욕과 궁핍과 핍박과 곤란을 기뻐할 수 있는 삶이 되게 하여 주옵소서.

  주님께서 택하신 백성들이 영적으로 성장해 가는 것을 최고의 기쁨으로 삼고 목양에 전념하고 계신 목사님을 붙드시고, 항상 영적인 권세가 충만케 하여 주옵소서. 이 시간도 큰 능력으로 함께하실 것을 믿으며 예수 그리스도의 이름으로 기도합니다. 아멘

3월 다섯째 주 주일 예배(2)

주님의 마음을 품게 하소서 - 사순절

너희 안에 이 마음을 품으라 곧 그리스도 예수의 마음이니 그는 근본 하나님의 본체시나 하나님과 동등됨을 취할 것으로 여기지 아니하시고 - 빌 2:5,6

고마우신 주님!

지난 한 주간도 주님이 창조하신 찬란한 봄빛을 받으며, 무궁무진한 공기를 호흡하며, 땅을 딛고 기동하고 일하며 살 수 있도록 공감을 허락하시고, 일거리를 주셔서 열심히 땀 흘려 살게 하여 주심을 감사드립니다. 또한 저희에게 가정과 조국을 주시고, 주님을 위해 일할 직분을 주심도 감사드립니다. 오늘 예배가 신령과 진정으로 드려지도록 성령으로 인도하여 주시고, 말씀으로 은혜 주시고 축복하여 주옵소서.

오! 사랑의 주님, 저희가 말할 수 없는 주님의 은총을 받고 살면서도 아직도 진흙으로 돌아갈 육체만을 위하여 열심을 내고 있는 것 같아 심히 부끄럽사오니 사랑과 용서를 베풀어 주시기를 원합니다.

은혜의 주님! 저희들 마음에 주님만을 향한 큰 사랑을 주시옵소서. 그리하여 이 땅에 사는 동안 주님의 말씀에 철저히 순종하는 자녀로 살게 하여 주옵소서. 우리 주님은 하나님의 말씀에 순종하시되 자기를 낮추시고 죽기까지 순종하셨습니다. 저희들도 그 마음을 품고 주님의 말씀에 전적으로 순종할 수 있게 하여 주시고, 그 마음을 품고 주님의 뜻을 온전히 이룰 수 있는 삶을 살게 하여 주옵소서. 저희의 순종을 통하여 주님의 몸 된 교회가 더욱 든든히 서가게 하시고, 많은 영혼이 주님께로 돌아오는 역사가 있게 하여 주옵소서.

어렵고 힘든 생활 가운데서도 주님을 더욱 사랑하기를 원하며, 주님의 몸 된 교회를 위하여 애쓰는 성도들을 기억하시고 맡은바 직분도 기쁨으로 감당하게 하셔서 성령님의 크신 위로를 맛볼 수 있게 하여 주옵소서.

목양에 혼신의 힘을 쏟고 계신 사랑하는 목사님을 지켜 주시고, 육체적으로 건강을 잃지 않도록 붙드시옵소서. 이 시간 말씀을 들고 단 위에 섰사오니 권세와 능력 있는 말씀을 전하실 수 있도록 이끄실 것을 믿습니다. 예배의 시종을 주님께 의탁하오며 사랑이 많으신 예수 그리스도의 이름으로 기도합니다. 아멘

3월 다섯째 주 주일오후예배

성장하는 믿음이 되게 하소서 - 사순절

> 그가 찔림은 우리의 허물 때문이요 그가 상함은 우리의 죄악 때문이라 그가 징계를 받으므로 우리는 평화를 누리고 그가 채찍에 맞으므로 우리는 나음을 받았도다 - 사 53:5

거룩하신 주님! 주님의 십자가를 바라봅니다. 주님의 고난의 십자가가 아니었더라면 저희들이 영벌에 처해졌을 것을 생각하니, 저희를 대신하여 고난 받으신 주님의 은혜에 감격하며 감사할 뿐이옵니다. 주님의 은혜를 생각하며 예배드리기 원하오니 영광을 받으시옵소서. 그러나 저희들의 삶을 돌아보면 주님 가신 길을 가기를 원하면서도 늘 실천하지 못하는 삶임을 고백합니다. 긍휼히 여기시고 용서하여 주옵소서.

주님! 예수 그리스도의 마음을 품게 하옵소서. 주님만을 본받고 살아갈 수 있도록 인도하여 주옵소서. 빛의 자녀로 무엇보다도 주님의 십자가를 드러낼 수 있는 삶이 되게 하여 주옵소서.

주님! 세상 속에 휩쓸리다 보니 주님의 피로 값 주고 사신 성도의 가정도 마음의 고뇌들이 깊어지고 있습니다. "여호와를 만날 만할 때에 찾으라 가까이 계실 때에 그를 부르라"(사55:6)고 약속하셨사오니 이 말씀을 굳게 붙들고 믿음으로 달려갈 수 있는 가정들이 되게 하여 주옵소서. 힘든 일을 겪고 있으면서도 주님께서 맡기신 직분만은 기쁨으로 감당하는 성도들이 있습니다. 성령의 크신 위로와 능력으로 채워 주옵소서.

이제 3월도 저물고 있습니다. 만물이 소생하는 계절에 저희의 믿음도 더욱 성장하게 되기를 원합니다. 항상 제자리에만 머물러 있는 믿음이 되지 않게 하시고, 믿음의 진보와 성장을 보이는 저희가 되게 하옵소서.

오늘도 말씀을 전하시는 목사님을 주님의 오른팔로 붙드셔서 피곤치 않도록 하시고, 성령의 능력 함께하사 생명력 있는 말씀을 전하실 수 있도록 도와주옵소서.

예배가 시작되었습니다. 마치는 시간까지 은혜 충만한 예배로 이끄실 것을 믿사옵고 사랑이 많으셔서 우리를 죄에서 구원하신 예수 그리스도의 이름으로 기도합니다. 아멘

4월의 기도
고난, 부활의 영광

• 절기 및 국가 기념일

종려주일
고난주간
부활주일

4월 첫째 주 주일 예배(1)

힘껏 찬양하게 하소서 - 종려주일

무리가 소리 높여 이르되 호산나 다윗의 자손이여 찬송하리로다 주의 이름으로 오시는 이여 가장 높은 곳에서 호산나 하더라 - 마 21:9

　구원의 주님! 주님의 수난으로 저희가 생명을 얻게 됨을 감사드립니다. 주님께서 고난의 쓴 잔을 받지 않으셨더라면 저희들은 여전히 죄의 종노릇하며 마귀의 자식으로 살았을 것입니다. 하지만 저희 대신 주님이 질고를 지시고 징벌을 받으시고 찔림과 상함을 받으셨기에, 저희가 나음을 입었고 죄 사함을 받고 구원을 소유한 복된 자녀로 살게 되었음을 믿습니다(사53:5). 십자가에 달리셨던 주님을 기억하고, 주님의 그 위대하신 사랑 앞에 늘 감격하며 주님을 사모하는 저희 모두가 되게 하여 주옵소서.
　오늘은 특별히 종려주일입니다. 동시에 주님께서 고난의 쓴 잔을 받으신 고난주간이 시작됩니다. 호산나, 호산나 외치며 주님을 찬양하던 무리들이 결국 주님을 십자가에 못 박은 배반자들이 되었듯이(요19:6), 오늘 저희도 주님을 찬양하던 입술로 주님을 부인하고 저주하는 일들이 생길까 두렵습니다.
　오, 주님! 저희 속에 있는 죄악의 쓴 뿌리들을 제거하여 주시고, 주님을 위해 아낌없이 향유를 부은 마리아처럼(요11:2), 온 마음으로 주님을 찬양하는 삶이 되게 하여 주옵소서. 주님의 피 묻은 십자가를 언제나 사랑하고 자랑하는 삶이 되게 하여 주옵소서.(갈6:14) 주께서 받으셨던 고난의 쓴 잔이 저희의 삶 속에서 늘 증거가 되게 하시고, 주님의 몸 된 교회를 위하여 받는 괴로움을 기뻐할 수 있는 삶이 되게 하여 주옵소서(골 1:24).
　주님이 피로 값 주고 사신 교회도 진정으로 주님의 이름을 드높이고 죄악의 사슬을 풀어 생명과 자유를 주신 주님을 힘껏 찬양할 수 있는 교회가 되게 하여 주옵소서. 이 나라가 아직도 많은 어려움을 겪고 있습니다. 빈부격차가 심해지고 실업자가 늘어나고 있습니다. 평화의 왕 되시는 주님께서 이 민족을 치료하시고 건져주옵소서.
　주님의 몸 된 교회를 위하여 순종의 욕구를 충족시키는 권속들을 기억하시고 저들의 깨뜨림 속에 열매가 있게 하여 주옵소서. 오늘도 말씀을 전하시는 목사님을 성령께서 붙드실 것을 믿고 평화의 왕이신 예수 그리스도의 이름으로 기도합니다. 아멘

4월 첫째 주 주일 예배(2)

섬기며 살게 하소서 — 종려주일

보라 네 왕이 네게 임하시나니 그는 공의로우시며 구원을 베푸시며 겸손하여서 나귀를 타시나니 나귀의 작은 것 곧 나귀 새끼니라 - 슥 9:9

  겸손과 섬기심으로 이 땅에 평화를 가져오신 사랑의 주님!
  "호산나 다윗의 자손이여 찬송하리로다 주의 이름으로 오시는 이여 가장 높은 곳에서 호산나"(마21:9)라고 외치던 많은 군중들처럼, 이 시간 저희들도 소리 높여 외치며 주님을 찬양합니다. 오늘 특별히 평화의 왕으로 오신 주님을 생각하며 종려주일로 지킬 수 있도록 은혜를 베풀어 주시니 감사드립니다.
  자비로우신 주님! 다른 사람을 섬기는 종으로 오신 주님을 믿노라 하면서도, 섬김을 받으려 하고 귀족같이 대접받기에만 힘썼던 저희들이 아니었는지 되돌아봅니다. 섬김의 삶을 살지 못한 저희를 꾸짖어 주시고, 십자가에 달리시기까지 철저히 낮아지시기를 원하셨던 주님처럼, 저희들도 끊임없이 낮아지는 주님의 자녀가 될 수 있도록 은혜를 베풀어 주옵소서. 주님처럼 겸손과 봉사로 이 세상을 섬기는 삶을 살게 하여 주옵소서.
  주님의 피로 사신 교회도 주님을 본받아 서로 섬기는 공동체가 되게 하시고, 주님을 닮아가는 교회가 되게 하여 주옵소서. 주님의 나라는 말에 있지 아니하고 오직 능력에 있다고 하셨사오니(고전4:20), 말만 무성하여 주님의 나라를 어지럽히는 교회가 되지 않게 하시고, 우리의 이웃에게 십자가의 사랑을 보여줌으로써 주님의 나라가 얼마나 아름다운지 증거할 수 있는 교회가 되게 하여 주옵소서. 이 시간, 영육간 고통 중에 있는 교우들이 있습니까? 힘들수록 고난이 가져다주는 유익이 무엇인지를 뼛속 깊이 깨닫는 은혜가 있게 하여 주옵소서.
  특별히 저희를 사랑하셔서 주님이 쓰시는 귀한 목사님을 단 위에 세워 주셨사오니, 평화의 복음을 선포하실 때 귀담아 들을 수 있게 하시고 주님 앞에서 새로운 결단을 할 수 있는 시간이 되게 하여 주옵소서.
  예배의 시종을 주님께 의탁합니다. 주님의 승리의 음성을 찬양하오며 평화의 왕으로 오셔서 섬김의 도리를 가르쳐 주신 예수 그리스도의 이름으로 기도합니다. 아멘

4월 첫째 주 주일오후예배

불꽃처럼 살게 하소서 - 종려주일

문들아 너희 머리를 들지어다 영원한 문들아 들릴지어다 영광의 왕이 들어가시리로다 영광의 왕이 누구시냐 만군의 여호와께서 곧 영광의 왕이시로다 - 시 24:9,10

평화와 사랑의 왕이신 주님! 주님께서 온 인류에게 평화를 주시기 위하여 이천 년 전 예루살렘에 입성하시며 찬송과 영광을 받으시던 그 주님을 오늘 저희가 여기서도 맞을 수 있게 하여 주신 은혜를 감사드립니다. 고난의 십자가를 지시기 위해 예루살렘에 입성하신 것을 생각할 때 가슴이 아프지만, 그 십자가가 있었기에 저희에게는 죄 사함이 있고 영생이 있음을 감사드립니다. 저희들도 때때로, 호산나를 부르고 주님을 왕으로 섬긴다고 하였으나 곧 마음이 변하여, 주님을 십자가에 못 박은 무리들처럼 알게 모르게 주님을 부인하고 배반하는 일에 동참하고 있음을 고백합니다. 아직도 주님을 본받기에 힘겨워하는 저희들을 긍휼히 여기시고 십자가 사랑으로 감싸주시옵소서.

사랑의 주님! 십자가의 진리는 저희가 반드시 붙들어야 할 진리임을 깨닫습니다. 이 진리를 붙들고 어두운 세상을 불꽃처럼 살아갈 수 있게 하여 주옵소서. 또한 십자가의 진리는 교회가 가져야 할 마르지 않는 샘물임을 믿나이다. 이 샘물로 목마른 영혼들에게 구원의 생수를 맛보게 할 수 있는 교회가 되게 하시고, 십자가의 사랑이 얼마나 크고 놀라운지를 보여줄 수 있는 교회가 되게 하여 주옵소서.

주님! 아직도 사탄은 성도들을 넘어뜨리려고 온갖 방법을 동원하여 몸부림치고 있습니다. 십자가 신앙으로 강하게 무장하여 마귀의 궤계를 능히 물리칠 수 있게 하여 주시고, 이 시대를 정복하는 십자가 군병이 되게 하여 주옵소서. 주님께서 친히 세우신 제직들도 십자가의 정신을 가지고 직분을 잘 감당할 수 있게 하여 주시고, 십자가의 정신을 가지고 교회를 밝히며 세상을 밝힐 수 있는 일꾼들이 되게 하여 주옵소서.

오늘도 말씀을 전하시는 목사님을 기억하시고 큰 능력으로 붙드시옵소서. 예배의 시종을 주님께 의탁하오며 고난을 받으시기 위하여 평화의 왕으로 오신 예수 그리스도의 이름으로 기도합니다. 아멘

4월 둘째 주 주일 예배(1)

부활신앙을 갖게 하소서 - 부활주일

청년이 이르되 놀라지 말라 너희가 십자가에 못 박히신 나사렛 예수를 찾는구나 그가 살아나셨고 여기 계시지 아니하니라 보라 그를 두었던 곳이니라 - 막 16:6

할렐루야! 죽음의 권세를 깨뜨리시고 부활하심으로 저희에게 부활의 소망으로 함께하신 주님! 죄와 죽음에서 승리하심으로 저희에게 영원한 소망과 존귀한 삶을 갖게 하신 것을 진심으로 감사드립니다. 오늘 이 기쁜 부활절에 진리의 예수 그리스도가 생명의 자리에 계심을 믿고 주님 전에 나왔습니다. 이 예배를 받으시옵소서.

이 기쁘고 영광스러운 날에 저희 내면의 죄악들을 감히 고백하지 않을 수 없나이다. 주님께서 부활하심으로 말미암아 참된 소망을 주시고 교회를 굳게 세우셨음에도 저희들은 여전히 주님의 부활을 의심하여 널리 증거하지 못했던 의심 많은 연약한 존재들이었습니다. 이 약한 심령에 부활의 신앙을 굳게 세워주셔서 구속의 사랑을 이웃에게 전할 수 있는 저희가 되게 하여 주옵소서.

주님! 봄입니다. 소생하는 만물들 위에도 새롭게 하심으로 가득 채워주옵소서. 우리 주위에는 실망에 찬 마음들이 많이 있습니다. 한숨과 탄식으로만 시간을 지내고 있는 사람들도 있습니다. 그들 모두에게 부활하신 주님이 찾아가셔서 소망을 소유할 수 있는 은총을 허락하여 주옵소서. 절망이 변하여 환희에 가득 찬 눈망울이 되게 하시고, 탄식이 변하여 샘솟는 기쁨을 소유하는 축복을 경험하게 하여 주옵소서.

주님! 아직도 마귀는 우는 사자와 같이 삼킬 자를 두루 찾으며 저희들을 위협하고 있습니다. "나는 부활이요 생명이니 나를 믿는 자는 죽어도 살겠고 무릇 살아서 믿는 자는 영원히 죽지 아니하리라"(요11:25)고 말씀하셨사오니, 죽어도 다시 살게 되는 영생의 주님을 영원히 의지하며 겁낼 것 없는 믿음으로 살게 하여 주옵소서.

오늘도 부활의 복음을 들고 단 위에 서시는 목사님을 성령으로 붙드시고, 말씀을 듣는 저희 모두가 부활신앙으로 확고해지는 시간이 되게 하여 주옵소서. 죽음의 권세를 이기시고 부활하신 예수 그리스도의 이름으로 기도합니다. 아멘

4월 둘째 주 주일 예배(2)

부활의 소망으로 넘치게 하소서 – 부활주일

이제 그리스도께서 죽은 자 가운데서 다시 살아나사 잠자는 자들의 첫 열매가 되셨도다 사망이 한 사람으로 말미암았으니 죽은 자의 부활도 한 사람으로 말미암는도다 – 고전 15:20,21

부활의 첫 열매가 되신 주님!

저희들에게 부활절을 주셔서, 주님이 부활하신 이 아침에 거룩한 성전에 모여 찬송하며 예배드리게 하심을 감사드립니다. 죽음을 이기시고 부활하신 주님을 구주로 믿는 저희들이 주님의 승리를 진정으로 기뻐하며 찬양하오니, 홀로 영광 받으시옵소서.

부활의 주님! 이 기쁘고 영광스러운 날에 부끄럽게도 저희의 약한 모습을 먼저 내놓습니다. 이제껏 주님의 부활하심을 의심하여 널리 증거하지 못했던 저희들입니다. 믿음이 약함으로 일어난 저희의 모든 잘못을 용서하여 주시고, 주님의 은혜 가운데 새로운 인생길을 걷게 하여 주옵소서. 부활하신 주님의 뒤를 따라 죽었어도 다시 살아, 영원히 주님 나라에서 영생할 것을 믿으며, 소망 중에 고통을 이기며, 환난을 극복하며 주님처럼 승리하며 살게 하여 주옵소서.

은총이신 주님! 이 부활의 계절에 우리 주위에 있는 모든 사람들에게 은총을 내려 주시기를 원합니다. 특별히 무거운 짐을 지고 다니는 영혼들을 기억하셔서 부활의 주님을 만날 수 있게 하시고, 소망 없던 삶이 새로운 힘과 평안으로 채워지는 은총을 누릴 수 있게 하여 주옵소서.

자비하신 주님! 아직도 주님의 부활하심을 믿지 못하는 자들이 있습니까? 저들의 연약함을 긍휼히 여기시고, 부활의 주님을 만날 수 있도록 믿음의 눈을 활짝 열어 주시옵소서. 주님이 사랑하시고 친히 세우신 교회도 언제나 부활의 소망으로 넘쳐나는 교회가 되기를 원합니다. 이 교회를 찾는 자마다 부활의 주님을 만나는 은총이 있게 하여 주옵소서.

단 위에 서시는 목사님을 기억하시고 말씀을 전하실 때에 저희 모두가 부활과 구원과 소망이 넘치는 시간이 되게 하여 주옵소서. 찬양으로 영광의 주님을 높이는 찬양대와, 예배를 위하여 봉사하는 모든 교우들을 주님의 크신 은혜와 복으로 채워주실 것을 믿사옵고 사망 권세를 이기신 예수 그리스도의 이름으로 기도합니다. 아멘

4월 둘째 주 주일오후예배

부활의 증거자가 되게 하소서 – 부활주일

우리 주 예수 그리스도의 아버지 하나님을 찬송하리로다 그의 많으신 긍휼대로 예수 그리스도를 죽은 자 가운데서 부활하게 하심으로 말미암아 우리를 거듭나게 하사 산 소망이 있게 하시며 – 벧전 1:3

　죽은 자 가운데서 부활하심으로 저희들에게 산 소망을 주신 주님! 오늘 부활의 주님을 기념하는 예배로 저희를 불러 주시고 부활의 주님을 찬양하며 영광 돌릴 수 있게 하여 주심을 감사드립니다. 주님의 부활로 온 세계 만민들이 기뻐하는 하루였습니다. 죄와 죽음을 이기신 일이 분명한 역사적 사건임을 믿습니다. 이 시간 저희 모두가 다시 한 번 소망으로 주님을 찬양합니다.

　부활의 주님! 십자가의 고난 뒤에는 반드시 영광스러운 부활이 있다는 진리의 말씀을 믿으며, 이 세상을 사는 동안 어떠한 역경과 환난 속에서도 부활의 소망을 가지고 낙심하거나 좌절하지 않게 하옵소서. 사울이 부활하신 주님을 만난 후에 변하여 바울이 되었듯이(행9:1~22) 저희들도 부활하신 주님을 체험함으로 변화된 삶을 살게 하옵소서. 전도를 할 때마다 썩을 것으로 심지만 썩지 아니할 것으로 다시 살아나며, 욕된 것으로 심지만 영광스러운 것으로 다시 사는 부활의 복음을 증거하는 자가 되게 하여 주옵소서. 저녁이 되고 아침이 밝아올 때에 부활의 의미를 깨닫게 하시고, 만물이 소생하는 봄이 되어서 꽃이 피고 싹이 움트는 것을 보고, 부활의 신비스러움을 느낄 수 있게 하옵소서. 매일의 생활 속에서 새로운 하루를 시작하는 아침이 될 때마다 부활의 기쁨을 누리면서 하루하루를 승리하게 하옵소서.

　자비로우신 주님! 교회에 세우신 각 기관과 직분을 맡은 교우들에게도 함께하시기를 원합니다. 부활의 산 신앙을 갖고 능력 있게 맡은 역할을 잘 감당할 수 있게 하시며, 맡은 자에게 구할 것은 오직 충성밖에 없음을 기억하게 하옵소서(고전4:2). 이 시간 부활의 복된 소식을 대언하시기 위하여 단 위에 세우신 목사님을 성령께서 친히 붙드시고, 권세 있는 말씀으로 온 심령에 불을 붙일 수 있게 하여 주옵소서. 예배의 시종을 주님께 의탁하오며, 부활하셔서 산 소망이 되시는 예수 그리스도의 이름으로 기도합니다. 아멘

4월 셋째 주 주일 예배(1)

온전한 그리스도인으로 살게 하소서

너희가 전에는 백성이 아니더니 이제는 하나님의 백성이요 전에는 긍휼을 얻지 못하였더니 이제는 긍휼을 얻은 자니라
- 벧전 2:10

만유의 주, 하나님 아버지!

죄로 말미암아 영원히 죽을 수밖에 없던 저희를 긍휼히 여기셔서 크신 사랑으로 주님을 영접하게 하시고 하나님의 자녀로 삼아 주신 은혜를 진심으로 감사드립니다. 또한 저희를 영적 이스라엘 백성으로 삼으셔서 주님의 몸 된 교회에서 봉사하고 섬길 수 있게 하심을 감사드립니다.

이제 어둠의 자녀에서 빛의 자녀로 탈바꿈하게 되었으니 단지 그리스도인이라는 이름만 걸치고 있는 삶이 아니라, 주님의 뜻을 좇아 충성을 다할 수 있는 저희의 삶이 되게 하여 주옵소서. 어떤 고난이 닥쳐온다 할지라도 믿음 위에 굳게 서서 주님 중심으로 살아가게 하시고, 하나님의 영광을 드러내되, 결코 그 영광을 가리는 삶이 되지 않게 하여 주옵소서.

뜻하지 않은 걱정과 근심이 밀려온다 할지라도 베드로 사도처럼 모든 염려를 다 주님께 맡기게 하시고(벧전5:7) 사도 바울처럼 범사에 감사하면서 사는 삶이 되게 하여 주옵소서(살전5:18). 또한 전도의 미련한 것으로 세상 사람들을 구원하시기를 기뻐하시는 주님의 뜻을 기억하여, 복음의 씨앗을 뿌리는 데 열심을 품게 하옵소서.(고전1:21)

교회 주위에 사랑의 손길이 필요한 영혼들이 많이 있습니다. 주님의 이름으로 그들의 아픈 상처를 싸매고 치료할 수 있는 교회가 되게 하시고, 고통과 방황으로부터 평안과 안식으로 초대할 수 있는 교회가 되게 하여 주옵소서. 이 나라도 어둡고 고통스런 죄악의 사슬에서 벗어나지 못하고 있사오니, 긍휼을 베푸사 주님의 구원하시는 은혜가 이 민족 위에 충만히 나타나게 하옵소서.

이 시간 목사님께 성령의 기름 부으심이 충만히 임하게 하시어 말씀을 전하실 때 피곤치 않게 하시고, 말씀을 통하여 저희의 심령이 새 힘을 얻는 시간이 되게 하여 주옵소서. 예배를 위하여 수종 드는 손길들을 기억하시고 하늘의 위로와 축복이 넘치게 하옵소서. 예배의 시종을 주님께 의탁하오며 예수 그리스도의 이름으로 기도합니다. 아멘

4월 셋째 주 주일 예배(2)

눈물을 닦아 주게 하소서

모든 눈물을 그 눈에서 닦아 주시니 다시는 사망이 없고 애통하는 것이나 곡하는 것이나 아픈 것이 다시 있지 아니하리니 처음 것들이 다 지나갔음이러라 - 계 21:4

저희들의 눈물을 닦아 주시고 씻기시는 주님! 오늘도 저희 인생을 살피시고 보듬어 주시는 분이 여기에 계시기에, 주님의 부름을 받고 달려 나왔습니다. 허탄한 곳으로 발길을 돌리지 아니하고 주님을 향하여 발걸음을 옮겼사오니 크신 긍휼로 안위하여 주옵소서.

주님이 부활하셨기에 이제 저희의 삶은 사망이 없고, 애통하는 것이나 곡하는 것이나 아픈 것이 다시 없는 삶인 것을 믿습니다. 부활의 신앙에서 흔들리지 않고, 고난이 있을지라도 회복하시는 주님의 능력을 믿고 담대함으로 세상을 살아가게 하옵소서. 이 땅에 있을 동안 주님이 맡기신 사명, 힘을 다하여 감당할 수 있게 하시고, 주님을 향한 뜨거운 열정 하나만으로 험한 세상을 넉넉히 이기고 나갈 수 있게 하옵소서. 때때로 세상 유혹에 흔들린다 할지라도 죄악을 따라 갚지 아니하시는 주님의 사랑을 생각하며 물리칠 수 있게 하시고, 세상 염려가 앞서 낙심이 밀려올 때에는 지금도 하늘 보좌 우편에서 연약한 저희를 위하여 중보하기를 쉬지 않고 계시는 주님을 바라보며 용기를 얻게 하옵소서.

주님! 아직도 이 세상에는 소망 없이 마지못해 살아가는 영혼들이 많습니다. 외로움과 슬픔 속에서 겨우겨우 버티듯 살아가는 이웃들을 보며 저들의 영혼을 보듬을 수 있게 하시고, 삶에 지친 영혼들의 눈물을 닦아주고 안식과 평안을 심어줄 수 있는 좋은 이웃으로 살게 하여 주옵소서.

주님! 저희 중에 가정과 사업과 질병의 문제들로 힘겨워하는 교우들이 있습니까? 주님만이 구원이 되심을 굳게 믿고 의지하는 손길들에게 합력하여 선을 이루시는 주님의 귀한 은총을 경험하게 하옵소서.

오늘도 말씀을 들고 단 위에 서시는 목사님을 기억하시고, 저희의 심령이 변화되는 권세 있는 말씀을 전하실 수 있도록 성령의 능력으로 붙드실 것을 믿습니다. 주님의 몸 된 교회를 위해 충성하는 손길들에게 감사의 조건들이 넘쳐날 수 있도록 이끄실 것 또한 믿습니다. 예배의 시종을 주님께 의탁하오며 예수 그리스도의 이름으로 기도합니다. 아멘

4월 셋째 주 주일오후예배

행할 바를 행하게 하소서

형제들아 우리가 끝으로 주 예수 안에서 너희에게 구하고 권면하노니 너희가 마땅히 어떻게 행하며 하나님을 기쁘시게 할 수 있는지를 우리에게 배웠으니 곧 너희가 행하는 바라 더욱 많이 힘쓰라 – 살전 4:1

창조의 하나님! 안식의 복을 허락하심을 감사드립니다. 저희를 눈동자 같이 지켜주신 하나님의 은혜를 감사하며 찬양과 영광을 돌립니다. 이 시간도 어두운 세상에서 승리하며 살 수 있는 길은 주님을 믿고 따르는 한 가지 방법밖에 없음을 알기에 나왔습니다. 저희를 은혜로 받아주시고 소망의 밝은 빛을 비춰주시옵소서.

주님! 저희들의 삶의 방식이 성실치 못함을 깨닫습니다. 저희들의 내면을 자세히 들여다보면 주님 없이도 잘 살 수 있다는 교만과 자만심으로 가득 채워졌던 적이 많았음을 고백합니다. 주님의 긍휼을 바랄 수 없는 오만한 저희들이지만, 십자가 사랑을 의지하여 주님의 용서를 구하오니 불쌍히 여겨 주옵소서.

사랑의 주님! 상한 갈대처럼 넘어지기 쉬운 이 세상에서 주님이 성별하여 세워주신 자녀답게 믿음으로 살아갈 수 있도록 인도하여 주시고, 주님의 귀한 종으로 쓰임 받으며 살 수 있는 저희가 되게 하여 주옵소서. 겸손의 본을 보이신 주님을 본받아 섬김의 도를 실천할 수 있게 하시고, 낙심과 좌절에 빠진 영혼들을 주님의 말씀으로 치유하고, 고통 중에 괴로워하는 영혼들에게 주님의 평안을 심을 수 있는 삶이 되게 해 주옵소서.

주님의 핏값으로 세우신 교회도 사랑과 진리 안에서 늘 부흥할 수 있게 하여 주시고, 삶에 지친 영혼들에게 은혜와 평강과 소망을 줄 수 있는 교회가 되게 하여 주옵소서.

주님의 귀한 말씀을 대언하시기 위하여 단 위에 서신 목사님을 기억하시고, 성령의 두루마기를 입혀 주셔서 저희의 심령과 골수를 쪼개는 권세 있는 말씀을 전하게 하여 주옵소서. 주님의 교회와 참된 예배를 드리기 위하여 수고하는 손길들이 있습니다. 그 수고를 기억하셔서 기쁨으로 채워주시옵소서. 예배의 시종을 주님께 맡기오며 푸른 초장으로 인도하시는 예수 그리스도의 이름으로 기도합니다. 아멘

4월 넷째 주 주일 예배(1)

새 힘을 얻게 하소서

오직 여호와를 앙망하는 자는 새 힘을 얻으리니 독수리가 날개 치며 올라감 같을 것이요 달음박질하여도 곤비하지 아니하겠고 걸어가도 피곤하지 아니하리로다 - 사 40:31

온누리에 충만하신 하나님! 아름다운 봄날 따뜻한 햇빛을 방방곡곡에 비추어 주시는 은혜를 찬양하며 감사드립니다. 온몸과 온 마음을 다하여도 갚을 수 없는 주님의 은혜는 오늘도 저희의 삶에 충만함을 믿습니다. 죄 많은 저희들이지만 주님의 은혜를 기억하고 오늘도 주님의 전을 찾았습니다.

자비로우신 주님! 자녀가 되는 권세를 받고 절대적인 보호와 은혜 가운데 살면서도 죄의 길을 벗어나지 못하고 죄에 끌려 살았던 저희들입니다. 추하고 못난 저희를 주님의 사랑으로 감싸 안으시고 용서의 은총을 베풀어 주옵소서.

사랑의 주님! 저희에게 오직 여호와를 앙망하는 자는 새 힘을 얻는다는 약속의 말씀을 주심을 감사드립니다(사40:31). 어느 때보다도 새 힘이 필요한 시대인 것을 절감합니다. 삶에 지쳐 쓰러지는 자가 많고, 미래에 대한 소망을 접은 자들도 많습니다. 주여! 구하오니 주님을 앙망하는 자에게 약속의 말씀으로 새 힘을 주시옵소서. 독수리 날개 치며 올라감 같게 하여 주시고, 걸어가도 피곤치 않게 하여 주옵소서. 긍휼이 풍성하신 주님께서 주님을 앙망하는 자에게 놀라운 은총을 더하실 것을 믿습니다.

특별히 주님의 보혈 위에 세워진 교회를 위해서 기도합니다. 성령의 뜨거운 역사가 강하게 일어나는 교회가 되게 하시고, 부르짖는 기도마다 응답받는 축복의 현장이 되게 하여 주옵소서. 무엇보다도 주님의 도우심 아래 날마다 왕성해지는 교회가 되게 하시고, 영혼 구원의 사명 또한 잘 감당할 수 있는 교회가 되게 하여 주옵소서.

주님의 몸 된 교회를 위하여 몸을 드려 봉사하는 손길들이 있습니다. 그들에게 새 힘을 주셔서 샘솟는 기쁨으로 감당할 수 있게 하여 주옵소서. 오늘도 전하실 말씀을 들고 단 위에 서신 목사님을 기억하시고, 진리의 말씀을 전하기에 부족함이 없도록 지혜와 능력을 허락하여 주옵소서.

예배의 시종을 주님께 의탁하오며 저희를 항상 빛으로 인도하여 주시는 예수 그리스도의 이름으로 기도합니다. 아멘

4월 넷째 주 주일 예배(2) — 주님의 음성을 듣게 하소서

> 오라 우리가 굽혀 경배하며 우리를 지으신 여호와 앞에 무릎을 꿇자 그는 우리의 하나님이시요 우리는 그가 기르시는 백성이며 그의 손이 돌보시는 양이기 때문이라 - 시 95:6,7

찬양과 경배를 받으시기에 합당하신 하나님! 저희를 지금까지 사랑과 은혜로 보호하시고 인도하여 주심을 감사드립니다. 이 세상에 경배를 받으시기에 합당한 이가 주님 외에 또 누가 있겠습니까? 주님께 경배를 드리오니 받으시옵소서.

자비로우신 주님! 저희를 향하신 주님의 은혜와 사랑은 변함이 없으시건만 저희 인생들은 바람에 흔들려 이리 저리 요동하는 믿음 없는 삶을 살았습니다. 저희의 연약함을 긍휼히 여기시고 주님을 의지하오니 넓은 날개로 품으시고 따뜻한 손으로 잡아주시옵소서.

존귀하신 주님! 푸르름을 맘껏 먹은 산야가 더욱 생동감 있는 때입니다. 주님의 체취가 그리워 주님의 전을 찾은 저희들이 이 산록의 청초함처럼 주님의 생명력으로 넘쳐나게 하옵소서. 저희는 주님의 기르시는 백성이요 그 손의 양임을 깨닫습니다. 항상 주님의 음성 듣기에 집중할 수 있는 삶이 되게 하시고, 그 음성을 따라갈 수 있는 삶이 되게 하여 주옵소서. 오늘 여기에 소망을 잃은 자가 있습니까? 답답한 가슴을 안고 온 자가 있습니까? 목자이신 주님께서 저들의 희망이 되시고, 시원한 생수가 되어 주시옵소서. 실망과 좌절의 능선을 넘지 못하는 이들에게 용기와 참 삶의 지표가 되어 주시옵소서.

평화의 주님, 주님의 몸 된 교회도 봄의 훈훈한 바람처럼 주님의 사랑과 평안을 느낄 수 있는 전이 되게 하시고, 세상을 이길 힘과 능력을 공급받는 곳이 되게 하여 주옵소서. 주님의 교회를 든든히 세우시기 위하여 세워진 기관들을 기억하시고 항상 충성과 봉사가 넘쳐나는 기관이 되게 하셔서 주님의 영광을 높이 드러내기에 부족함이 없게 하여 주옵소서.

오늘도 생명의 말씀을 들고 단 위에 서시는 목사님을 성령의 능력으로 강력하게 붙드시고, 지금도 살아계셔서 역사하시는 주님을 말씀 속에서 다시 만나는 시간이 되게 하여 주옵소서. 예배의 시종을 주님께 의탁하오며 예수 그리스도의 이름으로 기도합니다. 아멘

4월 넷째 주 주일오후예배

참된 안식을 누리게 하소서

수고하고 무거운 짐 진 자들아 다 내게로 오라 내가 너희를 쉬게 하리라 나는 마음이 온유하고 겸손하니 나의 멍에를 메고 내게 배우라 그리하면 너희 마음이 쉼을 얻으리니
- 마 11:28,29

저희를 보호하시는 하나님 아버지! 한 주간도 혼탁한 세상에서 보호하시고 인도하여 주신 것을 감사드립니다. 일 분 일 초도 주님의 돌보심이 없이는 살아갈 수 없는 존재들이기에 오늘도 주님의 따뜻한 품에 안기길 원하여 주님의 전을 찾았사오니 따뜻하신 주님의 손길로 맞아 주옵소서.

주님! 삶을 전폭적으로 주님께 맡기고자 하는 저희들이오나 아직도 연약하여 건강한 신앙생활을 지속하지 못하고 있사오니 달음박질하여도 곤비치 않을 성령의 능력을 허락하시고, 어떤 시련 속에서도 굴하지 않고 능히 이기고 나갈 수 있는 믿음을 심령 가득 채워주시옵소서.

이 시간에도 주님의 영광을 위해 창조된 저희는 주님 안에서만 살 수 있으며, 주님 안에서만 진정한 안식이 있음을 고백합니다. 저희들 가운데 여러 가지 인생의 문제와 질병과 소외와 외로움으로 고통당하는 자가 있다면 예배를 통하여 참된 위로와 평안을 얻게 하시고 아파하던 모든 문제들이 치유되고 회복될 수 있는 은총을 경험하게 하옵소서.

갈급한 심령에 풍성한 꼴을 주시는 주님! 주님의 은사를 구하는 백성들이 여기 모였습니다. 각양 좋은 은사로 채워주시고, 넉넉한 능력으로 기뻐할 수 있는 시간이 되게 하옵소서. 이 시간 주님께 겸손한 제물이 되기를 원합니다. 은혜 받을 그릇이 되기를 원합니다. 부드러운 눈길로 살피시고 싱그러운 은사로 부으시옵소서. 주님의 오른손에 붙잡히게 하시고, 주님의 말씀에 붙들리게 하옵소서. 성령님의 능력에 사로잡히게 하여 주시옵소서.

이 시간 말씀을 증거하시는 목사님을 기억하시고, 오후 찬양 예배에 참석한 저희 모두 주님의 음성을 분명히 듣는 시간이 되게 하옵소서.

예배의 시종을 주님께 의탁하오며 구원의 주가 되시는 예수 그리스도의 이름으로 기도합니다. 아멘

주님을 닮고 싶습니다

하늘 보좌를 버리시고
이 땅에 성육신 하셔서
낮아짐의 삶을 보여주신 주님.
저도 그 삶을 따르게 하옵소서.
먹을 것 없어 말씀으로 텅 빈 뱃속을 달래시며
사랑 베푸시느라 애쓰시던 주님,
저도 그 사랑을 베풀 수 있게 하옵소서.
제자들의 발을 씻기시며
섬김의 삶을 보여주신 주님.
저도 그 섬김을 실천할 수 있게 하옵소서.
이제껏
낮아짐보다 높임을 받는 삶에 익숙해 있었고,
베푸는 사랑보다
원수를 만드는 일에 마음을 쏟았고,
섬김의 삶보다
주님이 동이셨던 그 수건으로
이웃의 허리를 묶었으며
이웃의 물 대야에
제 발을 담근 적이 더 많았습니다.
주기보다 받는 데에
풀기보다 매는 데에 익숙해 있던
제 모습이었습니다.
주여!
이제는 주님의 삶을 닮아가게 하옵소서.
정말 닮을 수 있도록
서둘러 이 죄인을
풀무질하여 주옵소서.

_ 노진향

5월의 기도
가정, 은총의 그릇

• 절기 및 국가 기념일

어린이주일
어버이주일
스승의 날
성년의 날
5.18민주화 운동 기념일
성령강림주일
웨슬리 회심기념주일(감리교)

5월 첫째 주 주일 예배(1)

은총을 받게 하소서 – 어린이 주일

예수께서 이르시되 어린 아이들을 용납하고 내게 오는 것을 금하지 말라 천국이 이런 사람의 것이니라 하시고 – 마 19:14

    오월의 아름다운 햇빛과 따스함을 주신 하나님! 이 좋은 계절에 주님 앞에 나아와 감사와 찬송을 드립니다. 오늘 어린이 주일을 맞이하여 어린아이와 같이 순수하고 겸손한 마음으로 예배드릴 수 있도록 은혜 베풀어 주신 주님의 사랑을 감사드립니다.

    하늘나라는 어린아이와 같은 자들의 것이라고 말씀하신 주님! 저희들은 주님의 자녀로서 순수성을 잃어버리고 거짓과 오만으로 가득 찬 방만한 삶을 살아왔음을 고백하오니 용서하여 주옵소서.

    사랑이 많으신 주님! 저희 교회에 속해 있는 어린이뿐만 아니라 이 민족, 이 세계 안에 속해 있는 모든 어린이들을 기억하시고, 험악하고 죄악된 세상에 물들지 않고 정직하게 자랄 수 있도록 인도하여 주옵소서. 특별히 주님을 믿는 어린이들이 어려서부터 주님을 의지했던 다윗과도 같이(시71:5) 오직 하나님만을 공경할 수 있는 아이들이 되게 하여 주옵소서. 아이 사무엘이 점점 자라매 여호와와 사람들에게 사랑을 받았듯이, 가는 곳마다 은총을 받게 하여 주옵소서. 그 키와 머리가 자라면서 세상의 지식이나 경험에 끌려가는 인생이 되지 말게 하시고, 하나님이 주시는 지혜로 세상을 주도해 갈 수 있는 리더로 성장할 수 있게 하옵소서. 가정에서는 부모님을 기쁘게 하며(잠10:1) 친구들 사이에서는 서로를 사랑하고 아끼는 어린이들이 되게 하여 주옵소서. 주님을 믿는 저들 가운데서 마틴 루터와 같은 종교개혁자도 나오게 하시고 어거스틴과 같은 성자도 나오게 하옵소서. 주님을 믿는 저들 가운데서 역사에 훌륭한 족적을 남길 인물들이 많이 배출될 수 있게 하옵소서.

    말씀을 전하시는 목사님을 기억하시고, 성령의 능력으로 인도하여 주셔서 저희 모두가 주님의 말씀의 깊이를 깨닫는 시간이 되게 하여 주옵소서. 예배의 시종을 주님께 의탁하오며 예수 그리스도의 이름으로 기도합니다. 아멘

5월 첫째 주 주일 예배(2)

어린아이 처럼… – 어린이 주일

이르시되 진실로 너희에게 이르노니 너희가 돌이켜 어린 아이들과 같이 되지 아니하면 결단코 천국에 들어가지 못하리라 그러므로 누구든지 이 어린 아이와 같이 자기를 낮추는 사람이 천국에서 큰 자니라 – 마 18:3,4

 어린아이를 사랑하신 주님! 오늘은 특별히 어린아이들을 지극히 사랑하신 주님을 본받아 티 없이 맑고 깨끗한 어린 생명들을 생각하는 날로 지키게 하시니 감사드립니다. 이 시간 어린아이와 같은 마음을 가지고 예배드리기를 원하는 저희에게 임하셔서 찬양과 경배를 받으시옵소서.

 사랑의 주님! 오늘 이 시간 저희들의 가정과 자라나는 자녀들을 위해서 기도합니다. 죄악과 방탕의 유혹이 범람하는 이 험악한 세상에서 저희 자녀들을 지켜주시고, 참되고 순수한 아이들답게 깨끗하고 아름답게 성장할 수 있도록 도와주시옵소서. 어릴 때부터 주님의 계명과 법도를 잘 지키게 하시고(신7:9), 호흡과 맥박 속에 주님을 모시고 사는 생활을 하게 하셔서 이 나라와 교회와 역사를 환하게 밝힐 수 있는 아이들이 되게 하여 주옵소서.

 어린아이들과 같지 않고서는 결단코 천국에 들어갈 수 없다고 하신 주님!(마18:3) 이 시간 주님이 왜 그같이 말씀하셨는지를 다시 한 번 깨닫게 하여 주옵소서. 높아지려고 발버둥치지 않기 때문에, 때묻지 않고 거짓이 없기에, 혼자서는 할 수 없음을 알기에, 그 같이 말씀하신 것임을 믿습니다. 이 시간 저희들도 주님 앞에서 오만과 교만을 털고 어린아이의 모습을 닮을 수 있게 하여 주옵소서. 좀 더 낮아지고 혼자서는 아무것도 되지 않음을 인정하며, 진실하고 순수함으로 주님을 신뢰할 수 있는 저희 가 되게 하여 주옵소서.

 친구 되시는 주님! 아직도 우리 주위에는 불우한 환경 속에서 배고픔과 질병과 외로움으로 고생하는 어린이들이 있습니다. 어린 생명들이 지고 가기엔 너무나 버겁고 힘든 짐이오니 사랑의 주님께서 포근히 안아주시고 그 무거운 짐을 덜어주옵소서.

 오늘 말씀을 전하시는 목사님을 성령의 능력으로 붙드실 것을 믿사옵고 예배의 시종을 주님께 의탁하오며 예수 그리스도의 이름으로 기도합니다. 아멘

5월 첫째 주 주일오후예배

밝은 등불이 되게 하소서

여호와의 인자하심과 인생에게 행하신 기적으로 말미암아 그를 찬송할지로다 그가 사모하는 영혼에게 만족을 주시며 주린 영혼에게 좋은 것으로 채워주심이로다 – 시 107:8,9

    사랑의 주님! 오늘은 특별히 어린이 주일로 지키게 하여 주시고, 이 시간에 다시 나와 주님께 찬양하며 영광 돌릴 수 있게 하여 주시니 감사드립니다. 이 시간 정성스런 예배를 드릴 수 있도록 저희 마음에 진실함을 주시고 큰 은혜를 받는 시간이 되게 하여 주옵소서.

    사랑의 주님! 이 땅에 사는 모든 어린이들을 축복하여 주시기를 원합니다. 어린 마음속에 믿음을 간직하고 하나님을 경외하는 법을 배우며 자라게 하시며, 세상을 밝게 비추는 등불이 되게 하여 주옵소서. 특별히 주님의 몸 된 교회에서 어린 아이의 신앙교육을 전담하고 있는 주일학교를 기억하시고, 모든 교사들에게 함께하셔서 백지 같은 어린 심령에 주님의 형상을 새겨 가는 교육을 할 수 있도록 도와주옵소서. 어린 심령들에게 믿음을 심어 주는 일이 주님이 주신 막중한 사명임을 깨달아 맡은 바 사명을 잘 감당할 수 있는 교사들이 되게 하여 주옵소서.

    부모가 없거나 부모의 사랑을 받지 못하고 있는 어린아이들을 위해서도 기도합니다. 친구 되신 우리 주님은 그 어린 심령들을 더욱 사랑하고 계시는 줄 믿습니다. 험악한 세상에서 주눅이 들거나 용기를 잃지 않도록 붙들어 주시고 믿음으로 자랄 수 있게 하여 주옵소서.

    주님! 저희들도 어린아이와 같은 순수하고 깨끗한 신앙으로 주님을 기쁘시게 할 수 있기를 원합니다. 우리 주님께서 "어린아이와 같지 아니하면 결단코 천국에 들어갈 수 없다"(마18:3)고 말씀하셨사오니, 때묻지 않은 깨끗한 신앙으로 천국을 소유할 수 있게 하여 주옵소서. 또한 어린아이와 같이 순수하게 순종하는 믿음이 되기를 원합니다. 주님께서 무슨 일을 맡기시든지 '아멘' 할 수 있게 하여 주시고, 주님의 몸 된 교회와 주님의 나라를 위하여 아름다운 일꾼으로 쓰임 받는 저희가 되게 하옵소서.

    오늘도 말씀을 전하시는 목사님을 주의 크신 능력으로 붙들어 주옵소서. 예배를 마치는 시간까지 주의 성령께서 저희들 가운데 운행하심을 믿사옵고 예수 그리스도의 이름으로 기도합니다. 아멘

5월 둘째 주 주일 예배(1)

부모님을 위로하소서 - 어버이 주일

자녀들아 주 안에서 너희 부모에게 순종하라 이것이 옳으니라 네 아버지와 어머니를 공경하라 이것은 약속이 있는 첫 계명이니 이로써 네가 잘되고 땅에서 장수하리라 - 엡 6:1~3

저희를 자녀로 사랑하시고 품에 안으셔서 보호하시는 하나님!

외롭고 위태로운 인생들에게 부모의 따뜻한 사랑을 경험하게 하심을 감사드립니다. 이 땅에 사는 동안 하나님을 경외하며 육신의 부모님께 효도하게 하셔서 주님의 계명을 성실히 지키는 자가 되게 하여 주옵소서.

사랑의 아버지 하나님! 오늘은 어버이주일입니다. 하나님의 자녀라 칭함을 받으면서도 무척이나 효도하기에 인색했던 저희들을 용서하시고, 어버이 주일에 참다운 자녀의 모습을 되찾게 하여 주옵소서. 자녀들이 잘되기를 간절히 원하면서 평생을 살아오신 부모님을 위로하여 주시고, 그 심령을 주님의 사랑으로 가득 채워주시옵소서. 저희들이 그릇된 길로 가는 것을 보면서 가슴 아파하시고, 저희가 병들었을 때 용기와 희망을 주시던 부모님의 애틋한 사랑을 저희가 어찌 다 헤아릴 수 있겠습니까? 주님은 부모님의 사랑과 노고를 아시오니, 한량없으신 주님의 은혜와 위로로 충만하게 채워주옵소서.

특별히 주님의 사랑 안에서 살고 있는 저희들은 부모님의 은혜에 조금이라도 보답하겠다는 심정으로 따뜻하게 모실 수 있게 하시고, 이삭과 같이 목숨을 바치면서까지 부모님의 뜻에 따랐던 믿음을 간직하게 하여 주옵소서. 또한 노령이신 분들께 건강의 복을 더하여 주시기를 원합니다. 이 땅에서 주님이 맡겨 주신 일을 다 마칠 때까지 기력이 쇠하지 않도록 은총을 더하여 주옵소서.

단 위에 서신 목사님을 성령의 능력으로 붙드시고, 선포하시는 말씀을 통해서 부모님을 공경함으로 얻게 되는 축복을 깨닫게 하시옵소서. 또한 말씀을 통하여 모든 부모님들이 큰 위로를 받는 시간이 되게 하옵소서.

주님의 몸 된 교회를 위하여 시간과 물질을 아끼지 않고 봉사하는 손길들을 기억하시고, 저들의 아낌없는 봉사의 손길이 천국의 상급과 면류관으로 이어지게 하옵소서.

미천한 저희들이 드리는 이 예배를 주님께서 기쁘게 흠향하실 줄 믿사옵고 예수 그리스도의 이름으로 기도합니다. 아멘

5월 둘째 주 주일 예배(2)

부모를 즐겁게 하게 하소서 - 어버이 주일

네 부모를 공경하라 그리하면 네 하나님 여호와가 네게 준 땅에서 네 생명이 길리라 - 출 20:12

십계명을 통하여 네 부모를 공경하라고 말씀하신 하나님! 어버이주일을 저희에게 주심을 감사드립니다. 이 시간 모두가 감사의 제단을 쌓기 원하오니 저희의 예배를 받아 주시옵소서.

오늘의 저희들이 있기까지 저희를 위해 기도하시며 양육해 주셨던 부모님에 대하여 자녀 된 자로서의 도리를 다하지 못한 것을 회개합니다. 용서하여 주옵소서.

네 부모를 즐겁게 하고, 너 낳은 어미를 기쁘게 하라고 하신 하나님!(잠 23:25) 언제나 부모님의 자랑거리가 되며 기쁨을 줄 수 있는 자녀가 되게 하여 주옵소서. 시대에 뒤떨어진 구세대라고 해서 무시하지 않게 하시고, 노인이 되었다는 이유로 귀찮게 생각하는 죄를 범하지 않게 하옵소서. 부모님 앞에서 원망하거나 저주하는 자식이 되지 않게 하시고(잠30:11), 부모님이 싫은 소리를 한다고 해서 거역하는 일이 없게 하옵소서. 부모님의 은혜에 조금이라도 보답하겠다는 심정으로 부모님을 따뜻하게 모시며, 부모님의 말씀을 잘 순종할 수 있는 자녀들이 되게 하여 주옵소서.

이 땅 위에 아직도 주님을 영접하지 못한 부모님들이 계십니다. 세상을 떠나기 전 주님을 알게 하셔서 예수 믿고 천국 가실 수 있도록 은혜 내려 주옵소서. 노령이신 분들께 건강의 축복을 더하셔서 이 땅 위의 생을 마감하는 그 날까지 질병으로 고통당하는 일이 없게 하여 주옵소서.

부모 된 저희들도 자녀들에게 부모의 본분을 다할 수 있게 하여 주시고, 세상의 지식과 학문의 기초를 세워주기에 앞서 효의 기본을 가르칠 수 있도록 도와주옵소서. 또한 아버지이신 하나님을 잘 받들어 섬기기를 원합니다. 저희들에게 한량없으신 사랑을 쏟아 부으신 아버지 하나님의 마음을 시원케 해드릴 수 있는 주님의 자녀들이 되게 하여 주옵소서.

이 시간 축복의 말씀을 듣고 단 위에 서신 목사님을 기억하시고, 능력의 말씀을 증거하실 수 있도록 붙드시옵소서. 예배의 시종을 주님께 의탁하오며 예수 그리스도의 이름으로 기도합니다. 아멘

큰 나무로 쓰임 받게 하소서

너는 알라 오직 네 하나님 여호와는 하나님이시요 신실하신 하나님이시라 그를 사랑하고 그의 계명을 지키는 자에게는 천 대까지 그의 언약을 이행하시며 인애를 베푸시되 – 신 7:9

네 아비의 훈계를 들으며 네 어미의 법을 떠나지 말라고 하신 하나님!(잠 1:8) 하늘에는 영혼의 아버지가 계시고 땅에서는 저희 어버이들이 계셔서 오늘의 저희들이 있음을 감사드립니다. 오늘, 부모님의 은혜를 기억하며 어버이주일로 지키게 하시고, 이 시간에 다시금 찬양 예배로 주님께 영광을 돌리게 하심을 감사드립니다.

이제껏 저희를 위하여 모든 것을 희생하신 부모님들께 평강의 복을 더하여 주셔서 늙음에서 오는 외로움, 쓸쓸함, 섭섭함이 사라지게 하여 주옵소서. 외로운 분들과 허약한 분들과 가난한 분들을 위로하시고, 이 땅에 계시는 동안 용기와 힘을 잃지 않도록 은총을 더하여 주시옵소서.

저희 모두 정성스런 효행으로 주님을 본받아 어버이를 섬기는 일에 최선을 다할 수 있게 하여 주시고, 낳아주시고 길러주신 큰 은덕을 잊지 않게 하여 주옵소서.

자비하신 주님! 이 시간도 세상에서 자녀에게 버림받고 쓸쓸하게 생을 마감하는 분들이 계십니다. 몸을 찢으신 주님의 사랑을 본받아 이 분들을 돌아볼 수 있게 하시고, 공경할 수 있는 넓은 효성이 저희에게 있게 하여 주옵소서. 이제 산천초목이 저마다 푸른 색깔을 뽐내는 계절입니다. 저희의 신앙도 항상 푸르름을 유지할 수 있도록 인도하여 주옵소서.

이 땅 위에 그리스도의 푸른 계절이 올 수 있도록 최선을 다하는 믿음이 되게 하여 주시고, 주님이 세우신 교회를 위해서도 영혼의 열매를 많이 맺을 수 있는 큰 나무로 쓰임 받을 수 있게 하여 주옵소서. 산소 같은 신앙인이 되기를 원합니다. 주위를 그리스도의 향기로 물들일 수 있는 저희가 되게 하시고, 만나는 사람마다 인생의 참된 복이 무엇인지를 심어줄 수 있는 주님의 사람이 되게 하여 주옵소서.

오늘도 말씀을 증거하시기 위하여 단 위에 선 목사님을 더 큰 능력으로 붙드시옵소서. 이 예배를 기쁘게 흠향하여 주실 것을 믿사옵고 예수 그리스도의 이름으로 기도합니다. 아멘

5월 셋째 주 주일 예배(1)

이런 가정이 되게 하소서

우리가 스스로 우리의 행위들을 조사하고 여호와께로 돌아가자 우리의 마음과 손을 아울러 하늘에 계신 하나님께 들자
- 애 3:40,41

온누리가 푸르름으로 가득한 5월의 주일 아침, 저희를 주님의 전으로 불러 주셔서 안식일을 거룩히 지키며 예배드리고 계명대로 살게 하시는 주님의 은혜를 감사드립니다.

하오나 새 생명을 얻은 기쁨 속에 살면서도 마음의 평화를 온전히 누리지 못했던 저희들이었습니다. 여전히 불신앙을 버리지 못하는 저희들을 긍휼히 여기시고 새롭게 하여 주옵소서.

자비가 풍성하신 하나님! 5월은 가정의 달임을 기억합니다. 하나님께서 맺어 주시고 복을 내려 주신 저희 가정을 통하여 영광 받아주시옵소서. 온 집이 여호와께 제단을 쌓고(삼상1:21) 여호와만을 경배했던 엘가나의 가정같이 주님께 예배하는 일을 통해 은혜 받게 하시고, 평강과 기쁨이 넘치게 하시며, 언제나 화목함이 넘치는 가정이 되게 하옵소서. 온 가정이 죄악으로부터 성결케 되었던 욥의 가정처럼(욥1:5) 저희 가정의 모든 가족들이 죄로 물들지 않게 하여 주시고, 죄악을 멀리하며 하나님만을 사모하고 가까이하는 가정이 되게 하옵소서. 온 집으로 더불어 하나님을 경외하며 백성을 많이 구제했던 고넬료의 가정처럼(행10:2) 우상을 숭배하지 않게 하시며 이웃을 위해 봉사할 수 있는 가정이 되게 하옵소서.

소망이 되시는 주님! 고달픈 삶으로 인하여 고통당하는 사람들이 많습니다. 고통의 원인이 어디에 있는지도 모르고 환경이나 세상만을 탓하며 처량하게 사는 저들을 불쌍히 여기셔서 주님 앞에 나와 새 삶에 대한 기쁨을 누릴 수 있는 은총이 있게 하여 주옵소서.

시대가 어두울수록 교회의 역할이 막중함을 깨닫습니다. 세상풍조에 휩쓸려가는 교회가 아니라, 세상을 주님의 밝은 빛으로 밝게 비출 수 있는 교회가 되게 하시고, 아픔의 소리가 메아리치고 있는 곳곳에 그 아픔을 치료하며, 참된 평안을 심어줄 수 있는 교회가 되게 하여 주옵소서.

말씀을 전하시는 목사님에게 성령의 두루마기를 입히셔서 저희들의 폐부를 찌르고, 새 소망을 갖게 하는 말씀을 전하게 하여 주옵소서. 예배의 시종을 주님께 의탁하며 예수 그리스도의 이름으로 기도합니다. 아멘

5월 셋째 주 주일 예배(2)

복 있는 가정이 되게 하소서

이제는 전에 멀리 있던 너희가 그리스도 예수 안에서 그리스도의 피로 가까워졌느니라 그는 우리의 화평이신지라 둘로 하나를 만드사 원수 된 것 곧 중간에 막힌 담을 자기 육체로 허시고
– 엡 2:13,14

   죄악의 담을 헐어 주셔서 하나님과 화평을 이룰 수 있도록 하신 예수 그리스도를 찬양합니다. 또한 저희들을 주님의 자녀로 인치사 언제나 하나님을 가까이할 수 있도록 이끄심을 감사드립니다. 기쁨으로 찬양과 경배를 드리며 주님 앞에 나온 저희들을 미쁘게 보시고 받으시옵소서.

   주님의 영광 앞에서 먼저 저희들의 죄악을 봅니다. 한 주간도 믿음을 저버린 적이 한두 번이 아니었음을 고백합니다. 인자하심이 풍부하신 우리 주님께서 저희들의 죄를 사하여 주시고 용서하여 주옵소서.

   주님! 5월은 가정의 달입니다. 주님을 섬기는 가정들을 기억하셔서 세상 유혹에 흔들리지 않고 믿음으로 든든히 서 가는 가정들이 되게 하여 주옵소서. 부모님을 모시고 있는 가정들은 효가 항상 우선이 되게 하시고, 그 아름다운 모습이 주님을 섬기는 마음으로 이어지게 하여 주옵소서. 부부간에 같은 마음을 품을 수 있게 하시고, 믿음의 일치를 이루어 주님을 더욱 진실하게 섬길 수 있는 귀한 복을 누리게 하여 주옵소서. 자녀들도 영육간에 건강하게 성장하기를 원합니다. 악은 모양이라도 닮지 말게 하여 주시고, 믿음 안에서 주님의 교훈과 훈계로 잘 양육받을 수 있게 하여 주옵소서. 본받을 것이 없는 이 악한 세대에서 주님의 진리의 깃발을 높이 쳐들고 살아계신 하나님을 보여줄 수 있는 가정들이 되게 하여 주옵소서.

   주님! 밭에 심기운 겨자씨 한 알이 모든 것보다 작은 것이로되 자란 후에는 나물보다 커서 나무가 되매 공중의 새들이 와서 그 가지에 깃들인다는 주님의 말씀을 되새겨봅니다. 저희의 삶 가운데 심기운 천국의 씨앗도 날마다 자라고 무성해지게 하시고, 천국 복음도 힘차게 전할 수 있는 삶이 되게 하여 주옵소서.

   오늘도 말씀을 들고 단 위에 서신 목사님을 기억하셔서 진리의 말씀을 증거하시기에 조금도 부족함이 없도록 붙드실 것을 믿습니다. 예배의 시종을 주님께 의탁하오며 저희를 구속하여 주시고 복된 길로 인도하여 주시는 예수 그리스도의 이름으로 기도합니다. 아멘

5월 셋째 주 주일오후예배

가정을 지켜주소서

할렐루야, 여호와를 경외하며 그의 계명을 크게 즐거워하는 자는 복이 있도다 그의 후손이 땅에서 강성함이여 정직한 자들의 후손에게 복이 있으리로다 — 시 112:1,2

여호와를 경외하며 그 계명을 크게 즐거워하는 자를 복 있게 하시는 하나님! 오늘도 주일을 온전하게 지킬 수 있도록 이끄심을 감사드립니다. 녹색으로 옷을 갈아입는 자연의 아름다움을 보며 온 누리에 향하신 주님의 은총이 충만함을 다시 한 번 깨닫게 됩니다. 이 시간 저희들도 주님의 크신 사랑의 은총으로 충만하게 채워지는 시간이 되게 하여 주옵소서.

주님! 저희에게는 늘 죄악 된 모습들이 묻어 있음을 발견합니다. 주님을 대하기에 너무나 부끄러운 저희들이오니 용서의 은총을 베푸시고, 넓으신 품으로 안아주시옵소서. 만물이 부족함 없이 채워주시는 주님의 은총을 인하여 노래하며 찬양하듯이, 저희들도 주님의 크고 놀라우신 은총을 인하여 즐겁게 노래하며 찬양할 수 있는 삶이 되게 하여 주옵소서.

주님! 그 어느 때보다도 가정의 위기의식을 피부로 경험하고 있습니다. 저희들의 가정은 언제나 화목하게 하시며 서로 이해하고 양보하며 인내하는 가운데 평강이 넘쳐나게 하옵소서. 세속에 물든 가정이 되지 않게 하시고, 언제나 찬송과 기도가 끊이지 않는 경건한 가정이 되게 하여 주시옵소서. 물질 때문에 궁색함이 없게 하시고, 물질의 복을 주셔서 구제하는 일에도 힘쓸 수 있는 가정이 되게 하여 주옵소서. 아직도 주님을 영접하지 못한 가족과 일가친척을 둔 가정이 있다면 모든 가족들이 믿음 안에서 하나가 될 수 있는 은총을 베풀어 주옵소서.

주님! 교회를 위해서 기도합니다. 교회에 주신 복을 곤고한 형제들과 나눌 수 있도록 은혜를 베풀어 주시기 원합니다. 어그러지고, 깨지고, 찢어져 상처 입은 영혼들을 끌어안을 수 있는 교회가 되게 하시고, 복된 삶으로 이끌어 주는 시대적 사명을 잘 감당하는 교회가 되게 하여 주옵소서. 오늘도 예배를 돕는 분들을 기억하시고, 특별히 말씀을 증거하시는 목사님을 성령의 능력으로 붙드시옵소서. 예배의 시종을 주님께 의탁하오며 예수 그리스도의 이름으로 기도합니다. 아멘

5월 넷째 주 주일 예배(1)

주위를 돌아보게 하소서

각각 자기 일을 돌볼뿐더러 또한 각각 다른 사람들의 일을 돌보아 나의 기쁨을 충만하게 하라 - 빌 2:4

찬양과 경배를 받으시기에 합당하신 주님! 감사드립니다. 주님의 내려 주시는 은총 속에 신록이 더욱 짙어져 가고 있습니다. 이 계절에 저희의 믿음도 더욱 짙어지고 푸른 모습이 되게 하여 주옵소서.

자비와 은혜의 주님! 주님 앞에 견고한 믿음을 보여드리지 못했음을 발견하며 고백합니다. 긍휼이 여기사 용서하여 주옵소서. 저희들의 의지와 생각이 주님 앞에 하나로 묶여 더욱 큰 믿음으로 성장하게 하시며, 그 믿음이 죽을 영혼도 살리는 생명력이 넘치는 믿음이 되게 하여 주옵소서.

주님! 5월은 가정의 달로 지키고 있습니다. 이 땅을 살아가면서 어려움도 많고 힘든 일도 많지만, 특별히 가정의 달을 맞이하여 저희 자신과 주위 환경을 돌아볼 수 있게 하여 주시고, 이제껏 기억조차 하지 않던 주위의 많은 사람들을 기억할 수 있는 저희가 되게 하여 주옵소서. 다른 사람들을 돌아볼 줄 아는 것이 주님의 기쁨을 충만케 하는 것임을 잊지 않게 하셔서 주님을 기쁘시게 해드릴 수 있는 삶이 되게 하여 주옵소서. 함께 더불어 살며, 함께 기쁨을 찾는 것이 익숙해짐으로, 어느 곳에서나 축복의 현장을 만들어 갈 수 있는 저희 모두가 되게 하여 주옵소서.

주님! 자녀를 양육하고 있는 저희들을 기억하시옵소서. 미래의 꿈나무들을 잘 양육할 수 있도록 지혜를 주시고, 어린 영혼에게 두고두고 아픔이 되는 죄를 저지르지 않게 하여 주옵소서. 주님! 경제가 세계적으로 어려운 가운데 있습니다. 경제가 아무리 어려워져도 가정의 생계 수단은 흔들림이 없게 하여 주셔서 형통의 복으로 이끄시는 주님의 은혜를 찬양할 수 있게 하옵소서.

오늘도 말씀을 전하시는 목사님을 붙드셔서, 성령에 이끌리어 전하시는 말씀이 되게 하시고, 말씀을 듣는 저희 모두가 큰 깨달음을 얻게 하여 주옵소서. 예배의 시종을 주님께 의탁합니다. 예배를 위하여 수종 드는 찬양대와 봉사자들에게 하늘의 신령한 위로로 함께하실 것을 믿사옵고 예수 그리스도의 이름으로 기도합니다. 아멘

5월 넷째 주 주일예배(2)

사랑과 정감이 넘치게 하소서

무릇 내게 붙어 있어 열매를 맺지 아니하는 가지는 아버지께서 그것을 제거해 버리시고 무릇 열매를 맺는 가지는 더 열매를 맺게 하려 하여 그것을 깨끗하게 하시느니라 - 요 15:2

    언제 어디서나 택하신 백성과 함께 계시는 주님! 저희를 주님의 선하신 뜻대로 이끌어 주심을 감사드립니다. 온 세상의 생명 있는 것마다 푸른 옷으로 갈아입으며 생명 있음을 찬양하고 있는 것 같습니다. 모든 것이 주님 주신 은총임을 생각하며 더욱 주님께 영광 돌립니다. 또한 이 좋은 계절에 저희들에게 가정을 꼼꼼히 돌아볼 수 있는 기회도 주심을 감사드립니다. 주님이 택하신 가정마다 사랑을 쏟아 부어 주시는 주님의 은혜를 더욱 깊이 깨닫고 느낄 수 있게 하시며, 안정되고 화평한 가정이 될 수 있도록 인도하여 주옵소서. 가족 중 누구라도 질병으로 고통당하는 일이 없게 하시고, 다툼이 일어나지 않게 하시며, 반목과 질시로 갈라져 깨지지 않도록 붙들어 주시옵소서. 계획하는 일마다 평안한 가운데서 이루어지게 하시고, 언제나 사랑이 넘치는 교제가 이루어지는 가정이 되게 하여 주옵소서. 그리하여 주님이 원하시는 사랑과 믿음의 과실을 많이 맺을 수 있는 가정들이 되게 하여 주옵소서. 이 사회도 아름다운 모습이 있기를 원합니다. 매일 들려오는 소식들이 아름다운 소식이 되게 하시고, 매일 참 기쁨의 소식을 들으며 훈훈한 교제로 이야기꽃을 피울 수 있는 정감이 넘치는 사회가 되게 하여 주옵소서.

    주님! 자식과 부모로서 책임을 다하지 못하는 가정들도 있습니다. 이 안타까운 현실을 불쌍히 여기시고 긍휼을 베풀어 주시기를 원합니다. 낳아주신 부모님을 잘 모실 수 있는 가정이 되게 하시고, 자녀들에게 밝은 미래를 유산으로 물려줄 수 있는 가정들이 되게 하여 주옵소서. 교회 주위에는 외롭고 가난하고 허약한 분들도 많사오니 말과 혀로만 사랑을 외치는 교회가 아니라 행함과 진실을 보여줄 수 있는 교회가 되게 하여 주옵소서.

    오늘도 말씀을 증거하시는 목사님을 성령의 능력으로 붙드시고 큰 권능을 더하여 주실 것을 믿습니다. 예배를 돕는 손길들에게도 헌신의 마음을 더욱 복되게 하실 것을 믿사옵고, 사랑이 많으신 예수 그리스도의 이름으로 기도합니다. 아멘

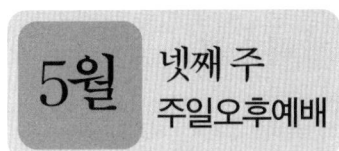

인정받고 칭찬받게 하소서

내가 주의 영을 떠나 어디로 가며 주의 앞에서 어디로 피하리이까 내가 하늘에 올라갈지라도 거기 계시며 스올에 내 자리를 펼지라도 거기 계시니이다 - 시 139:7,8

만물의 근원이 되시며 아니 계신 곳이 없으신 하나님! 저희들을 사랑과 은혜로 충만케 하셔서 주님을 찬양하고 경배할 수 있는 삶을 살게 하여 주시니 감사드립니다. 항상 주님을 찬양하고 주님의 뜻을 좇아 사는 저희 모두가 되게 하여 주옵소서.

주님! 때때로 저희는 신앙생활에서 실족할 때가 많습니다. 죄악과 허탄한 것에 매인 바 되어 주님의 자녀 된 모습을 늘 잃어버리고 사는 저희들입니다. 불쌍히 여겨 주시옵소서.

은혜의 주님! 이 아름다운 계절에 주님께 인정받고 칭찬받으며 축복받을 수 있는 자녀가 되게 하여 주옵소서. 자연도 주님의 축복을 흠뻑 받으며 주어진 사명을 잘 감당하고 있는 이때에 저희들도 주님이 축복하며 주신 귀한 직분을 잘 감당할 수 있게 하옵소서. "손에 쟁기를 잡고 뒤를 돌아보는 자는 하나님의 나라에 합당치 아니하니라"(눅 9:62) 말씀하셨사오니 앞만 보고 주님이 주신 푯대를 향하여 힘 있게 나아갈 수 있는 저희 모두가 되게 하여 주옵소서.(빌 3:14) 맡겨 주신 직분을 잘 감당하기 위하여 더욱 성령 충만을 사모할 수 있게 하시고, 직장과 가정과 일터와 생활의 전 영역을 통해서 더욱 주님의 뜻을 담아낼 수 있게 하여 주옵소서.

주님! 가정의 달로 5월을 지키고 있습니다. 주님의 몸 된 교회도 성령으로 세우신 가정임을 잊지 않게 하여 주시고, 더욱 아끼고 사랑함으로 믿음의 공동체를 만들 수 있게 하여 주옵소서.

인생의 무거운 짐을 홀로 지고 고달파하는 영혼들도 불쌍히 여기시기를 원합니다. 주님 안에서 참된 평안을 찾고,(요 14:27) 위로와 쉼을 얻을 수 있도록 긍휼을 베풀어 주옵소서.(마 11:29)

이 시간도 말씀을 들고 단 위에 서시는 목사님을 기억하시고, 마음을 쏟고 영혼을 쏟아 말씀을 증거하실 때에, 성령님이 강하게 역사하는 자리가 되게 하여 주옵소서. 예배를 마치는 시간까지 주님 홀로 영광 받으실 것을 믿사옵고 예수 그리스도의 이름으로 기도합니다. 아멘

5월 다섯째 주 주일 예배(1)

성령 충만하게 하소서 — 성령강림주일

그 후에 내가 내 영을 만민에게 부어 주리니 너희 자녀들이 장래 일을 말할 것이며 너희 늙은이는 꿈을 꾸며 너희 젊은이는 이상을 볼 것이며 – 욜 2:28

요엘 선지자를 통하여 성령을 부어 주실 것을 약속하신 하나님! 오늘날에도 변함없이 성령의 충만을 허락해 주시고 간절히 사모하고 부르짖는 자에게 넘치도록 채워주심을 감사합니다. 지금 이 시간에도 성령으로 역사하시는 주님의 임재를 깨닫고 겸손히 엎드려 간구합니다. 주의 영께서 저희를 떠나지 마시고 길이길이 함께하시옵소서.

주님! 하루가 지나면 부끄러운 고백이 다시 쌓여도 날이 밝으면 다시 새 힘이 솟아나는 것은, 저희를 떠나지 아니하시는 성령님의 임재 때문인 것을 믿습니다. 자주 절망하여 허물을 영원히 떨쳐버릴 수 없는 연약한 저희들을 불쌍히 여기시고, 성령의 충만함을 받아서 성령님을 근심케 하는 삶이 되지 않게 하여 주옵소서.

주님! 성령강림주일을 맞이하여 이 자리에 모인 저희 모두가 다시 한 번 성령의 충만함을 경험하기를 원합니다. 성령의 충만함을 받아 심령이 새로워지고, 하나님의 능력으로 강건하여지고, 담대해질 수 있게 하여 주옵소서. "하나님의 나라는 말에 있지 아니하고 오직 능력에 있음이라"(고전4:20)고 하셨사오니, 저희 각 사람마다 성령의 능력을 힘입어 담대하고 권세 있는 복음의 증인들에 되게 하여 주옵소서.

주님께서 택하시고 세우신 몸 된 교회마다 성령의 큰 능력으로 함께하셔서 성령의 불길로 활활 타오르는 교회가 되게 하시고, 한국은 물론 세계만방에 성령의 역사를 일으킬 수 있는 교회가 되게 하여 주옵소서.

성령의 인도하심 속에서 주님의 몸 된 교회도, 그 질과 양적인 모든 면에서 부흥이 있기를 원합니다. 교회를 섬기고 있는 직분자들과 기관장들에게 더욱 성령 충만하게 하셔서 교회를 섬기는 것이 복이 되게 하여 주옵소서.

이 시간 말씀을 대언하시는 목사님을 성령께서 친히 붙드셔서 저희가 말씀을 들을 때에 심령의 뜨거움을 경험하는 시간이 되게 하여 주옵소서. 예배의 시종을 주님께 의탁하오며 예수 그리스도의 이름으로 기도합니다. 아멘

5월 다섯째 주 주일예배(2)

성령의 밝은 빛으로 채우소서 - 성령강림주일

주의 성령이 내게 임하셨으니 이는 가난한 자에게 복음을 전하게 하시려고 내게 기름을 부으시고 나를 보내사 포로 된 자에게 자유를, 눈 먼 자에게 다시 보게 함을 전파하며 눌린 자를 자유롭게 하고 - 눅 4:18

오순절 성령으로 임재하시는 하나님!

진리와 권능으로 저희를 찾아와 주시니 감사드립니다. 세상의 고달픔에 지쳐 고단한 심령으로 주님 앞에 나온 저희들에게 위로의 영으로 오시옵소서. 삶의 죄를 고백하는 저희의 심령에 성령이여, 임하시옵소서.

한 주간도 미혹의 영에 이끌려 탐욕스럽고 방자하기 그지없는 삶을 살았습니다. 저희의 죄와 허물도 빽빽한 구름이 사라짐같이, 안개가 사라짐같이 사라질 수 있도록 크신 은총을 더하여 주옵소서.

전능하신 주님! 성령의 밝은 빛으로 저희 심령을 채우셔서, 불신앙과 육신의 정욕들을 이겨낼 수 있게 하여 주옵소서. 주님의 뜻을 온전히 분별하며 세상의 악한 권세를 이기는 선한 싸움의 승리자로 살게 하여 주옵소서. 일찍이 이곳에 주님의 몸 된 교회를 세우셔서 성령의 권능을 세상에 쏟아 놓는 능력의 제단이 되게 하셨사오니, 더욱 성령 충만한 교회가 되게 하시고, 진리의 빛을 밝게 비출 수 있는 교회가 되게 하여 주옵소서.

치료하시는 주님! 지금 육체적으로, 정신적으로, 여러 가지 문제로 고통당하는 교우들도 있습니다. 저희들의 일거수일투족을 눈동자와 같이 지키시는 성령님께서 각 심령마다 충만하게 임하셔서, 모든 고통에서 자유함을 얻게 하시고, 주님을 기쁨으로 찬양할 수 있게 하여 주옵소서.

아직도 이 민족은 남과 북이 서로 대치하고 있습니다. 성령의 권능으로 함께하셔서, 잘못된 정권과 사상이 무너짐으로 하루 빨리 통일을 이룰 수 있게 하여 주옵소서. 한반도 전체가 하나로 연합하여 주님의 구원과 복을 누릴 수 있는 행복한 나라가 되게 하여 주옵소서.

이 시간 성령강림주일을 맞이하여 말씀을 전하시는 목사님을 굳게 붙드셔서 굳은 심령을 찔러 쪼개는 말씀을 전하실 수 있게 하시고, 치료와 위로와 변화가 임하는 말씀이 되게 하옵소서. 예배의 시종을 주님께 의탁합니다. 성령께서 저희들 가운데 운행하심을 믿사옵고 예수 그리스도의 이름으로 기도합니다. 아멘

성령님의 인도하심을 받게 하소서

이와 같이 성령도 우리의 연약함을 도우시나니 우리는 마땅히 기도할 바를 알지 못하나 오직 성령이 말할 수 없는 탄식으로 우리를 위하여 친히 간구하시느니라 - 롬 8:26

끊임없는 성령님과의 교제로 인하여 영적인 생명이 유지되게 하시는 주님!(고전12:13) 저희를 향하신 주님의 인자하심에 감사드리오며, 이 시간 찬송과 영광과 존귀를 주님께 드립니다.

약속하신 성령을 보내주신 주님!(행2:1~4) 보혜사 성령께서 죄로 물든 저희의 심령을 훈계하시고 일깨우셔서(요16:8), 다시는 죄에 눌린 안타까운 심령으로 살아가지 않게 하여 주옵소서.(마12:31) 냉랭한 저희 심령이 뜨거운 성령의 열기로 가득 차게 하시고, 성령으로 권위 있게 하여 주옵소서.(행2:17~21)

이 시간, 저희가 성령 안에서 기도하고 찬송하며 말씀을 사모할 때에 은혜 받게 하시며, 의로운 인격을 갖추고 새사람으로 살아갈 수 있게 하여 주옵소서. 또한 성령님의 인도하심 속에서 저희의 신앙도 살찌게 하시고, 주님의 거룩하신 뜻을 실현할 수 있는 삶이 되게 하여 주옵소서. 저희의 생각과 계획도 미리 아시는 성령께서 저희들의 전 생활 영역이 성령님의 역사와 인도하심을 따라 사는 권세 있는 삶이 되게 하여 주옵소서.

주님의 몸 된 교회도 성령의 권능으로 세우셨사오니, 교회를 찾는 심령마다 아직도 교회를 통해서 일하시는 성령의 능력을 체험케 하시고, 주님의 은혜를 사모하는 각 심령마다 성령을 충만하게 부어주시고자 하시는 주님의 은총을 깨닫게 하옵소서. 성령님을 의지하며 사모하는 심령들이 넘쳐날 때 주님의 몸 된 교회가 질과 양적인 모든 면에서 날마다 부흥하게 하시고(행2:46,47), 주님의 살아계심을 온누리에 나타낼 수 있는 능력의 교회가 되게 하여 주옵소서.

오늘도 성령님을 의지하고 말씀을 선포하시는 목사님을 권세 있게 하셔서 말씀에 귀 기울여 듣는 모든 자들이 성령의 역사하심을 체험하고 은혜 충만히 받는 시간이 되게 하여 주옵소서.

예배의 시종을 주님께 의탁하오며 성령의 충만함으로 함께하시기를 원하시는 예수 그리스도의 이름으로 기도합니다. 아멘

6월의 기도
아픔, 치유의 은혜

• 절기 및 국가 기념일

삼위일체주일
현충일
6.25 상기주일

6월 첫째 주 주일 예배(1)

하나 되게 하소서 - 삼위일체주일

여호와께서는 지극히 존귀하시니 그는 높은 곳에 거하심이요 정의와 공의를 시온에 충만하게 하심이라 네 시대에 평안함이 있으며 구원과 지혜와 지식이 풍성할 것이니 여호와를 경외함이 네 보배니라 - 사 33:5,6

  거룩하신 하나님! 삼위일체 하나님께 찬송과 영광을 돌립니다. 여호와를 경외함이 저희에게 보배이기에 오늘도 하나님을 아바 아버지라 부르며 찬송과 영광을 돌립니다. 홀로 영광을 받으시옵소서. 오늘도 예배드리는 저희 가운데 주님의 구원하심과 지혜의 풍성함을 다시 한 번 경험하는 시간이 되기를 원합니다. 저희들 가운데 진리의 영으로 오시옵소서.

  삼위 일체이신 주님! 죄악에 쉽게 동화되는 저희들을 긍휼히 여기시옵소서. 죄에 끌려서 육욕이 원하는 대로 살았던 한 주간이었습니다. 저희들의 흉한 모습을 긍휼히 여기시고 용서의 은총을 베풀어 주시옵소서.

  사랑의 주님! 삶의 변화와 성장과 발전을 소망합니다. 저희 삶 속에 성령으로 역사하시고 인도하셔서 더욱 새로운 변화가 있는 삶이 되게 하여 주옵소서. 무엇보다도 성자 하나님이시면서도 십자가에 달리시기까지 저희를 사랑하신 주님을 본받는 삶이 되게 하여 주옵소서. 무조건적 사랑으로 죽기까지 사랑하신 주님의 사랑을 본받아 사랑할 수 없는 자들도 품어주고 사랑할 수 있는 저희의 삶이 되게 하여 주옵소서. 또한 항상 순종의 자리로 나아가셨던 주님을 본받아 저희들도 주님께 순종함으로 그 선하시고 거룩하신 뜻을 이루어 드릴 수 있는 자녀들이 되게 하시고, 성자 예수님께서 철저히 아버지의 뜻을 따름으로 '하나 됨'을 실천하셨듯이 저희들도 교회의 지체된 성도들과 온전한 연합을 이루는 삶을 살게 하여 주옵소서. 이 시간 저희 모두가 일치된 마음으로 주님의 은혜를 갈망하며 예배하기 원합니다. 마음속에 쓴 뿌리가 있다면 성령의 불로 녹여 주셔서 삼위일체 하나님께 온전한 향기가 되는 예배가 되게 하여 주옵소서.

  이 시간도 말씀을 전하시는 목사님을 성령의 능력으로 함께하시고, 놀라운 은혜의 역사가 있게 하여 주옵소서. 예배의 시종을 주님께 의탁하오며 예수 그리스도의 이름으로 기도합니다. 아멘

6월 첫째 주 주일예배(2)

살리는 역사가 있게 하소서 – 삼위일체주일

여호와께 감사하고 그의 이름을 불러 아뢰며 그가 하는 일을 만민 중에 알게 할지어다 그에게 노래하며 그를 찬양하며 그의 모든 기이한 일들을 말할지어다 – 시 105:1,2

　삼위일체 하나님께 영광을 돌립니다. 오늘 저희들이 여호와 하나님의 성호를 찬양하고 자랑하기 위해서 이 자리에 모였습니다. 무릇 여호와를 구하는 자는 마음이 즐겁다(시105:3)고 하였사오니 예배드리는 저희의 마음이 세상에서 얻을 수 없는 즐거움으로 가득 넘치게 하옵소서.
　생명의 주인이신 주님! 지난 한 주간을 돌이켜 보건대, 저희는 주님이 주신 생명의 감사함을 잊은 채 숨 쉬며 생각하고, 행동하였음을 고백하지 않을 수 없나이다. 저희 속에는 날로 새로워져야 할 영혼보다 시들고 죽어가고 있는 것들로 가득 차 있었습니다. 회개하오니 한없으신 주님의 긍휼하심으로 용서의 은총을 베풀어 주옵소서. 이제 저희로 모든 죽어가는 것들로부터 결별하는 믿음으로 나아갈 수 있게 하옵소서.
　살아계신 주님! 주님의 몸 된 교회가 삼위 하나님의 축복하심으로 말씀으로 강하고, 성령으로 뜨겁고, 은사로 충만한 교회가 되게 하시고, 소망을 잃은 자에게 소망을, 찬양을 잃은 자에게 찬양의 기쁨이 되살아나는 교회가 되게 하옵소서. 무엇보다도 마귀의 권세 아래 놓인 비참한 영혼들을 주님의 권세 아래로 옮겨 놓을 수 있는 능력의 교회가 되게 하옵소서. 구원의 복된 소식을 들려주며 공포하여 주님의 역사를 강력하게 드러낼 수 있는 교회가 되게 하여 주옵소서.
　긍휼이 풍성하신 주님! 이 민족이 겪고 있는 분단의 아픔이 오래 지속되지 않도록 인도하시고, 철의 장막이 무너짐으로써 이 나라 방방곡곡에 주님이 주시는 진정한 자유와 안식이 넘쳐나게 하여 주옵소서. 저희의 가정에도 주님의 따뜻하고도 은혜로운 사랑이 넘쳐나게 하여 주옵소서.
　말씀을 전하시는 목사님을 성령의 능력으로 붙드시고, 이 시간 참석한 모든 자의 아픔이 치유되는 능력의 말씀을 전하게 하여 주옵소서. 예배의 시종을 주님께 의탁하오며 예수 그리스도의 이름으로 기도합니다. 아멘

6월 첫째 주 주일오후예배

아픔을 치유하소서 - 현충일

여호와는 의로우사 의로운 일을 좋아하시나니 정직한 자는 그의 얼굴을 뵈오리로다 - 시 11:7

거룩하신 성 삼위일체 하나님! 저희를 창조하시고 구원을 베푸시며 권능으로 도우시는 크신 역사에 감사를 드립니다. 이 저녁에 저희가 드리는 예배가 의로우신 주님께서 보시기에 의로운 일이 되게 하시고, 말씀 속에서 주님의 얼굴을 가까이 뵈올 수 있는 시간이 되게 하여 주옵소서.(시 11:7)

주님! 주님은 하나 되기를 원하시고 친히 본을 보이셨지만 저희는 각자 주장만 앞세우고 틈을 벌리는 일에만 마음을 쏟았습니다. 용서를 구하오니 긍휼을 베풀어 주옵소서.

주님! 이번 주간에는 지난 날 조국의 절체절명의 위기에 놓였을 때 몸을 던져 지키다가 순국한 선열들의 희생을 생각하는 현충일이 있습니다. 조국을 위하여 피를 흘리며 산화한 그들의 희생정신이 오늘 저희들에게도 유산으로 이어지게 하여 주옵소서. 특별히 가족을 잃은 아픔이 아직도 치유되지 못하여 슬픔에 잠겨 있는 유족들을 위로하여 주시고, 모진 아픔의 기억들이 변하여 소망이 될 수 있게 하여 주옵소서. 이 강산에 더 이상 간악한 무리들이 득세하지 않도록 그 세력을 멸하여 주시고, 이제 이 조국 강산이 복음의 능력으로 통일될 수 있도록 은총을 내려 주옵소서.

조국의 교회들도 사악한 것들과 결탁하는 일이 없게 하시고, 화평을 이루시기 위하여 십자가의 피를 쏟으신 주님의 희생을 본받게 하셔서, 이 조국이 주님의 사랑으로 하나가 되는 그 날까지 눈물 뿌려 기도할 수 있게 하여 주옵소서.

주님의 몸 된 교회를 위하여 몸을 드려 충성하는 제직들을 기억하시고, 저들의 수고를 통해서 온 교회가 성령으로 충만해지고 주님의 크신 영광이 드러나게 하시며, 믿음의 아름다운 열매가 알알이 맺히는 기쁨의 역사가 있게 하여 주옵소서.

말씀을 듣고 단 위에 서시는 목사님을 성령의 권능으로 붙드시고, 목마른 영혼마다 생수를 풍족하게 마시는 은혜의 시간이 되게 하여 주옵소서. 예배의 시종을 의탁하며 예수 그리스도의 이름으로 기도합니다. 아멘

6월 둘째 주 주일 예배(1)

평화의 나라가 오게 하소서

그가 열방 사이에 판단하시며 많은 백성을 판결하시리니 무리가 그들의 칼을 쳐서 보습을 만들고 그들의 창을 쳐서 낫을 만들 것이며 이 나라와 저 나라가 다시는 칼을 들고 서로 치지 아니하며 다시는 전쟁을 연습하지 아니하리라 – 사 2:4

거룩하신 주님! 산천이 푸르름을 더해가는 축복의 계절 6월에 주님의 사랑과 축복을 온 몸에 담고 주님 앞에 예배드리게 하심을 감사드립니다. 이른 봄에 심은 씨앗들이 어느덧 제 모습을 갖추며 성장을 더해 가는데, 저희들의 신앙도 성장을 거듭할 수 있는 단계로 나아갈 수 있기를 원합니다. 큰 은총으로 함께하여 주옵소서.

사랑의 주님! 한 주간의 삶을 돌이켜 보건대 주님께 이끌림을 받기보다는 환경에 이끌림을 받을 때가 많았습니다. 주님께 감사하는 생활이 되기보다는 불만의 생활이 많았음을 고백합니다. 연약함과 추함이 가득한 저희를 긍휼히 여기셔서 용서의 은총을 베풀어 주옵소서.

은혜의 주님! 6월을 맞을 때마다 이 민족의 뼈아픈 지난날을 기억하지 않을 수 없나이다. 반세기가 넘게 흐르고 있지만 이 민족은 아직도 남과 북으로 분단된 채 반목하며 대립하고 있사오니 이 나라에 어서 속히 진정한 평화가 주어지게 하여 주옵소서. "여호와로 자기 하나님을 삼는 나라, 곧 하나님의 백성으로 선택된 백성은 복이 있다"(시 33:11,12,22)고 하였사오니 이 나라의 백성 가운데 주님의 기업으로 선택된 백성들의 간구를 들으셔서 주님께서 바라시는 대로 이 민족 가운데 주의 인자하심을 베풀어 주시기를 원합니다. 민족의 화합이 있게 하시고, 통일의 대역사가 이루어질 수 있게 하옵소서. 이 민족 가운데 주님이 채우시는 진정한 평화가 있게 하실 것을 믿습니다.

주님의 교회도 구원의 복음이 이 민족에 편만하여 새로운 역사가 있기까지 끊임없이 기도하는 공동체가 되게 하시고, 주님의 말씀과 성령의 능력이 이 땅에 충만하기까지 영적인 공동체로 사명을 다할 수 있는 교회가 되게 하옵소서.

오늘도 말씀을 전하시는 목사님을 성령의 능력으로 붙드시고, 능력 있는 말씀을 선포하실 수 있도록 함께하시옵소서. 예배의 시종을 주님께 의탁하오며 예수 그리스도의 이름으로 기도합니다. 아멘

6월 둘째 주 주일예배(2)

소망을 이루어 가게 하소서

소망의 하나님이 모든 기쁨과 평강을 믿음 안에서 너희에게 충만하게 하사 성령의 능력으로 소망이 넘치게 하시기를 원하노라 - 롬 15:13

   사랑이 풍성하신 하나님 아버지! 지난 한 주간 동안도 저희를 주님의 날개 아래 보호하여 주시며 건강하게 지낼 수 있게 하시다가 거룩한 이날 주님의 전을 찾아 마음을 다하여 예배드릴 수 있도록 인도하심을 감사드립니다. 이 시간 저희로 오직 주님께 영광을 돌리는 아름다움이 있게 하옵소서. 돌이켜보건대, 한 주간 동안 주님이 품어주시는 사랑 안에 있으면서도 사랑을 실천하지 못했고, 말씀 안에서 바르게 살지 못했으며, 주님이 분부하신 명령을 힘써 지키지 못했습니다. 고백하오니 긍휼을 베푸셔서 용서하여 주옵소서.

   주님! 원하옵기는 저희 모두가 주님의 크신 사랑을 본받아 사랑을 실천할 수 있는 사랑의 종들이 되게 하시고, 말씀과 진리로 날마다 바르게 성장하게 하시며, 주님이 분부하신 전도와 선교도 힘을 다하여 실천할 수 있게 하옵소서.(행1:8) 또한 믿음의 일이라면 주저 않고 할 수 있게 하시고, 사랑의 수고와 봉사도 몸을 드려 힘쓰며(살전1:3), 인내로써 소망을 이루어 가는 주님의 신실한 자녀가 되게 하여 주옵소서.(롬5:4)

   사랑이 풍성하신 주님! 이 민족을 기억하여 주옵소서. 지구상에 허리가 잘린 채 대립하고 있는 민족은 이 나라밖에 없음을 더욱 불쌍히 여겨 주시기를 원합니다. 이 나라 백성의 간절한 소원은 너나 할 것 없이 통일이 오니 어서 속히 이 민족이 하나가 될 수 있도록 풍성하신 긍휼로 감싸 안아 주시기를 원합니다. 우리 주님은 이 나라의 간절한 소망을 거두지 않으실 것을 믿습니다. 소망을 이루시는 주님을 가슴에 품고 더욱 찬송하게 하실 것을 믿습니다.(시 71:14) 주님의 몸 된 교회도 신령한 은혜가 항상 흘러넘치는 제단이 되게 하옵소서. 교회를 찾는 심령마다 주님이 내려주시는 은혜의 단비로 영혼의 해갈을 경험할 수 있게 하옵소서.

   이 시간도 말씀을 들고 서시는 목사님을 굳게 붙드시고, 권세 있는 주님의 말씀을 전하실 수 있게 하여 주옵소서. 예배가 시작되었습니다. 마치는 시간까지 주님 홀로 영광을 받으실 것을 믿사옵고 예수 그리스도의 이름으로 기도합니다. 아멘

6월 둘째 주 주일오후예배

찬양의 소리가 메아리치게 하소서

여호와 우리 주여 주의 이름이 온 땅에 어찌 그리 아름다운지요 주의 영광이 하늘을 덮었나이다 - 시 8:1

    살아계신 하나님! 천지 만물이 아름다움과 성장을 더해가는 이 계절에 저희를 이 전에 불러 주셔서 주님을 향하여 마음 문을 열고 주님의 음성에 귀를 기울일 수 있도록 사랑을 베푸시니 감사드립니다. 저희의 찬양과 경배를 받으시옵소서.

    이 시간 저희가 드리는 예배가 단순하고 습관적인 행위가 되지 않게 하시고, 의와 진리로 지으심을 받은 새사람을 입게 되는 변화를 이루게 하옵소서.(엡4:24) 주의 영이 저희 중심에 임하시길 원합니다.

    믿음의 주요 온전케 하시는 주님!(히12:2) 저희의 불완전함을 돌아봅니다. 한 주간 동안도 죄짓는 습관을 멀리하지 못하고 죄악에 잘 넘어졌던 저희들입니다. 용서의 은총을 베푸시옵소서.

    사랑의 주님! 축복의 계절, 성장을 더해 가는 6월에, 지난날 이 민족이 쓰라린 아픔을 겪었던 것을 생각하지 않을 수 없습니다. 이 민족이 이제는 더 이상 잘못된 이데올로기에 매여 평화 없는 행진을 계속하지 않게 하시고, 화평을 좇아 어깨를 맞대고 사랑의 포옹을 깊게 할 수 있는 화목한 나라가 되게 하옵소서.(고전14:33) 무엇보다도, 이 민족이 온전한 구원을 받을 수 있게 하시고, 이 땅 곳곳에 주 믿는 성도들의 찬양소리가 메아리칠 수 있도록 인도하시옵소서.

    주님! 시대가 어려울수록 교회의 역할이 막중함을 깨닫습니다. 세상을 정죄하고 판단하는 일에 주님 주신 은혜를 소멸치 않게 하시고,(고전4:5) 아브라함과 같이 영적인 부담을 갖고 기도할 수 있는 교회들이 되게 하여 주옵소서. 교회의 지체인 저희들도 죽어 가는 세상의 많은 영혼들에게 구원의 손길을 내밀 수 있는 전도자들이 되게 하여 주옵소서.

    이 시간도 세상 염려보다 주님의 몸 된 교회를 위하여 거룩한 염려를 하고 계신 목사님을 기억하시고, 목양하시기에 피곤치 않도록 항상 주님의 능력으로 채우시옵소서. 예배의 시종을 주님께 의탁합니다. 구하지 못한 것 까지도 응답하신 것을 믿사옵고 예수 그리스도의 이름으로 기도합니다. 아멘

6월 셋째 주 주일 예배(1)

동역과 조화가 있게 하소서

내가 여호와를 항상 송축함이여 내 입술로 항상 주를 찬양하리이다 내 영혼이 여호와를 자랑하리니 곤고한 자들이 이를 듣고 기뻐하리로다 나와 함께 여호와를 광대하시다 하며 함께 그의 이름을 높이세 - 시 34:1~3

  온 우주만물을 다스리시고 인간의 생사화복을 주장하시는 하나님! 죄 많고 허물 많은 저희를 거룩한 백성으로 택하셔서 삶이 다하는 날까지 주님의 거룩하신 이름을 드높이는 자녀로 살게 하시니 감사드립니다. 오늘도 저희에게 예배를 통하여 주님의 이름을 높일 수 있는 기회를 주셨사오니, 온 마음과 정성을 다하여 주의 이름을 송축하게 하옵소서.

  자비하신 하나님! 오늘도 저희들의 모습은 세상의 때로 얼룩진 그대로입니다. 주님 앞에 나올 때마다 늘 부끄럽지만 놀라우신 자비의 은총을 바라옵고 이 자리를 찾았사오니 넓으신 품으로 품어주시옵소서.

  지금 이순간도 하나 됨을 위해서 간절히 기도하시는 주님!(엡4:3) 삼위일체 하나님께서 동역하심같이 저희도 주님의 사랑 안에서 아름다운 동역이 있게 하여 주시고, 조화를 이루며 살 수 있도록 도와주시옵소서. 저희 모두는 하나님의 동역자들이요, 하나님의 밭이요, 집임을 깨닫습니다.(고전 3:9) 하나님의 동역자로서 교회와 가정과 사회에 주님의 뜻을 심을 수 있는 밭이 되게 하시고, 주님의 뜻을 담아낼 수 있는 집을 세울 수 있게 하옵소서.

  주님! 민족의 아픔을 생각하는 6월입니다. 이제 다시는 6.25와 같은 동족상잔의 비극이 일어나지 않게 하여 주시고, 주님이 제사장 나라로 쓰시는 민족이 되게 하여 주옵소서. 아직도 여전히 분단의 아픔은 계속되고 있습니다. 화해와 조화의 다리를 놓아주셔서 어서 속히 남북이 하나를 이룰 수 있게 하시고, 삼천리 방방곡곡에서 주님을 찬양하는 찬송 소리가 메아리치게 하여 주옵소서.

  이 시간 특별히 주님의 몸 된 교회를 위하여 더욱 애쓰고 힘쓰는 교우들이 있습니다. 그 수고를 기쁘게 받으시고, 항상 복된 길로 인도하시옵소서. 말씀을 전하시는 목사님께 더욱 큰 영적 권세를 주셔서 저희 심령을 변화시키는 능력의 말씀을 선포하시게 하옵소서. 예배의 시종을 주님께 의탁하오며 예수 그리스도의 이름으로 기도합니다. 아멘

6월 셋째 주 주일예배(2)

긍휼의 복을 더하소서

에브라임은 나의 사랑하는 아들 기뻐하는 자식이 아니냐 내가 그를 책망하여 말할 때마다 깊이 생각하노라 그러므로 그를 위하여 내 창자가 들끓으니 내가 반드시 그를 불쌍히 여기리라 여호와의 말씀이니라 - 렘 31:20

언제나 저희와 함께 계시는 주님! 오늘도 저희를 어김없이 주님의 전으로 이끄시고, 찬양과 경배와 영광을 돌릴 수 있게 하시니 감사드립니다. 못난 저희의 모습을 넓으신 품으로 품어 주시옵소서.

영원한 소망이 되시는 주님! 저희를 도우시는 주님이 함께하고 계심에도 불구하고 저희는 한 주간 동안 낙망하며 불안의 삶을 살 때가 많았습니다. 믿음이 부족한 저희를 긍휼히 여기시고 주님을 온전히 바라볼 수 있는 믿음의 눈을 갖게 하여 주옵소서.(시 43:5) 세상의 헛된 것들로 인하여 낙망치 않게 하시고, 가치 없는 것들로 인하여 불안해하는 삶이 되지 않게 하여 주옵소서.

오, 주님! 부족하고 무지한 저희들의 영안을 열어 주셔서 주님의 말씀을 밝히 보게 하시고, 오묘하신 뜻을 깨달아 죽도록 충성하고 순종하게 하여 주옵소서. 주님의 말씀이라면 무엇이라도 아멘할 수 있게 하시고, 행함으로 믿음을 보여 드릴 수 있는 저희가 되게 하여 주옵소서.

자비로우신 주님! 영육간에 기갈에 놓인 북한 동포를 불쌍히 여겨주시옵소서. 인권이 유린되는 공산 치하에서 굶주림에 시달리며 소망 없는 삶에 지쳐있는 그들에게 자유와 평안을 허락하시어 영육간에 새롭게 하시는 주님의 은총을 누릴 수 있는 긍휼의 복을 더하여 주옵소서. 또한 이 민족이 하루속히 통일이 되어 후손들에게 한 민족을 이룬 평화의 나라를 물려줄 수 있게 하옵소서.

이 시간, 주님의 전을 찾은 교우들 중에 상한 심령이 있습니까? 예배드리는 가운데 주님의 넘치는 위로를 경험할 수 있게 하옵소서. 온갖 질병으로 고통 받고 있는 교우들이 있습니까? 예배드리는 가운데 치료하시는 주님의 손길을 경험하게 하옵소서.

말씀을 전하시는 목사님을 십자가의 능력으로 굳게 붙드실 것을 믿사옵고 예배의 시종을 주님께 의탁하며 예수 그리스도의 이름으로 기도합니다. 아멘

6월 셋째 주 주일오후예배

자녀의 본분을 깨닫게 하소서

성령도 우리의 연약함을 도우시나니 우리는 마땅히 기도할 바를 알지 못하나 오직 성령이 말할 수 없는 탄식으로 우리를 위하여 친히 간구하시느니라 - 롬 8:26

저희에게 성령님을 보내셔서 저희의 연약함을 도우시는 주님! 이 시간에도 주님의 은혜와 사랑을 기억하며 주님 앞에 나와 예배드릴 수 있도록 인도하여 주시니 감사드립니다. 보잘것없는 저희들이지만 겸손히 머리 숙여 예배할 때에 저희의 예배를 받으시는 주님을 경험할 수 있게 하여 주옵소서.

새롭게 하시는 주님! 저희들은 주님의 자녀이면서도 그 본분을 망각할 때가 너무나 많았습니다. 이 세상을 살아가는 동안 시험과 환난을 통해서라도 주님을 망각하는 일이 없도록 깨닫게 하시고, 영적으로 건강하게 하셔서 육체적인 건강만이 전부가 아님을 깨닫게 하여 주옵소서. 또한 물질적인 부도 전부가 아님을 깨닫게 하셔서 믿음으로 부요케 됨을 소망할 수 있는 삶이 되게 하여 주옵소서. 주님을 아는 지식으로도 충만케 되기를 원합니다. 주님을 더욱 알아갈수록 주님을 닮아가기를 힘쓰는 저희가 되게 하여 주옵소서.

이 민족의 6월의 아픔을 기억하시는 주님! 한 핏줄, 한 형제인 이 나라가 더 이상 전쟁 속에 휘말리는 일이 없게 하시고, 어서 속히 남과 북이 서로 연합하여 한 민족을 이루어, 살기 좋은 평화의 나라를 후손들에게 물려줄 수 있게 하옵소서. 더 이상 이산가족의 아픔이 없기를 원합니다. 더 이상 고향땅을 밟지 못하는 아픔이 없기를 원합니다. 이 민족을 불쌍히 여기시옵소서.

은혜의 주님! 한국 교회를 축복하셔서 놀라운 부흥을 주셨사오니, 이제는 영적으로 이 나라와 세계를 부요케 할 수 있는 한국 교회가 되게 하여 주옵소서. 주님이 주신 능력을 교세 확장만을 위하는 일에 소진시키지 말게 하시고, 진정으로 주님의 소원하심이 무엇인지를 깨달아 주님의 뜻을 담아내는 일에 모든 것을 쏟을 수 있는 한국 교회가 되게 하여 주옵소서.

오늘도 생명의 말씀을 듣고 단 위에 서시는 목사님을 성령의 능력으로 붙드셔서 피곤치 않게 하여 주옵소서. 예배의 시종을 주님께 의탁하오며 예수 그리스도의 이름으로 기도합니다. 아멘

6월 넷째 주 주일 예배(1)

전쟁이 없게 하소서 – 6.25 상기주일

> 그가 많은 민족들 사이의 일을 심판하시며 먼 곳 강한 이방 사람을 판결하시리니 무리가 그 칼을 쳐서 보습을 만들고 창을 쳐서 낫을 만들 것이며 이 나라와 저 나라가 다시는 칼을 들고 서로 치지 아니하며 다시는 전쟁을 연습하지 아니하리라 – 미 4:3

　은혜로우신 주님! 저희의 삶에 풍성한 은혜로 함께하여 주심을 감사드립니다. 6월의 마지막 주일을 보내며 주님 앞에 기도합니다. 늘 게으르지 않고 열심을 품어 주님을 섬기는 후회 없는 날을 보내게 하여 주옵소서.(롬12:11) 오늘도 저희의 마음속에 변함없으신 주님의 사랑을 경험하게 하시며, 이 감격을 간직하고 신령과 진정으로 예배드릴 수 있게 하여 주옵소서.(요4:24)

　위로의 주님! 이 시간 주님 앞에 고백합니다. 주님께서 저희를 사랑하여 주심같이 저희는 주님을 사랑하지 못하였고, 이웃과 민족을 사랑하지도 못했습니다. 크고 작은 다툼에 앞장섰으며 미움과 비방으로 일관해 왔습니다. 주여! 용서해 주시고 온전한 주님의 자녀로 살아갈 수 있도록 인도하여 주옵소서.(마5:48)

　자비로우신 주님! 생명 있는 것마다 성장을 더해가는 6월이지만 저희들은 이 민족의 지난 아픔을 잊을 수 없습니다. 이 땅 위에 다시는 6.25와 같은 동족상잔의 비극이 일어나지 않게 하시고, 분단의 아픔도 사라질 수 있도록 인도하여 주옵소서.

　주님의 몸 된 교회도 이 땅에 주님이 허락하신 진정한 평화가 있기까지(레26:6) 절박한 심정으로 부르짖게 하시고,(시18:6) 사랑의 빚을 진 자로서(롬13:8) 사명을 게을리 하지 않는 교회가 되게 하여 주옵소서.(계2:10) 이 땅과 이 백성을 온전히 주님 앞으로 인도하기까지 증인으로서의 사명을 잘 감당할 수 있는 교회가 되게 하여 주옵소서.(행1:8)

　오늘도 말씀을 전하시는 목사님께 성령의 능력으로 함께하셔서 선포하시는 말씀마다 성령 충만, 은혜 충만한 말씀이 되게 하시며, 그 말씀을 듣는 저희 심령이 놀라운 변화를 받는 시간이 되게 하여 주옵소서.(롬12:2) 이 시간 이산의 아픔을 가지고 예배드리는 교우가 있다면 주님의 크신 위로로 채워주시고, 예배를 수종 드는 모든 위원들도 성령으로 붙들어 주옵소서. 예배의 시종을 주님께 의탁하오며 예수 그리스도의 이름으로 기도합니다. 아멘

6월 넷째 주 주일예배(2)

평화를 노래할 수 있게 하소서 — 6.25 상기주일

아무 것도 염려하지 말고 다만 모든 일에 기도와 간구로, 너희 구할 것을 감사함으로 하나님께 아뢰라 — 빌 4:6

　사랑의 하나님! 오늘도 거룩한 성일을 맞이하여 주님의 전을 찾았습니다. 주님 앞에 엎드린 저희를 긍휼하심으로 품어주시고 정성을 다하여 주님께 예배할 수 있도록 인도하시옵소서.

　생명의 주님! 지난 한 주간을 돌이켜 보건대 의와 사랑의 흔적보다는 죄의 흔적이 많았음을 고백합니다. 불쌍히 여기사 용서하여 주시고, 주님을 좇아갈 수 있는 삶으로 이끌어 주옵소서.

　인애의 주님! 오늘은 6.25 상기주일로 지키려고 합니다. 저희는 동족 간에 일어난 비극을 잊어버릴 수 없나이다. 그날의 아픔과 처절함이 다시는 이 땅 위에 일어나지 않게 하시고, 화평의 나라를 이룰 수 있게 하여 주옵소서. 주님, 지금도 이 나라 백성들의 마음속에는 적대감이 뿌리박혀 있습니다. 성령의 불로 녹여 주셔서 어서 속히 남과 북이 하나를 이루어 평화를 노래할 수 있게 하여 주옵소서.(사52:7) 이산가족의 반복되는 만남과 헤어짐도 이제는 종지부를 찍게 하시고, 아픔과 설움으로 가득찬 가슴이 더 이상 헤어짐이 없는 행복으로 채워지게 하여 주옵소서.(욥31:29)

　주님! 교회 주변에 아직도 주님을 만나지 못하여 영원과 사망과 고통으로 사는 영혼들이 많사오니, 이웃과 이 민족 전체가 복음화 되기까지 주님이 분부하신 명령을 받들어 생명 바쳐 전도할 수 있는 저희 모두가 되게 하여 주옵소서.(딤후4:2)

　오늘 이 자리에 여러 모양으로 상한 심령을 가지고 참석한 교우들이 있는 줄 압니다. 고통을 다루시는 주님께서 상한 심령마다 어루만져 주시고 치유하시는 주님의 은혜를 경험할 수 있도록 은총을 더하여 주옵소서.(사42:3)

　말씀을 전하시는 목사님을 성령으로 강하게 붙드셔서 저희들의 심령 골수를 쪼개는 권세 있는 말씀을 선포하게 하여 주옵소서.

　예배의 시종을 주님께 의탁하오며 예수 그리스도의 이름으로 기도합니다. 아멘

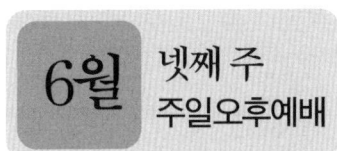

남은 자의 역할을 다하게 하소서

옛적에 여호와께서 나에게 나타나사 내가 영원한 사랑으로 너를 사랑하기에 인자함으로 너를 이끌었다 하였노라 - 렘 31:3

　세상의 나라를 다스리시는 전능하신 하나님! 저희가 이렇게 신앙의 자유가 보장된 땅에서 주님께 예배드릴 수 있음을 감사드립니다. 주님께서 이 분단된 나라와 겨레를 사랑하셔서 정치적 안정, 경제적 부흥, 군사적 평온을 유지할 수 있게 하심을 감사드립니다. 6. 25동란으로 저희가 큰 환난을 당했으나, 지금까지 남겨놓으시고, 나라를 지키게 하시고, 하나님 나라를 건설하는 역군이 되게 하심을 감사드립니다.
　저희 모두가 6. 25를 통해 뼈아픈 교훈을 되새기고 남은 자로서의 책임을 다하게 하시고, 이웃간에 서로 사랑하고(벧전4:8) 나라와 겨레를 사랑하여 세계를 향하여 선진 조국을 빛내고, 정의와 자유가 보장되는 이상 국가를 건설하는 데 책임 있는 시민이 되게 하여 주옵소서.(사28:5)
　능력의 주님! 오랜 공산정권 압제 하에 영육간에 기갈에 처한 북한 동포를 기억하여 주옵소서.(암8:11) 잘못된 정권과 잘못된 이데올로기를 속히 멸하여 주시고, 종교의 자유도 회복됨으로 우렁찬 기도소리와 찬송이 북녘 땅 곳곳에 울려 퍼질 수 있도록 은혜를 베풀어 주옵소서.
　은혜의 주님! 남한의 모든 교회도 주님 앞에 이 나라의 통일을 위하여 더욱 힘써 부르짖게 하시고,(렘33:3) 이 민족 전체가 복음화 되기까지 구령의 열정이 불꽃처럼 타오르는 교회가 되게 하여 주옵소서.(렘20:9)
　오늘도 말씀을 전하시는 목사님을 기억하시고 능력의 말씀을 전하실 수 있도록 크신 권능으로 함께하여 주옵소서.
　이 자리를 찾은 교우가운데 고달픈 인생의 문제 때문에 주님의 도우심을 바라는 자들이 있습니까? 인생의 문제를 시원케 하시는 주님의 축복을 경험할 수 있는 은총이 있게 하여 주옵소서.
　이미 예배가 시작되었습니다. 예배의 시종을 성령님께서 온전히 주장하여 주셔서 주님께 온전히 드려지는 예배가 되게 하여 주옵소서. 예수 그리스도의 이름으로 기도합니다. 아멘

순종하게 하소서

순종이 제사보다 낫고
듣는 것이 수양의 기름보다 낫다고 하신 주님,
순종하기를 원합니다.
보이는 일이나 보이지 않는 일이나
주님의 일이라면
언제나 순종하게 하소서.
큰일이나 작은 일이나
주님의 일이라면
언제나 순종하게 하소서.
마음에 합당한 것이나 거리끼는 것이나
주님의 일이라면
언제나 순종하게 하소서.
유익이 되는 것이나 해가 되는 것이나
주님의 일이라면
언제나 순종하게 하소서.
복이 되는 것이나 고난이 되는 것이나
주님의 뜻이라면
언제나 순종하게 하소서.
일이 잘 풀리거나 풀리지 않거나
주님의 뜻이라면
언제나 순종하게 하소서.
생활이 어렵고 시련이 닥친다 할지라도
주님의 뜻이라면
언제나 순종하게 하소서.
그리하여 주님께 순종하는 그 자체로
만족함을 얻는 신앙이 되게 해 주소서.

_ 노진향

7월의 기도
감사와 성장

● 절기 및 국가 기념일

맥추감사주일
교회행사
여름성경학교
수련회

7월 첫째 주 주일 예배(1)

맥추감사주일 – 맥추감사주일

맥추절을 지키라 이는 네가 수고하여 밭에 뿌린 것의 첫 열매를 거둠이니라 수장절을 지키라 이는 네가 수고하여 이룬 것을 연말에 밭에서부터 거두어 저장함이니라 - 출 23:16

어두움 속에 있던 저희들에게 진리의 빛을 밝히심으로써 뭇 인생들을 바른 길로 가도록 인도하신 하나님, 감사드립니다. 찬양과 영광을 받으시옵소서. 오늘 거룩한 주일을 맞이하여 주님의 몸 된 교회에 참여한 저희들에게 용기와 힘을 주셔서, 신앙에 역행하는 것을 단호히 거절하게 하시고, 믿음에 일치하는 것만을 확고히 따라가게 하옵소서.

은혜의 주님! 오늘은 특별히 맥추절로 지킵니다. 맥추기를 허락하셔서 풍성한 열매를 채우시고 저희를 궁핍에 처하지 않도록 하신 것을 감사하여 지키는 맥추절을 축복하시옵소서.

저희들이 정성을 모아 주님께 감사 예물을 드리오니 기쁘게 받아 주시고, 그 바치는 손길마다 축복하여 주시며, 그 바치는 심령에 은혜의 단비를 내려 주시옵소서. 또한 이 시간 형식적으로 물질만 바치는 것이 아니라 저희의 온 삶을 다 바쳐 주님을 기쁘시게 하는 자녀 되겠노라고 다짐하는 시간이 되게 하여 주옵소서.

이 기쁜 감사 주일에 마음에 근심과 고통이 있어 주님께 감사드리지 못하는 교우들이 있습니까? 주님께서 저들의 상한 마음을 위로하여 주시고, 주님 주시는 평안으로 안정을 되찾아 주님께 감사하는 삶으로 인도함을 받게 하여 주옵소서. 또한 주님 앞에 더 깊은 감사를 드리기를 원하는 교우들이 있습니까? 그 아름다운 마음을 받으시고 더욱 복 있는 자녀로 주님 앞에 설 수 있게 하옵소서.

능력의 주님! 이 시간 특별히 간구하옵기는 저희 교회가 복음을 파종하는 일에도 힘쓰며, 기도와 구제에도 힘을 써서, 머리 되시는 주님의 명령에 순종하는 아름다운 교회가 되게 하여 주옵소서. 오직 주님의 영광만을 위하여 주님의 형체를 드러내기에 부족함이 없는 교회가 되게 하시고, 날마다 믿음의 역사가 나타나고 증거되는 복된 교회가 되게 하옵소서.

오늘도 말씀을 증거하시는 목사님을 성령의 능력으로 붙드시고, 복된 말씀을 증거하실 수 있도록 도우시옵소서. 예배의 시종을 주님께 의탁하오며 예수 그리스도의 이름으로 기도합니다. 아멘

7월 첫째 주 주일예배(2)

생활의 감사제가 되게 하소서 – 맥추감사주일

오라 우리가 여호와께 노래하며 우리의 구원의 반석을 향하여 즐거이 외치자 우리가 감사함으로 그 앞에 나아가며 시를 지어 즐거이 그를 노래하자 – 시 95:1,2

    때를 따라 은혜의 단비를 내려주시고 보살펴 주시는 주님의 사랑을 찬양하며 감사드립니다. 특별히 오늘은 저희들에게 맥추기를 허락하셔서 맥추감사주일로 지킬 수 있도록 은혜를 베푸시니 감사드립니다. 주님은 해마다 풍성한 열매로 저희를 채우셔서 저희로 궁핍한 데 처하지 않도록 이끌어 주시니 얼마나 감사한지요.
    하오나 저희는 욕심에 눈이 어두워 자기중심적으로 살 때가 너무도 많았습니다. 철부지 어린아이와 같이 마음이 원하는 대로 산 저희를 우리 주님께서 은혜와 사랑으로 덮고 계시기에 오늘 저희들이 이 복된 자리에 있게 된 줄을 믿습니다. 주여! 이제는 철든 신앙인으로 주님께 감사하며 자녀의 본분을 다하는 삶이 되게 하여 주옵소서.
    주님! 오늘 저희가 맥추감사주일로 지키면서 형식적으로 물질만 드리지 않기를 원합니다. 지금까지 지내온 모든 것이 주님의 은혜와 사랑의 흔적임을 고백하며 저희 온 맘을 다 바쳐 주님을 기쁘시게 하는 시간이 되게 하여 주옵소서. 오늘뿐만이 아니라 매일의 삶 속에서 주님을 향한 진정한 감사가 묻어나올 수 있기를 원합니다. 저희의 심령을 복되게 하셔서 생활의 감사제가 늘 주님께 드려질 수 있게 하옵소서.
    자비로우신 주님! 참된 평안을 얻기를 소원하는 교우가 있습니까? 이 시간 평안을 얻게 하여 주옵소서. 치유를 원하는 교우가 있습니까? 이 시간 주님의 피 묻은 손으로 안수하셔서 고치시는 주님의 은혜에 감사할 수 있게 하여 주옵소서. 기쁨을 잃어버린 교우에게는 샘솟는 기쁨이 충만하게 채워지는 시간이 되게 하시고, 감사를 잃어버린 교우에게는 범사에 감사할 수 있는 은혜를 발견하는 시간이 되게 하옵소서.
    이 시간 말씀을 전하시는 목사님을 한결같은 능력으로 붙드셔서 힘 있고 권세 있는 말씀을 증거하실 수 있게 하여 주옵소서. 주님이 베풀어 주신 은혜에 비하며 저희가 드리는 예물이 지극히 보잘 것 없지만, 크신 사랑으로 저희의 마음을 헤아려 주셔서 이 예배를 기쁘게 받으시옵소서.
    예수 그리스도의 이름으로 기도합니다. 아멘

7월 첫째 주 주일오후예배

큰 영광 돌릴 수 있게 하소서

여호와께서 하늘에서 굽어보사 모든 인생을 살피심이여 곧 그가 거하시는 곳에서 세상의 모든 거민들을 굽어살피시는도다
- 시 33:13,14

　인생들을 창조하시고, 기르시고, 보호하시는 주님! 햇빛과 비와 바람을 주셔서 이 땅에 풍성한 열매를 허락하심을 감사드립니다. 오늘, 첫 열매를 주님께 바치라고 하신 말씀을 좇아 맥추감사주일로 지키고, 오후에 다시 예배의 자리로 나아와 주님을 찬양하게 하시니 주님의 은총을 받은 자임을 다시 한 번 깨닫습니다. 홀로 경배와 영광을 받으시옵소서.
　자비하신 하나님! 올해도 어느덧 반년이 훌쩍 지나가버리고 말았습니다. 지나간 6개월을 회고해 봅니다. 하나에서 열까지 모든 것이 주님의 은혜였음을 고백합니다. 하지만 저희들은 여전히 육욕을 이기지 못하여 주님의 뜻대로 살지 못하고 주님의 마음을 아프게 해드린 경우가 너무나 많았음을 시인하지 않을 수 없나이다. 저희의 믿음 없음을 용서하여 주시고, 주님의 말씀을 벗어나 사는 삶이 되지 않게 하여 주옵소서.
　주님! 이제 여름을 맞이하여 교회적으로 갖게 되는 여러 가지 행사가 있습니다. 준비하는 손길들 위에 함께하셔서 주님의 뜻을 담아내기 위하여 마음을 쏟을 수 있게 하여 주옵소서. 여름이면 매년 갖게 되는 행사지만 주님께 큰 영광을 돌리는 것이 목적이 되게 하시고, 그에 따른 합당한 열매로 화답하시는 주님의 은총을 경험할 수 있게 하옵소서.
　오늘 주님께 참마음으로 예배드리기를 원하면서도 세상의 온갖 염려와 근심으로 인하여 무거운 마음으로 예배드리는 교우도 있는 줄 압니다. 살펴주시옵소서. 예배드리는 동안 저들의 답답한 마음이 평안으로 채워지게 하시고, 주님의 말씀으로 위로받게 하시며, 신앙의 힘을 얻어서 소망이 넘치는 생활이 되게 하여 주옵소서.
　오늘도 단 위에 서시는 목사님을 기억하시고 힘들어 하는 양떼들을 생각하며 귀한 말씀을 준비하셨사오니, 선포하실 때 성령의 능력으로 붙들어 주옵소서. 예배의 시종을 주님께 의탁하오며 예수 그리스도의 이름으로 기도합니다. 아멘

7월 둘째 주 주일 예배(1)

넉넉히 이기게 하소서

우리 주 예수 그리스도의 아버지 하나님을 찬송하리로다 그의 많으신 긍휼대로 예수 그리스도를 죽은 자 가운데서 부활하게 하심으로 말미암아 우리를 거듭나게 하사 산 소망이 있게 하시며 – 벧전 1:3

옛날이나 지금이나 한결같이 사랑이신 여호와 하나님께 찬송과 영광을 돌립니다. 하나님께서는 어느 시대에나 주님을 의지하는 자들을 도와주셔서 없는 자를 있게 하셨고, 약한 자들을 강하게 하셨으며 가난한 자들을 풍요롭게 하셨으며 병든 자들을 치료하셨음을 믿습니다. 오늘 거룩한 이 예배의 자리에서 그 하나님을 다시 뵈옵게 하시고 기쁨으로 예배드릴 수 있는 시간이 되게 하여 주옵소서.

사랑의 주님! 오늘 저희들의 삶이 어렵고 힘들다고 하여 불평과 원망을 입에 담지 않기를 원합니다. 사도바울은 "내가 비천에 처할 줄도 알고 풍부에 처할 줄도 알아 모든 일에 배부르며 배고픔과 풍부와 궁핍에도 일체의 비결을 배웠노라"(빌4:12) 고백하며 어떠한 형편에 처하든지 승리하는 삶을 살았듯이, 오늘 저희들도 그 같은 고백이 입술에서 흘러나오게 하여 주옵소서. 어떠한 형편에 처하든지 담대히 헤쳐 나갈 수 있는 믿음의 자리에 있게 하시고, 괴로울 때에 소망이 되시는 주님을 바라보며 승리할 수 있는 삶이 되게 하여 주옵소서. 고통스런 현실이 겹겹이 쌓이고, 힘든 상황에 부딪힐 때마다 고난 받으신 주님의 십자가를 바라보며 넉넉히 이겨갈 수 있게 하옵소서.

은혜의 주님! 오늘도 육신의 정욕과 이생의 안목을 이기지 못하여 이 자리에 나오지 못한 교우들이 있습니다. 믿음의 연약함을 불쌍히 여겨주시고 어디에 있든지 죄를 먹고 마시는 자리가 되지 않게 하여 주옵소서. 부득불 예배에 참석하지 못한 교우들도 있는 줄 압니다. 저들의 안타까운 마음을 기억하셔서, 주어진 자리에서 주님의 이름을 부를 때 심령으로 찾아오시는 주님의 사랑을 깨닫게 하옵소서.

오늘도 말씀을 전하시는 목사님을 성령의 권능으로 붙드시고, 놀라운 주님의 말씀을 증거하실 수 있도록 함께하실 것을 믿습니다.

예배의 시종을 주님께 의탁합니다. 홀로 영광을 받으실 것을 믿사옵고 예수 그리스도의 이름으로 기도합니다. 아멘

7월 둘째 주 주일예배(2)

삶의 목적이 주님의 뜻이게 하소서

참새 두 마리가 한 앗사리온에 팔리지 않느냐 그러나 너희 아버지께서 허락하지 아니하시면 그 하나도 땅에 떨어지지 아니하리라 – 마 10:29

거룩하시고 자비로우신 하나님 아버지! 오늘도 이 복된 날을 맞이할 수 있게 하시니 감사드립니다. 오늘도 저희는 구원의 잔을 들고 은혜의 하나님을, 귀한 이름인 여호와를 소리 높여 부르기 원합니다. 저희의 드리는 예배를 받으시옵소서.

사랑이 풍성하신 주님! 주님 앞에 나올 때마다 한없이 부족한 저희 자신을 생각지 않을 수 없나이다. 주님의 사랑과 은혜를 거스르는 삶으로 주님의 마음을 안타깝게 하고, 사람의 마음을 아프게 한 일이 많은 줄 압니다. 이 시간 용서하시고 새로운 변화를 허락하여 주옵소서.

은혜의 주님! 저희가 이 땅을 살아가는 동안 주님의 뜻대로 살기를 원합니다. "하늘에 계신 내 아버지의 뜻대로 하는 자가 내 형제요 자매요 모친이라"(마12:50)하셨사오니, 주님의 뜻대로 살기 위하여 마음을 쏟을 수 있는 저희가 되게 하여 주옵소서. 예수 그리스도께서도 하나님의 뜻대로 사시기 위하여 자신의 모든 것을 십자가에 던지신 것을 기억합니다. 저희들도 삶의 목적이 주님의 뜻대로 사는 것이 되게 하시고, 삶의 중심이 주님의 뜻을 이루는 것이 되게 하여 주옵소서. 주님이 보시기에 내 사랑하는 자, 내 기뻐하는 자가 저희 모두가 될 수 있게 하여 주옵소서.

사랑의 주님! 이 시간 육신의 무거운 짐을 지고 주님의 전을 찾은 교우들이 있습니까? 새 힘을 허락하여 주시고, 소망의 주님을 바라볼 수 있게 하여 주옵소서. 인생의 방황을 경험하고 있는 교우들에게는 예배드리다가 의의 길로 인도하시는 주님을 경험하게 하여 주시고, 외로움을 겪는 교우들이 있다면 주님께서 친히 저들의 친근한 벗이 되어 주셔서, 더 이상 혼자가 아님을 깨닫게 하옵소서.

게을러지기 쉽고 나태해지기 쉬운 계절입니다. 주님이 주신 믿음이 나태함의 지배를 받지 않기 위하여 힘써서 기도하게 하시고, 힘써서 봉사할 수 있게 하여 주옵소서. 말씀을 전하시는 목사님을 성령의 능력으로 붙드실 것을 믿사옵고 예수 그리스도의 이름으로 기도합니다. 아멘

7월 둘째 주 주일오후예배

시냇가에 심은 나무이게 하소서

그는 시냇가에 심은 나무가 철을 따라 열매를 맺으며 그 잎사귀가 마르지 아니함 같으니 그가 하는 모든 일이 다 형통하리로다 - 시 1:3

저희의 모든 것을 속속들이 아시고 생사를 주관하시는 하나님 아버지! 저희를 생명 길로 이끄시기 위하여 오늘도 주님의 전으로 불러 주심을 감사드립니다. 저희가 주님의 부르심을 받고 왔사오니 마음을 다하여 주님을 찬송할 수 있게 하시고, 영광을 주님께 돌릴 수 있게 하옵소서.

용서하시는 주님! 저희가 한 주간 동안도 주님의 자녀답지 못하게 산 것이 있다면 크신 긍휼하심으로 용서하여 주시고, 주님의 영광을 보게 하옵소서. "몸은 죽여도 영혼은 능히 죽이지 못하는 자들을 두려워하지 말고 오직 몸과 영혼을 능히 지옥에 멸하시는 자를 두려워하라."(마 10:28)고 말씀하셨사오니 하나님을 두려운 마음으로 공경할 수 있는 저희 모두가 되게 하여 주옵소서.

사랑의 주님! 부르심을 입고 빼내심을 얻고 진실한 자들은 이기리라고 말씀하셨사오니, 이 땅에서의 저희의 삶이 늘 이기는 삶이 되게 하여 주옵소서. 육체의 정욕을 이길 수 있게 하시고, 사탄 마귀의 악한 계교를 이길 수 있는 삶이 되게 하여 주옵소서. 억울한 일을 당한다 할지라도 악은 모든 모양이라도 버릴 수 있게 하시고(살전 5:22), 주님의 선하심을 닮아가는 삶이 되게 하여 주옵소서. 주님의 선하심을 닮아가려고 하는 자, 시냇가에 심은 나무가 시절을 좇아 과실을 맺으며 그 잎사귀가 마르지 아니함같이, 언제나 주님의 은혜로 만족함을 얻는 복 있는 삶이 되게 하실 것을 믿습니다.

오늘 이 자리에 감사를 잃어버린 채 마지못해 참석한 교우들이 있습니까? 전심으로 주님을 찾기 원하는 교우들이 있습니까? 은혜 베푸시기를 즐겨하시는 주님께서 저들의 삶에 기적을 베푸셔서, 주님께서 인도하시는 삶의 만족과 풍성함 속에서 주님을 찬양하며 사는 삶이 되게 하여 주옵소서.

오늘도 복된 말씀을 듣고 단 위에 서시는 목사님을 기억하시고, 은혜 충만한 말씀을 전하실 수 있도록 하여 주시옵소서. 예배의 시종을 주님께 의탁하오며 예수 그리스도의 이름으로 기도합니다. 아멘

7월 셋째 주 주일 예배(1)

축복의 동산이 되게 하소서

그들이 와서 시온의 높은 곳에서 찬송하며 여호와의 복 곧 곡식과 새 포도주와 기름과 어린 양의 떼와 소의 떼를 얻고 크게 기뻐하리라 그 심령은 물 댄 동산 같겠고 다시는 근심이 없으리로다 할지어다 - 렘 31:12

사랑의 하나님 아버지! 오늘날과 같은 불확실성의 시대 속에서 영원히 변치 않는 진리를 알게 하시고 큰 소망 가운데 생명의 길을 가게 하시니 감사드립니다. 오늘 이 시간, 주님의 자녀로 부름 받은 저희가 생명이신 주님의 몸 된 교회로 이끌림을 받았사오니 온 맘과 정성을 다하여 주님의 이름을 높이는 시간이 되게 하여 주옵소서.

자비로우신 주님! 저희가 아무리 회개하여도 주님 앞에서 저희들은 무자격한 존재임을 깨닫습니다. 회개의 자리를 찾는 데 주저함이 없게 하시고, 회개할 것이 없는 강퍅한 인생으로 살지 않도록 크신 은총을 베풀어 주옵소서.

능력의 주님! 주님께서 친히 세우신 교회를 위하여 기도합니다. 이 교회에 마음과 뜻과 정성을 다하여 주님께 예배하는 주의 백성들이 넘쳐나게 하시고, 주님께 대한 헌신과 봉사가 살아있는 교회가 되게 하시옵소서. 무엇보다도, 죄 많은 세상을 향해서 십자가의 복음을 담대하게 증거할 수 있는 교회가 되게 하시고, 그 어떤 영혼이라도 주님의 능력으로 새로워지고 변화 받는 축복의 동산이 되게 하옵소서.

이제 교회가 여름철 행사로 분주히 움직이고 있습니다. 준비하는 교육 부서와 교사들에게 더 많은 지혜와 능력으로 함께하셔서, 알차게 준비하여 어린 심령들을 영적인 거장으로 세우는 데, 훌륭한 영적 스승의 역할을 감당할 수 있게 하여 주옵소서.

오늘도 주님의 말씀을 들고 단 위에 서시는 목사님을 성령의 능력으로 붙드시고, 말씀을 귀기울여 듣는 저희 모두에게 주님의 은혜를 깊이 경험하는 복된 시간이 되게 하여 주옵소서.

주님의 만져주심을 바라고 가난한 심령으로 주님의 전을 찾은 심령들을 기억하시고, 예배드리는 가운데 모든 상황에서 일으켜 주시는 주님의 은혜를 경험하게 하여 주옵소서. 예배의 시종을 주님께 의탁하오며 예수 그리스도의 이름으로 기도합니다. 아멘

7월 셋째 주 주일예배(2)

여름행사 준비에 함께하소서

좋은 소식을 전하며 평화를 공포하며 복된 좋은 소식을 가져오며 구원을 공포하며 시온을 향하여 이르기를 네 하나님이 통치하신다 하는 자의 산을 넘는 발이 어찌 그리 아름다운가
- 사 52:7

생명의 근원이 되시는 하나님 아버지! 저희에게 베풀어 주신 크신 은혜를 감사드립니다. 저희가 앉고 일어서는 것도 하나님의 은혜요, 이 세상에서 살아가는 모든 것이 하나님의 은혜임을 믿습니다. 오늘도 주님의 은혜를 입은 자들이 주님을 찬양하며 경배하오니 홀로 영광 받으시옵소서.

하오나 지난 한 주간을 돌이켜 보건대 저희들은 주님의 은혜를 망각하고 배은망덕한 삶에 빠질 때가 많았습니다. 이 시간 회개하오니 용서의 은총을 베풀어 주옵소서.

사랑의 주님! 교회가 하절기를 맞아 각종 여름행사를 준비하고 있습니다. 준비하는 자들의 생각과 마음을 주장하셔서 주님께 영광 돌리는 것을 놓치지 않게 하여 주옵소서. 특별히 어린 영혼들에게 영적 유익을 심어주기 위하여 준비하고 있는 손길들을 기억하시고, 그들에게 큰 능력과 지혜로 함께하여 주옵소서. 교회의 모든 교우들도 어린 영혼들을 생각하여 여러 모양으로 협력하며 도울 수 있게 하여 주시고, 항상 뜨거운 기도를 잊지 않게 하여 주옵소서.

온전케 하시는 주님! 비록 저희가 경제적으로 힘든 시기를 살고 있지만 이런 때일수록 더욱 힘써서 믿음을 나타내는 삶이 되기를 원합니다. 생활이 어렵다고 주님께 충성하는 모습이 무디어지지 않게 하시고, 봉사하는 모습이 인색해지지 않게 하여 주옵소서. 온갖 박해 속에서도 합력하여 선을 이루시는 주님의 손길을 바라보며 믿음으로 달려갔던 선진들처럼 저희도 그와 같은 믿음을 가지고 힘 있게 달려갈 수 있게 하여 주옵소서.

오늘도 주님의 말씀을 들고 단 위에 서시는 목사님에게 큰 능력으로 함께하셔서, 이 시간 예배에 참석한 모든 자들이 말씀으로 찾아오시는 주님을 경험하는 시간이 되게 하여 주옵소서. 예배를 위하여 수종 드는 손길들이 있습니다.

늘 주님의 사랑을 경험하게 하실 것을 믿습니다. 예배의 시종을 주님께 의탁하오며 예수 그리스도의 이름으로 기도합니다. 아멘

7월 셋째 주 주일오후예배

합당한 열매를 맺게 하소서

너희 성도들아 여호와를 경외하라 그를 경외하는 자에게는 부족함이 없도다 젊은 사자는 궁핍하여 주릴지라도 여호와를 찾는 자는 모든 좋은 것에 부족함이 없으리로다 – 시 34:9,10

저희를 부족함 없이 이끄시고 채우시는 하나님 아버지! 오늘도 그 하나님의 은총에 이끌려 주님의 전을 찾을 수 있게 하시니 감사와 영광을 돌립니다. 이 자리에 아침 햇빛같이 밝은 빛으로 임재하셔서 저희의 드리는 예배를 받으시옵소서.

긍휼이 풍성하신 주님! 이 시간도 저희들이 부끄러워하는 것은 부족함 없이 채우시는 주님의 은혜를 헤아리지 못하고 산 것입니다. 주님께 경건한 삶을 드리지 못하고, 불의의 병기로 내어주기에 익숙해진 저희의 모습이 한없이 부끄럽기만 합니다. 주님의 크신 긍휼을 구하오니 용서하여 주시고, 이제는 좀 더 경건한 삶을 살기 위하여 마음을 쏟을 수 있는 삶이 되게 하여 주옵소서. 또한 주님의 참 자녀 된 인격으로 갖추어진 모습으로 맡은 일을 성실히 이행할 수 있게 하시며 최선을 다하는 삶이 되게 하여 주옵소서.

주님! 하절기를 맞이하여 교회가 여러 가지 행사를 준비하고 있습니다. 계획하고 준비하는 자들에게 놀라운 지혜가 있게 하시기를 원합니다. 많은 영혼들을 영적으로 부요케 할 수 있는 여름행사가 되게 하시고, 합당한 열매를 많이 맺어 주님께 큰 영광을 돌리고, 주님의 몸 된 교회가 풍성하게 하여 주옵소서. 특히 교육 부서를 기억하시기를 원합니다. 어린 학생들을 지도하고 양육하는 교사들마다 성령 충만하게 하셔서 어린 심령들에게 사랑과 존경을 받을 수 있는 교사들이 되게 하여 주옵소서.

주님! 여름휴가를 가는 교우들도 있습니다. 주님의 자녀라는 마음이 흐트러지지 않게 하여 주시고, 항상 예배를 우선할 수 있는 교우들이 되게 하여 주옵소서. 이 시간도 말씀을 들고 단 위에 서신 목사님을 기억하시고, 성령의 능력으로 충만케 하셔서 주님의 말씀을 힘 있게 전하실 수 있게 하여 주옵소서.

예배가 시작되었습니다. 마치는 시간까지 주님만이 영광을 받으실 것을 믿사옵고 예수 그리스도의 이름으로 기도합니다. 아멘

7월 넷째 주 주일 예배(1)

축복의 현장이 되게 하소서

내가 그들에게 복을 내리고 내 산 사방에 복을 내리며 때를 따라 소낙비를 내리되 복된 소낙비를 내리리라 - 겔 34:26

저희를 불러주신 하나님! 아무 쓸모없는 저희들을 가장 큰 영광의 자녀로 삼으시고 때를 따라 귀한 은혜를 내려주심을 감사드립니다. 오늘도 저희를 복된 자리로 이끄셔서 택한 백성으로서의 권리를 다하며 주님께 영광 돌릴 수 있게 하시니, 주님의 그 크신 사랑에 무한 감사를 드립니다.

오늘 이 자리에 무더운 여름날의 뜨거운 태양처럼 주님을 사모하는 교우들을 기억하시옵소서. 더위 속에서 쏟아지는 한 줄기 소나기처럼 저희의 해묵은 죄악들이 씻겨나갈 수 있기를 간절히 소원합니다. 죄 사함의 은총으로 함께하시옵소서. 오직 여호와를 앙망하는 자는 새 힘을 얻으리니 독수리의 날개 치며 올라감 같을 것이요 달음박질하여도 곤비치 아니하겠고 걸어가도 피곤치 아니하리라(사 40:31)고 말씀하셨사오니 주님을 사모하는 저희들에게 그 말씀이 이루어짐을 경험하게 하옵소서.

자비로우신 하나님! 현재 이 나라는 정치와 경제적으로 많은 아픔을 겪고 있습니다. 긍휼히 여기셔서 구원하여 주옵소서. 지금 이 사회에 증오와 미움과 다툼과 혼란과 무질서와 거짓과 죄악과 시기와 질투가 난무하고 있사오니, 화해와 평화의 모습을 허락하시고 용서와 사랑 속에 하나가 되는 역사를 이루게 하옵소서.

은혜로우신 하나님! 무더운 여름철을 맞아 교회에서 여러 모양으로 여름행사를 준비하여 실시하고 있사오니, 진행을 맡아 수고하는 진행위원들과, 귀한 시간을 쪼개어 성심껏 참석하는 모든 참석자들에게 복된 비와 같은 은혜를 부어주시고, 오직 주님께 영광 돌리며 주님의 영광을 드러낼 수 있는 축복의 현장이 되게 하옵소서.

이 시간도 주님의 귀한 말씀을 듣고 단 위에 서신 목사님을 기억하시고, 성령의 능력으로 붙드셔서 이 자리에 참석한 모든 성도들이 주님의 음성을 들을 수 있는 권세 있는 말씀을 전하실 수 있게 하옵소서. 특별히 몸을 드려 섬김의 욕구를 충족시키는 귀한 손길들 위에 주님의 예비하신 축복이 넘쳐나게 하옵소서. 예배의 시종을 주님께 의탁하오며 예수 그리스도의 이름으로 기도합니다. 아멘

7월 넷째 주 주일예배(2)

영적 권위를 세우게 하소서

나는 선한 목자라 선한 목자는 양들을 위하여 목숨을 버리거니와 - 요10:11

목자 없이 유리하는 양의 신세가 된 인생들을 불쌍히 여기사 예수 그리스도를 이 땅에 보내셔서 영적인 목자가 되게 하신 하나님께 감사를 드립니다. 이 시간도 주님의 사랑과 은혜가 항상 저희를 향하고 계심을 믿습니다. 저희들이 그 크신 은총에 보답한다 할지라도 너무나 연약하고 부족함을 깨닫습니다. 다만 조금이라도 주님을 기쁘시게 해 드리기 위하여 예배하기를 원하오니 찬송과 영광을 받으시옵소서.

선한 목자이신 주님! 여기에 오면 참된 위로와 안식을 얻을 수 있는데, 저희들은 엉뚱한 곳을 헤맬 때가 얼마나 많았는지 모릅니다. 아직도 목자이신 주님의 음성을 제대로 듣지 못하고 엉뚱한 곳으로 향하는 저희의 어두운 귀를 열어주시고 참 목자이신 주님의 음성을 바로 들을 수 있는 양이 되게 하여 주옵소서.(막6:34)

고통을 감싸 안으시는 주님! 아직도 인생의 무거운 짐을 지고 절망하는 영혼들을 기억하시옵소서.(시42:5) 주님의 빛을 비추사 두려움 속에 있는 영혼들에는 평안을 얻게 하시며,(사45:7) 방황하는 영혼들에게는 위로와 안식을 더하여 주옵소서.(마9:36) 저들의 영안을 열어 주셔서 참 목자 이신 주님을 만날 수 있게 하여 주시고, 인생에 소망은 주님으로부터 옴을 깨닫게 하옵소서.(시62:5)

교회의 머리가 되시는 주님! 세속주의와 물량주의가 교회의 영적 권위를 무너뜨리고 있는 이때에, 교회를 위하여 더욱 기도하게 하시고 혼탁한 시대일수록 교회의 정체성을 잃지 않게 하여 주옵소서.

지금도 주님은 교회를 통하여 이 시대에 필요한 주님의 음성을 들려주시는 줄 믿습니다. 바로 듣고 주님의 온전하신 뜻을 이루어드릴 수 있는 교회가 되게 하옵소서. 또한 비전을 잃은 시대에 영적 비전을 심어줄 수 있게 하여 주옵소서.

오늘도 말씀을 들고 단 위에 서시는 목사님을 크신 능력으로 붙드실 것을 믿습니다. 아멘이 넘쳐나는 시간이 되게 하여 주옵소서. 예배의 시종을 주님께 의탁하오며 예수 그리스도의 이름으로 기도합니다. 아멘

7월 넷째 주 주일오후예배

유혹을 능히 이기게 하소서

그리스도께서도 단번에 죄를 위하여 죽으사 의인으로서 불의한 자를 대신하셨으니 이는 우리를 하나님 앞으로 인도하려 하심이라 육체로는 죽임을 당하시고 영으로는 살리심을 받으셨으니 - 벧전 3:18

영광과 감사를 받으시기에 합당하신 하나님! 예수 그리스도께서는 죄를 안고 태어난 불의한 죄인을 대속하시기 위해 쓰리고 아픈 십자가에 달리셔서 양손과 양발에 못이 박히고 보배로운 피를 흘려주셨습니다. 이보다 더 큰 사랑이 세상에 어디 있고, 이 보다 더 큰 은총이 어디에 있겠습니까? 오늘 그 사랑과 그 은총을 받은 자녀들이 주님의 전에 모였습니다. 주님을 찬양하며 예배하기를 원하오니 오직 주님만 영광을 받으옵소서.

사랑의 주님! 받은 은총이 크면 사명도 큰 것임을 깨닫습니다. 저희 모두가 맡은 일에 충성을 다할 수 있게 하시고 주님 나라의 확장을 위해 쓰임 받을 수 있는 도구가 되게 하여 주옵소서. 건강도, 지식도, 물질도, 주님의 것임을 고백하며 헌신의 욕구를 충족시킬 수 있는 저희 가 되게 하여 주옵소서.

주님! 유혹의 물결이 여기 저기 넘실대며 춤을 추고 있는 계절입니다. 육신의 안일을 위하여 죄의 욕구를 충족시키는 계절이 되지 않게 하시고, 하나님의 자녀로서 마땅히 행할 바를 행하므로 주님을 기쁘시게 할 수 있는 복된 계절을 보낼 수 있게 하옵소서. 더위가 모든 것을 지치게 하여도, 늘 주님의 말씀만큼은 놓치지 않을 수 있게 하시고, 계절을 타지 않는 전천후 믿음을 보여드릴 수 있는 저희의 생활이 되게 하여 주옵소서.

여름행사가 계속되고 있습니다. 주님이 늘 동행하여 주시고 인도하여 주심으로 안전하고 은혜로운 여름행사가 되게 하시고, 진행하는 자나 참여하는 자 모두가 한결같이 주님의 놀라우신 사랑과 은혜를 다시금 경험하는 시간이 되게 하옵소서.

이 시간 말씀을 전하시는 목사님을 기억하시고 크신 권능으로 함께하셔서 능력의 말씀을 전하실 수 있게 하여 주옵소서. 예배의 시종을 주님께 의탁하오며 임마누엘로 함께하시는 예수 그리스도의 이름으로 기도합니다. 아멘

가리지 않게 하소서

주님!
주님을 위하여 충성하는 일에
이것 저것 가리지 않기를 원합니다.
아무리 궂은 일이라도 주님을 위한 일이라면
피하지 않고 기쁨으로 할 수 있는
종이게 하옵소서.
고달픈 일이라 할지라도 주님을 위한 일이라면
피하지 않고 기쁨으로 할 수 있는
종이게 하옵소서.
역겨운 일이라 할지라도 주님을 위한 일이라면
핑계치 않고 기쁨으로 할 수 있는
종이게 하옵소서.
인정해 주지 않는 일일지라도 주님을 위한 일이라면
피하지 않고 성실을 심을 수 있는
종이게 하옵소서.
겉으로 드러나지 않는 일일지라도 주님을 위한 일이라면
기꺼이 마음을 쏟을 수 있는
종이게 하옵소서.
손해를 보는 일일지라도 주님의 사랑을 나타내는 것이라면
즐거운 마음으로 할 수 있는
종이게 하옵소서.
주여!
주님을 본받기 원합니다.
주님을 닮기 원합니다.
십자가의 삶을 살게 하옵소서.

_ 노진향

8월의 기도
사랑과 나눔

• 절기 및 국가 기념일

광복절기념주일

8월 첫째 주 주일 예배(1)

아픔의 현장을 기억 하소서

그가 우리를 위하여 목숨을 버리셨으니 우리가 이로써 사랑을 알고 우리도 형제들을 위하여 목숨을 버리는 것이 마땅하니라
- 요일 3:16

사랑과 생명의 근원이 되시는 여호와 하나님께 감사와 영광을 돌립니다. 저희 믿음이 나태해지기 쉬운 계절이지만 주님의 자녀로서 예배의 본분을 다할 수 있도록 부르셨사오니 저희의 드리는 경배와 찬양을 받으시옵소서.

저희들이 죄를 지었음에도 불구하고 예배의 자리로 초청하신 주님의 은혜를 생각할 때 그 크신 사랑에 감복할 따름이옵니다. 믿음을 등졌던 저희의 과오가 주님을 더 가까이 하는 데 막힌 담이 되지 않도록 깨끗하게 하여 주옵소서.

주님의 한없으신 사랑을 받은 자, 이제 저희들의 마음에 그 사랑을 깊이 간직할 수 있게 하시고, 사랑을 구하는 삶에서 사랑을 베푸는 삶으로 바뀌게 하여 주옵소서. 저희 주위에는 아직도 하나님의 사랑을 알지 못하고 멸망의 길을 가는 사람들이 너무나 많습니다. 그들에게 하나님의 사랑을 전할 수 있는 사랑의 메신저가 되게 하여 주시고, 그들이 구원을 받기까지 십자가의 희생을 보여줄 수 있는 저희가 되게 하여 주옵소서.

사랑의 주님! 올해도 큰 수해로 아픔을 당한 이웃들이 있습니다. 모든 재산을 잃고 생명까지 잃은 저들을 불쌍히 여겨주시고, 속히 용기를 내어 일어설 수 있도록 저들의 마음을 다잡아 주옵소서. 뜻하지 않은 아픔으로 하늘을 원망하는 자들이 되지 않게 하시고, 위기 속에서도 희망을 잃지 않으면 반드시 회복될 수 있다는 확신을 갖게 하옵소서. 수재민들을 위해 온정의 손길을 보내고 있는 이웃들을 기억하시고, 퍼주고 나누는 삶이 얼마나 행복한 것인가를 재확인하는 계기가 되게 하여 주옵소서.

불볕더위에 여름행사가 진행되고 있습니다. 특별히 수련회를 진행 중인 교육기관과 청년회를 기억하시고, 가슴 벅찬 주님의 은혜를 경험할 수 있는 축복의 수련회가 되게 하시옵소서.

오늘도 말씀을 증거하시는 목사님을 성령의 능력으로 붙드시고, 큰 은혜가 구름같이 임하는 시간이 되게 하여 주옵소서. 예배의 시종을 주님께 의탁하오며 예수 그리스도의 이름으로 기도합니다. 아멘

8월 첫째 주 주일예배(2)

빛이 되게 하소서

우리가 그에게서 듣고 너희에게 전하는 소식은 이것이니 곧 하나님은 빛이시라 그에게는 어둠이 조금도 없으시다는 것이니라 - 요일 1:5

　빛이신 주님을 찬양합니다. 저희를 어두움에 버려두지 아니하시고 빛 가운데로 걸어가게 하신 주님을 경배하오니 영광을 받으시옵소서. 오늘 예배하는 무리들 속에 엎드린 저희들을 돌아보시옵소서. 주님의 강하신 빛을 비추셔서 저희의 죄악이 깨끗이 소멸되고 기쁨으로 주님을 찬송할 수 있게 하옵소서.

　교회의 머리가 되시는 주님! 이 땅 위에 빛을 잃은 교회가 없기를 원합니다. 세속의 부요로 채워지는 교회가 되지 않게 하시고, 신령한 주님의 은혜로 늘 충만한 교회가 되게 하시옵소서. 길을 잃은 영혼들에게 등불의 역할을 할 수 있는 교회가 되게 하시고, 서글픔에 마음 아파하는 영혼들에게 진정한 위로를 줄 수 있는 교회가 되게 하시옵소서. 빛을 찾을 수 없는 세상이지만 교회를 통해서 빛을 찾게 하시고, 안식을 얻을 수 없는 세상이지만 교회를 통해서 안식을 얻게 하시옵소서.

　능력의 주님! 주님 앞에 봉사와 헌신을 하는 것도 힘에 겨워하는 삶이 되어버렸습니다. 마음속으로는 이래서는 안 된다고 소스라치게 놀라면서도 그냥 걱정뿐이지 그 이상 무엇을 어떻게 해야 할지 망설임만 앞섭니다. 신앙의 본분을 지키지 못하고 병약한 신앙으로 추락하는 이 안타까운 영적 상태를 불쌍히 여겨주시고, 어렵고 힘든 때일수록 쇠하지 않는 믿음으로 죽기까지 충성할 수 있는 지혜와 능력이 있게 하옵소서.

　여름행사를 갖고 있는 교육기관들을 기억하시고, 안전사고가 발생하지 않도록 불꽃같은 눈동자로 살피시옵소서. 참여한 모든 학생들, 성령의 충만함을 받게 하시고, 영원한 가치와 비전이 주님께 있음을 확고히 하는 계기가 되게 하여 주시고 교사들도 건강 잃지 않도록 붙들어 주시옵소서.

　이 시간 말씀을 듣고 단 위에 서시는 목사님을 기억하시고, 큰 능력으로 붙드시옵소서. 예배를 돕는 손길들도 기억하셔서 저들의 아름다운 봉사가 하늘에서 해같이 빛나게 하여 주옵소서. 예배의 시종을 주님께 의탁하오며 예수 그리스도의 이름으로 기도합니다. 아멘

8월 첫째 주 주일오후예배

모두 맡길 수 있게 하소서

우리가 예수의 피를 힘입어 성소에 들어갈 담력을 얻었나니 그 길은 우리를 위하여 휘장 가운데로 열어 놓으신 새로운 살 길이요 휘장은 곧 그의 육체니라 - 히 10:19,20

    지금도 살아 역사하시는 여호와 하나님께 감사와 영광을 돌립니다. 길과 진리와 생명이 되시는 예수 그리스도를 영접하여 믿고 따르게 하여 주셨사오니 언제나 그 은혜와 사랑을 잊지 않는 자녀로 살게 하여 주옵소서.
    사랑이 많으신 하나님 아버지! 저희로 주님의 몸 된 교회의 지체가 되게 하여 주셨사오니 성령의 열매를 많이 맺어 주님께 영광을 돌리게 하여 주옵소서. 무자격한 저희들에게 귀한 직분도 주셨사오니 주님과 같이 늘 섬김의 자세로 감당할 수 있게 하옵소서.
    주님! 지금 이 순간도 고통과 어려움 속에 허덕이고 있는 교우들이 있는 줄 압니다. 환난 날에 나를 부르라 내가 너를 건지리니 네가 나를 영화롭게 하리라(시 50:15)고 약속하셨사오니, 고통과 어려움 가운데 있을 때 주님의 이름을 힘 있게 부를 수 있게 하시고, 주님께 모든 것을 다 맡길 수 있는 믿음이 되게 하여 주옵소서. 뜻하신 때에 분명히 건지시고 주님께 영광 돌릴 수 있는 자리로 이끄실 것을 믿습니다.
    긍휼을 베푸시는 하나님! 세상 돌아가는 것이 너무도 어둡습니다. 어느 한 곳도 염려와 근심, 한숨과 탄식, 불평과 불만, 원망과 시비, 억울한 일들이 사라지지 않고 있습니다. 내리쬐는 폭염만큼이나 저희들을 힘든 삶으로 밀어 넣고 있사오니, 이 안타까운 세상을 건져주시고 소망을 주옵소서. 저희 모두는 해 아래 새것이 없다는 것을 깨달아 해 위의 인생을 살아갈 수 있는 주님의 자녀들이 되게 하여 주옵소서. 수련회를 갖고 있는 교육 부서를 기억하시고, 기도하며 철저히 준비한 만큼 풍성한 결실도 거둘 수 있는 복된 수련회가 되게 하시옵소서. 또한 안전사고가 발생하지 않도록 모든 위험에서 막아주실 것을 믿습니다. 이 시간도 말씀을 전하시는 목사님을 기억하시고, 피곤함을 물리쳐 주셔서 능력의 말씀을 선포하게 하여 주옵소서. 예수 그리스도의 이름으로 기도합니다. 아멘

8월 둘째 주 주일 예배(1)

마지막 때를 알게 하소서

나의 구원과 영광이 하나님께 있음이여 내 힘의 반석과 피난처도 하나님께 있도다 백성들아 시시로 그를 의지하고 그의 앞에 마음을 토하라 하나님은 우리의 피난처시로다 – 시 62:7,8

저희의 모든 기쁨의 근원이 되시는 하나님 아버지! 저희가 뜻을 모아 정성껏 드리는 이 예배를 받으시옵소서. 이 시간을 통하여 저희가 하나님을 만나는 거룩한 경험을 가져, 진리에 대한 이해를 깊게 할 수 있도록 도우시고, 진실과 평화를 마음속에 간직하는 자들이 되게 하여 주옵소서.

지난 한 주간을 돌이켜 봅니다. 주님의 용서를 구할 수밖에 없는 삶이었음을 고백합니다. 오늘 주님 앞에 아뢰는 허물이 다윗의 고백처럼 진정한 것이 되어서 주님의 긍휼과 용서를 받을 수 있게 하옵소서.

선한 목자 되시는 하나님! 오늘도 세상에서 좌절하고 고통 받는 주의 백성들을 긍휼히 여겨 주시기를 원합니다. 캄캄한 인생의 밤중에 야곱에게 찾아오신 하나님께서, 오늘도 주의 백성들에게 찾아오셔서 강한 믿음과 용기와 확신을 주시옵소서. 저희의 힘으로는 광야와 같은 인생길을 홀로 갈 수 없사오니, 전능하신 주님의 손길로 저희를 붙들어 주시옵소서.

주님의 심판의 날이 임박한 듯한 사건들이 처처에서 일어나고 있습니다. 지진이 일어나고, 빙하가 녹고, 산불이 일어나고, 수천 수만 명의 생명을 앗아가는 이상기온 현상이 끊이질 않고 있습니다. 마지막 날에 지혜로운 자와 어리석은 자, 충성된 종과 게으른 종, 양과 염소가 구별된다는 것을 깨달아 더욱 근신하여 깨어 기도할 수 있는 저희들이 되게 하시고, 언제나 주님의 손을 놓지 않는 삶을 살 수 있게 하여 주옵소서.

교회 또한 사회가 어두워지고 칠흑 같은 캄캄한 밤이 된다 할지라도 더욱 진리의 등불을 밝히는 제단이 되게 하시고, 많은 영혼을 주님의 사람으로 키워내는 참된 교회가 되게 하옵소서.

오늘도 복된 진리의 말씀을 증거 하시는 목사님을 기억하시고, 권세 있는 말씀을 전하실 수 있도록 새 힘으로 도우시옵소서. 예배의 시종을 주님께 맡깁니다. 참 좋으신 예수 그리스도의 이름으로 기도합니다. 아멘

8월 둘째 주 주일 예배(2)

함께하는 교회가 되게 하소서

각각 자기 일을 돌볼뿐더러 또한 각각 다른 사람들의 일을 돌보아 나의 기쁨을 충만하게 하라 - 빌 2:4

하늘에서 오늘도 만유를 회복하시기 위해 역사하고 계시는 하나님 아버지! 하루속히 하나님의 뜻이 이 땅에서도 이루어지기를 소원하는 무리들이 주님의 전을 찾았습니다. 하나님의 자녀로 거듭난 저희들이 이 땅에 주님의 뜻이 이루어지기를 소원하며 드리는 예배를 받으시옵소서. 저희들뿐만이 아니라 온 세계만방에 하나님을 경외하는 자들이 주축을 이룰 수 있게 하옵소서.

오늘 저희들이 거룩한 뜻을 품고 주님의 전을 찾았지만 저희 영혼 속에 스며든 죄가 있음을 발견합니다. 주님의 은총에 합당한 열매를 맺지 못하고 사는 저희의 연약함을 불쌍히 여겨주시고, 영혼을 깨뜨려 긍휼을 구하는 자마다 다시금 주님의 용서하심을 경험할 수 있게 하여 주옵소서. 이 시간 저희 심령에 쌓인 죄의 노폐물들이 제거되고 순수한 심령의 눈으로 주님을 뵙는 자리가 되게 하여 주옵소서.

주님! 이 민족을 긍휼히 여겨주옵소서. 특히 여름철 장마로 인하여 생명을 잃고, 집을 잃고, 애써서 가꾼 농토마저 수마에 빼앗긴 이웃들이 있습니다. 어떻게 해야 좋을지 땅을 치며 하늘을 원망하는 저들의 설움을 달래주시고 위로하셔서 구원의 은혜를 베푸시는 주님을 만날 수 있게 하여 주옵소서. 이와 같은 때일수록 교회가 해야 할 사명이 무엇인지 깊이 깨닫도록 하시고, 집단 이기주의에 빠져서 강도 만난 이웃을 외면하는 사람들처럼 되지 않게 하시옵소서. 아픔을 겪는 자와 함께 아파할 수 있는 교회가 되게 하시고, 슬픔을 겪는 자와 함께 슬픔을 나눔으로써, 선한 이웃으로 저들의 상처 난 심령을 치료하는 교회가 되게 하여 주옵소서.

고난과 어려움이 사라지지 않고 있는 이때에 소망의 말씀을 주시기 위하여 단 위에 서신 목사님을 기억하시고 성령의 능력으로 붙들어 주셔서, 말씀을 사모하는 모든 성도들이 새로운 확신과 소망이 넘치는 시간이 되게 하옵소서. 예수 그리스도의 이름으로 기도합니다. 아멘

8월 둘째 주 주일오후예배

영혼을 인도할 수 있게 하소서

사랑은 여기 있으니 우리가 하나님을 사랑한 것이 아니요 하나님이 우리를 사랑하사 우리 죄를 속하기 위하여 화목 제물로 그 아들을 보내셨음이라 - 요일 4:10

   사랑의 하나님! 죄 많은 저희들을 생명의 길로 불러주신 은혜와 사랑에 감사를 드립니다. 저희 같은 죄인을 어찌하여 귀한 은혜 안에 불러 주시고, 깨우쳐 주시고 이끌어주셨는지요? 주님의 전적 은총 앞에 부족한 죄인들은 다만 감사 감격할 뿐이옵니다. 이 시간에도 저희를 주님의 전으로 모으셔서 주님의 날개 아래 품어주시니 저희를 향하신 주님의 절절한 사랑을 다시 한 번 마음으로 깨닫습니다.
   사랑의 주님! 저희들도 주님을 늘 높이는 삶이 되게 하여 주옵소서. 언제나 주님의 사랑을 나타낼 수 있는 삶이 되게 하시고, 섬김을 실천할 수 있는 삶이 되게 하여 주옵소서. 또한 영혼을 사랑하는 마음을 주시기를 원합니다. 겨우 자신의 신앙만을 지키기 위하여 주님의 값싼 은혜를 갈구하며 성전을 찾는 자가 되지 않게 하시고, 자신의 온몸을 던지시면서까지 영혼에 대한 사랑을 보여 주셨던 주님을 본받아, 뭇 영혼을 주님 앞으로 인도하기에 마음을 쏟을 수 있는 저희 모두가 되게 하여 주옵소서.
   오늘도 세상에서 좌절하고 고통 받는 주의 백성들을 긍휼히 여기시기를 원합니다. 캄캄한 인생의 밤길에서 야곱에게 찾아오신 하나님께서 오늘도 주의 백성들에게 찾아오셔서 새 믿음과 용기와 확신을 주시옵소서. 오늘도 지치고 상한 영혼으로 주님께 나왔더라도, 주님께서 저희의 영혼을 어루만지시고 치유하여 주실 줄 믿습니다. 주님! 오늘도 너무 비어 있는 예배의 자리가 안타까움을 더해줍니다. 저희들을 영적 새사람으로 세우시기 위하여 진리의 터를 허락하여 주셨사오니, 하나님의 자녀로 택함을 받은 자들이 교회를 사랑할 수 있게 하시고, 이날 만큼이라도 사탄에게 내어주는 어리석음을 범하지 않게 하여 주옵소서.
   말씀을 듣고 단 위에 서시는 목사님을 기억하시고 큰 능력으로 함께하셔서 놀라우신 주님의 말씀을 증거하실 수 있게 하여 주옵소서.
   예배의 시종을 주님께 의탁하오며 예수 그리스도의 이름으로 기도합니다. 아멘

8월 셋째 주 주일 예배(1)

해방을 주심을 감사합니다 – 광복절기념주일

그의 십자가의 피로 화평을 이루사 만물 곧 땅에 있는 것들이나 하늘에 있는 것들이 그로 말미암아 자기와 화목하게 되기를 기뻐하심이라 - 골 1:20

아직도 분단된 아픔을 안고 있는 이 나라와 민족을 사랑하시는 하나님!

오늘도 한국의 모든 교회와 믿음의 백성들이 일제히 엎드려 해방의 감격을 주신 하나님께 감사와 영광을 돌립니다. 그 기쁨을 맛본지가 벌써 반세기가 훨씬 넘었습니다. 남북이 회개하지 못했던 지난 세월을 용서하여 주시고, 아직도 진정한 해방을 맞지 못한 이 민족을 긍휼히 여겨 주옵소서. 어서 속히 이 민족이 하나를 이루어 제사장 나라로 세우신 주님의 뜻을 이루기를 원합니다.

은혜로우시고 자비로우신 주님! 저희들에게 조상들의 믿음을 본받을 수 있는 은혜를 허락하여 주시기를 원합니다. 21세기를 맞은 한국 교회는 말할 수 없이 비대해졌지만 교회마다 십자가 정신이 사라지고 영적인 충만함 대신 우정으로 충만해지는 현상이 나타나고 있습니다. 십자가 없는 교회는 없지만, 십자가를 붙들지 않는 교회는 늘어만 가고 있습니다. 불의와 타협하지 아니하고 오직 예수 십자가만 붙들고 순교의 자리까지 기쁨으로 나아갔던 조상들의 믿음을, 오늘의 교회와 성도들이 본받을 수 있도록 은혜를 부어 주옵소서. 안일과 적당주의로 믿음을 지킬 수 있으리라는 망상은 버리게 하여 주시고, 그 어떤 핍박이 온다 할지라도 넘어지지 않고 꿋꿋하게 주님의 뜻을 높이며 그 뒤를 따를 수 있는 참된 믿음을 소유하게 하여 주옵소서.

오늘 저희가 드리는 이 광복절 기념 예배를 흠향하시고, 이 예배 중에 성령이 운행하셔서 마음에 근심이 가득한 심령에게는 기쁨을 주시고, 절망에 빠진 심령에게는 소망을 주셔서, 주님만이 나의 힘이 됨을 다시 한번 느끼게 하여 주옵소서.

말씀을 들고 단 위에 서시는 목사님을 기억하시고, 성령의 권능으로 붙드셔서 심령의 해방을 줄 수 있는 능력의 말씀을 선포할 수 있게 하옵소서. 예배의 시종을 주님께 의탁합니다. 예배를 돕는 손길들도 주님의 능력의 손으로 붙드실 것을 믿사옵고, 자유와 기쁨을 주시는 예수 그리스도의 이름으로 기도합니다. 아멘

8월 셋째 주 주일예배(2)

과거를 잊지 않게 하소서 – 광복절기념주일

너는 기억하라 내가 애굽 땅에서 종이 되었더니 네 하나님 여호와가 강한 손과 편 팔로 거기서 너를 인도하여 내었나니 그러므로 네 하나님 여호와가 네게 명령하여 안식일을 지키라 하느니라 – 신 5:15

　자유와 해방을 주시는 하나님 아버지! 고난과 시련의 역사만을 거듭해 온 이 민족을 긍휼히 여기셔서 일제의 압제로부터 해방의 기쁨을 주신 것을 감사드립니다. "너는 기억하라"고 말씀하셨사오니 저희들은 물론 후손들까지 그날을 잊지 않게 하여 주시고, 주권을 되찾는 기쁨을 주신 하나님을 찬송할 수 있게 하옵소서. 이제 주님의 도우심으로 민족의 통일을 이루기까지 희망을 놓치지 않게 하여 주시고, 끝까지 부르짖을 수 있는 저희 모두가 되게 하여 주옵소서.

　이 민족을 사랑하시고 해방의 은총을 주신 주님! 아직도 하나님을 온전히 섬기지 못하고 죄악 속에서 방황하는 이 백성들을 긍휼히 여겨 주옵소서. 부정과 불의와 불신과 갈등 속에서 방황하는 이 백성들로 니느웨성의 회개가 있게 하셔서 하나님을 찾고 하나님께로 돌이키는 역사가 있게 하여 주시옵소서.

　무엇보다 이 백성들이 과거의 고난과 서러움을 잊지 않게 하시고, 이를 거울삼아 근신하고 경계여 다시는 같은 죄를 반복하는 일이 없게 하시며, 같은 고난으로 멍에를 짊어지는 일이 없도록 은혜를 베풀어 주옵소서.

　주님! 아직까지도 이 땅의 정치 지도자들은 국민과 조국을 사랑하는 마음이 부족해 보입니다. 나라와 백성의 아픔은 뒤로한 채 당리당략만을 위하여 혈세를 축내고 있사오니, 저들을 불쌍히 여기셔서 목숨을 초개같이 버리며 나라와 백성을 사랑했던 조상들의 마음을 갖게 하옵소서. 민족에 대한 절절한 사랑과 책임의식을 가지고 공무에 충실히 임할 수 있는 정치 지도자들이 되게 하여 주옵소서. 대통령을 비롯하여 각계 장관들과 모든 공무원들에게 정직한 지도력과 지혜를 주옵소서. 백성으로부터 외면당하는 정부가 되지 않도록 나라 살림을 잘하게 하여 주옵소서.

　오늘도 이 시대의 아픔을 안고, 말씀으로 치유되기를 간절히 열망하며 단 위에 서신 목사님을 기억하시고, 말씀을 전하실 때에 치유의 역사가 있게 하옵소서. 예수 그리스도의 이름으로 기도합니다. 아멘

8월 셋째 주 주일오후예배

넘어지지 않게 하소서

그러므로 이제 그리스도 예수 안에 있는 자에게는 결코 정죄함이 없나니 이는 그리스도 예수 안에 있는 생명의 성령의 법이 죄와 사망의 법에서 너를 해방하였음이라 - 롬 8:1,2

주일 저녁까지 붙들어 주셔서 예배의 자리에 나오게 하신 하나님!
이 시간을 저희에게 축복의 시간으로 허락하심을 감사드립니다.
하루 종일 찌는 더위에 지치지 않게 하셔서 온전한 주일을 지킬 수 있도록 이끄신 은혜를 다시 한 번 감사드립니다.
이 시간 저희가 드리는 예배가 참으로 하나님의 은혜와 사랑에 감격하여 드리는 기쁨의 산제사가 되게 하여 주옵소서.(롬12:1) 하나님의 나라가 가까운 줄을 알고 있으면서도 제 뜻대로 살아가는 어리석은 죄인들을 용서하여 주시고 늘 깨어 주님의 이름을 부를 수 있는 믿음이 되게 하여 주옵소서.
은혜의 주님! 오늘은 민족의 해방을 주셨던 그날을 기억하며 광복절기념주일로 지키게 하심을 감사드립니다. 조국의 아픔을 끌어안고 분연히 일어났던 조상들의 조국을 사랑하는 마음이 저희들에게도 있기를 원합니다. 다니엘처럼, 기도할 때마다 나라와 민족을 위하여 기도하는 행위를 쉬지 않게 하시고,(단6:10) 이 나라 전체가 주님의 향기로 가득 넘칠 때까지 증거의 사명을 게을리 하지 않는 저희 모두가 되게 하여 주옵소서.
주님! 아직도 무더운 날씨는 계속 되고 있습니다. 악한 마귀는 우리의 신앙을 넘어뜨리려고 온갖 궤계를 총동원하고 있는 이때에, 틈을 보임으로 넘어지는 신앙이 되지 않게 하여 주옵소서.(벧전5:8)
주님! 아직 여름 행사들이 끝나지 않았습니다. 더욱 함께하시기를 원합니다. 좋은 조건에서 치르는 행사가 아닐지라도 참여한 자마다 영혼을 사랑하시는 주님의 사랑을 느끼기에 부족함이 없게 하시고, 영적인 부요함을 경험할 수 있는 계기가 되게 하여 주옵소서.
오늘도 말씀을 증거하시는 목사님을 큰 능력으로 붙드시고, 말씀의 꼴을 받아먹는 자마다 영혼의 배부름을 경험하게 하여 주옵소서.
이미 예배가 시작되었습니다. 예배의 시종을 주님께 의탁하오며 예수 그리스도의 이름으로 기도합니다. 아멘

8월 넷째 주 주일 예배(1)

해이해진 신앙을 가다듬게 하소서

깊도다 하나님의 지혜와 지식의 풍성함이여, 그의 판단은 헤아리지 못할 것이며 그의 길은 찾지 못할 것이로다 – 롬 11:33

사랑의 본체이신 하나님 아버지! 보잘것없는 저희들을 생명의 은총 가운데 불러 주시고 주의 친절한 팔에 안기어 평안 속에서 복된 삶을 누리게 하시오니 감사드립니다. 또한 길과 진리와 생명 되시는 예수 그리스도를 알고 의지하고 따르게 하여 주시오니 더욱 감사드립니다.(요14:6) 오늘도 저희들을 생명의 길로 인도하시기 위하여 주님의 전으로 불러 주셨사오니, 생명이신 주님을 찬양하며 마음을 다하여 예배할 수 있게 하옵소서.(요6:48)

자비로우신 하나님! 주님의 은총을 받은 자로 천국에 소망을 두고 주님을 위해 일해야 할 저희들이오나, 오히려 세속의 분주함 때문에 바빠 움직였음을 고백합니다. 이제 주님의 일을 귀하게 여기며 주님의 일로 인해 분주해지는 하나님의 사람들이 되게 하시고, 주님 앞에 충성하는 성실한 일꾼들이 되게 하여 주옵소서.

이제 더위로 인한 고통이 가득했던 무더운 여름이 한풀 꺾이고 있습니다. 저희에게 지루하고 습하고 무더웠던 여름이지만, 이제 다시금 시원한 결실의 계절을 기다릴 수 있게 하시고 강건하게 하신 것을 감사드립니다.

주여, 다소 태만했던 저희들의 신앙을 가다듬고, 다시금 분발하여 열매 맺는 가을을 준비할 수 있도록 도와주옵소서. 우리 주님은 오래 참으심으로 저희를 생명의 길로 인도하셨듯이, 지금도 저희들에게 기대를 꺾지 않으시고 오래 참고 기다리시는 줄 믿습니다. 주님의 깊고 깊은 사랑과 은총을 깨달아 하나님을 기쁘시게 하기 위하여 마음을 쏟을 수 있는 저희가 되게 하여 주옵소서.

예배드리는 이 시간 세상이 줄 수 없는 신령한 은혜로 저희와 함께하실 것을 믿습니다. 오늘도 말씀을 들고 단 위에 서신 목사님을 기억하시고, 주님의 음성을 담아내기 위하여 혼신의 힘을 쏟고 계시오니 언제나 피곤치 않도록 붙들어 주옵소서. 예배의 시종을 주님께 의탁합니다. 성령님께서 교통하심을 믿고 예수 그리스도의 이름으로 기도합니다. 아멘

8월 넷째 주 주일예배(2)

상을 위하여 달려가게 하소서

푯대를 향하여 그리스도 예수 안에서 하나님이 위에서 부르신 부름의 상을 위하여 달려가노라 - 빌 3:14

죄 가운데 살던 보잘것없는 저희를 위해 목숨을 버리기까지 사랑해 주신 여호와 하나님! 피조물인 저희 죄인도 하나님을 아바 아버지라 부를 수 있게 하신 은총을 베풀어 주심을 감사드립니다.(갈4:6) 오늘도 그 은총에 힘입어 주님께 예배하오니 기쁘게 받아주시옵소서.

사랑이신 주님! 한 주간도 저희들은 무엇을 먹을까, 무엇을 입을까 하는 걱정을 떨쳐 버리지 못하고 육신에 치우친 삶을 살았습니다. 어떻게 영생을 얻을 것인가에 삶의 중심을 맞추지 못하고 썩어 없어질 세상의 것에 마음을 쏟으며 살았던 저희를 용서하여 주옵소서.

주님! 아직도 옛사람의 모습이 저희에게 남아있습니다. 의와 진리와 거룩함으로 지으심을 받아 새사람을 입으라고 말씀하셨사오니(엡4:24) 주님께서 원하시는 새로운 심령으로 변화될 수 있도록 성령의 충만함을 허락하여 주옵소서.(롬12:2) 또한 새사람을 입어 저희를 창조하신 자의 형상을 좇아 지식에까지 새롭게 하심을 받게 하여 주옵소서.

은혜의 주님! 저희는 가치관이 흔들리는 혼란한 시대를 살고 있습니다. 이 시대를 바로 잡기 위해 모든 성도들이 말씀의 푯대를 잡게 하시고, 진리 안에서 나타나는 영적 경험들이 풍성하게 하여 주옵소서. 또한 경건의 능력을 회복하여 어두운 사회를 밝히는 기준이 되게 하시고 더욱 엎드려 기도하여 하나님의 경륜을 깨닫는 저희들이 되게 하시옵소서.

주님! 오곡백과가 무르익는 가을이 오고 있습니다. 저희들의 신앙도 풍성한 열매를 맺을 수 있는 계절이 될 수 있기를 원합니다. 주님은 땅을 파서 돌을 제하고 최상품 포도나무로 저희를 심으셨는데, 들포도를 맺음으로 주님의 마음을 아프게 해드리는 일이 없게 하옵소서.

오늘도 말씀을 전하실 목사님에게 성령의 능력을 더하셔서 귀한 생명의 말씀을 증거하실 수 있게 하옵소서. 예배의 시종을 주님께 맡기오며 예수 그리스도의 이름으로 기도합니다. 아멘

8월 넷째 주 주일오후예배

밝게 비추게 하소서

사람이 등불을 켜서 말 아래에 두지 아니하고 등경 위에 두나니 이러므로 집 안 모든 사람에게 비치느니라 – 마 5:15

　세세무궁토록 존귀와 영광을 받으시기에 합당하신 하나님 아버지!
　죄 많은 저희를 은혜로 불러주시고 주님을 섬길 수 있는 복 있는 자녀로 살게 하심을 감사드립니다. 저희들이 주님의 놀라운 은혜를 덧입지 않았더라면 마치 바람에 날리는 가랑잎처럼 세파에 시달려 허둥대며 살았을 것입니다. 그러나 지금은 저희들에게 하늘의 평화를 주셔서 어떠한 역경 속에서도 마음의 평안을 누릴 수 있는 길로 이끌어 주시니 얼마나 감사한지요. 생명 다하는 그날까지 은혜의 주님을 찬송하며 살게 하옵소서.
　진리와 참 자유의 주가 되시는 주님!(요8:32) 죄악의 노예로 병들어 가는 이 사회를 건지시기를 원합니다. 정치, 경제, 사회 전반에 걸쳐 깨끗하고 정상적인 모습을 찾아볼 수 없게 되었사오니, 이 민족을 불쌍히 여기사 악에서 구원하여 주시기를 원합니다.
　주님! 이 사회가 어둠을 향해 질주할수록 빛과 소금 된 교회의 사명이 절실함을 깨닫습니다. 이 어두운 사회를 주님의 말씀으로 밝게 비출 수 있는 교회가 되기 위하여 영적인 훈련을 게을리 하지 않게 하여 주시고, 주님의 보혈의 능력을 의지하게 하여 주옵소서.
　해마다 갖는 여름행사도 은혜 중에 마치게 하심을 감사드립니다. 더욱 용기가 넘쳐나는 생활이 되게 하여 주시기를 원합니다. 풍성한 믿음의 결실을 맺을 수 있게 하시고, 주님의 몸 된 교회를 위한 수고와 애씀이 더욱 많아지는 복된 삶이 되게 하여 주옵소서.
　주님! 주님의 치유하심과 회복케 하시는 은총이 필요한 교우들 가운데 이 자리를 찾지 못한 심령들이 있습니까? 불쌍히 여겨 주시고, 주님을 찾아야만 축복의 길이 열림을 깨닫게 하옵소서.
　오늘 저희들이 주님의 말씀을 들을 때에 건성으로 듣지 않게 하시고 성령님께서 저희 중심을 바로 세워 주셔서 목사님께서 전하시는 말씀을 기쁨으로 받는 시간이 되게 하여 주옵소서. 예배의 시종을 주님께 의탁하오며 사랑이 많으신 예수 그리스도의 이름으로 기도합니다. 아멘

8월 다섯째 주 주일 예배(1)

가을을 준비하게 하소서

그리스도께서 우리를 자유롭게 하려고 자유를 주셨으니 그러므로 굳건하게 서서 다시는 종의 멍에를 메지 말라 - 갈 5:1

참 좋으신 하나님 아버지!
종의 멍에를 벗어버리고 자유케 하는 진리를 좇아 주님의 전을 찾을 수 있게 하심을 감사드립니다. 예배하는 자들을 찾으시는 주님의 음성을 외면치 아니하고 주님의 전을 찾은 저희들에게 값없이 주시는 주님의 은혜를 다시 한 번 맛보게 하실 것을 믿습니다.
은혜의 주님! 늘 주님의 은혜에 이끌려 살기를 다짐하고 소망하면서도 허망한 것들을 좇아 살았음을 고백합니다. 순간순간 죄악에 넘어짐이 너무 익숙해진 저희들의 연약함을 긍휼히 여겨 주옵소서. 사죄의 은총을 구하오니 용서하여 주시기를 원합니다.
주님! 태양의 열기로 뜨거운 여름도 이제 서서히 막을 내리고 있습니다. 아침과 저녁으로 선선한 바람이 또 다른 계절을 부르고 있습니다. 궂은 날씨와 더운 계절을 핑계 삼아 주님의 일에 힘쓰지 못했던 저희들입니다. 이제는 '열매로 알리라'는 주님의 경고의 말씀을 다시금 깨달아 정신을 차릴 수 있게 하여 주옵소서. 시간은 흐르되 신속히 날아가는 세월 앞에서 여유부리는 인생이 되지 않게 하시고, 세월을 아껴 주님이 원하시는 믿음의 열매를 맺기 위하여 달려갈 수 있는 저희 모두가 되게 하여 주옵소서. 주님의 몸 된 교회도 분주했던 여름행사가 모두 끝나고 평온을 되찾고 있습니다. 이제 가을을 준비하는 지혜를 주사 열매를 알차게 맺어 저희 교회가 풍요의 계절을 맞이할 수 있게 하옵소서.
느슨했던 기도 생활이 다시 뜨거워지기 원합니다. 피하고 싶었던 전도 생활에 열정이 되살아나기를 원합니다. 뒤로 미뤘던 봉사의 생활에 열심을 품기를 원합니다. 저희의 신앙생활을 붙드셔서 주님이 맡기신 사명을 잘 감당할 수 있게 하여 주옵소서.
오늘도 말씀을 들고 단 위에 서신 목사님을 기억하시고, 저희의 믿음의 성장을 소원하며 말씀을 준비하셨사오니 큰 능력이 나타나게 하옵소서. 예배를 섬기는 모든 손길들 위에 더 없는 기쁨으로 채우실 것을 믿사옵고 예수 그리스도의 이름으로 기도합니다. 아멘

8월 다섯째 주 주일예배(2)

인내와 소망을 이루게 하소서

다만 이뿐 아니라 우리가 환난 중에도 즐거워하나니 이는 환난은 인내를, 인내는 연단을, 연단은 소망을 이루는 줄 앎이로다
– 롬 5:3,4

저희를 인도하시는 하나님 아버지! 저희들에게 믿음을 주셔서 주님을 바라보고 의지하며 복된 삶을 살다가 거룩한 주일을 맞이하여 또 다시 주님의 전을 찾을 수 있도록 이끄시니 감사와 영광을 돌립니다. 무가치하고, 무자격한 저희를 내치지 아니하시고 언제나 동일한 사랑으로 함께하시고 감싸 안으시는 주님의 은혜를 생각할 때 저희들은 감격할 뿐이옵니다. 주님의 사랑과 은혜를 더욱 가까이서 느끼는 곳이 주님의 몸인 교회일진대, 오늘 저희들이 어디로 발걸음을 돌릴 수 있겠사오리까? 이 시간 주님의 전을 찾은 심령마다 더욱 주님의 영광을 보게 하옵소서.

주님! 저희들의 삶속에 환난이 찾아오고 있음을 경험합니다. 환난도 돌아보면 유익인 것을 알지만, 또다시 다가올 것을 생각하면 괴로운 것이 저희들의 솔직한 마음입니다. 환난에 익숙해질수는 없지만, 주님께 맡길 수 있사오니, 맡기는 삶을 살아갈 수 있도록 도와주옵소서. 주님을 의지하는 연고로 환난 중에도 즐거워할 수 있게 하여 주시고, 어떤 악한 상황이라도 우리 주님께서 분명히 함께하심을 믿고 인내와 연단과 소망을 이룰 수 있는 저희가 되게 하여 주옵소서.

이제 그 무덥던 여름도 제 사명을 다하고 저 갈 길을 재촉하고 있습니다. 무더운 여름이 있기에 신록의 아름다움이 있음을 깨닫습니다. 저희들도 인생에게 주신 주님의 사명을 깨달아 주님의 자녀로서 역할을 다할 수 있는 종들이 되게 하여 주시옵소서. 주님의 몸 된 교회를 통하여 주님의 나라를 확장시키는 데 아름답게 쓰임 받는 종들이 되게 하시고, 많은 사람들에게 영적인 유익을 끼칠 수 있는 종들이 되게 하여 주옵소서.

오늘도 말씀을 들고 단 위에 서신 목사님을 기억하시고, 성령 충만함을 허락하셔서 저희의 믿음에 힘을 더하는 말씀을 증거하실 수 있게 하옵소서. 예배를 섬기는 손길들에게도 주님의 위로의 손길로 함께하실 것을 믿습니다. 예배의 시종을 주님께 의탁하오며 예수 그리스도의 이름으로 기도합니다. 아멘

8월 다섯째 주 주일오후예배

닳아서 없어지는 삶이 되게 하소서

모이기를 폐하는 어떤 사람들의 습관과 같이 하지 말고 오직
권하여 그 날이 가까움을 볼수록 더욱 그리하자 - 히 10:25

   다사다난(多事多難)한 현대를 살아가는 저희들에게 하나님의 크신 은혜를 받게 하셔서 세상을 핑계치 않고 모이게 하신 은혜를 감사드립니다. 그날이 가까움을 볼수록 오직 권하여 모이기를 힘쓰는 교회가 되게 하여 주옵소서. 오늘도 영혼 깊은 곳에서 울려 나는 찬양이 있기를 원합니다. 하나님과 교통하는 축복의 시간이 되기를 원합니다. 보혈의 능력을 의지하여 예배하오니 저희의 드리는 예배를 통하여 영광을 받으옵소서.
   저희의 연약함을 아시는 주님! 저희의 부족함으로 저지른 많은 죄들을 용서받기를 원합니다. 이 예배 가운데 저희들의 죄가 섞여서 주님의 영광을 가리는 일이 없게 하시고, 죄 사함 받아 깨끗함으로 드려지는 예배가 되게 하옵소서.
   주님! 지나간 날들을 더듬어 보니 영적으로 게을렀던 적이 너무나 많았음을 고백합니다. 기도할 때에 힘써서 기도하지 못했고, 전도할 때에 힘써서 전도하지 못했습니다. 주님의 몸 된 교회를 위해서도 섬김의 본을 다하지 못했습니다. 그러면서도 입술로는 주님 앞에 충성하는 일꾼이 되게 해달라고 부르짖었으니, 저희들의 모습이 주님 보시기에 얼마나 가증스러웠겠습니까? 주여! 저희 마음의 완악함을 깨뜨려 주시옵소서. 이제는 영적 게으름으로 녹슬어가는 삶이 되지 않게 하시고, 주님을 위하여 닳아서 없어지는 삶을 살 수 있게 하여 주옵소서.
   지금도 우리 주님은 일할 자를 간절히 찾고 계시는 줄 믿습니다. 일할 수 있을 때 힘써서 일하여 주님의 마음을 시원케 해드리는 저희 모두가 되게 하여 주옵소서.
   오늘 이 시간에도 진지한 마음을 가지고 저희 자신을 돌아보기를 원합니다. 말씀으로 깨우쳐 주셔서 더 나은 믿음을 갖기를 열망하게 하옵소서. 말씀을 들고 단 위에 서신 목사님을 기억하시고, 큰 능력으로 붙드셔서 저희 심령을 변화시키는 은혜의 말씀을 증거하게 하여 주옵소서. 이미 예배가 시작되었습니다. 마치는 시간까지 성령께서 운행하심을 믿사옵고 예수 그리스도의 이름으로 기도합니다. 아멘

9월의 기도
영성과 낮아짐

9월 첫째 주 주일 예배(1)

신령한 복을 사모하게 하소서

할렐루야, 여호와의 종들아 찬양하라 여호와의 이름을 찬양하라 이제부터 영원까지 여호와의 이름을 찬송할지로다 해 돋는 데에서부터 해 지는 데에까지 여호와의 이름이 찬양을 받으시리로다 - 시 113:1~3

사랑의 하나님! 질그릇처럼 값없는 인생들이지만 저희들을 예수 그리스도의 피로 값 주고 사셨기에 저희들은 보배로운 하나님의 자녀들임을 믿습니다.(고후4:7)

저희들이 죄악 된 세상에서 방황하였을지라도 저희들을 통하여 찬송과 영광을 받으시기를 기뻐하시는 주님! 크신 인애와 긍휼하심으로 저희들에게 집중하고 계시기에 오늘 저희들이 예배의 자리로 담대히 나온 줄 믿습니다. 이시간 한 주간 동안 지은 죄를 가볍게 여기지 않게 하시고, 회개할 것은 회개하고, 주님의 용서를 구할 것을 구할 수 있는 이 시간이 되게 하여 주옵소서. 그리하여 거룩하고 깨끗한 예배를 주님께 드릴 수 있게 하시고 주님의 이름을 높일 수 있게 하옵소서.

복의 근원이 되시는 주님! 오늘 저희로 하여금 진정한 복은 하나님께로부터 옴을 다시금 깨닫게 하시고, 늘 신령한 복을 사모하며 구하는 자들이 되게 하옵소서. 진주의 가치를 알지 못하는 미련한 짐승처럼, 하늘의 신령한 복을 소홀히 여기는 어리석은 저희의 모습이 없게 하시고, 열심을 다하여 구하는 가운데 하나님이 채우시는 진정한 부요함을 경험하는 삶이 되게 하옵소서.

생명이 되시는 주님! 지금 이 사회는 잘못된 문화와 가치관들이 급속도로 번져나가고 있습니다. 청소년들이 오염된 문화 속으로 겁 없이 뛰어들고 있고, 옳고 그름의 분별력을 상실한 채 감각에만 의존하고 있사오니, 빛을 잃어가는 이 사회를 불쌍히 여기시고 주님의 사랑으로 건져주시옵소서. 저희들로 하여금 어두움에 몸부림치는 이 사회의 아픔을 보며 더욱 강력한 영성을 갖춰야 한다는 열망을 품게 하시고, 이 사회에 밝은 빛을 비추기 위하여 빛의 자녀로 사는 데 마음을 쏟을 수 있게 하옵소서.

말씀을 전하시는 목사님을 성령의 능력으로 붙드시고, 전하시는 말씀 속에서 강력한 성령님의 역사를 체험케 하옵소서. 예배의 시종을 주님께 맡기오며 예수 그리스도의 이름으로 기도합니다. 아멘

9월 첫째 주 주일예배(2)

달음질할 수 있게 하소서

운동장에서 달음질하는 자들이 다 달릴지라도 오직 상을 받는 사람은 한 사람인 줄을 너희가 알지 못하느냐 너희도 상을 받도록 이와 같이 달음질하라 — 고전 9:24

주님! 오늘도 주님 앞에 겸손히 엎드려 그 영광을 찬송합니다. 저희를 하나님의 자녀로 택하셔서 오늘도 주님이 예배하신 처소인 저 천국을 향하여 달음질할 수 있도록 이끌어 주시니 얼마나 감사한지요. 주님 앞에 섰을 때에 상 받기를 두려워하는 존재가 되지 않기 위하여, 사명을 받은 대로 최선을 다하여 달려갈 수 있는 저희가 되게 하여 주옵소서.(빌2:16) 이 시간도 저희들로 하여금 예배를 사랑할 수 있게 하셔서 주님의 전으로 이끌어 주셨사오니 마음을 다하여 예배할 수 있도록 저희 마음을 주장하시옵소서.

자연을 다스리시며 주장하시는 하나님! 들녘의 벼이삭들이 추수의 때를 기다리며 익어가고 있습니다. 이상기온 현상으로 험악한 날씨가 끊이지 않았음에도 불구하고 풍성한 열매를 맺는 이삭들을 보니, 열매 맺는 신앙으로 나아가기를 주저했던 저희의 모습이 한없이 부끄럽기만 합니다. 지금 이 순간도 우리 주님은 저희들이 믿음의 귀한 열매를 맺는 자리로 나아갈 것을 간절히 바라고 계실 것입니다. 이제 저희의 신앙에 환경을 핑계대거나 탓하는 일이 없게 하시고, 범사에 감사하며 열매 맺는 풍성한 신앙의 자리로 나아갈 수 있게 하여 주옵소서.

사랑의 주님! 저희들은 주님의 이름을 멸시하고 조롱하는 악한 시대를 살아가고 있습니다. 시대가 악하다고 하여 소망의 닻을 내리기에 주저하지 말게 하시고, 주님 앞에 서기까지 힘을 다하여 주님의 피 묻은 복음을 전할 수 있는 저희 모두가 되게 하여 주옵소서.

오늘도 말씀을 들고 단 위에 서신 목사님을 기억하옵소서. 영적인 부담을 안고 준비하신 말씀을 전하실 때에, 성령의 역사가 크게 나타나는 시간이 되게 하옵소서.

주님의 몸 된 교회를 위하여 묵묵히 봉사하는 신실한 일꾼들을 기억하시고 봉사의 행적이 깊어질수록 더욱 성숙한 신앙인으로 거듭날 수 있게 하옵소서. 예배의 시종을 주님께 맡기며 사랑이 많으신 예수 그리스도의 이름으로 기도합니다. 아멘

9월 첫째 주 주일오후예배

신앙의 향기를 낼 수 있게 하소서

우리는 구원 받는 자들에게나 망하는 자들에게나 하나님 앞에서 그리스도의 향기니 - 고후 2:15

지금도 하나님의 보좌 우편에서 저희를 위하여 중보하시는 예수 그리스도가 계시기에 죄 많은 저희들이 주님의 은총을 받고 사는 줄 믿습니다. 그럼에도 불구하고 내 작은 의를 남에게 과시하려고 했던 적이 얼마나 많았는지요. 외식과 위선으로 가득찬 모습이었음을 고백하오니 긍휼을 베푸셔서 용서하여 주옵소서.

주님! 저희의 삶이 하나님을 기쁘시게 해드리는 것에 힘을 쏟아야 하는데 그렇지를 못했습니다. 이제는 성경이 증거하고 있는 믿음의 사람들처럼 하나님을 기쁘시게 해드리는 것이 저희 최상의 관심사가 되게 하여 주옵소서.

인자하신 하나님! 여러모로 이 시대가 어둡습니다. 저희들에게 이 시대를 분별할 수 있는 지혜가 있기를 원합니다. 시대가 어려울수록 하나님의 은혜를 입은 자들이 어떤 모습으로 살아야 할 것인지를 분별할 수 있게 하시고, 주의 진리로 충만케 하셔서 신앙의 향기를 낼 수 있는 삶이 되게 하여 주옵소서. 특별히 추수를 기다리는 이 좋은 9월의 계절에 주님을 위하여 더욱 힘써서 봉사할 수 있는 저희 모두가 되게 하시고, 아름다운 헌신과 충성의 열매로 주님의 교회를 가득 채울 수 있는 저희 모두가 되게 하여 주옵소서.

사랑의 하나님! 혼돈의 세찬 바람이 불어오는 이때에 주님의 교회를 붙들어 주시기를 원합니다. 교회만큼은 세상 문화에 동화되는 일이 없게 하시고, 피 묻은 십자가로 심어 놓으신 진리의 빛을 강하게 비출 수 있는 교회가 되게 하여 주옵소서. 주님이 내려주시는 하늘의 만나가 세상적인 배부름으로 대치되는 일이 없게 하시고, 주님이 주시는 영적인 위로가 세상적인 값싼 위로로 대치되는 일이 없게 하여 주옵소서.

이 시간, 말씀을 전하시는 목사님을 성령의 능력으로 붙드시고, 예배를 돕는 찬양대와 봉사위원들에게도 함께하실 것을 믿사옵고 사랑이 많으신 예수 그리스도의 이름으로 기도합니다. 아멘

9월 둘째 주 주일 예배(1)

서로 종노릇하게 하소서

형제들아 너희가 자유를 위하여 부르심을 입었으나 그러나 그 자유로 육체의 기회를 삼지 말고 오직 사랑으로 서로 종 노릇 하라 - 갈 5:13

예수 그리스도의 대속의 십자가로 말미암아 저희를 죄의 사슬에서 해방시켜 주신 여호와 하나님께 영광과 찬송을 드립니다. 저희의 생명이 시작되기 전부터 택함 받은 자녀로 삼아주시고, 인생의 거칠고 험한 고비마다 잠시도 멀리하지 않으시고 동행하여 주신 은혜를 감사드립니다. 주님의 전에 나와 예배할 때마다 예수 그리스도를 더욱 알게 하여 주시고, 더욱 믿고 따를 수 있는 단계로 나아갈 수 있게 하옵소서.

사랑의 주님! 죄로 말미암아 죽을 수밖에 없는 저희들을 진리로 자유케 하여 주셨사오니(요8:32) 그 자유로 육체의 기회를 삼지 않게 하시고, 오직 사랑으로 서로 종노릇하는 삶이 되게 하여 주옵소서.(갈5:13) 십자가에서 죽기까지 낮아지신 예수 그리스도의 겸손을 본받아 낮아짐을 기뻐할 수 있게 하시고, 섬길 수 없는 사람까지도 용납함으로 사랑의 위대함을 나타낼 수 있는 삶이 되게 하여 주옵소서.

주님의 몸 된 교회에서도 서로 종노릇하는 아름다운 신앙의 덕이 넘쳐나기를 원합니다. 서로를 세워주기에 인색함이 없게 하시고, 서로를 내어주기에 주저함이 없게 하옵소서. 서로의 허물은 감싸주고 서로의 아픔은 함께할 수 있는 공동체가 되게 하옵소서. 저희 모두가 교회를 통하여 주님이 보여 주신 사랑의 욕구를 충족시켜 나가는 삶이 되게 하옵소서.

주님! 경제적인 어려움으로 고통당하는 교우들이 있습니다. 생활에 얽매여 주일성수도 제대로 못하고 있사오니, 어렵고 힘들수록 주님을 등지는 일이 없게 하시고, 믿음의 주요 온전케 하시는 이인 주님을 바라볼 수 있도록 도와주시옵소서.

오늘도 소망이 되신 주님만을 의지하고 생명의 말씀을 붙잡기 위하여 참석한 교우들에게 주님의 신령한 은혜를 맛보게 하시고, 그 영혼 깊은 곳에서 주님을 향한 감사의 찬송이 울려나게 하여 주옵소서. 오늘도 말씀을 들고 서신 목사님을 그 크신 사랑으로 붙드셔서, 전하시는 말씀마다 주님의 한없으신 사랑을 경험하는 시간이 되게 하여 주옵소서. 예배의 시종을 주님께 의탁하오며 예수 그리스도의 이름으로 기도합니다. 아멘

9월 둘째 주 주일예배(2)

용서할 수 있게 하소서

서로 친절하게 하며 불쌍히 여기며 서로 용서하기를 하나님이 그리스도 안에서 너희를 용서하심과 같이 하라 - 엡 4:32

아름다운 계절과 수확의 절기를 주신 하나님!

자연의 모습을 보며 이 땅을 주관하시는 주님의 섭리하심을 생각합니다. 죄 짐을 지고 가는 저희 인생들을 긍휼히 여기사 구원의 자녀가 되게 하시고, 천국 백성의 삶을 살 수 있게 하여 주시니 얼마나 감사한지요. 열매 맺는 계절에 영적 열매를 놓치지 않는 저희들이 되게 하여 주옵소서.

사랑의 주님! 상처 많은 세상입니다. 그 어느 때보다도 감정의 골이 깊어지고 원한이 쌓여가는 때입니다. 서로 헐뜯고, 비난하고, 정죄하는 모습들이 사회 곳곳에 짙게 깔려 있습니다. 서로를 향하여 서슬 퍼런 날을 세우고 있는 이때에, 저희들만큼이라도 주님의 용서하심을 본받아 용납과 용서를 보여줄 수 있는 삶이 되게 하옵소서.(마6:14) 신·불신자를 떠나서 용서는 인간이 할 수 있는 가장 큰 사랑의 표현임을 깨닫습니다.

정부도, 기업도, 가정도 서로를 향하여 공격의 날을 세울 것이 아니라, 용납하고 용서하는 자리로 나아갈 수 있게 하옵소서. 저희들은 일흔 번씩 일곱 번이라도 용서해야 한다는 주님을 본받아 힘을 다하여 용서를 실천해 갈 수 있기를 원합니다.(마18:22) 주님의 십자가의 승리는 용서로 이루어졌음을 깨달아, 이 시대에 용서로 십자가의 승리를 보여 주는 저희의 삶이 되게 하옵소서.(눅23:34)

오늘도 이 예배에 참여한 교우들 가운데 도무지 용서할 수 없어 상한 감정을 품고 나온 자들이 혹시 있다면 상한 감정을 치유하여 주셔서, 용서로 주님이 남기신 흔적을 좇아갈 수 있는 저들이 되게 하여 주옵소서.

오늘도 주님이 친히 세우신 목사님이 말씀을 들고 단 위에 서십니다. 생명의 말씀을 증거하시기에 조금도 부족함이 없도록 큰 능력으로 붙드시옵소서. 이 시간 저희 모두가 주님께 천사도 부러워하는 예배를 드리기를 원합니다. 예배를 섬기는 손길들을 기억하시고, 봉사의 자리로 나아갈수록 샘솟는 기쁨을 경험하게 하옵소서.

예수 그리스도의 이름으로 기도합니다. 아멘

9월 둘째 주 주일오후예배

주님께 큰 기쁨이 되게 하소서

너희는 내가 창조하는 것으로 말미암아 영원히 기뻐하며 즐거워할지니라 보라 내가 예루살렘을 즐거운 성으로 창조하며 그 백성을 기쁨으로 삼고 – 사 65:18

    빛의 근원이 되셔서 어두운 세상을 깨우시는 능력의 하나님!
    질그릇처럼 연약하고 깨어지기 쉬운 인생들을 구원하셔서 주님의 자녀로 삼아주시고 주님의 은혜 가운데 살게 하시니 감사를 드립니다. 저희로 거룩한 주일을 지키게 하시고, 주님 안에서 참 안식을 얻게 하시니 한없으신 주님의 사랑 앞에 늘 감격할 따름이옵니다. 이 시간도 주님의 은혜에 감격하며 찬양과 영광을 돌리고자 하오니 기쁨으로 받아주시옵소서.
    사랑의 주님! 저희들은 주님의 뜻을 좇아 사노라 하면서도 입술의 고백에서 그칠 뿐, 세상의 이익을 좇아 살 때가 너무나 많음을 고백합니다. 저희의 약한 믿음을 불쌍히 여기시고, 허물을 가리워 주시옵소서.
    주님! 저희가 받은 바 이 큰 은혜를 인하여 더욱 헌신하는 삶을 살게 하옵소서. 주님의 일을 하면서 다가오는 고통이 있더라도 기쁨으로 감당하게 하시고, 손해 보는 일이 있더라도 훗날에 모든 것을 넉넉히 채워주실 주님을 소망하며 즐거움으로 감당할 수 있게 하옵소서.
    주님! 이제 탐스러운 실과와 열매들이 가득 넘치는 축복의 계절입니다. 오늘 저희들의 신앙도 이때를 놓치지 않기를 원합니다. 열매 맺기를 원하시는 주님의 마음을 가장 잘 아는 저희들이오니 알찬 신앙의 열매를 맺기 위하여 마음을 쏟을 수 있는 축복의 계절이 되게 하여 주옵소서.(마 13:23) 그 동안 다소 느슨했던 신앙에 다시금 불을 지펴서 열심을 다하여 전도하게 하시고, 열심을 다하여 기도하게 하시고, 열심을 다하여 봉사할 수 있는 저희 모두가 되게 하여 주옵소서. 이 좋은 계절에 주님께 큰 기쁨이 되는 삶이 되기를 원합니다.
    오늘도 말씀을 사모하여 주님의 전을 찾은 저희들에게 하늘의 신령한 만나를 풍성히 내려 주실 것을 믿습니다. 말씀을 전하시는 목사님을 강권적으로 붙드셔서 피곤치 않도록 도우실 것을 믿습니다.
    예배가 이미 시작되었습니다. 마치는 시간까지 저희의 영혼을 붙드실 것을 믿사옵고 예수 그리스도의 이름으로 기도합니다. 아멘

9월 셋째 주 주일 예배(1)

성령을 좇아 행하게 하소서

내가 이르노니 너희는 성령을 따라 행하라 그리하면 육체의 욕심을 이루지 아니하리라 - 갈 5:16

　성삼위의 머리 되시며 세세무궁토록 영광으로 빛나는 여호와 하나님께 찬양과 경배를 드리옵니다. 오늘도 저희 가운데 성령으로 역사하셔서 주님의 전으로 발걸음을 옮길 수 있게 하시고, 거룩한 예배자로 삼으심을 감사드립니다. 이 시간 저희에게 향하신 주님의 크신 은총을 생각하며 겸손히 머리 숙여 예배에 마음을 쏟을 수 있게 하옵소서.
　사랑의 주님! 저희 몸이 성령의 전인 줄 알면서도 성령을 좇아 행하기보다는 육욕을 좇아 마음이 원하는 대로 생활했던 한 주간의 삶이었습니다. 육체의 욕심을 꺾어버리지 못하고 성령을 근심케 한 죄를 지었사오니 용서하여 주시기를 원합니다.
　주여! 저희들에게 성령 충만을 허락하여 주옵소서. 성령의 충만을 받아 세상적인 욕심에 이끌리지 아니하고 주님을 기쁘시게 할 수 있는 삶으로 살아갈 수 있게 하여 주옵소서. 지금도 사탄은 저희들로 하여금 세상을 사랑하게 하여 주님에게서 멀어지게 하고 있사오니 선과 악을 잘 분별하여 사탄의 계략에 걸려 넘어지지 않는 삶이 되게 하여 주옵소서.
　풍요의 계절인 가을입니다. 앞다투듯 열매 맺는 곡식을 보며 하나님의 음성을 들을 수 있기를 원합니다. 주님이 저희들에게 열매를 원하고 계심을 믿습니다. 믿음의 좋은 열매를 맺는 가을이 되게 하시고, 한 광주리 가득 담아 주님께 드릴 수 있는 신앙이 되게 하여 주옵소서. 아름다운 성령의 열매도 동반되기를 원합니다. 성령의 열매를 맺음으로 성령 충만한 주님의 자녀임을 나타낼 수 있게 하옵소서.
　오늘도 주님의 전에 엎드린 교우들 중에 아픔이 많은 교우들이 있을 줄 압니다. 상한 심령을 싸매시는 주님께서 그 마음의 설움을 달래시고 위로하여 주실 줄 믿습니다.
　주님! 말씀을 증거하시는 목사님을 기억하시옵소서. 저희들을 위하여 귀한 영혼의 양식을 준비하였사오니 전하실 때에 놀라운 능력으로 함께 하시옵소서. 예수 그리스도의 이름으로 기도합니다. 아멘

9월 셋째 주 주일예배(2)

아름다운 봉사자가 되게 하소서

여호와 우리 주여 주의 이름이 온 땅에 어찌 그리 아름다운지요 주의 영광이 하늘을 덮었나이다 - 시 8:1

온 천지를 주관하시고 다스리시는 하나님 아버지! 주의 이름이 온 땅에 어찌 그리 아름다운지요(시8:9) 주의 영광을 하늘 위에 두셨나이다.(시 8:1) 할렐루야! 오늘도 저희를 세상에서 가장 아름다운 곳, 주님의 임재하심과 주님의 은혜가 넘치는 곳으로 인도하심을 감사드립니다. 이 축복의 장소에 저희를 두셨사오니 세상의 그 무엇과도 비교될 수 없는 시간이 되게 하옵소서.

죄인들을 위하여 낮고 천한 자리를 찾아오신 주님! 주님은 겸손과 섬기는 삶의 본이 되셨음을 기억합니다. 하오나 저희는 스스로를 높이고 섬김을 받는 일을 더욱 좋아했습니다. 이 시간 주님께 예배드리면서 주님의 겸손하심을 다시금 온몸으로 느낄 수 있게 하시고, 주님과 같이 섬기는 자로서의 삶을 살아갈 수 있게 하여 주옵소서.

주님! 저희로 그리스도의 몸 된 교회의 지체가 되게 하심을 감사드립니다. 주님의 몸인 교회를 세우기 위하여 마음을 쏟을 수 있게 하시고, 늘 하나님의 선하시고 온전하신 뜻이 무엇인지 분별하여 지혜로운 봉사자로 주님을 높일 수 있게 하옵소서. 또한 각기 맡은 바 직분의 기능을 잘 감당하는 것이 중요한 줄 아오니 각자 하나님이 주신 은사로 직분을 잘 감당하여 이 좋은 추수의 계절에, 섬기는 교회를 아름다운 열매로 가득 넘치게 할 수 있게 하여 주옵소서.

자비하신 주님! 주님께 기도드릴 때마다 심령에 부담으로 남는 것이 있습니다. 올해도 황금 들녘에서는 대풍의 소식이 들려오고 있지만, 여전히 어려운 경제 사정으로 인하여 고달픈 삶을 살아가는 사람들이 많사오니 긍휼히 여기사 저들의 궁핍함을 돌아보시옵소서. 특별히 영적으로 궁핍한 자들을 불쌍히 여기시고, 목자 없는 양처럼 유리하며 방황하지 않도록 사랑으로 감싸 안으시옵소서.

오늘도 말씀을 전하시는 목사님을 굳게 붙드시고, 예배를 위하여 수종드는 손길들을 기억하실 것을 믿사옵고 예수 그리스도의 이름으로 기도합니다. 아멘

9월 셋째 주 주일오후예배

영혼의 추수를 하게 하소서

곧 평강의 씨앗을 얻을 것이라 포도나무가 열매를 맺으며 땅이 산물을 내며 하늘은 이슬을 내리리니 내가 이 남은 백성으로 이 모든 것을 누리게 하리라 – 슥 8:12

저희를 사랑하시되 무조건적으로 사랑하시는 하나님 아버지! 주님의 그 크신 사랑과 은혜를 생각할 때 저희들의 믿음의 행위가 가식과 위선으로 얼룩져 있음을 깨닫습니다. 참으로 보잘것없는 믿음이면서도 잘난 척, 성결한 척 할 때가 얼마나 많았는지요. 주님의 보좌 앞에 엎드리니 저희의 수치스러움을 다시금 깨닫게 됩니다. 주님, 십자가에 죽으시기까지 낮아지신 예수 그리스도의 겸손을 본받아 겸손의 믿음과 진실한 예배자로 주님의 이름을 부를 수 있게 하옵소서. 오늘 저희들이 주님께 드리는 찬양과 기도가 건성으로 드려지는 것이 되지 않기를 원합니다.

위로와 소망이 되시는 하나님! 저희들에게 그 어떤 시련과 아픔이 있다 할지라도 언제나 주님의 크신 사랑과 능력을 신뢰하며 살아갈 수 있게 하여 주시고, 저희와 함께하시는 그 능력의 손을 항상 붙드는 삶이 되게 하여 주옵소서.

주님! 지금도 이 세상에는 목자 없는 양 같이 유리 방황하는 영혼들이 많이 있습니다. 하나님의 심판을 모른 채 오직 이 땅에서 얻을 것만을 좇는 자들이 우리 주위에 너무도 많사오니, 저들을 주님 앞으로 인도할 수 있는 전도자들이 되게 하여 주옵소서. 계절적으로 추수기를 맞이한 이때에, 저희들도 영혼의 추수를 위하여 마음을 쏟을 수 있게 하시고, 주님의 구원을 전하는 자들이 되게 하여 주옵소서. 주님은 이미 저들의 마음을 옥토로 바꾸어 놓고 계신 줄 믿습니다. 주님께서 이미 낫을 대고 계신 줄 믿습니다. 나가서 추수할 수 있게 하옵소서.

이 시간도 주님의 몸 된 교회를 위하여 더 많이 봉사하고 더 많이 헌신하는 교우들을 기억하시고, 저들의 아름다운 믿음의 행위가 하늘에서 해 같이 빛나게 하여 주옵소서.

말씀을 증거하시는 목사님을 성령의 능력으로 붙드실 것을 믿습니다. 목사님의 마음은 온통 주님과 성도들을 위한 것뿐이오니 우리 주님이 그 마음을 헤아리실 것을 믿습니다. 이미 예배가 시작되었습니다. 홀로 영광을 받으실 것을 믿사옵고 예수 그리스도의 이름으로 기도합니다. 아멘

9월 넷째 주 주일 예배(1)

착한 일을 넘치게 하게 하소서

하나님이 능히 모든 은혜를 너희에게 넘치게 하시나니 이는 너희로 모든 일에 항상 모든 것이 넉넉하여 모든 착한 일을 넘치게 하게 하려 하심이라 - 고후 9:8

추수하는 기쁨의 절기를 주신 하나님! 이 땅에 오곡백과가 영글게 하셔서 창조의 은총을 다시금 깨닫게 하심을 감사드립니다. 찬란하고 맑은 이 은혜의 계절에 저희의 마음을 주님의 전으로 향하게 하셔서 주님의 창조의 솜씨를 생각하며 찬송과 영광을 돌리게 하시니, 주님의 전적인 은혜 앞에 감사 감격할 뿐이옵니다. 이 시간 진실이 묻어 있는 예배를 드릴 수 있게 하시고, 하늘 높이 주님의 성호를 찬양할 수 있게 하옵소서.

의로우신 하나님! 저희 중에 누가 죄 없다 말할 수 있겠습니까? 회개하는 심령을 기뻐 받으시는 주님의 은총을 생각하며 엎드려 회개하오니 저희의 죄를 사하여 주시고 허물을 가려 주옵소서.

자비하신 하나님! 지금까지 지내온 모든 것이 주님의 크신 은혜임을 믿습니다. 주님의 은혜와 사랑이 저희들을 붙들고 계시기에 저희가 지금까지 실족하지 않고 담대하게 살아온 줄 믿습니다. 사도바울과 같이 "나의 나 된 것은 주님의 은혜로 된 것"(고전15:10)임을 고백할 수 있는 저희의 입술이 되게 하시고, 착한 일을 넘치게 하기를 원하시는 주님의 간절한 기대를 따라 주님을 위한 모든 수고를 아끼지 않는 삶이 되게 하여 주옵소서.(고후 9:8)

자비하신 주님! 특별히 주님의 몸 된 교회에 속한 부서와 기관을 기억하여 주옵소서. 교회를 든든히 세우는 일에 마음을 쏟을 수 있게 하시고, 천국의 지경을 확장할 수 있는 부서와 기관들이 되게 하여 주옵소서. 추수기를 맞은 이때에 영혼의 추수를 위하여 마음을 쏟을 수 있게 하시고, 아름다운 영적 열매를 많이 맺을 수 있는 부서와 기관들이 되게 하여 주옵소서. 이 교회의 작은 교회라고 할 수 있는 구역(속회)도 기억하시옵소서. 구역(속회) 모임을 가질 때마다 주님을 향한 사랑과 교회에 대한 사랑만 고백할 수 있게 하시고, 교회와 주님나라를 부요케 할 수 있는 지체들이 되게 하옵소서.

오늘 선포되는 말씀에 모두가 아멘으로 화답할 수 있게 하여 주시고 우리를 구원하신 예수 그리스도의 이름으로 기도합니다. 아멘

9월 넷째 주 주일예배(2)

큰 믿음을 주소서

우리가 마음에 뿌림을 받아 악한 양심으로부터 벗어나고 몸은 맑은 물로 씻음을 받았으니 참 마음과 온전한 믿음으로 하나님께 나아가자 - 히 10:22

　어둠에 싸인 이 세상에 예수 그리스도를 보내 주시고 십자가에서 피를 흘리게 하여 저희를 죄의 사슬에서 해방시켜 주신 하나님 아버지께 감사를 드립니다. 오늘도 저희 죄악과 인생의 무거운 짐을 대신 맡아주시고자 주님의 전으로 이끄신 그 크신 사랑과 은혜를 생각할 때, 저희는 감격하며 감사할 뿐입니다. 부끄러운 것밖에 내놓을 것이 없는 저희들이지만 주님께 드리는 예배를 기쁘게 받아주시옵소서.

　주님! 한 주간도 저희는 죄악에 섞이며 살았습니다. 죄를 물리쳐야함에도 불구하고 죄와 짝하기를 좋아했고, 죄를 감추기를 주저하지 않았습니다. 연약한 저희를 긍휼히 여기시고 회개하는 심령에 용서의 은총을 베풀어 주옵소서.

　주님! 저희들에게 큰 믿음을 주시기를 원합니다. 저희들은 작은 문제에도 허덕이며 끌려다닐 때가 너무도 많습니다. 믿음은 간곳없고 염려와 근심에 매여 낙심할 때가 얼마나 많은지 모릅니다.

　주여! 인생길에서 만나는 고통이나 아픔이 있다고 할지라도 큰 믿음으로 넉넉히 이기고 나갈 수 있게 하여 주옵소서.(롬8:37) 십자가에서 승리하신 주님을 의지할 수 있게 하여 주시고, 믿음의 주요 온전케 하시는 이인 주님을 온전히 바라볼 수 있게 하여 주옵소서.

　자비로우신 주님! 아직도 경제적인 어려움을 피부로 느끼는 사람들이 많습니다. 저들의 안타까움을 감찰하셔서 희망을 잃지 않게 하여 주옵소서. 주님의 몸 된 교회가 점점 더 희망을 잃어가고 있는 이 시대에 소망을 심어 줄 수 있기를 원합니다. 대저 소망이 하나님께 있음을 나타낼 수 있는 교회가 되게 하시고,(시62:5) 소망의 빛을 밝게 비출 수 있는 교회가 되게 하여 주옵소서.

　오늘도 단 위에 서신 목사님을 성령의 능력으로 붙드셔서 저희 모두가 주님의 신령한 은혜에 파묻히는 시간이 되게 하옵소서. 예배의 시종을 주님께 의탁하오며 예수 그리스도의 이름으로 기도합니다. 아멘

9월 넷째 주 주일오후예배

예배가 삶이 되게 하소서

그러므로 너희가 그리스도와 함께 다시 살리심을 받았으면 위의 것을 찾으라 거기는 그리스도께서 하나님 우편에 앉아 계시느니라 - 골 3:1

    사랑과 은혜가 풍성하신 하나님 아버지! 오늘 이 시간에도 저희를 부르셔서 거룩한 예배자로 삼으심을 감사드립니다. 저희의 드리는 예배를 기쁘게 받으시고 크신 은총으로 함께하여 주옵소서.

    사랑의 하나님! 저희가 이 땅을 살아가는 동안 주님께 예배하는 본분을 잊지 않게 하여 주옵소서. 어디를 가든지, 무엇을 하든지 아브라함과 같이 항상 예배를 우선순위에 놓을 수 있는 삶이 되게 하시고, 예배의 능력으로 살아갈 수 있는 저희의 삶이 되게 하여 주옵소서. 예배를 통하여 이 땅에서도 천국이 이루어지는 것을 경험하게 하시고, 예배를 통하여 이 땅에서도 천국을 경험하는 삶이 되게 하여 주옵소서.

    주님! 말세가 될수록 사탄 마귀는 저희를 바쁘게 만들어 예배로부터 멀어지게 하고 있사오니, 바쁠수록 더욱 예배하고, 바쁠수록 더욱 기도하게 하셔서 사탄의 궤계를 능히 물리치는 삶이 되게 하여 주시고, 온 세상을 하나님이 임재하시는 예배의 처소로 만들어 갈 수 있는 거룩한 예배자로 쓰임 받게 하여 주옵소서.

    주님! 오늘 이 시간도 예배에 실패한 교우들이 있습니다. 예배가 무너지는 만큼 저들의 삶도 무너진다는 것을 깨닫게 하시고, 인생에 힘쓸 그 큰 의무가 예배임을 알게 하옵소서.

    주님! 오늘 저희들의 심령이 어떻습니까? 주님의 은혜를 담아낼 수 있는 심령으로 변화되어 있는지요? 먼저 깨닫는 은혜를 허락하셔서 심령의 깨끗함을 구할 수 있게 하시고, 준비된 그릇에 주님의 은혜를 담아낼 수 있게 하여 주옵소서.

    주님! 결실의 계절인 가을입니다. 앞 다투어 영글어 가는 오곡백과를 보며, 저희들도 믿음의 열매를 맺는 일에 욕심을 갖게 하시고, 허탄한 것만 좇다가 주님의 책망을 듣는 자녀가 되지 않게 하여 주옵소서.

    오늘도 하나님의 말씀을 증거하시는 목사님을 능력의 손으로 붙드시고, 저희 모두 청아한 주님의 음성을 듣는 시간이 되게 하여 주옵소서. 예배의 시종을 의탁하오며 예수 그리스도의 이름으로 기도합니다. 아멘

이런 기도이게 하소서

주님!
이런 기도이게 하소서.
위험에 처했을 때 벗어나게 해달라는 간구이기보다는
두려움 없는 용기를 구하는 기도이게 하소서.
고통스러울 때 고통을 멎게 해달라는 간구이기보다는
고통의 극복을 위하여 인내를 구하는 기도이게 하소서.
인생의 싸움터에서 동조자를 찾는 간구이기보다는
인생과 싸워 이길 수 있는 능력을 구하는 기도이게 하소서.
근심스런 공포에서 구원을 목말라하는 간구이기보다는
자유를 싸워 얻을 끈기를 구하는 기도이게 하소서.
주님!
도마가 되고 싶지 않습니다.
만사형통하는 복락 속에서만
하나님이 축복하신다고 생각지 말게 하시고
거듭되는 고통 속에서도
하나님이 제 고통에 함께 참여하고 계심을
의심치 않게 하소서.
주님!
겁쟁이가 되고 싶지 않습니다.
일취월장하는 성공 속에서만
하나님이 자비하시다고 생각지 말게 하시고,
거듭되는 실패 속에서도
하나님이 제 손을 힘껏 쥐고 계신다고 감사하게 하소서.
인생이 슬픔을 안고 산다는 것이
결코 불행이 아님을 깨닫습니다.
주님이 계시기에……

_ 노진향

10월의 기도
변화와 본분

• 절기 및 국가 기념일

국군의 날
추　석
노회(지방회)
종교개혁주일

10월 첫째 주 주일 예배(1)

큰 열매를 드릴 수 있게 하소서

> 내 안에 거하라 나도 너희 안에 거하리라 가지가 포도나무에 붙어 있지 아니하면 스스로 열매를 맺을 수 없음 같이 너희도 내 안에 있지 아니하면 그러하리라 - 요 15:4

저희에게 수확할 수 있는 기쁨의 절기를 주신 하나님 아버지! 주님의 넓으신 은혜와 사랑을 찬양합니다. 오늘 이 시간에도 주님의 손길을 느끼면서 예배할 수 있게 하시니 감사드립니다. 이 시간 주님의 은혜로 충만케 하여 주셔서 마음을 다하여 신령과 진정으로 예배할 수 있게 하여 주옵소서.

긍휼이 풍성하신 하나님! 오늘도 저희의 모습을 돌아볼 때 탕자와 같은 모습으로 주님의 전을 찾았음을 고백합니다. 주님의 자녀이면서도 정욕을 좇아 살기를 좋아했던 저희들의 추한 모습을 불쌍히 여기시고 회개하는 심령에 용서의 은총을 베풀어 주옵소서.

사랑의 하나님! 수확의 기쁨을 누리는 이 아름다운 계절을 맞이하면서 저희들도 더욱 열매 맺는 삶으로 나아갈 수 있기를 원합니다. "나는 포도나무요 너희는 가지니 저가 내 안에, 내가 저 안에 있으면 이 사람은 과실을 많이 맺나니 나를 떠나서는 너희가 아무것도 할 수 없음이라"(요 15:5)고 말씀하셨사오니 아름다운 믿음의 열매를 맺기 위하여 주님 안에 거할 수 있게 하시고, 주님의 뜻을 담아낼 수 있는 삶이 되게 하여 주옵소서. 더욱 성령의 충만함을 더하셔서 주님께 큰 열매를 드릴 수 있는 주의 자녀로 살게 하옵소서.

풍요로운 수확을 기대하는 가을이지만 뜻하지 않은 태풍으로 인하여 피해를 본 농부들이 있습니다. '눈에서 눈물이 아니라 피가 나올 것 같다' 는 괴롬에 빠진 그 마음을 살펴주시고 절망에 빠지지 않도록 도와주시옵소서. 무엇보다 소중한 생명이 해를 받지 않은 것에 대하여 감사할 수 있게 하시고, 위로를 받을 수 있게 하여 주옵소서.

오늘도 말씀을 선포하시기 위하여 단 위에 서시는 목사님을 기억하시고, 말씀의 권위를 느낄 수 있는 권세 있는 말씀을 증거하실 수 있도록 붙드시옵소서.

예배의 시종을 주님께 의탁합니다. 성삼위하나님께서 영광 받으실 것을 믿사옵고 예수 그리스도의 이름으로 기도합니다. 아멘

10월 첫째 주 주일예배(2)

장병들을 붙드소서 – 국군의 날

여호와께서 집을 세우지 아니하시면 세우는 자의 수고가 헛되며 여호와께서 성을 지키지 아니하시면 파수꾼의 깨어 있음이 헛되도다 – 시 127:1

높고 크신 하나님 아버지! 세상에는 평화가 없고 슬픔과 고통이 만연되고 있사오나 그 가운데서 저희를 택하시어 주님의 평안과 안식이 가득 넘치는 성전에 있게 하시니 감사드립니다. 자신의 백성을 양같이 인도하시는 주님이 함께 계시오니 저희들은 두려움 없이 평안의 복을 누립니다. 주님의 크신 사랑과 은혜를 입은 저희들이 마음을 다하여 예배하기를 원하오니 주님만이 영광을 받으시옵소서.

용서를 베푸시는 주님! 먼저 한 주간 동안 주님의 뜻대로 살지 못했던 저희의 잘못을 용서 받기 원합니다. 주님의 거룩하심에 흠집을 내면서 살았던 저희의 과오를 고백하오니 긍휼을 베푸사 용서하여 주옵소서.

공의로우신 하나님! 특별히 지난 주간은 국군의 날을 기념하는 행사가 있었습니다. 이 나라에 막강한 국군을 허락하셔서 이 강토를 지킬 수 있도록 해주시니 다시 한 번 뜨겁게 감사를 드립니다. 사랑하는 가족과 친척과 동포를 위해 많은 날들을 봉사하는 젊은 장병들에게 은혜를 베풀어 주옵소서. 전쟁의 위협이 항상 존재하는 이 나라 이 조국을 수호하고자, 어렵고 많은 날들을 참고 봉사하는 군인들에게 용기와 위로를 주옵소서. 특별히 군에서 발생하는 잦은 사고를 저희들이 뉴스로 접합니다. 병사들이 전우애로 똘똘 뭉치게 하셔서 구타나 총기로 인한 불미스러운 일이 발생되지 않게 하여 주옵소서. 군 복무를 하는 동안 장교나 사병이나 사명감을 가지고 충성된 마음으로 맡은 바 본분을 다할 수 있도록 붙드시옵소서. 건강도 지켜 주셔서 더위와 혹한에도 잘 견디어 낼 수 있게 하시고, 군인으로서의 훈련도 잘 받을 수 있게 하여 주옵소서.

주님! 저희들도 주님의 나라를 위하여 십자가 군병으로 쓰임받기를 원합니다. 불의의 병기로 사용되는 일이 없게 하시고, 주님의 몸 된 교회와 그 나라를 위하여 의의 병기로 쓰임 받게 하옵소서.

오늘도 말씀을 전하시는 목사님을 성령의 능력으로 강하게 붙드셔서 권세 있는 생명의 말씀을 전하시게 하옵소서. 예배의 시종을 주님께 의탁하오며 예수 그리스도의 이름으로 기도합니다. 아멘

10월 첫째 주 주일오후예배

군 복음화를 허락하소서

너는 청년의 때에 너의 창조주를 기억하라 곧 곤고한 날이 이르기 전에, 나는 아무 낙이 없다고 할 해들이 가깝기 전에
- 전 12:1

　세우신 언약으로 저희를 형통의 길로 이끄시는 하나님 아버지! 주님의 은혜 안에서 새로운 달을 맞게 하시고, 주님께 찬양과 영광을 돌릴 수 있게 하시니 감사를 드립니다. 이 시간에도 저희들에게 향하신 주님의 은혜와 사랑을 새기며 예배하기를 원하오니, 저희의 드리는 예배를 기쁘게 받으시옵소서.

　자비로우신 하나님! 참으로 지은 죄가 티끌같이 많은 저희들입니다. 그러하기에 주님의 용서의 은총이 늘 필요한 저희들입니다. 회개하오니 용서하여 주옵소서.

　주님! 이번 주에는 국군의 날이 있었습니다. 군 복무하는 동안 젊은 혈기로 인하여 충동적인 유혹에 빠지지 않도록 막아주시고, 인생에 그 어느 때보다도 강한 인내력과 절제력이 요구되오니, 잘 인내하고 절제하여 참으로 의미있고 보람된 군 복무기간이 되게 하여 주옵소서.

　특별히 군 복음화를 위하여 기도합니다. 총칼을 의지하기보다는 하나님을 의지할 수 있는 병사들이 되게 하시고, 하나님을 모르는 병사들에게 믿음의 눈을 열어 주셔서 사랑으로 세계를 정복한 주님을 만날 수 있게 하여 주옵소서. 아직도 군부대 안에는 우상들이 많습니다. 젊은 장병들이 허탄한 것을 좇거나 섬기지 않도록 모든 우상들을 제거시켜 주시고, 부대마다 심어 놓으신 주님의 병사들이 십자가 군병의 사명을 잘 감당할 수 있도록 붙드시옵소서. 또한 어서 속히 이 나라가 통일이 되기를 원합니다. 이 땅에 한 형제, 한 동포 간에 총부리를 겨누는 일이 더 이상 없게 하여 주옵소서.

　주님! 군에 입대한 자녀를 둔 부모들도 기억하시옵소서. 자녀에 대한 모든 염려와 걱정을 다 주님께 맡기게 하여 주시고, 군 복무하는 자녀를 위하여 오직 기도로 뒷받침할 수 있는 부모가 되게 하여 주옵소서.

　이 시간도 말씀을 준비하여 단 위에 서시는 목사님을 기억하시고, 능력의 말씀을 선포하실 수 있도록 도우시옵소서. 예배의 모든 것을 주님께 의탁하오며 예수 그리스도의 이름으로 기도합니다. 아멘

10월 둘째 주 주일 예배(1)

추석 명절을 잘 보내게 하소서

> 네 조상들도 알지 못하던 만나를 네게 먹이신 것은 사람이 떡으로만 사는 것이 아니요 여호와의 입에서 나오는 모든 말씀으로 사는 줄을 네가 알게 하려 하심이니라 – 신 8:3

주님의 성호를 찬양합니다. 오늘도 사람이 떡으로만 사는 것이 아니라 하나님의 입에서 나오는 말씀으로 사는 것인 줄 알기에 주님의 전을 찾았습니다. 이 시간도 말씀으로 오시옵소서. 저희의 갈한 심령이 말씀의 양식으로 배부름을 경험하게 하옵소서.

사랑의 주님! 이 시간 저희의 심령을 살펴보니 죄로 얼룩져 있는 것을 발견합니다. 더러운 옷보다도 더 더러운 저희의 심령을 보며 죄 씻음 받기를 원하오니 긍휼을 베푸사 용서하여 주시고 주님의 영광을 보게 하여 주옵소서.

주님! 이번 주에는 우리 민족 고유의 명절인 추석이 있습니다. 특별히 고향으로 발길을 옮기는 주님의 자녀들을 붙드셔서 해 받는 일이 없게 하여 주옵소서. 주님, 명절이 되면 저희들이 죄를 허용하기 쉽습니다. 주님의 자녀로서 행할 본분을 잊지 않게 하여 주시고 악은 모양이라도 버릴 수 있게 하여 주옵소서.(살전 5:22) 가족들 중에 믿지 않는 사람들이 있습니까? 듣든지 아니 듣든지 주님의 사랑을 전할 수 있게 하여 주시고,(겔 2:7) 주님이 기뻐하시는 민족의 명절을 만들 수 있게 하여 주옵소서.

오늘 이 시간, 낙심 가운데 주님을 찾은 교우들이 있습니까? 그 마음을 위로하셔서 새 소망을 주시는 주님의 사랑을 경험할 수 있게 하옵소서. 어지럽고 힘든 삶 가운데서도 오직 믿음으로 살려고 힘쓰는 교우들도 있습니다. 그 마음을 우리 주님이 기억하시고 언제나 감사와 기쁨이 넘치는 참 믿음의 삶이 될 수 있도록 용기를 더하실 것을 믿습니다.

이 시간도 명절의 분위기에 들뜨지 아니하고 맡겨진 직분을 잘 감당하기 위하여 힘쓰는 교우들을 기억하시고, 주님의 자녀에게 주시는 만족함으로 그 마음을 채우실 것을 믿습니다.

목사님이 말씀을 전하시기 위하여 단 위에 섰사오니 큰 능력을 더하여 주셔서 권세 있는 말씀을 전하실 수 있게 하여 주옵소서. 예배의 시종을 주님께 의탁하오며 예수 그리스도의 이름으로 기도합니다. 아멘

10월 둘째 주 주일 예배(2)

명절의 주인은 주님이십니다

너는 이레 동안 네 하나님 여호와 앞에서 절기를 지키고 네 하나님 여호와께서 네 모든 소출과 네 손으로 행한 모든 일에 복 주실 것이니 너는 온전히 즐거워할지니라 - 신 16:15

　좋은 계절을 주셔서 풍성한 결실이 있게 하신 하나님 아버지! 주님의 섭리와 크신 은혜를 찬양합니다. 오늘 이 시간에도 주님의 손길을 느끼며 예배하기를 원하오니 영광을 받으시옵소서.
　사랑의 주님! 저희가 지금까지 지내온 모든 것이 주님의 은총이었음을 고백합니다. 감당하기 어려운 일들도 많았사오나 그때마다 극복할 수 있는 지혜와 용기가 있었던 것은 주님의 도우심이었음을 깨닫습니다. 언제나 그와 같은 모습으로 저희와 함께하시는 주님이심을 믿습니다. 오늘도 그 사랑 앞에 엎드렸사오니 넓으신 품으로 품어주시고 주님의 이름과 은혜를 한껏 높이게 하여 주옵소서.
　주님! 이번 주에는 저희들이 민족 고유의 명절인 추석을 맞습니다. 그 해에 딴 첫 과일과, 그 해에 수확한 햇곡식을 맛보며 온 가족이 기쁨을 나눌 수 있게 하시니 얼마나 감사한지요. 주님만이 명절의 진정한 주인이심을 믿습니다. 이 좋은 명절을 우상에게 절하며 마귀에게 내어주는 일이 없게 하시고, 오직 하나님께만 감사하며 영광 돌릴 수 있는 명절이 되게 하여 주옵소서. 모처럼 한 자리에 함께하는 가족들이 하나님의 섭리와 은혜를 나눌 수 있는 자리가 되기를 원합니다. 서로 간에 아픔이 되는 이야기들은 피할 수 있게 하시고, 유익한 이야기들로 서로의 마음을 위로하며 격려할 수 있는 자리가 되게 하여 주옵소서. 고향을 찾게 되는 교우들도 기억하시옵소서. 흥분과 설레임 속에 주님의 자녀 된 본분을 망각하지 않게 하여 주시고, 어디서나 빛의 자녀로서 그 역할을 잘 감당할 수 있게 하옵소서. 명절이 되어도 찾을 고향이 없는 교우들도 있습니다. 우리 주님이 그 마음의 설움과 안타까움을 잊지 않으실 것을 믿습니다.
　이 시간도 마음의 안타까움으로 주님의 전을 찾은 교우들이 있습니까? 살아계신 주님을 꼭 만나는 시간이 되게 하여 주옵소서.
　오늘도 말씀을 전하시는 목사님을 기억하시고 능력의 말씀을 선포하실 수 있도록 붙드시옵소서. 예배의 시종을 주님께 의탁하오며 예수 그리스도의 이름으로 기도합니다. 아멘

10월 둘째 주 주일오후예배

노회(지방회)에 함께하소서

> 너희는 금식일을 정하고 성회를 소집하여 장로들과 이 땅의 모든 주민들을 너희 하나님 여호와의 성전으로 모으고 여호와께 부르짖을지어다 - 욜 1:14

　찬송을 받으실 영원하신 하나님 아버지! 지난 한 주간도 저희와 함께하심을 감사드립니다. 오늘 이 시간에도 주님 앞에 머리 숙인 저희들에게 영광의 빛으로 비추시고, 오직 주님만을 찬미하고 찬양하는 기쁨의 시간이 되게 하옵소서.

　능력의 주님! 아무리 죄에 넘어지지 않으려고 해도 죄를 이길 수 없는 저희들임을 고백합니다. 좌우로 치우치며 믿음의 사람답게 살지 못한 못난 저희들이오니 용서의 은총을 베풀어 주옵소서. 어리석고 무지함을 성령의 불로 태우셔서 빛의 자녀로서 빛 된 의무를 다하여 살아갈 수 있게 하옵소서.

　자비로우신 주님! 명절로 인해 이 자리를 찾지 못한 교우들이 많습니다. 명절을 준비하기 위하여 움직이는 저들의 분주함 속에, 주님을 위하여도 그와 같은 삶을 살아야 한다는 것을 깨닫게 하시고, 천국을 준비할 수 있는 삶이 되게 하여 주옵소서. 저희들 모두 좀 더 열심을 품고 주님을 섬기는 일꾼들이 되기를 원합니다. 언제나 주님을 위하여 닳아서 없어지는 삶으로 기쁨을 찾을 수 있게 하옵소서. 주님을 위하여 좀 더 봉사하고, 좀 더 헌신하고, 좀 더 희생하는 모습이 저희의 소망이 되게 하옵소서.

　은혜의 주님! 이번 주간에는 노회(지방회)가 있습니다. 노회(지방회) 위에 함께하셔서 주님의 뜻을 높이는 은혜로운 노회(지방회)가 되게 하여 주옵소서. 특별히 노회에 참석하시는 총대(대의원) 목사님과 장로님들을 붙드셔서 회무를 처리할 때마다 주님의 마음을 의식할 수 있게 하시고, 주님께 영광 돌리는 기본 목적을 한시도 잊지 않게 하여 주옵소서. 불법이나 다툼이 발생하는 일이 없기를 원합니다. 모든 것이 합력하여 선을 이룰 수 있는 회무가 되게 하시고, 박수로 하나님께 영광 돌릴 수 있는 노회(지방회)가 되게 하여 주옵소서.

　이 시간도 말씀을 전하시기 위하여 단 위에 서시는 목사님을 기억하시고, 능력의 말씀을 선포하게 하여 주옵소서. 예배의 시종을 주님께 의탁하오며 예수 그리스도의 이름으로 기도합니다. 아멘

10월 셋째 주 주일 예배(1)

분명한 결실이 있게 하소서

곧 평강의 씨앗을 얻을 것이라 포도나무가 열매를 맺으며 땅이 산물을 내며 하늘은 이슬을 내리리니 내가 이 남은 백성으로 이 모든 것을 누리게 하리라 — 슥 8:12

　모든 영광을 받으시기에 합당하신 주님! 수많은 사람들 중에서 저희를 생명의 길로 불러주시고, 예수 그리스도를 알게 하여 주시고, 믿게 하시고 따르게 하신 은혜를 감사드립니다. 이것은 저희가 부유해서도 아니고 저희가 선해서도 아니고 저희가 유식해서도 아님을 고백합니다. 오직 전적인 주님의 은혜와 은총임을 믿고 확신합니다. 오늘도 그 은총에 옷을 입고 주님의 전을 찾았습니다. 모나고 허물이 많을지라도 저희의 드리는 예배를 받아 주시옵소서.

　사랑과 은혜가 풍성하신 주님! 저희들에게 오곡이 무르익어 추수할 수 있는 아름다운 계절을 주심을 감사드립니다. 이 추수의 계절에 저희 인생의 삶도 추수할 수 있기를 원합니다. 그토록 헤아릴 수 없는 주님의 은혜를 받고 살건만, 추수하여 주님께 드릴 것이 없다면 주님 보시기에 얼마나 악하고 게으른 종이겠습니까? 이 풍요로운 계절에 저희들의 믿음에도 분명한 결실이 있게 하옵소서.

　은혜의 주님! 오늘도 주님의 구원의 손길을 바라보며 아픔을 안고 이 자리를 찾은 교우들이 있을 줄 압니다. 주님의 권능의 손으로 저들의 상처에 안수하셔서 모든 아픔에서 해방을 얻는 자유를 누릴 수 있게 하옵소서. 특별히 질병으로 고통 받는 교우를 기억하시고, 예수 능력으로 치유함을 받아 권능의 주님을 찬송하며, 주님의 몸 된 교회를 위하여 죽도록 충성할 수 있게 하옵소서.

　사랑의 주님! 더 많은 수고가 필요한 계절입니다. 곡식을 거두어들이는 농부의 심정으로 주님의 몸 된 교회를 위해서 더 많은 수고를 아끼지 않는 저희 모두가 되게 하여 주옵소서. 그리하여 주님의 몸 된 교회가 저희의 수고로 맺은 온갖 영적 열매로 가득 넘칠 수 있게 하여 주옵소서.

　말씀을 전하시는 목사님을 성령의 능력으로 굳게 붙드셔서 능력의 말씀을 전하실 수 있게 하여 주옵소서. 예배의 시종을 주님께 의탁하오며 예수 그리스도의 이름으로 기도합니다. 아멘

10월 셋째 주 주일예배(2)

십자가의 군병이 되게 하소서

병사로 복무하는 자는 자기 생활에 얽매이는 자가 하나도 없나니 이는 병사로 모집한 자를 기쁘게 하려 함이라 - 딤후 2:4

빛과 진리로 충만하신 하나님 아버지! 오늘도 저희를 은혜와 평강으로 비추어 주심을 감사드립니다. 이 시간 복된 주일을 맞이하여 소망을 안고 모여든 저희들에게 새 생명과 새 희망을 불어넣어 주시옵소서.

은혜의 주님! 오늘도 저희의 부족함과 연약함을 생각합니다. 주님의 은혜로 붙들어 주시기를 원합니다. 욕망과 욕심에 매여 있는 저희의 심령을 성령의 불로 태워 주시고, 주님이 주시는 진리 안에서 자유함을 누릴 수 있게 하옵소서.

사랑의 주님! 저희들이 오곡백과가 무르익는 풍성한 가을을 맞이했지만, 이 좋은 계절을 맞고도 뚜렷한 열매가 보이지 않는 저희의 삶을 용서하여 주옵소서. 이제 다 지나가는 시점에 서 있습니다. 금년도 3개월 밖에 남아 있지 않습니다. 이제부터라도 무엇을 어떻게 해야만 주님이 기대하시는 열매를 맺을 수 있는지 고민할 수 있게 하시고, 주님이 보시기에 악하고 게으른 종이 되지 않도록 최선을 다하게 하여 주옵소서.

자비로우신 주님! 저희들이 사는 시대가 어렵고 힘들다고 하여 세상을 원망하는 삶이 되지 않기를 원합니다. 그 어떤 환경 속에서도 십자가 군병답게 승리할 수 있는 삶이 되게 하여 주시고, 무슨 일을 만나든지 승리의 주님을 바라보며 달려갈 길을 잘 달려갈 수 있는 삶이 되게 하여 주옵소서. 주님의 몸 된 교회도 십자가 군병들이 넘쳐 나는 교회가 되기를 원합니다. 패배의식에 사로잡혀 진리의 검을 감추는 어리석음이 없게 하시고, 불의와 힘 있게 싸우며 복음의 깃발을 높이 치켜들고 전진하는 십자가의 군병들이 넘쳐나게 하여 주옵소서.

오늘도 사탄의 꼬임에 빠져 주님의 전을 찾지 못한 교우들이 있습니다. 저들의 가는 종착역이 지옥이 되지 않도록 붙들어 주옵소서.

이 시간, 말씀을 들고 서시는 목사님을 능력의 오른손으로 붙드셔서 권세 있는 말씀을 전하실 수 있게 하여 주시고, 듣는 자 모두가 아멘으로 화답할 수 있게 하옵소서. 예배의 시종을 주님께 의탁하오며 예수 그리스도의 이름으로 기도합니다. 아멘

10월 셋째 주 주일오후예배

천국을 빛낼 수 있게 하소서

여호와는 위대하시니 우리 하나님의 성, 거룩한 산에서 극진히 찬양 받으시리로다 터가 높고 아름다워 온 세계가 즐거워함이여 큰 왕의 성 곧 북방에 있는 시온 산이 그러하도다
- 시 48:1,2

아름다운 계절과 수확의 절기를 주신 하나님 아버지! 오곡백과가 무르익어가는 가을 들판을 바라보며 이 땅을 주관하시는 하나님을 생각합니다. 오늘도 저희를 죄악의 들판에 버려두지 아니하시고 주님이 임재하시는 축복의 전으로 이끌어 주시니 감사합니다. 이 전에서 저희를 예배하는 자로 세우셨사오니 마음을 다하여 신령과 진정으로 예배할 수 있도록 붙들어 주옵소서.

자녀의 합당한 본분을 다하기를 원하시는 하나님 아버지! 하지만 저희들은 그렇게 살지를 못했습니다. 죄짓기를 좋아했고, 자신의 욕구와 만족만을 위해서 지나치도록 마음을 쏟았던 한 주간이었습니다. 주님의 자녀라고 불리는 것이 너무나 부끄럽사오니 용서하여 주옵소서.

오, 주님! 적당주의로, 형식주의로 신앙생활하지 않도록 저희의 마음을 다스려 주옵소서. 바른 신앙으로 믿음의 빛을 발할 수 있는 삶이 되게 하시고, 세속적인 것과는 일절 타협하지 않는 원색적인 신앙인으로 살아갈 수 있게 하옵소서. 육욕이 원하는 대로 살면서도 천국을 상속 받을 수 있다는 착각은 하지 말게 하시고, 주님의 자녀로서 합당한 열매를 맺음으로 천국을 빛낼 수 있는 주님의 자녀가 되게 하여 주옵소서.

주님! 이 시간도 주님의 도우심을 간절히 바라는 교우들이 있습니다. 주님밖에 의지할 곳이 없는 저들의 형편을 감찰하셔서, 기적이 필요한 자에겐 기적을 베풀어 주시고, 치료가 필요한 자에겐 치료의 은혜를 더하여 주옵소서. 언제나 주님을 바라보는 것이 가장 큰 기쁨이 되게 하옵소서.

주님! 이 시간 저희가 함께 품고 있는 소망이 있습니다. 주님의 나라와 그 의를 위한 소망이오니 뜻하신 대로 이루실 것을 믿습니다. 이 시간도 말씀을 전하시는 목사님을 기억하시고 주의 성령으로 강하게 붙들어 주셔서 피곤함이 없게 하여 주옵소서.

예배의 시종을 주님께 의탁하오며 예수 그리스도의 이름으로 기도합니다. 아멘

10월 넷째 주 주일 예배(1)

변화와 개혁이 있게 하소서 – 종교개혁주일

> 내가 전심으로 주를 찾았사오니 주의 계명에서 떠나지 말게 하소서 내가 주께 범죄하지 아니하려 하여 주의 말씀을 내 마음에 두었나이다 – 시 119:10,11

무에서 유를 창조하시고 만유를 주재하시는 하나님 아버지께 영광을 돌립니다. 또한 예수 그리스도를 통하여 하나님의 완전한 사랑을 보여 주시고 저희를 그 지체로 삼아주신 은혜를 진심으로 감사드립니다. 오늘 주님의 전을 찾아 한없으신 사랑을 생각하며 예배하기를 원하는 저희들 가운데 오시옵소서.

자비로우신 하나님! 한 주간도 육신의 욕망을 위해서만 살았던 저희의 죄악을 주님 앞에 내려놓기를 원합니다. 저희의 연약한 심령을 불쌍히 여기시고 죄과를 도말하여 주옵소서.

주님! 특별히 오늘은 썩고 부패한 낡은 종교의 굴레를 용감하게 벗어던져 버리고, 기독교의 참 뜻과 참 모습을 새로 찾은, 변화와 개혁을 기념하는 종교개혁주일로 지킵니다. '오직 은총, 오직 믿음, 오직 성령으로'라는 진리의 기치를 높이 들었던 개혁자들의 신앙을 되새기며 저희도 신앙의 변화를 위하여 마음을 쏟을 수 있는 시간이 되게 하시고, 말씀을 통해 개혁의 중요성을 다신 한 번 깨닫는 시간이 되게 하여 주옵소서.

주님! 주님의 교회도 날로 새로워지기를 원합니다. 날이 가면 갈수록 세속의 문화가 침투하여 교회의 정체성을 흐리게 하고 있사오니 진리의 말씀 위에 바로 서갈 수 있는 교회가 되기 위하여 경건의 능력을 잃지 않는 교회들이 되게 하여 주옵소서.

점점 더 말씀에 대한 감격이 없고 죽어가는 저희의 마음에, 오늘을 기점으로 신앙의 부흥을 일으킬 수 있게 하시고, 살아 있는 믿음으로 주님을 기쁘시게 할 수 있는 삶으로 나아갈 수 있게 하옵소서.

오늘도 단 위에 서시는 목사님을 기억하시고, 성령께서 역사하셔서 진리의 말씀을 전하시기에 조금도 부족함이 없게 하여 주옵소서.

이 시간도 주님의 몸 된 교회를 위하여 땀 흘리는 수고가 있사오니 천국의 아름다운 열매가 되게 하시고, 이 땅에서 살아가는 동안 날마다 부어주시는 주님의 은혜를 경험하는 삶이 되게 하옵소서. 예배의 시종을 의탁하오며 예수 그리스도의 이름으로 기도합니다. 아멘

10월 넷째 주 주일예배(2)

개혁적인 신앙인이 되게 하소서 – 종교개혁주일

비둘기 파는 사람들에게 이르시되 이것을 여기서 가져가라 내 아버지의 집으로 장사하는 집을 만들지 말라 하시니
– 요 2:16

　어두움 가운데서 빛이 되시며, 부패한 곳에서는 소금이 되라고 하신 주님! 오늘 종교개혁주일로 주님께 영광 돌릴 수 있게 하심을 감사드립니다. 갈수록 어두움은 짙어지고 부패는 만연해 가고 있는 이때에 개혁의 기수들이 끊임없이 나타나게 하옵소서.
　간절히 기도하옵는 것은 주님의 몸 된 교회가 날로 새로워지기를 원합니다. 우리의 신앙이 날이 가면 갈수록 세속에 오염되기 쉬운 환경에 있사오니, 주님의 말씀으로 날마다 새로워지게 하옵소서.(시119:9)
　항상 저희의 신앙을 주님의 말씀에 비추어 잘못된 것을 바로 잡고 그릇된 것을 고쳐나가는 개혁적인 신앙인이 되게 하옵소서.
　구약시대 아사왕은 그의 궁중에서부터 개혁 운동을 시작하여 분열된 유다 왕국에 새로운 신앙의 부흥을 일으켰던 사실을 기억합니다.(대하 15:16) 오늘날 한국 교회 내에 하나님의 말씀에 어긋나는 교리와 제도와 풍습이 있다면 아사왕과 같이 과감히 개혁해 나갈 수 있게 하옵소서.
　주님! 결실의 계절인 가을입니다. 자신의 구원만을 지키기 위한 목적으로 교회를 찾지 말게 하시고, 좀 더 주님께 쓰임 받고 열매 맺는 신앙인이 되기 위하여 마음을 쏟을 수 있도록 도와주옵소서. 시대가 어두울수록 복음 전도자로서 할 일이 얼마나 많습니까? 주인이 주었던 달란트를 땅 속에 묻어두었던 어리석은 종과 같이, 저희 또한 주님이 주신 은사를 땅속에 묻어두는 어리석음이 없게 하시고, 주님의 몸 된 교회를 위하여 최선을 다할 수 있는 삶이 되게 하여 주옵소서.
　이 가을에 추수의 기쁨을 누리지 못한 이웃이 있습니다. 한 해의 수고와 땀을 태풍에 날려 보낸 저들의 상한 마음을 돌아보시고, 다시 일어설 수 있는 용기를 주시옵소서.
　오늘도 말씀을 전하시는 목사님을 기억하시고, 말씀을 전하실 때에 느슨했던 저희의 신앙에 불을 지피는 말씀이 되게 하여 주옵소서. 예배의 시종을 주님께 의탁하오며 예수 그리스도의 이름으로 기도합니다. 아멘

10월 넷째 주 주일오후예배

감사의 사람이 되게 하소서

내게 주신 모든 은혜를 내가 여호와께 무엇으로 보답할까 내가 구원의 잔을 들고 여호와의 이름을 부르며 여호와의 모든 백성 앞에서 나는 나의 서원을 여호와께 갚으리로다
- 시 116:12~14

크신 사랑으로 함께하시는 하나님 아버지! 오늘도 놀라우신 주님의 은총을 생각하며 발길을 주님의 전으로 옮기게 하심을 감사드립니다. 이 시간 저희가 드리는 찬양과 경배를 기쁘게 받아주시옵소서.

무릇 여호와를 의지하며 여호와를 의뢰하는 사람은 복을 받을 것이라고 말씀하셨사오니 저희가 주님을 의뢰하며 의지합니다. 주님의 능력 속에 언제나 살게 하시고, 믿음 없는 세대에 더욱 믿음을 가지고 살게 하여 주옵소서.

주님! 이제 10월도 마지막 주를 맞이했습니다. 육신의 생활에도 마지막 주가 되면 결산할 것이 있는데, 영적인 생활도 과연 결산할 것이 있는지요. 영적으로 사는 삶을 가볍게 생각지 말게 하여 주시고, 매달 주님께 결산할 것이 있는 아름다운 신앙을 갖게 하여 주옵소서.

주님! 감사를 생각나게 하는 계절입니다. "주께 받은 은혜를 무엇으로 보답할꼬"라고 고백했던 시편기자와 같이 이제껏 함께하여 주신 하나님의 은혜에 감사할 수 있게 하여 주옵소서. 악인은 감사를 싫어하며 하나님을 알되 하나님을 영화롭게도 아니하며 감사치도 아니한다고 했는데,(롬1:21) 저희들은 그와 같은 자가 되지 말게 하여 주옵소서. 어떠한 형편에 처하든지 하나님의 섭리하심을 생각하며 감사할 수 있게 하시고, 감사의 사람으로 주님을 기쁘시게 할 수 있는 삶이 되게 하여 주옵소서.

주님! 특별히 이 시간에 질병으로 고통 받는 교우들이 있습니까? 질그릇과 같이 깨어지기 쉬운 저희 인생들이오니(롬9:19~21) 주님의 장중에서 재창조되는 은혜를 더하여 주옵소서. 어렵고 힘든 일을 당하고 있는 교우도 기억하시고, 현재의 형편과 처지가 하나님의 능력과 사랑을 더욱 깊이 체험 하는 기회가 되게 하여 주옵소서.

오늘도 준비하신 말씀을 들고 단 위에 서신 목사님을 기억하시고, 능력의 말씀을 선포하실 수 있도록 붙드실 것을 믿습니다. 예배의 시종을 주님께 의탁하오며 예수 그리스도의 이름으로 기도합니다. 아멘

헌신하게 하소서

주님!
주님께 헌신할 수 있는 믿음이 되기를 원합니다.
주님께 너무나 많은 은총과 사랑을 받았음에도 불구하고
늘 제 자신의 것만을 추구하며 살아왔던 생활을
불쌍히 여겨 주시고 용서하여 주옵소서.
이제는 자기중심적인 신앙을 떨쳐 버리고
주님의 마음을 살필 줄 아는
신앙으로 나아갈 수 있게 하여 주시고
주님을 위하여 저의 모든 것을 깨뜨릴 수 있는
신앙이 되게 하여 주옵소서.
저의 필요가 채워진 것으로 인하여
기뻐하고 즐거워하는 것이 아니라
무엇이든,
주님이 필요로 하신 것에 사용되어짐을 인하여
기뻐할 수 있는 신앙이 되게 하여 주옵소서.
주님이 품으셨던 그 간절한 마음으로
영혼을 사랑할 수 있게 하시고 형제를 섬길 수 있게 하시고,
늘 기도할 수 있는 기도무릎이
되게 하여 주옵소서.
주님을 위한 일이라면 가리는 것 없이 충성할 수 있는
단순한 신앙이 되게 하여 주시고,
핑계를 앞세워 봉사의 자리를 외면하는
부끄러운 모습이 없게 하여 주옵소서.
언제나 이 몸을
주님이 기뻐하시는 거룩한 산제사로 드리길 소원합니다.

_ 노진향

11월의 기도
감사와 열매

● 절기 및 국가 기념일

추수감사주일
강림절(대림절)

11월 첫째 주 주일 예배(1)

다잡아 주소서

주의 크신 긍휼로 그들을 아주 멸하지 아니하시며 버리지도 아니하셨사오니 주는 은혜로우시고 불쌍히 여기시는 하나님이심이니이다 - 느 9:31

높고 맑은 하늘을 볼 수 있게 해주신 하나님 아버지! 감사드립니다. 아름답게 물들어 가는 산하를 통해 하나님의 나라를 보듯, 저희 삶의 사랑과 이해를 통해 믿음의 세계가 더욱 깊어갈 수 있게 하옵소서.

자비로우신 주님! "너희는 먼저 그의 나라와 그의 의를 구하라 그리하면 이 모든 것을 너희에게 더하시리라"(마6:33)는 주님의 말씀에도 불구하고 저희들은 양식되지 못한 것을 위해서 은금을 달아주며, 안개처럼 사라질 순간의 만족을 위해서 시간과 물질과 생명까지도 아까워하지 않았습니다. 주여! 저희의 어리석음을 고백하오니 회개의 영으로 충만케 하여 주옵소서.

은총을 더하시는 주님! 결실의 계절을 맞이했음에도 불구하고 뜻하지 않은 태풍으로 추수할 경작지를 잃어버린 농민들의 슬픔이, 마음의 안타까움으로 자리 잡습니다. 작황을 내다보며 들뜬 가슴으로 잠 못 이루던 저들의 설레임이 하루아침에 시름의 바다로 변해 버렸사오니, 땀방울 하나라도 땅에 떨어져 헛되이 돌아가는 것이 없게 하시는 창조주 주님께서 저들의 마음을 다잡아 주시고 큰 은총을 베풀어 주옵소서.

사랑의 주님! 이제 수능시험이 얼마 남지 않았습니다. 그동안 꾸준히 인내하며, 학업에 전념하며 힘써 온 시험 준비가 헛되지 않게 하시고, 큰 기쁨의 열매를 맺을 수 있도록 도와주시옵소서.

은혜의 주님! 주님의 몸 된 교회를 기억하시옵소서. 추수의 계절인 가을을 맞이하여 더욱 영적인 추수에 마음을 쏟을 수 있게 하시고, 천국의 알곡들을 거둬들일 수 있는 가을이 되게 하옵소서. 수고의 땀이 더욱 필요한 이때에 악하고 게으른 종이 되지 않도록 저희의 마음을 다잡아 주옵소서.

오늘도 말씀을 증거하시는 목사님을 기억하시고, 성령의 능력으로 붙들어 주셔서 이 자리에 참석한 주의 백성들이 참 진리의 말씀을 듣는 시간이 되게 하옵소서. 예배의 시종을 주님께 의탁하오며 예수 그리스도의 이름으로 기도합니다. 아멘

11월 첫째 주 주일예배(2)

빚진 자임을 깨닫게 하소서

너희는 넉 달이 지나야 추수할 때가 이르겠다 하지 아니하느냐 그러나 나는 너희에게 이르노니 너희 눈을 들어 밭을 보라 희어져 추수하게 되었도다 - 요 4:35

저희들을 생명의 길로 이끄시는 하나님 아버지! 하나님의 자녀 된 권세를 누리게 하시니 감사드립니다.(요1:12) 예배가 곧 하나님을 경험하는 것이며 하나님의 능력임을 믿습니다. 오늘도 저희를 이 복된 예배의 자리로 초대하여 주셨사오니 저희의 마음을 밝혀 주셔서 주님이 흠향하시는 예배를 드릴 수 있게 하옵소서. 예배를 드리면서 주님의 사랑과 은혜를 더욱 뼛속 깊숙이 느낄 수 있게 하시고, 주님의 섭리를 더욱 깨달아 알 수 있는 시간이 되게 하옵소서.

저희 심령 속에는 아직도 허물어지지 않은 죄악의 성이 있음을 고백합니다. 경건의 능력을 보여주기 보다는 죄짓는 일에 착실했던 저희의 삶을 긍휼히 여기시고 회개하는 심령 위에 용서의 은총을 베풀어 주옵소서.

은혜로우신 주님! 열매마다 알알이 그 충실함을 더해가는 풍요의 계절입니다. 주님께 대한 저희의 사랑과 믿음도 더욱 성숙된 단계로 나아갈 수 있는 계절이 되게 하시고, 영혼 구원의 결실을 맺는 계절이 되게 하옵소서. 저희들이 사는 지금의 이 시대야말로 희어져 추수하게 된 때인줄 믿습니다. 저희 모두가 "눈을 들어 밭을 보라"(요 4:35)는 주님의 안타까운 음성을 듣기를 원합니다. 주님의 사랑에 빚진 자임을 늘 깨달아 영혼의 추수에 마음을 쏟을 수 있는 저희 모두가 되게 하옵소서. 어디서든지 주님의 향내를 드러낼 수 있게 하시고, 한 영혼이라도 주님 앞으로 인도하기 위하여 주님의 자녀임을 드러내기를 주저하지 않는 삶이 되게 하옵시고 영혼을 위한 사랑과 열정이 주님을 닮아갈 수 있게 하옵소서.

오늘도 말씀을 듣고 단 위에 서시는 목사님을 기억하시고 성령의 능력으로 붙드셔서 놀라운 주님의 말씀을 증거하실 수 있게 하여 주옵소서. 주의 성령께서 예배드리는 저희들 가운데 친히 운행하실 것을 믿사옵고 예수 그리스도의 이름으로 기도합니다. 아멘

11월 첫째 주 주일 오후예배

사랑의 열매가 있게 하소서

사랑하는 자들아 우리가 서로 사랑하자 사랑은 하나님께 속한 것이니 사랑하는 자마다 하나님으로부터 나서 하나님을 알고
– 요일 4:7

은혜로우신 하나님 아버지!

하나님께서 창조하신 이 땅을 보면 얼마나 광대하며 오묘하고 신비로운지 다만 감격할 뿐입니다. 그러나 탐심만 가득한 채 사는 저희의 모습을 생각하니 얼마나 부끄러운지, 주님을 대면하기가 너무나 부끄러울 뿐입니다. 하지만 주님을 찾는 인생을 거절치 아니하시는 주님의 사랑이 있기에 이 시간 저희들이 왔습니다. 온전한 모습을 갖추지 못한 채 예배드린다 할지라도 넓으신 품으로 품어 주시고, 주님을 더욱 소망할 수 있는 저희 모두가 되게 하여 주옵소서.

사랑의 하나님! 추수의 계절인 가을을 맞이하여 사랑의 열매를 더욱 많이 맺게 하여 주옵소서. 저희를 잠잠히 사랑하시고, 조건 없이 사랑하시며, 끝없는 사랑으로 대하시는 그 깊은 사랑을 생각하며 주님께서 사랑하신 모든 것을 사랑할 수 있는 저희들이 되게 하여 주옵소서.

한 영혼을 천하보다 사랑하시는 주님의 사랑을 생각하며 영혼 사랑에 열매가 있는 가을이 되게 하시고, 저희가 있음으로 인하여 이웃과 가정, 사회와 직장이 사랑으로 바뀌어 가는 놀라운 역사가 있게 하옵소서.

주님을 사랑하는 마음으로 주님이 친히 세우신 교회도 진정으로 사랑하는 저희들이 되기를 원합니다. 교회가 그 무엇보다 사랑의 공동체라는 것을 생각할 때, 말과 혀로만이 아니라 온몸으로 교회를 사랑할 수 있는 저희 모두가 되게 하여 주옵소서.

특별히 사랑의 수고를 위하여 몸을 아끼지 않는 담임목사님, 부교역자님, 제직들을 기억하시고, 이들의 사랑의 수고를 통해서 주님이 함께하시는 사귐과 교제와 온정이 샘솟듯 넘치는 교회가 되게 하옵소서. 오늘도 말씀을 전하시는 목사님을 붙들어 주시고, 권세 있는 말씀을 전하실 수 있도록 큰 권능으로 함께하실 것을 믿습니다.

예배의 시종을 주님께 의탁하오며 사랑이 많으신 예수 그리스도의 이름으로 기도합니다. 아멘

11월 둘째 주 주일 예배(1)

회개의 열매가 있게 하소서

내가 너희에게 이르노니 이와 같이 죄인 한 사람이 회개하면 하늘에서는 회개할 것 없는 의인 아흔아홉으로 말미암아 기뻐하는 것보다 더하리라 - 눅 15:7

　빛으로 생명으로 찾아오신 하나님 아버지! 자녀의 권세를 가지고 이 세상을 이기게 하여 주심을 감사드립니다.(요1:12) 어둠의 옷을 벗고 주님 앞에 섰사오니 저희들이 드리는 예배를 받아 주시옵소서.

　상하고 통회하는 심령을 멸시치 아니하시는 주님! 아름다운 열매와 풍성한 추수를 거두는 계절을 맞이하여 무엇보다도 저희들은 저희 자신을 돌아보며 회개의 열매를 맺기를 원합니다.

　주님의 뜻대로 산다고 하지만 사실상 위선적인 신앙생활을 할 때가 얼마나 많았는지요. 겉으로 사람에게 옳게 보이되 안으로는 외식과 불법이 가득했던 저희의 모습을 회개합니다.(마23:28)

　외식하는 서기관들과 바리새인들 같이 잔과 대접의 겉은 깨끗하되 그 안에는 탐욕과 방탕으로 가득했던 저희의 모습을 회개합니다.(마23:25) 율법적인 신앙생활은 열심히 했으되 실제적으로 주님의 성품을 닮아가지 못했고, 신앙을 갖기 전과 지금의 생활을 비교해 볼 때에 특별히 변화된 삶을 살지 못했던 것을 회개합니다.

　말로만 사랑한다고 했으며, 기도는 했으되 구체적인 사랑의 실천을 하지 못한 죄를 회개합니다. 하나님의 사랑에 대해 잘못된 관념을 가지고 죄짓는 것을 합리화 할 때도 있었음을 회개합니다. 저희 자신이 죄를 지었음에도 불구하고 그 책임을 다른 사람에게 전가할 때도 있었음을 회개합니다.

　상한 갈대를 꺾지 아니하시고 꺼져가는 심지도 끄지 아니하시는 주님(마12:20)의 긍휼하심에 기대오니 회개하는 저희의 심령을 받아주시고 용서하여 주옵소서. 이제 이 해가 다가기 전에 회개에 합당한 열매를 맺음으로 주님을 기쁘시게 할 수 있는 저희의 삶이 되게 하여 주옵소서.

　오늘도 말씀을 증거하시는 목사님을 기억하시고 큰 권능으로 붙드시기를 원합니다. 말씀을 증거하실 때마다 저희의 굳은 심령을 찌르고 쪼개는 말씀이 되게 하옵소서. 예배의 시종을 주님께 의탁하오며 예수 그리스도의 이름으로 기도합니다. 아멘

11월 둘째 주 주일 예배(2)

겸손의 열매가 있게 하소서

젊은 자들아 이와 같이 장로들에게 순종하고 다 서로 겸손으로 허리를 동이라 하나님은 교만한 자를 대적하시되 겸손한 자들에게는 은혜를 주시느니라 - 벧전 5:5

인생의 모든 것들을 능히 이루실 권세를 가지신 능력의 하나님! 저희가 그 능력의 은혜를 입어 지금까지 살아왔음을 고백하며 감사드립니다. 하나님께 감사드리는 때가 너무 적고 시간조차 짧지만, 탓하지 않으시고 기쁘게 받아주시기에 오늘도 미약한 정성을 부끄러워하며 성전의 문을 두드렸습니다. 드리는 예배를 받아주시고 홀로 영광을 받으시옵소서.

긍휼이 풍성하신 하나님! 가을의 수목들은 열매를 맺고 그 결실을 창조주 하나님께 드리고 있는데, 말로도 다할 수 없는 놀라운 은혜를 입은 저희들은 아직도 아무런 열매 없이 주님을 가까이 하고 있습니다. 무익한 저희를 용서하시고 최선을 다할 수 있는 믿음이 되게 하여 주옵소서.

겸손히 추수를 기다리는 들녘을 보며 저희들도 겸손의 열매를 맺기를 원합니다. 온유하고 겸손의 모범을 보이신 주님을 더욱 본받을 수 있는 이 가을이 되게 하옵소서. 주님의 말씀을 따라 무슨 일에든지 더욱 겸손하게 하옵소서. 신앙적인 교만이 있었다면 깨닫게 해주시고, 저희 자신을 지나치게 신뢰한 때가 있었다면(요13:37,38) 헛된 교만을 꺾어 주시옵소서. 그는 흥하여야 하겠고 나는 쇠하여야 하리라고 했던 세례 요한과 같이(요3:30) 겸손히 주님만을 높이는 삶이 되게 하여 주옵소서. 교만이 오면 욕도 온다고 했사오니 교만한 눈짓을 하지 않게 하시고, 모든 이들을 사랑의 눈길로 대할 수 있게 하옵소서. 사도바울과 같이 예수 그리스도와 십자가만을 자랑하는 삶을 살게 하옵소서.(갈6:14)

오늘도 참석하지 못한 교우들이 있습니다. 어떤 이유로든 주일성수를 하지 못하는 것은 큰 죄임을 깨닫게 하시고, 하나님 제일주의로 살아갈 수 있도록 도와주시옵소서.

이 시간 하나님의 말씀을 듣고 단 위에 서시는 목사님을 능력의 오른손으로 붙드셔서 말씀을 전하실 때에 저희 모두가 이슬같이 내리는 주님의 은혜를 경험하게 하옵소서. 예배의 시종을 주님께 의탁하오며 예수 그리스도의 이름으로 기도합니다. 아멘

11월 둘째 주 주일오후예배

순종의 열매가 있게 하소서

너희 자신을 종으로 내주어 누구에게 순종하든지 그 순종함을 받는 자의 종이 되는 줄을 너희가 알지 못하느냐 혹은 죄의 종으로 사망에 이르고 혹은 순종의 종으로 의에 이르느니라
- 롬 6:16

사랑의 하나님! 오후에 다시 성전을 찾아 찬양하게 하시고 마음을 다하여 예배할 수 있도록 이끌어 주신 은혜를 감사드립니다. 주님께서는 자기를 찾는 자들에게 가까이 하신다고 말씀하셨사오니 주님을 가까이 하기를 원하는 저희들을 축복하여 주옵소서.

이 시간 예배를 드리면서 먼저 저희들 속에 늘 독버섯처럼 돋아나고 있는 죄악의 모습을 봅니다. 주님의 뜻대로 살기 원하여 날마다 간구하는 저희들이지만, 지극히 미세한 먼지 같은 죄악도 이기지 못하여 늘 넘어지고 쓰러지는 삶을 살고 있나이다. 주여! 저희 속에서 꿈틀거리고 있는 죄악들을 성령의 불로 태워 주시고 새사람이 되게 하여 주옵소서.

주님! 추수하는 계절입니다. 수목이나 들판의 곡식들도 하나님께 대한 순종을 알기에 낫을 기다리고 있습니다. 순종이 제사보다 낫고 듣는 것이 수양의 기름보다 낫다고 하셨사오니(삼상15:2) 저희들도 순종의 사람이 되게 하여 주옵소서. 하나님의 말씀에 순종하되 기쁜 마음으로 순종할 수 있게 하시고, 지극히 작은 것이라 할지라도 불순종하는 모습이 없게 하옵소서. 또한 이해되지 않는 주님의 명령이라 할지라도 경험이나 이성적인 잣대를 앞세우지 않게 하시고, 순종함으로 주님을 높일 수 있는 저희 모두가 되게 하여 주옵소서. 저희의 순종이 축복의 통로가 됨을 깨닫게 하시고, 저희의 순종이 주님의 능력이 깃드는 통로가 됨을 깨닫게 하옵소서. 저희가 받은 축복 중에 가장 큰 축복이 순종의 사람임을 깨닫게 하시고, 순종의 욕구를 충족시키심으로 하나님의 뜻을 온전히 이루신 주님을 닮아갈 수 있게 하옵소서.

특별히 이 가을에 주님께 드릴 것이 풍성하기를 원합니다. 넘치도록 드리는 저희의 행위를 통해 주님의 몸 된 교회가 풍성하게 하옵소서.

이 시간도 말씀을 전하시는 목사님을 기억하시고 능력의 말씀을 선포하실 수 있도록 주의 오른 손으로 붙드실 것을 믿습니다. 예배의 시종을 주님께 의탁하오며 예수 그리스도의 이름으로 기도합니다. 아멘

11월 셋째 주 주일 예배(1)

더욱 감사하게 하소서 - 추수감사주일

주는 나의 하나님이시라 내가 주께 감사하리이다 주는 나의 하나님이시라 내가 주를 높이리이다 - 시 118:28

저희의 기도와 찬미를 받으시기에 합당하신 창조주 하나님! 이 풍성한 가을에 하나님의 오묘한 섭리와 뜨거운 사랑을 진심으로 감사드립니다. 금년에도 은혜의 손길로 저희들을 이끌어 주시고 잡아주셔서 영혼이 잘 되고 범사가 형통하고 강건함 속에서 감사의 절기를 맞게 되었으니(요삼 2), 온 마음을 다하여 다시금 감사와 영광을 돌립니다. 추수감사주일로 주님께 영광 돌리는 저희의 예배를 기쁘게 받으시옵소서.

하지만 지난날을 돌이켜 보건대 하늘의 신령한 은혜와 양식을 쌓는 일보다 세상의 썩어질 양식을 얻는 일에 더 분주하고, 주님의 나라와 그 의를 구하는 일에 너무도 게을렀음을 고백하지 않을 수 없나이다. 이 시간 저희의 잘못을 용서하여 주시고 주님의 보혈로 정결케 하여 주옵소서.

주님! 저 들판의 오곡백과가 무르익은 것처럼 저희의 신앙도 더욱 성숙해 지기를 원합니다. 저희의 믿음과 헌신도 알알이 결실하여서 주님 앞에 드려지게 하옵소서. 무르익은 곡식이 낫을 기다리듯, 영적인 추수기에 일꾼을 찾으시는 주님의 부름에 기쁨으로 응답하는 저희가 되게 하옵소서. 저 황량한 들판에는 길을 잃고 방황하는 목자 없는 양들이 너무도 많습니다. 가치관이 혼돈되고 방향감각마저 잃어, 어디서 와서 어디로 가고 있는지조차 모르는 불쌍한 인생들을 참 생명의 길로 인도함으로써, 영혼구원의 열매를 풍성히 거두는 한 해가 되게 하옵소서.

특별히 오늘 추수감사주일을 맞이하여 감사의 예물을 드리는 손길을 기억하시고, 정성을 모아 드리는 감사가 하늘나라 창고에 차곡차곡 쌓이는 알곡이 되게 하옵소서. 또한 이 씨앗과 같은 예물을 통하여 하나님의 거룩한 사업을 번영케 하시고 풍성한 열매를 맺게 하여 주옵소서. 오늘도 말씀을 전하시는 목사님을 붙들어 주시고 말씀을 듣는 저희들도 식어버린 감사가 회복되게 하옵소서. 예배의 시종을 주님께 의탁하오며 예배를 위하여 수고하는 손길들에게도 큰 은총으로 함께하실 것을 믿사옵고 예수 그리스도의 이름으로 기도합니다. 아멘

11월 셋째 주 주일예배(2)

삶의 감사가 있게 하소서 - 추수감사주일

하나님이여 우리가 주께 감사하고 감사함은 주의 이름이 가까움이라 사람들이 주의 기이한 일들을 전파하나이다 - 시 75:1

인자하심이 영원하신 하나님 아버지!

한 해 동안 때를 따라 이른 비와 늦은 비를 주시고(욜2:23) 모든 곡식과 식물에 복을 주셔서 풍성한 계절을 맞이할 수 있게 하시니 감사드립니다. 특별히 오늘은 주님께서 베푸신 사랑과 은총을 생각하며 감사절로 지키게 되었습니다. 감사의 마음을 품고 예배드리오니 오직 주만 홀로 영광 받으소서.

사랑의 하나님! 지난 시간을 돌이켜 보면 저희의 지나온 모든 삶이 주님의 사랑의 흔적임에도 불구하고 불만과 불평을 입에 담을 때가 너무도 많았음을 고백합니다. 광야의 이스라엘 백성들처럼 불평불만을 입에 담기를 좋아했던 저희의 죄 된 습성을 회개하오니 용서하여 주옵소서.

심는 대로 거둔다고 하신(고후9:6) 주님의 말씀과 자연법칙을 통해서 다시 한 번 영적인 의미를 깨달을 수 있기를 원합니다. 불평을 심으면 불평을 맺고, 감사를 심으면 감사를 맺게 된다는 것을 잊지 않게 하여 주셔서 범사에 감사할 수 있는 저희의 삶이 되게 하옵소서.(살전5:18)

논밭의 오곡백과를 거두는 것을 보며, 저희도 영적인 열매를 거둘 수 있기를 원합니다. 개인적으로는 영적인 성장의 열매가 있게 하셔서 주님의 몸 된 교회를 위하여 더 많이 수고하고, 헌신할 수 있는 저희의 모습이 되게 하여 주옵소서.

주님! 오늘 감사의 마음을 예물에 담은 손길들을 기억하시기를 원합니다. 더욱 감사의 조건이 늘어가는 귀한 믿음이 되게 하시고, 감사로 많은 사람을 부요케 할 수 있는 주의 사람이 되게 하옵소서. 주님께 마음을 담아 귀한 예물을 드리고 싶어도 드리지 못한 교우들을 기억하옵소서. 저들의 상한 심령을 크신 은혜로 위로하여 주시고, 중심을 받으시는 주님을 다시금 경험하는 시간이 되게 하옵소서. 오늘도 축복의 말씀을 들고 단위에 서시는 목사님을 붙들어 주셔서 이 시간 말씀을 듣는 저희 모두가 넘치는 감사로 회복되게 하옵소서. 예배의 시종을 주님께 의탁하오며 예수 그리스도의 이름으로 기도합니다. 아멘

11월 셋째 주 주일오후예배

길 닦는 교회가 되게 하소서

각각 자기 일을 돌볼뿐더러 또한 각각 다른 사람들의 일을 돌보아 나의 기쁨을 충만하게 하라 - 빌 2:4

이 땅에 열매를 맺는 계절과 추수하는 가을을 주신 하나님께 감사를 드립니다. 심고 거둔 대로 추수하는 계절이 되게 하시고, 무엇보다 영적인 열매를 풍성하게 추수할 수 있는 계절이 되게 하옵소서.

이제 차가운 공기가, 드러난 살갗들을 감추게 하고 있습니다. 올 한 해도 서서히 저물어 감을 피부로 느낍니다. 얼마 남지 않은 한 해를 육신의 안일만을 위하는 데 허비하지 않게 하시고, 영적인 열매를 맺는 데 조금이라도 더 마음을 쏟을 수 있는 복된 삶이 되게 하여 주옵소서.

소망의 하나님! 많은 사람들이 어렵고 힘든 현실 앞에 소망 없는 삶이라고 허무함을 노래하여도 하나님의 자녀인 저희들만큼은 이런 허무에 휩싸이지 않게 하시고, 모든 것이 주님의 권세에 있음을 깨달아, 오직 주님만 바라보는 소망의 삶이 되게 하여 주옵소서.

이제 날씨는 추위를 더해 가는데 가정과 일터를 잃은 노숙자들은 점점 늘어만 갑니다. 또 하나의 혼탁한 이 사회의 어두운 그늘을 정부도 대책을 세우지 못하고 있습니다. 먼저 현 정부의 위정자들을 권세의 환상 속에서 벗어나게 하셔서 혼돈을 거듭하고 있는 이 사회의 뼈아픈 구석구석을 감싸 안고 일으켜 세울 수 있는 지도자들이 되게 하여 주옵소서.

주님의 몸 된 교회도 건물을 짓고 성 쌓는 데만 주님 주신 능력과 사명을 낭비하지 않게 하시고, 이 사회의 슬픈 노래에 귀를 기울일 수 있는 교회가 되게 하여 주옵소서. 정체성 없는 이 조국을 위해서도 믿음의 선조들과 같이 소망의 길을 닦는 교회가 되게 하여 주옵소서.

오늘도 아픔의 시대에 소망의 메시지를 전하기 위하여 단 위에 서시는 목사님을 기억하시고 성령의 능력으로 붙드셔서 피곤함이 없게 하여 주옵소서.

예배의 시종을 주님께 의탁하오며 예수 그리스도의 이름으로 기도합니다. 아멘

11월 넷째 주 주일 예배(1)

마음에 합한 자가 되게 하소서

우리가 다 하나님의 아들을 믿는 것과 아는 일에 하나가 되어 온전한 사람을 이루어 그리스도의 장성한 분량이 충만한 데까지 이르리니 - 엡 4:13

    십자가의 보배로운 피로 흉악한 죄를 속량해 주신 예수 그리스도의 사랑과 은총에 감사와 찬송을 드립니다. 이제 죄 많은 저희들을 인도하시사 하나님 아버지의 부름을 받아 그 십자가 밑에 죄 짐을 풀고 값지고 보람찬 생명의 길을 가게 해 주시니 감사드립니다. 오늘도 생명의 자리인 예배로 부름을 받았습니다. 온 맘과 정성을 다하여 예배하기를 원합니다. 계신 곳 하늘에서 영광을 받으시옵소서.

    결실의 하나님! 저희가 추수하는 계절을 보내고 있습니다. 생명 있는 것마다 자라서 풍성한 결실을 거두고 있습니다. 저희들도 그리스도의 장성한 분량에까지 자라기를 원합니다. 성령의 충만함을 허락하여 주셔서 주님께 합당한 사람으로 자라갈 수 있게 하옵소서. 자랄 뿐 아니라 주님께서 뜻하신 열매를 풍성히 맺는 삶이 되게 하시고, 주님의 마음에 합한 사람이 되게 하여 주옵소서.

    은혜의 주님! 말세가 될수록 마귀가 주님의 자녀들을 삼키려고 우는 사자 같이 달려들고 있습니다. 영적으로 중무장하여서 그 어떤 상황에서도 마귀를 능히 물리칠 수 있는 주의 군사가 되게 하여 주옵소서.

    주님의 교회도 성령의 사람이 넘쳐나기를 원합니다. 그리하여 이 시대에 교회에 주어진 사명을 잘 감당할 수 있게 하시고 능력의 복음을 전할 수 있는 교회가 되게 하옵소서.

    어려움을 겪는 교우들이 있습니까? 연약함에 매여 있지 않게 하시고 "내게 능력 주시는 자 안에서 내가 모든 것을 할 수 있느니라"(빌4:13)는 담대함으로 모든 상황을 넉넉히 이길 수 있는 믿음을 허락하옵소서.

    오늘도 말씀을 전하시기 위하여 단 위에 서시는 목사님을 능력의 오른손으로 붙드셔서 불의 혀같이 갈라지는 놀라운 말씀을 증거하게 하옵소서. 예배를 섬기는 손길들도 그 마음을 기억하시고, 주님이 보시기에 기쁨을 감추지 못하여 하시는 사람이 되게 하옵소서. 예배의 시종을 주님께 의탁하오며 오늘도 내일도 영원하신 예수 그리스도의 이름으로 기도합니다. 아멘

11월 넷째 주 주일예배(2)

충성의 열매를 맺게 하소서

그런즉 너희는 먼저 그의 나라와 그의 의를 구하라 그리하면 이 모든 것을 너희에게 더하시리라 - 마 6:33

　천지의 창조주이시며 저희의 구주이신 예수 그리스도의 아버지 되시는 여호와 하나님께 영광을 돌립니다. 오늘도 저희의 드리는 예배를 기쁘게 받으실 주님을 생각하니 온 맘과 정성을 다하여 예배하지 않을 수 없음을 깨닫습니다. 영적인 부담을 갖고 주님께 신령과 진정으로 예배할 수 있게 하시고, 주님이 감동하시는 예배를 드릴 수 있게 하옵소서.

　주님! 흠과 티가 많은 저희들입니다. 한 주간의 삶을 돌이켜 보면 부끄러운 것 뿐이라서 머리를 들 수 없나이다. 하지만 상한 심령을 기뻐하시는 주님의 사랑이 저희를 향하고 계심을 믿기에 담대히 예배하기를 원합니다. 죄 많은 저희를 용서하시고 영광을 받으시옵소서.

　은혜의 주님! 이 가을에 더욱 충성하기를 원합니다. 자꾸만 나태해 지려고 하는 저희의 신앙생활을 붙잡아 주시고 좀 더 뜨거운 열심을 주님을 섬길 수 있게 하옵소서. 주님께로부터 받은 달란트를 땅에 묻어 놓는 어리석은 자가 되지 않게 하시고(마25:24~30) 비록 주께 받은 은사가 적다고 할지라도 불평하지 않고 최선을 다해 충성하고 봉사할 수 있는 저희 모두가 되게 하옵소서. 큰 그릇이면 어떻고 종지면 어떻습니까? 주님의 몸 된 교회를 위하여 쓰임 받고 있는 자체를 기뻐할 수 있는 저희 모두가 되게 하시고, 맡겨진 일에 최선을 다하게 하여 주옵소서. 죽도록 충성할 때에 성경에 약속하신 대로 분명히 생명의 면류관을 주실 줄 믿습니다.(계2:10)

　사랑의주님! 이 나라와 이 민족을 불쌍히 여겨 주시기를 원합니다. 정치, 경제, 사회의 모든 일들이 안정을 찾을 수 있게 하시고, 미래가 있는 나라가 되게 하옵소서. 주님의 몸 된 교회도 더욱 사랑으로 뜨거워지는 교회가 되기를 언합니다. 생명을 살리는 데 부지런한 교회가 되게 하여 주옵소서.

　오늘도 단 위에 세우신 목사님을 통하여 생명의 말씀이, 권세 있는 말씀이 폭포수같이 임하는 시간이 되게 하실 줄 믿습니다. 예배의 시종을 주님께 의탁하오며 예수 그리스도의 이름으로 기도합니다. 아멘

11월 넷째 주 주일오후예배

헌신의 열매를 맺게 하소서

그러므로 형제들아 내가 하나님의 모든 자비하심으로 너희를 권하노니 너희 몸을 하나님이 기뻐하시는 거룩한 산 제물로 드리라 이는 너희가 드릴 영적 예배니라 - 롬 12:1

　인자와 진실하신 모습으로 저희들을 아껴주시는 하나님 아버지! 졸지도 않고 주무시지도 않으며 저희를 지켜주시고 저희들에게 정직한 마음을 갖게 하시고 의로운 생활을 하도록, 성령으로 격려해 주시는 은혜를 감사드립니다. 오늘 하루도 주님의 능하신 손에 잡혀서 온전히 주일성수 할 수 있도록 이끌어 주시니 참으로 축복 받은 주님의 자녀임을 다시 한 번 깨닫습니다. 이 시간 저희의 드리는 경배와 찬양을 받으시옵소서.

　인자하신 하나님! 주님께 예배하기 전에 먼저 저희들의 죄과를 지적받기를 원합니다. 성령께서 저희들의 마음을 조명하여 주셔서 마음에 담고 있었던 죄를 고백할 수 있게 하시고, 죄 사함의 은총을 덧입는 시간이 되게 하여 주옵소서.

　사랑의 주님! 이 가을에 더욱 헌신하기를 원합니다. 아브라함이 이삭을 바친 것처럼(창22장) 저희의 삶 전체를 주님께 드릴 수 있게 하옵소서. 말과 혀만으로의 헌신이 아니라 실제적인 삶의 현장에서 헌신의 모습이 나타날 수 있게 하옵소서. 주님의 일을 하기 위해 저희의 건강을 드릴 수 있게 하시고, 물질을 드릴 수 있게 하옵소서. 사랑의 전도자가 되기 위해 저희의 발을 드릴 수 있게 하시고, 손을 드릴 수 있게 하옵소서. 주님께 받은 모든 것을 크고 작음에 관계없이 힘써 드릴 수 있는 저희 모두가 되게 하옵소서. 주님께 헌신하는 것이 어떤 의무감 때문에 하는 것이 되지 않게 하시고, 저희를 구원해 주신 구속의 은총에 감사하여 기쁨으로 드릴 수 있는 헌신이 되게 하옵소서. 주님을 뵈옵는 그날까지 저희의 헌신이 변함이 없게 하셔서 헌신의 모범이셨던 주님을 닮아가게 하여 주옵소서.

　이 시간에도 말씀을 전하시기 위하여 단 위에 서시는 목사님을 기억하시고, 저희들이 수십 수백 배의 헌신의 열매를 맺을 수 있는 말씀이 되게 하옵소서.

　예배의 시종을 주님께 의탁하오며 예수 그리스도의 이름으로 기도합니다. 아멘

11월 다섯째 주 주일 예배(1)

주님을 기다립니다 - 대림절

이르되 갈릴리 사람들아 어찌하여 서서 하늘을 쳐다보느냐 너희 가운데서 하늘로 올려지신 이 예수는 하늘로 가심을 본 그대로 오시리라 하였느니라 - 행 1:11

사랑이 많으신 하나님 아버지! 저희 같은 죄인을 예수 그리스도의 십자가 밑에 불러 주신 은혜를 진심으로 감사드립니다. 오늘도 두 손을 들고 그 십자가 밑에 나아와 죄의 짐을 내려놓게 하시고 십자가의 주님을 바라볼 수 있게 하시니 얼마나 감격스러운지요.(히12:2) 주님을 경배하기를 원하는 저희의 마음을 받으시옵소서.

주님! 저희는 한 주간 동안 빛의 생활을 하기보다 어둠의 생활에 빠져 있을 때가 많았습니다. 주님의 향기를 발하기보다는 악취를 풍기며 살 때가 많았습니다. 이 시간 저희의 죄과를 깨끗이 도말하여 주시고 기억조차 말아주시옵소서. 물과 성령으로 거듭난 새사람이 되게 하여 주옵소서.

주님! 이제 저희가 교회력으로 주님의 오심을 기쁨으로 기억하며 주님의 재림을 소망하는 대림절을 맞고 있습니다. 이 땅에서 저희가 절망을 이겨내는 비결은 다시 오시는 주님을 기다리는 것밖에는 없는 줄 깨닫습니다. 주님이 다시 오신다고 약속하셨사오니(행1:11) 다시 그 주님을 소망하며 오늘의 절망을 이길 수 있는 저희 모두가 되게 하여 주옵소서. 절망만 안겨 주는 이 땅의 것에 너무 집착하는 삶이 없게 하여 주시고, 신령한 것을 좇아 푯대를 향하여 달음질할 수 있는 삶이 되게 하여 주옵소서.(빌3:14) 주님이 다시 오시는 날은 심판의 날이 됨을 믿습니다.(요5:29) 심판은 교회로부터 시작된다는 것을 저희가 아오니 구원을 대망하는 저희들이라면 심판받을 일이 없도록 늘 깨어 있는 신앙생활이 되게 하여 주옵소서.(마24:42) 주님이 맡겨 주신 사명에 한 점 부끄럼 없이 최선을 다할 수 있게 하시고, 죽도록 충성할 수 있는 믿음의 종들이 되게 하여 주옵소서.(계2:10)

오늘도 주님의 말씀을 들고 서시는 목사님을 기억하시고 절망의 시대에 희망을 심어줄 수 있는 능력의 말씀을 전하실 수 있도록 성령의 능력으로 붙드시옵소서. 예배의 시종을 주님께 의탁합니다. 예배를 위하여 수종드는 손길들에게도 동일한 은혜로 함께하실 것을 믿사옵고 예수그리스도의 이름으로 기도합니다. 아멘

11월 다섯째 주 주일예배(2)

주님의 재림을 소망합니다 - 대림절

이것들을 증언하신 이가 이르시되 내가 진실로 속히 오리라 하시거늘 아멘 주 예수여 오시옵소서 - 계 22:20

저희의 힘이 되시고 구원의 산성이 되시는 하나님 아버지! 추하고 보잘 것없는 저희들이 예수 그리스도의 보배로운 피로 죄 씻음을 받아 하나님의 자녀가 되게 하시고, 주님의 의의 옷을 입혀 주시니 감사합니다. 그러나 저희는 아직도 연약하고 부족하여 그 나라와 그 의보다 눈에 보이는 세상을 먼저 생각하며, 주님 편에서 움직이기 보다는 마귀의 편에서 움직이는 때가 너무도 많았습니다. 입술로는 하나님의 자녀라고 외치면서도 실제 행위는 마귀가 좋아하는 일만 일삼았습니다. 저희의 죄를 고백하오니 용서하여 주옵소서.

주님! 바라옵기는 저희로 하여금 현세의 향락보다 영원한 행복과 영적인 훈련에 더욱 힘쓰게 하옵소서. 저희 영혼을 배양하는 기도생활에 게으르지 않게 하시고, 주님과 이웃을 섬기는 일에 민첩하게 하옵소서. 말씀을 읽고 묵상하며 배우는 일에 더욱 열심을 갖게 하옵소서. 말에 실수가 없으면 온전한 사람이라고 야고보 사도가 가르쳐 주셨사온데, 저희로 하여금 언행이 같게 하시고 표리가 부동한 삶이 되지 않게 하여 주옵소서.

이제 주님의 오신 것을 기뻐하며, 주님의 다시 오심을 소망하는 대림절을 맞았습니다. 주님의 다시 오심을 마음에 깊게 새기며 죽도록 충성할 수 있는 종들이 되게 하시고, 주님이 기뻐하시는 일만을 좇아 마음을 쏟을 수 있는 저희 모두가 되게 하옵소서. 그 날이 되면 열매로 평가하실 것을 믿습니다. 주님께 칭찬 받고 상 받는 종들이 되기 위하여 믿음의 열매를 맺는 일에 최선을 다할 수 있게 하옵소서. 사랑이 필요한 곳에 사랑의 씨를 뿌릴 수 있게 하시고, 섬김이 필요한 곳에 섬김의 씨를 뿌릴 수 있게 하여 주옵소서. 봉사와 헌신이 익숙한 종들이 되게 하시고, 자신을 깨뜨리는 모습이 습관이 되게 하여 주옵소서.

오늘도 하나님의 말씀을 들고 단 위에 서시는 목사님을 기억하시고, 저희들이 영원히 주리지 않는 천국의 양식으로 삼을 수 있는 말씀이 되게 하옵소서. 예배의 시종을 주님께 의탁하오며 재림주가 되시는 예수 그리스도의 이름으로 기도합니다. 아멘

11월 다섯째 주 주일오후예배

종말 신앙을 갖게 하소서

너희는 스스로 조심하라 그렇지 않으면 방탕함과 술취함과 생활의 염려로 마음이 둔하여지고 뜻밖에 그 날이 덫과 같이 너희에게 임하리라 - 눅 21:34

오늘도 하늘의 높은 보좌에서 저희를 굽어보시는 하나님 아버지! 세상에 수없이 오고 가는 인생 중에서 특별히 저희를 사랑하시고 선택하여 주셔서 주님의 귀한 자녀로 삼아주신 은혜를 감사드립니다. 오늘 이 저녁에도 택함을 입은 주의 자녀들이 한 자리에 모여서 주님을 찬양하며 예배하기를 원합니다. 계신 곳 하늘에서 홀로 영광을 받으시옵소서.

사랑의 주님! 저희들이 주님의 자녀지만 옛사람 그대로 살고 있을 때가 너무도 많습니다. 주님보다는 세상에 더 우선권을 두고, 세상이 원하는 대로 살 때가 얼마나 많은지 모릅니다. 늘 육신에 치우신 저희의 연약함을 불쌍히 여기시고 용서하여 주옵소서. 하나님을 두려워하며 섬길 수 있게 하시고, 패역한 이 세대에서 빛과 소금의 역할을 잘 감당할 수 있는 주의 자녀가 되게 하옵소서.

주님! 주님이 이 땅에 오신 것을 기뻐하며 다시 오실 재림의 주님을 소망하는 대림절을 보내고 있습니다. 주님의 재림을 소망하며 종말신앙으로 살았던 믿음의 위인들처럼, 저희들도 언제 다시 오실지 모르는 주님을 간절히 소망하며 오늘을 살아가는 종말신앙을 가지고 살게 하옵소서. 그 날이 도적같이 임한다고 하셨사오니 영적인 잠을 자지 않도록 늘 깨어 있게 하시고, 영적인 무장을 게을리 하지 않는 저희의 믿음이 되게 하여 주옵소서. 미련한 다섯 처녀들처럼 기름 준비를 하지 못하여 문 밖에서 슬피 울며 후회하는 일이 없게 하시고, 항상 믿음의 기름을 잘 준비하여 그 날이 덫과 같이 임할 때 천국의 혼인 잔치에 참여할 수 있는 저희 모두가 되게 하여 주옵소서. 이제 누더기 같은 인간의 육신을 입으시고 이 땅에 성육신 하신 성탄절을 앞두고 있습니다. 죄악에 죽을 수밖에 없는 저희들을 찾아오신 하나님의 사랑, 십자가 위에서 희생제물이 되어주신 주님의 그 은혜를 기억하면서 성탄절을 준비할 수 있게 하여 주옵소서. 오늘도 말씀을 전하시는 목사님을 기억하시고 성령의 능력으로 붙드셔서 권세 있는 말씀을 증거하시게 하옵소서. 예배의 시종을 주님께 의탁하오며 예수 그리스도의 이름으로 기도합니다. 아멘

12월의 기도

은총과 축복

● 절기 및 국가 기념일

대강절(대림절)
성서주일
성탄절
송구영신

12월 첫째 주 주일 예배(1)

말씀의 인생이 되게 하소서 - 성서주일

하나님의 말씀이 점점 왕성하여 예루살렘에 있는 제자의 수가 더 심히 많아지고 허다한 제사장의 무리도 이 도에 복종하니라
- 행 6:7

　말씀으로 우주를 창조하시고 또한 치리하시는 여호와 하나님께 존귀와 영광을 돌립니다. 택한 백성을 풀무불 속에서도, 사자굴 속에서도 지켜 주시는 하나님께서, 오늘도 저희를 환난과 핍박 가운데서 지켜주셔서 믿음으로 달려갈 수 있게 하시니 더욱 감사드립니다. 그러나 아직도 저희들은 연약하고 부족하여 부지불식간에 마귀의 꼬임에 빠져 범죄하여 성령을 근심스럽게 할 때가 얼마나 많은지 모릅니다. 저희로 하여금 죄의 길을 깨닫게 하시려고 이 전으로 부르셨사오니, 회개하는 심령에 용서의 은총을 베풀어 주옵소서.

　사랑의 주님! 오늘은 특별히 성서주일로 지키고 있습니다. 저희의 인생에 가장 중요한 것이 하나님의 말씀이기에, 시편기자는 그 말씀을 주야로 묵상하는 자가 복이 있다고 고백한 줄 믿습니다.(시1:2) 또한 금 곧 많은 정금보다 더 사모할 것(시 19:10)이라고 고백한 줄 믿습니다. 오늘 저희들도 주님의 말씀을 주야로 묵상하는 삶이 되게 하여 주옵소서. 더 나아가 정금보다 더 사모하는 삶이 되게 하시고, 말씀의 지배와 말씀의 인도를 받을 수 있는 삶이 되게 하옵소서. 이스라엘 백성들은 바벨론 포로로 끌려가서야 사람이 떡으로만 사는 것이 아니라 하나님의 입에서 나오는 말씀으로 사는 것인 줄을 깨달았습니다. 저희들도 인생에 궁핍이 이르기 전에 사람이 물질로만 사는 것이 아님을 깨달아 알게 하시고, 말씀을 늘 마음 판에 새길 수 있는 삶이 되게 하여 주옵소서. 시편 기자의 고백대로 주님의 말씀만이 저희의 인생에 등이요 빛(시 119:105)임을 믿습니다. 주님의 몸 된 교회도 말씀 위에 든든히 서가는 교회가 되게 하옵소서. 말씀보다 앞서가는 것이 없게 하시고, 그 무엇으로도 말씀의 자리를 대치하지 않게 하여 주옵소서. 교회의 생명은 말씀에 있음을 잊지 않고 말씀 중심의 교회를 세우는 일에 마음을 쏟을 수 있게 하옵소서. 오늘도 말씀을 전하시기 위하여 단 위에 서시는 목사님을 기억하시고, 송이꿀보다 더 단 말씀을 증거하실 수 있도록 도우실 것을 믿습니다. 예배의 시종을 주님께 의탁하오며 예수 그리스도의 이름으로 기도합니다. 아멘

12월 첫째 주 주일예배(2)

삶의 표준을 성경에서 찾게 하소서 - 성서주일

또 어려서부터 성경을 알았나니 성경은 능히 너로 하여금 그리스도 예수 안에 있는 믿음으로 말미암아 구원에 이르는 지혜가 있게 하느니라 - 딤후 3:15

사랑이 많으신 하나님 아버지! 신령하고 오묘한 하나님의 말씀이 기록된 책 중의 가장 귀한 책인 성경을 저희에게 주시고 또한 이것을 깨닫게 하신 것을 감사합니다. 예수 그리스도께서 지상에 계신 때로부터 2,000년이 넘는 세월이 흘렀지만 저희는 성령에 의해 예수님의 말씀을 들을 수 있고, 또 예수께서 그리스도임을 믿고, 이를 증거한 사도들의 말도 들을 수 있어서 얼마나 감사한지 말로 다 표현할 수 없습니다. 이처럼 성경은 저희들에게 주어진 가장 귀한 선물임을 고백합니다.

성경이 없는 세상의 참상은 상상조차 할 수 없습니다. 살아계신 하나님의 말씀이 있는데도 세상은 이처럼 어지럽고 시끄러운데, 만일 성경이 없었더라면 어떻게 되었겠습니까? 이 세상의 모든 비극의 근원은 성경을 멀리하는 데 있다고 믿습니다. 원하옵기는 전 인류로 하여금 성경으로 돌아가게 하여 주옵소서. 성경에 의해 모든 어려운 문제들을 해결하는 지혜와 믿음을 허락해 주시기를 원합니다. 저희로 하여금 세속적인 생각에서 벗어나게 하시고 삶의 표준을 성경에서 찾게 하옵소서. 그래서 삼십배, 육십배, 백배의 열매를 맺는 풍성한 삶이 되게 하옵소서.(마13:23)

거룩하신 주님! 이제 올해도 얼마 남지 않았습니다. 이제껏 주님의 은혜를 어떻게 받으며 살아왔는지 돌아보게 하시고, 후회하는 인생이 되지 않게 하시며, 감사드릴 결실을 마련하는 인생이 되게 하여 주옵소서.

겨울이 시작되고 있습니다. 육신적으로도 준비없는 겨울은 더욱 추울 수밖에 없듯이, 겨울을 준비하듯 믿음을 굳게 하여 감사와 기쁨을 잃지 않는 복된 삶이 되게 하여 주옵소서.

오늘도 단 위에 서신 목사님을 성령의 능력으로 붙들어 주시고, 추위에 굳어 있는 영육을 성령의 불로 녹이는 권세 있는 말씀을 전하실 수 있게 하옵소서. 예배의 시종을 주님께 맡깁니다. 오늘 참석치 못한 교우들에게도 그 마음을 지키실 것을 믿사옵고 예수 그리스도의 이름으로 기도합니다. 아멘

12월 첫째 주 주일오후예배

말씀만을 굳게 붙들게 하소서

나를 사랑하지 아니하는 자는 내 말을 지키지 아니하나니 너희가 듣는 말은 내 말이 아니요 나를 보내신 아버지의 말씀이니라 - 요 14:24

오늘도 변함없이 우주를 지으시고 또한 다스리시는 하나님께 찬송과 영광을 돌립니다. 특별히 예수 그리스도를 통하여 저희를 사랑하시는 하나님의 은혜에 진심으로 감사를 드립니다.

저희가 구원 받았다는 것은 예수 그리스도와 함께하며 사랑하는 것을 의미하며, 주님을 사랑한다는 것은 또한 주님의 말씀에 따라 사는 것임을 믿습니다. 하오나 주님! 주님을 사랑한다 하지만 저희의 사랑은 주님의 사랑에 비교할 수 없는 이기적인 사랑임을 고백합니다.

사랑이신 여호와 하나님! 저희들로 하여금 아는 데 그치지 않고 행동하는 그리스도인이 되게 하여 주옵소서. 주님께서 이 땅 위에 계실 때 하신 말씀을 일점일획도 가하거나 감하지 않고 다 지켜 순종하는 종이 되기를 원합니다. 제 아무리 세상의 것들이 달콤하게 유혹한다 하더라도 주님의 말씀만을 굳게 붙잡기 원합니다. 이스라엘 백성들이 구름이 떠오르면 가고, 멈추면 섰듯이 주님의 말씀이 가라 하면 가고 서라 하면 설 수 있는 주님의 자녀로 살 수 있게 하옵소서. 저희를 긍휼히 여기셔서 말씀대로 살 수 있는 믿음과 힘을 허락해 주옵소서.

주님! 이제 성탄절도 눈앞에 두고 있습니다. 성탄절의 의미도 모르는 세속의 사람들 같은 마음을 갖지 않게 하시고, 저희에게 찾아와 주신 하나님의 사랑, 저희를 대신하여 죗값을 지불하신 그리스도의 피 묻은 십자가를 기억할 수 있는 저희의 모습이 되게 하여 주옵소서.

이제 올해도 한달 밖에 남지 않았습니다. 이 해에 맡겨진 소임을 끝까지 잘 감당할 수 있게 하여 주셔서 주님 보시기에 착하고 충성된 청지기의 모습이 되게 하여 주옵소서.

오늘도 말씀을 듣고 단 위에 서시는 목사님을 성령의 능력으로 붙드셔서 마지막 달을 보내는 저희에게 꼭 필요한 생명의 말씀을 전하게 하옵소서. 예배의 시종을 주님께 의탁하오며 예수 그리스도의 이름으로 기도합니다. 아멘

12월 둘째 주 주일 예배(1)

부족했던 모습을 용서하소서

> 좋은 소식을 전하며 평화를 공포하며 복된 좋은 소식을 가져오며 구원을 공포하며 시온을 향하여 이르기를 네 하나님이 통치하신다 하는 자의 산을 넘는 발이 어찌 그리 아름다운가
> - 사 52:7

　은혜와 긍휼이 풍성하신 하나님 아버지! 주님께서 내려주신 은혜를 감사하오며 찬송과 영광을 올립니다. 한 해가 다 가는 마지막 달에 저희의 모습을 돌이켜 보면 심히 부족하고 잘못된 것이 많아 고통하나이다. 주여! 이제는 주님을 떠나서는 살 수 없는 인생들이오니 영원토록 같이 하여 주옵소서. 머지않아 이 땅에 다시 오실 주님! 용서와 자비로 저희를 붙드시고 대강절 기간 동안 정결한 마음으로 새날을 맞이하게 하옵소서.

　주님! 이제 올해도 한달 밖에 남지 않았습니다. 지금까지 지내온 모든 것이 주님의 은혜임을 깨닫습니다. 하오나 주님이 맡겨주신 청지기직을 힘써 감당해 보려고 했지만 저희들은 진지하고 성실하지 못했음을 고백합니다. 믿음의 역사를 일으키는 복음 전파 사역도 제대로 감당하지 못했고, 생활을 핑계 삼아 사랑의 수고를 감당하는 데에도 인색했습니다. 또한 하나님의 부름의 상을 바라보면서 소망으로 인내하는 것도 부족했습니다. 저희를 불쌍히 여기시고 용서하여 주옵소서. 한 해 동안 성실하지 못했던 모습들을 되돌아보며 주님께 큰 책망을 받지 않도록 최선을 다할 수 있게 하여 주옵소서.

　이제 성탄절을 앞두고 있습니다. 성육신하신 주님을 생각하며 모든 교만한 마음의 생각과 행동들을 꺾어버릴 수 있게 하시고, 겸손의 띠를 동이는 저희들이 되게 하옵소서.

　겨울이 되면 더욱 추위를 느끼는 사람들이 있습니다. 따뜻한 겨울을 보낼 수 있도록 사랑과 온정의 손길들이 많아지게 하옵소서.

　교육기관 학생들이 성탄 축하 행사를 준비하고 있습니다. 주님을 사랑하는 마음으로 준비할 수 있도록 은혜를 더하여 주옵소서.

　오늘도 생명의 말씀을 들고 단 위에 서시는 목사님을 기억하시고 주님의 오른손으로 붙드셔서 말씀을 전하실 때에 피곤치 않게 하여 주옵소서. 예배의 시종을 주님께 의탁하오며 저희를 위하여 낮아지신 예수 그리스도의 이름으로 기도합니다. 아멘

12월 둘째 주 주일예배(2)

게으름을 용서하소서

그는 만물을 자기에게 복종하게 하실 수 있는 자의 역사로 우리의 낮은 몸을 자기 영광의 몸의 형체와 같이 변하게 하시리라 - 빌 3:21

저희들에게 독생자를 보내셔서 영생의 길을 열어 주신 하나님 아버지께 감사와 영광을 돌립니다. 오늘도 택하신 백성들이 다시 오실 주님을 고대하는 마음으로 한 자리에 모여 예배하게 하오니 얼마나 감사한지요. 마음을 다하여 예배할 수 있는 저희 모두가 되게 하시고, 주님의 임재하심을 경험할 수 있는 은혜의 자리가 되게 하옵소서.

사랑의 하나님! 주님을 기다린다 하면서도 강림을 확신하지 못했던 저희의 불신앙을 용서하여 주옵소서. 어서 오시라고 외치면서도 한편으로는 강림이 늦어지기를 은근히 바라고 있었던 위선을 용서하여 주옵소서.

주님을 사랑한다고 하면서도, 스스로 주님의 종으로 여기면서도 세상을 더 사랑하고 세상의 종이 되었던 저희들을 용서하여 주옵소서. 주님이 나의 힘이라고 자랑하면서도 늘 두려움에 떨었던 저희들을 용서하여 주옵소서. "부름 받아 나선 이 몸 어디든지 가오리다" 찬송하면서도 아무 데도 가지 않으려고 했던 저희의 게으름을 용서하여 주옵소서. 이제 올 한 해도 얼마 남지 않았습니다. 끝까지 후회만 남는 인생이 되지 않기를 원합니다. 지금이라도 감사드릴 결실을 준비할 수 있는 인생이 되게 하시고, 준비된 인생으로 낮은 자리로 성육신하신 주님을 맞이할 수 있는 저희의 모습이 되게 하옵소서. 저희들은 주님의 탄생하심이 한없이 기쁘겠지만 하나님께서는 그날을 생각할 때 얼마나 아프고 가슴 저미시겠습니까? 세상의 기쁨 속에 감추어진 주님의 슬픔을 읽을 줄 아는 저희들이 되게 하시고, 짐승의 밥그릇인 말구유에까지 낮아지신 주님을 생각하며 낮은 자리를 더욱 사랑할 수 있는 저희가 되게 하여 주옵소서. 오늘도 말씀을 들고 단 위에 서시는 목사님을 크신 능력으로 함께하셔서 말씀을 전하실 때에 피곤치 않게 하시고, 저희 모두가 말씀을 통하여 찾아오시는 주님의 사랑을 느낄 수 있게 하옵소서. 예배의 시종을 주님께 의탁하오며 예수 그리스도의 이름으로 기도합니다. 아멘

12월 둘째 주 주일오후예배

영광의 면류관을 얻게 하소서

맡은 자들에게 주장하는 자세를 하지 말고 양 무리의 본이 되라 그리하면 목자장이 나타나실 때에 시들지 아니하는 영광의 관을 얻으리라 — 벧전 5:3,4

　모든 존재의 근원이 되시며 시간을 지배하시고 인류를 치리하시는 하나님 아버지께 찬양과 영광을 돌립니다. 저희를 1년 동안 지켜주시고 이제 마지막 달을 맞이할 수 있게 하여 주시니 주님의 은혜가 한량없으심을 다시 한 번 깨닫습니다.
　되돌아보면 주님의 십자가의 보혈이 저희의 죄를 씻은 것을 믿으면서도 죄를 되풀이하였습니다. 거짓된 습관을 반복했던 날도 많았고, 부정직하게 살았던 날도 많았음을 고백합니다. 더러운 말을 입에 담았던 적도 많았고, 원치 않는 악을 행하여 성령님을 근심케 한 적도 많았음을 고백합니다. 주님의 긍휼을 구하오니 용서하여 주옵소서.
　주님! 이제 저희 모두가 주님의 능력을 나타내는 산 믿음이 되기를, 저희 자신의 정욕을 극복하고 세상의 죄악과 싸워 이기는 믿음이 되기를 바랍니다. 의와 진리를 나타내는 선한 청지기가 되게 하옵소서. 먼저 그 나라와 의를 구하는 자가 되게 하시고, 사도 바울처럼 달려갈 길을 달려가 영광의 면류관을 얻을 수 있게 하옵소서.
　주님! 이제 성탄절이 얼마 남지 않았습니다. 저희들이 이 모습 이대로 주님의 오심을 맞이할 수 없음을 깨닫습니다. 굽어진 마음, 비뚤어진 생각들을 바로잡게 하시고, 교만한 마음의 생각과 행동들을 버리고, 어린아이같이 때묻지 않은 순수한 모습으로 주님의 오심을 기뻐할 수 있게 하옵소서. 주님의 오심을 기뻐하며 외형적인 장식에만 치우치지 않게 하시고, 진정으로 주님의 오심을 맞이하는 교회가 되기 위하여 더욱 뜨겁게 기도하고, 성령으로 충만해지게 하옵소서. 이 세상의 주님을 모르는 영혼들도 향락에 휘청거리는 성탄절이 되지 않게 하시고, 왜 주님께서 이 땅에 오셔야만 했는지 진정으로 깨달을 수 있게 하셔서 주님을 영접하여 새 삶을 찾을 수 있게 하옵소서.
　오늘도 말씀을 전하시는 목사님을 성령의 능력으로 굳게 붙드실 것을 믿습니다. 예배의 시종을 주님께 의탁하오며 예수 그리스도의 이름으로 기도합니다. 아멘

12월 셋째 주 주일 예배(1)

진정으로 축하할 수 있게 하소서

천사가 이르되 무서워하지 말라 보라 내가 온 백성에게 미칠 큰 기쁨의 좋은 소식을 너희에게 전하노라 오늘 다윗의 동네에 너희를 위하여 구주가 나셨으니 곧 그리스도 주시니라
- 눅 2:10,11

 죄로 말미암아 죽음을 향해 고달픈 인생길을 걷고 있는 저희들에게 영생을 주시기 위하여 이 땅에 오신 주님을 찬양하며 감사드립니다. 주님의 그 성육신하심이 없었더라면 저희가 어찌 사망의 그늘에서 벗어날 수 있었겠습니까? 모든 것이 주님의 낮아지심 때문이요, 저희를 위하여 대신 대속 재물이 되신 까닭인 줄 믿습니다.
 하지만 저희들은 말로 다 측량할 수 없는 주님의 은혜를 입고도 여전히 범죄의 그늘에서 벗어나지 못했고, 죄악을 버리지 못한 채 주님의 은혜를 욕되게 하는 생활을 일삼아 왔나이다. 이 시간, 주님의 은혜를 저버린 것을 회개하며 고백하오니 용서하시고, 죄악을 이길 수 있는 강건함을 허락하여 주옵소서. 이제는 회개에 합당한 열매를 맺는 삶이 되게 하시고, 주의 나라를 유업으로 상속 받을 수 있는 저희들이 되게 하여 주옵소서.
 지금 이 시간, 주님 앞에 머리 숙였지만 쭉정이밖에 거두어들일 것이 없는 저희를 불쌍히 여기시고 회개의 열매라도 온전히 맺을 수 있는 저희들이 되게 하여 주옵소서. 이제는 저희로 말미암아 우리 주님의 강력한 빛이 힘을 잃게 되는 어리석음이 없게 하시고, 사람이 보기에나 하나님이 보시기에 기뻐하실 만한 올바른 신앙의 모습이 될 수 있게 하옵소서.
 사랑의 열매, 봉사의 열매, 섬김의 열매도 가득 맺게 하시고, 충성의 열매, 헌신의 열매도 가득 맺게 하셔서, 주님의 오심을 진정으로 축하할 수 있는 저희들이 되게 하옵소서.
 오늘도 이 자리에 참석하지 못한 교우들이 있습니다. 어디서 무엇을 하든지 하나님의 살아계심을 느낄 수 있게 하옵소서.
 주님의 말씀을 증거하기 위해 단 위에 서신 목사님을 성령의 능력으로 붙드셔서 축복의 말씀을 전하기에 조금도 부족함이 없게 하옵소서.
 이 시간, 주님의 은혜를 사모하는 저희에게 하늘의 신령한 은혜를 맛보게 하실 것을 믿사옵고, 예수 그리스도의 이름으로 기도합니다. 아멘

12월 셋째 주 주일예배(2)

항상 기뻐하게 하소서

항상 기뻐하라 쉬지 말고 기도하라 범사에 감사하라 이것이 그리스도 예수 안에서 너희를 향하신 하나님의 뜻이니라
- 살전 5:16~18

　우주 만물을 지으시고 이를 치리하시며, 원대하신 뜻을 이루시기 위해 오늘도 성령으로 역사하시는 하나님 아버지께 감사와 찬양을 드립니다. 이 땅에 화평을 주시기 위하여 독생자 예수 그리스도를 보내시고 광야와 같은 인생길을 걷던 저희들에게 안식과 평안 주심을 감사드립니다. 오늘도 저희를 예배의 복된 자리로 부르셨사오니 주님의 날개 아래서 크고 놀라운 참 평안을 다시 한 번 느끼는 시간이 되게 하옵소서.

　은혜의 하나님! 주님께 찬양드리기를 인색해 하며 교만하게 살아온 지난날을 고백합니다. 내 뜻대로 행한 모든 잘못을 뉘우치고 회개하오니 용서하여 주옵소서.

　구원의 하나님! 구원을 기다리는 이 대림절 기간에 시험당하고 있는 모든 심령들에게 구원과 기쁨을 허락하여 주옵소서. 그리하여 구원을 베푸시는 전능하신 주님을 바라보게 하옵소서. 결국에는 찬양이 넘치며 항상 기뻐할 수 있게 하옵소서.

　성령의 은혜를 통하여 초대교회가 시작되었듯이 저희가 섬기는 이 교회가 성령의 충만함과 뜨거운 은혜를 허락받게 하여 주옵소서. 초대교회처럼 서로 사랑하고 이해하며 말씀을 사모하고 영적인 교제에 승리하게 하여 주옵소서.

　이제 성탄절이 얼마 남지 않았습니다. 저희를 위하여 죽으시기 위해 초라한 마굿간으로 오신 주님을 기억하게 하시고, 저희를 구원하시기 위하여 다시 오실 그날을 기다리게 하여 주옵소서. 성탄의 깊은 뜻을 헤아리게 하시고 연말연시의 들뜬 분위기에 주님이 오신 뜻을 잊지 않도록 지혜를 더하여 주옵소서.

　오늘도 말씀을 들고 단 위에 서시는 목사님을 기억하시고 능력의 오른팔로 붙들어 주옵소서. 저희가 큰 깨달음과 큰 도전을 받는 말씀을 전하실 수 있도록 도우실 것을 믿습니다.

　예배의 시종을 주님께 의탁합니다. 저희 가운데 성령님이 운행하실 것을 믿사옵고 예수 그리스도의 이름으로 기도합니다. 아멘

12월 셋째 주 주일오후예배

주님의 사랑을 깨닫게 하소서

하나님의 사랑이 우리에게 이렇게 나타난 바 되었으니 하나님이 자기의 독생자를 세상에 보내심은 그로 말미암아 우리를 살리려 하심이라 - 요일 4:9

　언제나 저희들에게 좋은 것으로 채워주시기를 기뻐하시는 하나님 아버지! 오늘도 주님의 사랑이 저희를 향하고 있기에 저희가 주님의 전을 찾게 된 것을 믿습니다. 이 전에 앉은 저희들, 주님의 그 깊으신 사랑을 다시 한 번 체험할 수 있게 하시고, 찬양과 감사의 예배를 드릴 수 있게 하옵소서.

　주님! 교회 밖에는 크리스마스시즌을 맞이하여 곳곳마다 휘황찬란한 불빛을 비추고 있고, 캐럴을 크게 틀어놓고 있습니다. 그러나 과연 주님을 모르는 자들이 얼마나 주님의 오심을 축하하며 기뻐할 수 있겠습니까? 저들 중에는 성탄의 진정한 의미도 모르고 단지 산타클로스가 성탄절의 주인공인 것으로 생각하고 있는 사람들도 허다합니다.

　주님! 주님께서 온전한 영광을 받으시기 위하여 교회를 세우시고 구원의 진리를 깨달은 자들을 이곳에 두신 줄 믿습니다. 주님께서 왜 죄악 된 이 세상에 육신의 몸을 입고 오셔야 했는지를 아오니 단지 기뻐하고 즐거워할 것만이 아니라, 주님의 희생하심에 뜨거운 감사와 감격의 찬양을 드릴 수 있는 저희가 되게 하여 주옵소서. 이 땅의 곳곳에 진정한 성탄의 의미가 뿌리내리기를 원합니다. 죄로 죽을 수밖에 없는 인간을 찾아오신 주님의 사랑을 깨닫고 그 앞에 엎드리기를 원합니다.

　주님! 이제 새로운 계획을 준비하고 있는 교회 부서와 기관들을 기억하시고 사람의 생각을 반영한 것이 아닌 하나님의 뜻이 온전히 담겨 있는 계획을 세우고 준비할 수 있게 하여 주옵소서. 개인을 위한 계획도 주님께 맡길 수 있게 하시고, 먼저 주님의 도우심을 의뢰할 수 있는 저희 모두가 되게 하여 주옵소서.

　오늘도 주님의 말씀을 들고 단 위에 서시는 목사님을 기억하시고 성령의 권능으로 붙드시기를 원합니다. 오늘 저희들에게 꼭 필요한 말씀을 전하실 수 있도록 도우시고, 심령의 새로운 변화를 경험하는 시간이 되게 하옵소서. 주님의 은총 속에 드려지는 예배가 되게 하실 것을 믿사옵고 예수 그리스도의 이름으로 기도합니다. 아멘

12월 넷째 주 주일 예배(1)

주님의 오심을 알리게 하소서 - 성탄절

그러므로 주께서 친히 징조를 너희에게 주실 것이라 보라 처녀가 잉태하여 아들을 낳을 것이요 그의 이름을 임마누엘이라 하리라 - 사 7:14

 찬송을 받으실 주님! 천천만만 천군의 찬미를 받으시옵소서. 그날 그렇게 누추한 자리에 누우시고 머리 둘 곳 없이 사셨건만 이 땅에 평화를 주시고 완전한 속죄를 이루셨사오니 감사합니다. 은혜롭고 고귀한 일들이 시작된 오늘, 저희의 삶에도 기쁨과 평화가 있게 하시고, 이제 후로 주님의 영광을 위하여 일하는 자녀들로 삼아주시옵소서.

 지난날을 돌이켜 보건대, 주님께서 낮고 천한 구유에서 태어나신 그 섬김의 자세를 본받으려 하기보다는, 형제끼리도 서로 섬김을 받겠다고 아귀다툼하는 불쌍한 죄인이었음을 고백합니다. 죄 많은 저희들을 용서하여 주시고 정성을 다하여 주님을 섬길 수 있게 하옵소서.

 오늘 이 땅에 세워주신 주님의 몸 된 교회가 이 땅에 평화를 주시기 위하여 오신 주님을 알리고 전파하는 교회가 되기를 원합니다. 주님께서 오신 것을 저희만 기뻐하고 저희만의 축제가 되지 말게 하시고, 아직도 죄에 매여 고통 받는 내 가족, 내 친척, 내 동포들에게 이 기쁜 소식을 전하며 함께 구원의 기쁨을 누릴 수 있게 하옵소서.

 주님! 동방박사들이 예물을 정성껏 준비하여 주님의 오심을 맞이하였듯이, 이 시간 저희들도 형식으로만이 아닌 귀중한 예물을 준비하여 주님의 오심을 축하하며 맞이할 수 있게 하옵소서.

 오늘도 주님의 말씀을 들고 서시는 목사님을 기억하시고 성령의 능력으로 붙드셔서, 오늘 저희가 주님이 왜 하늘 보좌를 버리시고 이 땅에 오셔야 했는지 그 의미와 본질을 다시 한 번 깨닫는 시간이 되게 하옵소서. 그리고 평화의 왕으로 오신 주님을 기쁨으로 노래하며 주님의 보좌 앞으로 나아갈 수 있게 하옵소서.

 오늘도 예배를 돕는 손길들을 기억하시고 언제나 주님을 영접하는 마음을 가지고 교우들을 수종들 수 있게 하시고, 그 마음에 하늘의 평화만이 넘치게 하옵소서.

 찬양 받으시기에 합당한 예수 그리스도의 이름으로 기도합니다. 아멘

12월 넷째 주 주일예배(2)

평화의 소식이 선포되게 하소서 - 성탄절

오늘 다윗의 동네에 너희를 위하여 구주가 나셨으니 곧 그리스도 주시니라 - 눅 2:11

흑암에 사는 저희들에게 생명의 빛으로 오신 주님! 영광과 찬송과 존귀를 돌립니다. 죄악 중에 멸망할 인생들을 구원하시려고 말구유에 탄생하신 예수 그리스도의 나심을 인하여 온누리가 구원의 기쁜 소식으로 주님을 찬양합니다.

첫번 크리스마스 때 하늘의 영광과 천군 천사들의 찬양이 잠들어 있던 베들레헴을 깨웠듯이, 잠들어 있는 저희의 심령을 깨워주시옵소서. 동방박사들이 황금과 유향과 몰약을 드려 아기예수님을 경배한 것처럼 저희의 온몸을 예물 삼아 주님을 경배하게 하옵소서.

평화의 왕으로 오신 주님! 눈먼 자와 포로 된 자들이 소망을 갖게 하옵소서. 눌린 자와 가난한 자들이 소망을 갖게 하옵소서. 분쟁과 다툼의 악순환을 거듭하고 있는 이 땅에 평화의 기쁜 소식이 선포되게 하옵소서.

이제 저희들은 예수 그리스도로 말미암아 죽음을 이기고 영원한 생명을 누리게 되었사오니 아직도 멸망의 길을 가고 있는 수많은 이웃들에게 성탄의 기쁜 소식을 전하는 메신저들이 되게 하시고, 흑암 중에 있는 백성들이 구원을 얻는 복된 날이 되게 하옵소서. 그리하여 이 거룩한 성탄절을 더욱 빛내게 하여 주옵소서.

사랑의 주님! 한 해가 저무는 이때에 더욱 주님만 의지할 수 있게 하옵소서. 또한 주님께서 모든 죄를 용서하신 것과 같이 저희가 저희의 잘못과 실수를 잊게 하옵소서. 정죄함이 없으신 아버지 앞에서 용납할 수 없는 자들을 용납하게 하시고, 사랑할 수 없는 자들을 사랑할 수 있게 하옵소서.

오늘 성탄의 메시지를 들고 단 위에 서신 목사님을 기억하시고 능력과 권능으로 붙들어 주시기를 원합니다. 말씀을 듣는 저희들이 구원의 기쁜 소식을 다시금 듣게 하옵소서.

성탄절을 맞이하여 정성껏 준비한 찬양대를 기억하시고, 주님의 나심을 축하하는 찬양이 하늘 보좌에 울려 퍼지게 하옵소서. 예배의 시종을 주님께 의탁하오며 예수 그리스도의 이름으로 기도합니다. 아멘

12월 넷째 주 주일오후예배

유종의 미를 거두게 하소서

네 하나님 여호와께서 돌보아 주시는 땅이라 연초부터 연말까지 네 하나님 여호와의 눈이 항상 그 위에 있느니라
- 신 11:12

만유의 주가 되시며 우주를 주재하시는 여호와 하나님께 영광과 존귀를 돌립니다. 또한 저희 죄를 예수 그리스도의 보혈로 씻어 영원한 하늘나라의 백성이 될 수 있게 하여 주신 은혜를 진심으로 감사드립니다. 오늘도 그 은혜의 손길을 좇아 주님의 전으로 달려 나왔사오니 저희의 영혼을 받으시고 복된 예배가 되게 하옵소서.

주님! 이제 한 해가 마무리되어 가고 있습니다. 지금까지 지내온 모든 삶이 주님의 은혜임을 믿습니다. 한 해를 시작하게 하시고 마무리하게 하니 얼마나 감사한지요. 저희에게 향하신 주님의 크고 놀라우신 사랑과 은혜를 살필 줄 아는 저희가 되게 하여 주옵소서.

주님! 이 해가 다가기 전 회복이 필요한 것들은 회복할 수 있게 하옵소서. 한 해 동안의 등졌던 인간관계가 있었다면 사랑으로 회복할 수 있게 하시고, 열심이 부족했던 부분도 다시 회복할 수 있게 하옵소서. 그리하여 한 해 막바지에 유종의 미를 거둘 수 있게 하옵소서.

주님! 모든 것이 움츠러드는 겨울이지만 주님의 사랑을 전하는 저희들의 귀한 사명만큼은 움츠러들지 않기를 원합니다. 저희들에게 더욱 큰 믿음을 허락하여 주셔서 사랑의 복음을 세상에 전하는 일에 최선을 다할 수 있게 하옵소서.

노년에 신앙생활을 감당하시는 성도들을 위하여 간구합니다. 무릎의 힘을 잃어버리지 않게 하여 주시고, 성전을 지키는 기도 소리가 모두 교우의 본이 되게 하여 주옵소서. 백발은 면류관이라고 했습니다. 면류관에 흐르는 수고의 땀을 아름답게 받아주시옵소서.

주님! 오늘도 이 자리에 참석치 못한 교우들이 있습니다. 믿음의 길을 가기에 너무도 힘든 저들의 영혼을 불쌍히 여기시고, 주님을 늘 가까이 할 수 있는 복된 영혼들이 되게 하여 주옵소서.

오늘도 주님의 말씀을 들고 단 위에 서시는 목사님을 기억하시고 축복의 말씀을 전하실 때에 저희 모두가 아멘으로 화답할 수 있게 하옵소서.

처음과 나중이 되시는 예수 그리스도의 이름으로 기도합니다. 아멘

12월 넷째 주 송구영신예배

더욱 힘쓰게 하소서 - 송구영신예배

그런즉 누구든지 그리스도 안에 있으면 새로운 피조물이라 이전 것은 지나갔으니 보라 새 것이 되었도다 - 고후 5:17

저희를 지켜 보호하여 주신 하나님 아버지! 감사를 받으시옵소서. 이제 한 해가 저물고 새해의 아침 해가 서서히 저희 마음과 온누리를 비추는 이 엄숙한 순간에 주님께 찬송과 영광을 돌립니다.

하지만 한 해를 보내고 새해를 맞이하는 자리에 서서 주님께 고백할 것은 오직 부족한 것뿐이옵니다. 주님의 영광을 나타내며 살겠노라 다짐했었던 지난 한 해였지만 그 영광을 진토에 떨어뜨리게 한 일들이 얼마나 많았는지 모릅니다. 부끄러운 죄인들이오니 용서하여 주시고, 새해에는 이런 허물을 지니지 않도록 도와주시옵소서.

자비로우신 주님! 새해에는 이전보다 더욱 힘쓰는 한 해가 되게 하여 주옵소서. 기도에 힘쓰고, 말씀을 마음 판에 새기며 부지런히 순종하는 한 해가 되게 하여 주옵소서. 날마다 성령님을 의지하게 하시고, 주님의 기뻐하시고 온전하신 뜻이 무엇인지를 분별하여 그 뜻을 이루어 드릴 수 있는 한 해가 되게 하여 주옵소서. 믿는 자들에게나 믿지 않는 자들에게 신앙인으로서 본이 될 수 있게 하시고, 빛의 자녀로서 빛의 의무를 잘 감당할 수 있는 삶을 살 수 있게 하여 주옵소서.

무엇보다도 금년에는 열심히 복음을 전할 수 있기를 원합니다. 때를 얻든지 못 얻든지 항상 복음을 전하는 일에 최선을 다할 수 있게 하옵소서. 또한 섬김이 필요한 곳에 섬김의 사역을 감당할 수 있게 하시고, 약한 자들을 세워주고 일으키는 데 주님의 마음을 담아낼 수 있도록 인도하여 주옵소서.

성도의 가정마다 주의 능력의 오른손으로 강하게 붙들어 주셔서 든든하게 서가는 복된 가정들이 되게 하옵소서. 또한 새해를 맞으면서 계획하는 모든 일들이 주님이 보시기에 합당한 것이 되게 하시고, 함께하여 주시는 주님의 은혜로 많은 열매를 맺을 수 있게 하옵소서.

말씀을 증거하는 목사님을 주님의 오른손으로 강하게 붙드시고, 새해를 출발하는 저희들에게 소망과 지혜를 갖게 하는 축복의 말씀이 되게 하여 주옵소서. 참 소망이신 예수 그리스도의 이름으로 기도합니다. 아멘

2

주제별로여는
사계절
수요예배 대표기도문

• 봄

순종의 마음을 채우소서

　영광을 받으시기에 합당하신 주님! 이 시간에도 약하고 부족한 저희들을 부르셔서 주님의 한없으신 구속의 은총을 경험하게 하시니 감사드립니다. 더욱 구속의 감격을 느끼는 봄을 보내게 하여 주시고 주님의 피 묻은 십자가를 바라보며 참회의 고백이 넘쳐나는 삶이 되게 하여 주옵소서.
　사랑의 주님! 저희의 죄와 허물을 사하여 주시기를 원합니다. 이 시간 주님 안에 있는 생명의 성령의 법이 죄와 사망의 법에서 해방시키시는 것을 경험하게 하여 주옵소서.
　주님! 주님의 피로 세우신 교회가 십자가의 사랑과 생명이신 주님을 드러내는 교회가 되기를 원합니다. 세속적인 것으로 주님의 피 묻은 자리를 대치하지 말게 하시고, 고통 받는 이웃을 십자가의 사랑으로 부요케 하는 교회가 되게 하여 주옵소서. 오늘 모인 저희들도 영혼과 육신과 범사에 주님의 대속의 은총이 강물처럼 흐르게 하여 주옵소서. 고난의 잔을 마시기를 거부하지 아니하고 피 땀 흘려 기도하시며 순종하셨던 주님의 순종의 마음을 저희의 심령 가운데 채워주시옵소서.
　이 시간 말씀을 증거하실 목사님을 붙드시고, 계시된 주님의 말씀을 선포하실 때에 주님의 엄위가 나타나게 하시며, 살아 운동력이 있어 좌우에 날 선 어떤 검보다도 예리하여 혼과 영과 및 관절과 골수를 찔러 쪼개기까지 하는 말씀을 증거하게 하여 주옵소서.
　주님이 세우신 교회를 위하여 특별히 직분을 맡아 충성하는 손길들을 기억하시고, 주님의 몸 된 교회에 몸을 드려 충성할 때마다 하늘의 신령한 은혜를 맛보게 하시며, 이 땅에 사는 동안 인생 최대의 행복과 즐거움이 되게 하여 주옵소서.
　예배의 시종을 주님께 맡깁니다. 성령이 운행하시는 예배가 되게 하시고, 십자가의 사랑에 감싸인 예배가 되게 하여 주옵소서.
　저희를 죄에서 구속하여 주신 예수 그리스도의 이름으로 기도합니다. 아멘

• 봄

십자가에 붙들리게 하소서

　사랑의 주님! 저희를 위해 고난 받으신 주님의 대속하심을 생각하며 주님 앞에 머리 숙입니다. 저 험한 십자가에 저희가 달렸어야 했는데, 죄 없으신 주님께서 저희들 대신 치욕스러운 고난을 받으셨으니 저희의 죄가 너무나 무겁고 더러운 것임을 깨닫습니다.
　오! 주님, 주님을 십자가의 고통으로 밀어넣은 이 못난 죄인들을 용서하여 주옵소서. 주님이 십자가를 지시고 골고다 언덕으로 오르실 때 눈물로 따라간 여인들을 생각합니다. 모두 십자가를 지신 주님을 보며 피하거나 구경을 하였건만 그 어떤 오해를 받을지도 모를 주님의 십자가의 길을 따라간 것을 생각할 때, 오늘 십자가의 사랑을 경험했다고 하는 저희의 믿음이 너무도 적음을 깨닫습니다.
　주님의 한없으신 사랑을 입은 저희가 그 동안 주님이 아닌 다른 것을 사랑하며 살았음을 수치스럽게 생각하며 고백합니다. 저희가 어떻게 주님을 십자가에 못 박게 한 세상과 손을 잡고 주님의 고난을 구경하듯 살아왔는지 다시 한 번 참회하오니 용서하여 주옵소서.
　주님! 저희들이 이 시간 주님의 고난을 깊이 생각하며 예배드리기를 원합니다. 십자가에 붙들려서 예배드리는 시간이 되게 하여 주옵소서.
　오늘도 이 세상에는 죽은 자와 다름없이 살아가는 영혼들이 많이 있습니다. 안타까운 심정으로 기도하오니 새 생명과 새 삶을 찾을 수 있도록 주님의 십자가 앞으로 이끌어 주옵소서.
　십자가의 사랑을 전하시기 위하여 단 위에 서신 목사님을 붙드시고 말씀을 듣는 저희는 주님처럼 자신을 버려 세상을 구원해야겠다는 결연한 각오가 넘쳐나게 하옵소서.
　이미 예배가 시작되었습니다. 예배의 시종을 주님께 맡깁니다. 죄와 부패밖에 남은 것이 없는 저희들이 주님의 상하신 십자가 앞에서 새롭게 태어나길 원하오며 저희를 구속하여 주신 예수 그리스도의 이름으로 기도합니다. 아멘

• 봄

부활의 기쁨으로 넘쳐나게 하소서

할렐루야! 전능하신 하나님! 사망권세를 이기신 주님의 부활을 기뻐하며 찬송하는 삶이 되게 하여 주시다가, 이 시간 주님 앞에 나와 삼일 예배를 드릴 수 있도록 이끄심을 감사드립니다.

돌이켜보건대, 저희 속에는 아직도 죄의 쓴 뿌리들로 인해 죄를 이기지 못하는 저희들의 약한 믿음을 발견하게 됩니다. 불쌍히 여기시고 용서의 은총을 내려 주옵소서.

생명이 되시는 주님! 부활의 주님을 믿고 의지함으로 날마다 죄를 이기고, 부활의 주님을 증언하고 나타내기에 몸을 드려 헌신할 수 있는 저희가 되게 하여 주옵소서. 저희들의 가정과 생업도 부활의 기쁨으로 복된 삶의 터전이 되기를 원합니다. 언제 어디서나 주님의 살아계심을 심령으로 느끼며 고백하는 은혜의 현장이 되게 하여 주옵소서.

도망쳤던 제자들이 부활하신 주님을 만나고는 그 기쁨의 소식을 전하기에 주저하지 않았듯이, 저희가 속한 교회도 주님을 담대하게 증거할 수 있는 증인된 교회가 되게 하시고, 늘 기도함으로 성령의 기사와 이적을 주님의 이름으로 나타내는 교회가 되게 하여 주옵소서. 상하고 지치고 연약한 심령들도 소망을 얻고 새 삶을 얻는 은혜의 장소가 되게 하여 주옵소서.

은혜와 자비의 주님! 이 민족이 하루 빨리 주님 앞으로 돌아올 수 있도록 은총을 베풀어 주옵소서. 우상을 섬기는 자들에게 모든 신위에 뛰어나신 주님을 만날 수 있게 하여 주시고, 회개하고 주님을 의지하는 자들에게 저 천국을 향할 수 있는 소망의 문을 열어주시기를 원합니다.

오늘 그 어느 때보다도 애절하고도 간곡한 기도를 드릴 수 있게 하여 주시고, 이 아픔의 현실을 치료하시기 원하시는 주님의 놀라우신 사랑을 체험하는 시간이 되게 하여 주옵소서.

말씀을 들고 단 위에 서신 목사님을 능력으로 붙들어 주시고 말씀을 듣는 저희 모두가 영육간에 새로워지는 시간이 되게 하옵소서. 예배의 시종을 주님께 의탁하오며 예수 그리스도의 이름으로 기도합니다. 아멘

• 봄
구명선이 되게 하소서

부활의 소망을 가진 저희들이 주님의 영원하신 나라를 대망하며 주님의 전을 찾게 하시니 감사드립니다. 이 시간 주님께 저희의 삶을 전폭적으로 드리며 그 은혜에 감사하는 시간이 되게 하여 주옵소서.

먼저, 저희의 죄를 고백합니다. 세상의 자랑과 오만으로 가득차 있던 저희들입니다. 주님의 은혜 안에 살고 있으면서도 늘 교만한 습성을 버리지 못하고 있는 저희들입니다. 긍휼히 여기시고 용서하여 주옵소서.

인간의 몸을 입으시고 이 땅에 오셔서 십자가에 달려 죽으시기까지 하나님의 영광을 나타내고자 힘쓰셨던 주님처럼, 저희들도 주님의 영광을 위하여 겸손의 삶을 실천할 수 있게 하여 주옵소서. 약한 자를 보면 제자들의 발을 씻기셨던 주님처럼 섬길 수 있는 마음을 주시고, 슬픔과 괴로움 속에서 한숨짓는 자들을 보면 주님의 위로를 심어 줄 수 있는 저희가 되게 하여 주옵소서.

길과 생명이신 주님! 주님의 몸 된 교회를 이곳에 세우셔서 죄 중에 방황하는 영혼을 참 생명의 길로 인도할 수 있는 등대가 되게 하여 주심을 감사드립니다. 교회가 생명을 구원하는 구명 단체임을 잊지 않게 하여 주시고, 죄악에 빠진 영혼들을 살리기 위해서 늘 기도하고 전도하는 교회가 되게 하여 주옵소서. 교회의 문턱을 밟는 자마다 낙심과 좌절이 변하여 새로운 희망을 얻게 하시고, 병든 심령들이 치료받는 능력의 역사가 나타나게 하옵소서.

교회를 위하여 주님께서 친히 세우신 직분 맡은 자들을 기억하여 주옵소서. 저들이 감당해야 할 직분이 대접받고 높임을 받는 직분이 아니라, 주님을 높이기 위하여 종의 도를 실천해야만 할 직분임을 잊지 말게 하여 주시고, 주님의 영광을 위하여 순종의 욕구를 충족시키며 겸손의 주님을 닮아갈 수 있게 하여 주옵소서.

주님이 친히 세우신 목사님을 성령의 능력으로 붙들어 주시고, 교회를 섬기며 양들을 보살피기에 부족함이 없게 하여 주옵소서.

소망을 주신 예수 그리스도의 이름으로 기도합니다. 아멘

• 봄

확신에 찬 삶을 전하게 하소서

사랑의 주님! 가정의 달 5월을 맞이하여 주님의 거룩한 성전에 나와 예배드리며 기도하게 하시니 감사드립니다.

사랑의 주님! 주님이 만드신 아름다운 세상으로 인하여 더욱 찬양할 수 있는 5월이 되게 하시고, 푸르름을 더해가는 자연과 같이 저희의 심령도 주님의 사랑으로 풍성히 채워주시옵소서.

은혜 베푸시기를 즐겨하시는 하나님! 이 땅을 살아가면서 저희 앞에 놓인 많은 어려움을 봅니다. 인생의 길에서 어려움이 없을 순 없겠으나 때로는 버거워 넘어질 때가 있사오니, 주님의 백성인 저희에게 늘 성령의 능력으로 무장시켜 주셔서, 주님께 택함 받은 자가 얼마나 확신에 찬 삶을 사는지 증거할 수 있게 하여 주옵소서.

주님의 몸 된 교회로 인하여 감사드립니다. 소란하기 그지없고 혼란하고 복잡한 세대 속에서 주님의 몸 된 교회를 통하여 은혜를 공급받게 하시고, 세상을 담대하게 살아갈 수 있는 지혜를 공급받게 하시니, 측량할 수 없는 주님의 은혜에 감격할 따름입니다. 이처럼 저희들과 함께하시는 거룩한 처소를 잘 받들고 섬길 수 있는 저희 모두가 되게 하시고, 교회를 통하여 일하기 원하시는 주님의 마음을 깨달아 주님의 은혜에 순종의 욕구를 충족시킬 수 있는 저희 모두가 되게 하여 주옵소서.

'내 집은 만민이 기도하는 집'이라고 말씀하셨사오니 기도의 불을 꺼뜨리지 않는 삶이 되게 하시고, 주님의 전을 통한 일치된 기도 속에서 성령 충만을 체험하며 성숙을 체험할 수 있는 저희 모두가 되게 하여 주옵소서.

말씀을 전하시는 목사님을 성령의 능력으로 붙드시고, 교회와 양들을 위하여 수고의 땀을 흘리실 때에 피곤치 않도록 도와주시옵소서.

이 시간 저희가 마음을 다하여 드리는 예배를 통하여 영적인 기쁨이 충만한 시간이 되게 하여 주실 것을 믿사옵고 기도의 본을 보여주신 예수 그리스도의 이름으로 기도합니다. 아멘

• 봄

영혼을 향한 마음이 식지 않게 하소서

　사랑과 은혜로 저희를 품으시고 돌보시는 주님! 오늘 이 시간 은혜 받기 원하는 저희들에게 이 복된 성전으로 인도하여 주심을 감사드립니다. 참으로 모든 생명 있는 것들이 향기를 발하고 성숙을 위하여 발돋움하는 계절입니다. 이 축복된 계절에 저희들도 더욱 힘 있게 발돋움할 수 있는 삶이 되게 하여 주옵소서.
　긍휼이 풍성하신 주님! 눈에 보이지는 않지만 죄로 얼룩져 있는 저희의 모습을 깨닫습니다. 주님의 보혈로 씻어주시고 주님의 은혜와 사랑을 담아낼 수 있게 하여 주옵소서.
　기쁨의 근원이 되시는 주님! 지금은 긍휼히 여기심과 은혜의 단비가 절실히 요구되는 때입니다. 상처입고 괴로워하고 있는 영혼들이 너무나 많고, 미래에 대한 소망이 끊어진 채 어두운 그늘 밑에서 지친 삶에 허덕이는 영혼들도 많사오니, 참 기쁨의 근원이 되시는 주님께서 이 아픔의 현장을 긍휼히 여기시기를 원합니다. 더 이상 고통의 현장이 되지 않도록 치유하여 주시고, 건져주시옵소서.
　오늘도 주님의 전에 나와서 주님의 도우심을 간절히 바라는 저희들에게 성령을 충만케 하셔서 상한 심령이 위로를 받고, 배에서 생수의 강이 흘러나는 참 기쁨과 즐거움이 있게 하여 주옵소서.(요 7:38)
　주님! 주님을 모르는 자들은 점점 더 강퍅해져가고 있습니다. 그들의 완악해진 마음을 기경하기가 얼마나 어려운지 모릅니다. 저들의 심령을 긍휼히 여기셔서 반드시 천국 가야만 할 영혼들이 지옥을 향하는 일이 없도록 은총을 더하여 주옵소서. 저희들도 더욱 담대함으로 복음을 전할 수 있게 하시고, 욕을 먹는 아픔과 설움의 현장이 된다 할지라도 영혼을 불쌍히 여기는 마음만은 식지 않게 하여 주옵소서.
　저희를 위해 불철주야 기도하시며 마음을 쏟고 계시는 목사님을 성령의 능력으로 붙드시고, 목양 때문에 발생되는 모든 고초를 주님이 위로하여 주옵소서. 주님께 몸을 드려 헌신하는 손길들의 수고가 주님 안에서 복되기를 원합니다. 예수 그리스도의 이름으로 기도합니다. 아멘

• 봄

은혜의 역사가 있게 하소서

　주님! 삼일 간의 짧은 시간이었지만 지나온 날들을 생각하면서 주님 앞에 머리 숙였습니다. 죄악된 것과 잘못이 있다면 긍휼히 여기시고 용서하여 주옵소서. 주님의 은총 속에 살면서도 저희는 삶이 늘 괴롭고 힘들다고 불평만 하였습니다. 주님을 대하기에 부끄러운 저희의 몸과 마음을 주님의 보혈로 정하게 하셔서 용서받은 기쁨으로 주님께서 원하시는 길을 걸을 수 있게 하여 주옵소서. 세상을 이길 능력을 주시고, 생명을 위하여 자신을 내어주는 십자가의 도를 따를 수 있게 하여 주옵소서.
　소망이 되시는 주님! 주님께서 친히 세우신 가정마다 더욱 강력하게 붙들어 주셔서 이 혼란스럽고 앞길을 분변치 못하는 세대 속에서도 주님이 주시는 평안과 소망을 잃지 않게 하여 주시고 주님의 뜻을 온전히 이루는 복된 가정이 되게 하여 주옵소서.
　이 사회도 어려운 경제 사정으로 인하여 안타까운 일들이 많이 일어나고 있사오니 어서 속히 주님의 한량없으신 은혜로 건져 주시고, 가뭄 끝에 단비가 내리듯 경제의 흐름이 시원하게 풀리는 역사가 있게 하여 주옵소서. 봄날의 아름다운 꽃과 같이 생기가 가득한 사회가 될 수 있게 하여 주시고, 곳곳에서 주님의 은총을 경험하는 은혜의 역사가 끊이지 않게 하여 주옵소서.
　주님의 몸 된 교회도 아픔에 처한 이 사회를 보며 수수방관하지 않게 하여 주시고, 가슴으로 껴안아 마음을 쏟고 영혼을 쏟는 기도를 쉬지 않게 하여 주옵소서.
　오늘도 저희들이 하늘의 소망을 바라보며 이 자리에 모였사오니, 하늘의 신령한 은혜를 맛보는 시간이 되게 하시고, 주님께 마음을 깨뜨리는 심령마다 주님의 한량없으신 은혜를 경험하게 하여 주옵소서.
　이미 예배가 시작되었습니다. 마치는 시간까지 사탄이 역사하지 않도록 성령의 화염검으로 이 자리를 지키시옵소서. 예배의 시종을 주님께 의탁하오며 예수 그리스도의 이름으로 기도합니다. 아멘

• 여름

주님의 영으로 덮으소서

약속하신 성령을 보내주신 하나님! 감사와 영광을 돌려보내옵니다.

오, 주님! 삼일 동안의 삶이었지만 저희의 약함을 도와주시고 이끌어 주시는 성령님의 인도하심 속에서도, 쾌락 사랑하기를 즐겨하며 육신의 정욕과 이생의 안목을 좇아 살기를 즐겨했던 저희들입니다. 긍휼히 여겨 주시고 용서하여 주옵소서. 더 이상 성령님을 탄식하게 하는 죄악의 길을 걷지 않도록 저희 심령을 사로잡아 주시고, 주님의 손에 붙들려 거룩한 삶을 살아갈 수 있는 삶이 되게 하여 주옵소서.

사랑의 주님! 오늘 이 시간 오순절 날 마가의 다락방에서 충만하게 임하셨던 성령의 역사하심이 일어날 수 있기를 원합니다. 주님의 은혜를 사모하는 심령마다 주님의 영으로 덮으셔서 성령 충만한 사람으로 거듭날 수 있게 하여 주옵소서. 그러므로 그 어떤 불의와도 타협하지 않게 하시고, 그 어떤 위협 앞에서도 굴하지 않는 백절불굴의 신앙이 되게 하여 주옵소서.

저희 교회도 성령의 불이 타오르는 능력의 제단이 되기를 원합니다. 아무리 강퍅한 심령도 이 제단에 발을 들여 놓을 때 성령의 능력으로 거꾸러지는 역사가 일어나게 하시고, 자백이 일어나며 탄식하는 회개의 역사가 있게 하여 주옵소서. 삶에 지친 자들은 희망이 넘쳐나게 하시고, 병든 심령은 치료의 역사가 있게 하시며, 믿음이 약한 자들은 믿음 위에 굳게 서고 확신에 찬 생활이 되게 하시며, 기도하는 자마다 주님의 응답을 받을 수 있는 신령한 교회가 되게 하여 주옵소서.

주님의 몸 된 교회를 위하여 몸을 쪼개어 충성하는 일꾼들이 있습니다. 저들이 힘을 다하여 충성할 때마다 주님의 음성을 듣게 하시고, 주님이 책임져 주시는 강건한 삶을 살게 하여 주옵소서.

이 시간도 말씀을 듣는 저희 모두가 쏟아 부으시는 주님의 은혜를 심령 깊숙이 체험하고 다짐하는 시간이 되게 하옵소서.

이미 예배가 시작되었습니다. 예배의 시종을 주님께 의탁하오며 거룩하신 예수 그리스도의 이름으로 기도합니다. 아멘

• 여름

북녘의 교회가 부활하게 하소서

　사랑과 은혜의 주님! 주님을 찬양하게 하시니 감사드립니다. 이 시간 성령을 보내셔서 주님이 기쁘게 받으시는 향기로운 예배가 될 수 있게 하시고, 주님의 은혜와 사랑으로 저희 심령이 풍성해지는 은총을 누리게 하옵소서.

　자비로우신 주님! 선택받은 주님의 자녀이면서도 불신자처럼 생각하고 행동할 때가 너무나 많았음을 고백합니다. 저희들의 연약함을 긍휼히 여기시고 용서의 은총을 베푸시옵소서.

　주님! 6월은 세대가 바뀌어도 영원히 지워지지 않을 민족적 고난이 있었던 달입니다. 그토록 오랜 세월이 지났음에도 불구하고 아직도 아픔이 되어 가슴을 시리게 하고 있사오니 어서 속히 이 아픔의 앙금이 주체할 수 없는 기쁨과 웃음으로 바뀔 수 있도록 축복하시옵소서.

　주님! 이제는 한국 교회도 복음을 수출하고 선교사를 파송하는 교회가 되었지만, 북녘 땅의 내 동포는 종교의 자유를 빼앗겨서 자유롭게 예배를 드리지 못하고 있습니다. 주님의 성호를 찬양할 수도, 경배할 수도 없는 저들의 신음을 기억하시고, 속히 주님을 마음껏 찬양할 수 있는 그 날이 오게 하여 주옵소서. 동방의 예루살렘이라고 불리웠던 평양도 다시 부흥의 불길이 타오르게 하시고, 온 땅에 복음을 외칠 수 있는 복음의 전진기지가 되게 하옵소서.

　이 시간 주님의 전을 찾아 나온 교우들 가운데 육신의 연약함, 질병의 무거운 짐을 지고 있는 교우가 있습니까? 그 마음의 안타까움을 주님께 아뢸 때 한숨과 고통이 사라지게 하시고, 회복과 치료를 경험하는 축복의 시간이 되게 하옵소서. 어그러지고 깨어진 일들, 찢어지고 상처 입은 교우들이 있습니까? 이 시간 주님의 이름을 부르는 가운데 새 힘을 주시고 온전케 하시는 주님의 긍휼하심을 맛보게 하옵소서.

　오늘도 단 위에 서신 목사님을 성령님의 강권적인 역사로 함께하셔서 말씀을 전하시기에 조금도 피곤치 않게 하여 주옵소서. 항상 저희들에게 임마누엘이 되시는 예수 그리스도의 이름으로 기도합니다. 아멘

• 여름

신앙의 나태함이 없게 하소서

　자비하신 주님! 어둠 속에 있던 저희들에게 진리의 빛을 밝히심으로써 바른 길을 가도록 인도하시니 감사드립니다. 지난 삼일 간도 곰곰이 생각하니 저희들이 살아온 것이 모두 주님의 은혜요, 사랑과 자비의 결과임을 깨닫습니다. 그러나 주님이 은혜로 인도하시는 사랑을 망각하고 삶의 여러 가지 모습 속에서 흔들리고 변질되는 저희들이었습니다. 저희들의 이 못난 모습을 불쌍히 여기시고 용서하여 주옵소서.

　이 시간도 겸손히 머리 숙여 기도하오니 저희들을 긍휼히 여기시고 육신에 필요한 모든 것뿐만 아니라 경건 생활에 있어야 할 것도 충만하게 채워주시옵소서. 저희는 주님의 기르시는 양이오니 주 안에서 평강을 얻기를 원합니다. 주님의 평안으로 안위하여 주시고 굳은 마음으로 채워주시옵소서.

　은혜의 주님! 이제 올 여름도 본격적으로 시작되었습니다. 믿음으로 보낼 수 있는 계절이 되게 하시고, 무더위 속에 신앙생활을 게을리 하여 상한 음식과 같은 신앙이 되지 않게 하여 주옵소서.

　저희 교회도 여름에 계획하고 있는 일들이 많이 있습니다. 계획하는 모든 일들이 주님의 영광을 나타낼 수 있는 것들이 되게 하시고, 풍성한 열매를 맺는 일들이 되게 하여 주옵소서.

　특별히 교역자님들을 강하게 붙들어 주옵소서. 여름행사를 주관하려면 많은 에너지가 필요하고 건강이 뒷받침되어야 하오니 그 어느 때보다도 강하신 손으로 붙드셔서 지치거나 쓰러지는 일이 없게 하여 주옵소서.

　주님의 몸 된 교회가 고통을 당하는 이웃을 위하여 더욱 기도하게 하시고, 주님만이 길이요, 진리요 생명 되심을 증거할 수 있도록 은총을 더하여 주옵소서. 말씀과 진리 안에서 날마다 성장하게 하시며, 사랑의 수고와 인내로써 소망을 이루어가는 일들이 넘쳐나게 하여 주옵소서.

　오늘도 말씀을 증거하시는 목사님에게 큰 권능으로 임하셔서 복된 말씀을 증거하실 수 있도록 도우실 것을 믿사옵고 사랑이 많으신 예수 그리스도의 이름으로 기도합니다. 아멘

• 여름

교회의 사명을 감당하게 하소서

저희를 창조하시고, 새롭게 하시며 소명을 주시는 주님! 주님의 사랑과 은총을 인하여 감사와 영광을 돌립니다. 오늘도 주님께 예배하기 위하여 이 자리를 찾았사오니 성령님의 인도하심을 따라 예배할 수 있는 시간이 되게 하여 주옵소서.

사랑이 많으신 주님! 지난 삼일이었지만 저희는 마음과 뜻과 정성을 다하여 주님을 사랑하지 못하였고, 주님께서 저희를 사랑하신 것같이 서로 사랑하지 못했음을 겸손히 고백합니다. 용서하여 주옵소서.

능력의 주님! 주님의 몸 된 교회를 기억하시기를 원합니다. 주님의 크신 뜻과 계획이 있으셔서 이곳에 교회를 세우신 줄 믿습니다. 이 교회를 통하여 이 지역이 복음화되게 하시고, 주님의 뜨거운 사랑을 나타낼 수 있는 사랑의 공동체가 되게 하여 주옵소서. 삶의 소망을 잃은 자는 이 교회를 통하여 삶의 소망이 넘쳐나게 하시고, 인생의 평안이 없는 자에게는 이 교회를 통하여 주님이 주시는 참된 평안을 얻게 하시며, 고달픈 삶을 살아가는 자는 이 교회를 통하여 참 안식의 은총을 경험하게 하옵소서.

주님! 장마가 시작되고 있습니다. 장마철 대비를 지혜롭게 잘하여 피해를 입는 일이 없게 하여 주시고, 아울러 게을러지기 쉬운 저희의 신앙생활도 지혜롭게 잘하여 주님께 칭찬을 들을 수 있게 하옵소서.

주님을 믿노라 하면서도 세상 유혹에 쉽게 넘어지는 교우들을 기억하시고, 저들의 믿음 없음을 불쌍히 여겨 주셔서, 주님을 바르게 믿을 수 있는 복된 자리로 나올 수 있도록 은총을 더하여 주옵소서.

주님! 저희들은 주님의 은총만을 바라는 자가 아니라, 주님께서 주시는 은혜에 보답하는 자들이 되기를 원합니다. 저희의 삶을 굳게 붙드셔서 언제나 게으르지 아니하고 열심을 품고 주님을 섬길 수 있는 삶이 되게 하옵소서.

이 시간도 말씀을 들고 단 위에 서시는 목사님을 성령의 능력으로 붙드셔서, 듣는 자 모두가 주님의 음성을 듣는 복된 시간이 되게 하여 주옵소서. 예수 그리스도의 이름으로 기도합니다. 아멘

• 여름

섬김과 사랑을 나타내게 하소서

　자비하신 주님! 오늘도 주님의 이름으로 이 전에 불러주시고 주님의 말씀을 듣도록 은총을 베푸신 주님께 감사와 찬송과 영광을 돌립니다. 삼일 동안이지만 세속에 있으면서 죄로 얼룩지고 더럽혀진 저희 마음을, 성령의 역사하심과 보혈의 피로 씻어주셔서 거룩함을 덧입게 하여 주옵소서.
　삼일 동안 생활하면서 아쉬웠던 일도 많았고, 안타까웠던 일들도 많이 있었습니다. 상처입고 괴로웠던 시간들도 있었습니다. 이 모든 것들이 이 시간 주님 앞에 기도하며 주님의 귀한 말씀을 들을 때에 강건한 삶으로 회복되게 하여 주옵소서. 한 발치라도 주님의 말씀을 벗어나 살지 않게 하여 주시고, 늘 주님이 걸어가신 길을 좇으며 성령에 붙들린 삶을 살게 하여 주옵소서.
　생활이 어렵고 힘들어지면서 증오와 다툼 또한 심화되고 있습니다. 사회가 어려울수록 신앙인들의 책임이 막중함을 깨닫습니다. 주님의 참된 자녀로, 이 시대에 없어서는 안 될 빛과 소금이 되게 하시고, 섬김과 사랑을 나타냄으로 주님의 모습을 보여주고 닮아갈 수 있는 삶이 되게 하여 주옵소서.
　여름철을 맞아 행사들을 개최하는 기관들을 기억하셔서, 지혜롭게 잘 준비하여 영적으로 많은 유익을 끼치고 배울 수 있는 복된 행사가 되게 하여 주옵소서.
　여름휴가를 준비 중에 있는 성도와 이미 휴가를 떠난 교우들도 있습니다. 신앙을 넘어지게 하는 사탄의 유혹이 어느 때 더욱 왕성해지는지를 깨닫게 하셔서 변함없는 믿음으로 주님을 기쁘시게 할 수 있는 교우들이 되게 하시고, 한 때의 방심을 가볍게 생각하지 않는 교우들이 되게 하여 주옵소서.
　오늘도 말씀을 들고 단 위에 서신 목사님을 기억하셔서, 지쳐가는 저희의 영혼에 생기가 되는 말씀을 전하게 하옵소서.
　이 시간도 주님의 은혜의 역사는 멈추지 않음을 믿사옵고, 예배의 시종을 주님께 맡기며 예수 그리스도의 이름으로 기도합니다. 아멘

• 여름

핑계 없게 하소서

주님을 찬양합니다. 오늘도 주님이 택하신 주의 백성들이 주의 전에 모여 주님을 찬양할 수 있도록 하신 주님께 찬양과 영광을 드립니다.

이 세상의 고통스런 현실만을 생각하면 절망이지만 저희들을 붙들고 계시는 주님의 사랑을 생각할 때 샘솟는 기쁨을 얻습니다. 오늘 이 시간도 힘써서 주님을 찬양하며 간곡히 부르짖을 때 여린 저희 심령을 붙드시고, 말할 수 없는 평안의 기쁨을 맛보게 하옵소서.

수요일인지라 빈자리가 많습니다. 세상일에 얽매여서 믿음을 등진 영혼들을 불쌍히 여기시고, 어떤 상황 속에서도 주님의 음성 듣기를 인생 최대의 즐거움으로 삼을 수 있는 성도들이 되게 하여 주옵소서.

주님의 교회를 위하여, 달음질하던 발걸음이 뒤쳐지지 않게 하시고, 어쩔 수 없음을 핑계 삼는 식어가는 열정들이 되지 않게 하여 주옵소서.

이 세상에는 주님을 가까이 하지 못하도록 저희를 묶고 있는 족쇄들이 너무나 많습니다. 강함과 용기를 잃지 않게 하셔서, 늘 주님을 신뢰하는 복된 삶을 살게 하여 주옵소서.

여름을 맞이하여 어린 심령들의 영적 도약을 위한 행사를 갖고 있습니다. 하나님의 음성을 듣는 계기가 되게 하시고, 힘찬 신앙의 도약을 할 수 있는 복된 기회가 되게 하옵소서.

말씀 듣기를 사모하는 심정으로 피곤한 몸을 뒤로한 채 주님의 전으로 달려 나온 저희들에게 이 시간도 송이꿀보다 더 단 말씀으로 저희 심령을 가득 채우셔서 주님의 말씀을 먹고 사는 것이 인생 최대의 행복이 되게 하옵소서.

말씀을 전하실 목사님을 성령의 능력으로 붙드셔서 숫자에 실망치 않게 하여 주시고, 사모하는 한 영혼을 바라보며 능력 있게 전하실 수 있도록 도우실 것을 믿습니다. 비록 이 자리에 참석한 주님의 자녀는 적을지라도 두세 사람이 주님의 이름으로 모인 곳이면 함께하신다고 말씀하셨사오니 이 예배를 향기롭게 받으시옵소서. 사랑이 많으신 예수 그리스도의 이름으로 기도합니다. 아멘

• 여름

새사람으로 성장하게 하소서

한분이시며 영원하신 하나님 아버지! 오늘 이 밤도 주님 앞에 정성을 다하여 찬양하며 경배합니다. 여러 가지 절망과 염려로 힘겹게 이 자리를 찾았을지라도 주님이 채우시는 은혜로 샘솟는 기쁨을 누릴 수 있는 시간이 되게 하여 주실 것을 믿습니다.

궁휼을 베푸시는 하나님! 주님 안에 영원한 가치가 있음을 알면서도 다른 것을 사모하며, 탐심의 우상을 섬기느라 이 자리에 참석하지 못한 교우들도 있습니다. 세속에 속한 것들이 아무리 좋다한들 그것으로 영원한 가치를 찾을 수 있겠습니까? 저희의 눈을 밝게 하셔서 영원한 행복을 주신 주님을 가까이 할 수 있는 믿음이 되게 하여 주옵소서.

사랑의 주님! 온전치 못한 저희들을 도와주시기를 원합니다. 오류를 범하지 않게 하시고, 부정직함을 향해 달려가지 않게 하시며, 언제나 주님이 뜻하신 길을 좇아갈 수 있는 저희가 되게 하여 주옵소서. 말씀으로 삶을 조리할 수 있는 지혜도 주시기를 원합니다. 저희들의 삶에서 얻어지는 모든 경험들이 다 유익한 것들이 아님을 생각할 때, 말씀의 능력을 가지고 잘 분별하여 잘못된 것을 걸러낼 수 있게 하시고, 새사람으로 세워져 가는 데 부족함이 없게 하여 주옵소서.

은혜의 주님, 세월이 흐를수록 사람들의 마음이 강팍해지고 있습니다. 가까운 이웃에서 차마 입에 담지 못할 끔찍한 일들이 빈번히 일어나고 있는 것을 보게 됩니다. 사랑이 식어가는 까닭에 세상이 악하게 되어가고 있는 줄 믿습니다. 이와 같은 때에 예수 사랑을 심을 수 있게 하시고, 악의 권세를 제거하는 생명의 복음을 알릴 수 있는 저희가 되게 하옵소서.

주님! 복음을 들고 산을 넘는 자의 발길을 아름답게 보시고 축복하시는 주님의 마음을 생각하며 복음 증거자의 사명을 게을리 하지 않게 하여 주옵소서.

오늘도 말씀을 증거하시는 목사님을 성령의 능력으로 붙드실 것을 믿사옵고 예수 그리스도의 이름으로 기도합니다. 아멘

• 여름

어두운 영안을 밝혀 주소서

저희를 하나님의 백성으로 삼아주신 하나님 아버지! 저희에게 주님의 전을 찾을 수 있는 귀한 믿음을 주심을 감사드립니다. 이 저녁에도 세상의 분주함을 뒤로한 채 주님을 찾았사오니 주님의 품 안에서 평안과 안식을 얻게 하옵소서.

주님! 주님의 백성은 떡으로 사는 존재가 아니라 하나님의 말씀으로 사는 존재임을 깨닫습니다. '믿음은 들음에서 나고 들음은 하나님의 말씀으로 말미암는다'고 하셨사오니 믿음의 양식인 말씀을 가까이 하는 일을 게을리 하지 않는 저희 모두가 되게 하여 주옵소서.

오늘도 말씀으로 충만한 곳이 성전이기에, 또한 주님이 특별히 임재하시기를 즐겨하시는 곳이 성전이기에, 저희들이 주님의 전을 찾았습니다. 주님과의 깊은 교통이 있게 하시고, 구름같이 임하는 주님의 임재하심을 경험하는 시간이 되게 하여 주옵소서.

무더위가 가장 심했던 8월의 마지막 수요일입니다. 휴가철이었기에 각종 사고도 많았고, 갑작스런 폭우로 졸지에 감당할 수 없는 아픔을 겪게 된 이웃들도 있습니다. 아픈 현실 가운데서 주저앉아 있는 저들을 불쌍히 여기시고, 삶의 희망을 찾을 수 있도록 인도하여 주옵소서. 자연 앞에 한없이 나약한 것이 인간임을 깨닫게 하셔서, 인간의 생사화복을 주장하시고 섭리하시는 주님을 바라볼 수 있도록 저들의 어두운 영안을 밝혀 주시기를 원합니다.

이제 오늘이 지나면 알차게 열매를 맺어야할 계절의 문턱을 밟게 됩니다. 쭉정이만 남게 되는 결실의 계절이 아니라, 부지런하여 영육간에 풍성한 결실을 바라볼 수 있는 계절이 되게 하여 주옵소서.

주님의 몸 된 교회도 올해의 결실을 잘 준비하게 하시고, 주님께 책망받지 않는 교회가 되기 위하여 최선을 다할 수 있게 하여 주옵소서.

오늘도 말씀을 들고 서시는 목사님을 기억하옵소서. 참석한 인원이 적다하여 흔들림 없게 하시고, 담대함으로 말씀을 증거하실 수 있도록 붙드시옵소서. 예수 그리스도의 이름으로 기도합니다. 아멘

• 가을

미자립 교회와 농어촌 교회를 기억 하소서

아름답고 풍요로운 계절을 주신 하나님! 폭염과 무더위를 오래 참고 이기어 비로소 약속의 절기를 얻을 수 있게 되었음을 감사드립니다. 인내의 결실이 이처럼 달고 보람된 것임을 깨닫게 하시고, 시름에 잠긴 이 나라 백성들도 용기를 얻는 계기가 되게 하옵소서.

사랑의 하나님!

이 땅위에 미자립 교회들을 위해서 기도합니다. 주님의 역사하심으로 세워주신 교회를 지켜 주시고, 많은 심령들을 구원할 수 있도록 주님의 놀라우신 은총을 더하여 주옵소서. 지역 속에서 생명을 살리고 주님의 나라를 확장하는 교회로 든든히 서갈 수 있도록 이끄심을 믿습니다.

특별히 농어촌 교회를 기억하시옵소서. 농어촌 교회가 과거와 다르게 재정적으로 많은 어려움을 겪고 있습니다. 자립을 하려고 해도 한계상황에 부딪힌 농어촌교회를 외면하지 않는 도시교회가 되게 하여 주옵소서. 스스로의 풍족함에 취하여 주변을 돌아보지 못하는 일이 없게 하시고, 농어촌에 남아 있는 영혼을 지키기 위하여 사명을 감당하는 목회자들에게 큰 힘이 될 수 있는 도시의 교회가 되게 하여 주옵소서.

우리 교회의 교역자들에게 은혜를 허락하시어 사명을 잘 감당할 수 있도록 붙들어 주시고, 큰 능력으로 함께하여 주옵소서.

시대가 어둡고 혼란스러울수록 교회 교육이 무엇보다도 중요함을 깨닫습니다. 하나님의 뜻을 찾고 행하는 교육이 되게 하시고, 어린이와 청소년과 청년의 삶을 주님의 말씀으로 바르게 세워줄 수 있는 교육이 되게 하옵소서. 대가없이 은혜로 감당하는 교사들에게 더욱 큰 능력으로 함께 하실 것을 믿습니다.

오늘도 말씀을 들고 단 위에 서신 목사님을 기억하시고, 어두운 시대에 주님의 음성을 담아내시기 위하여 마음을 쏟고 계시오니, 마른 뼈도 살아나는 능력의 말씀이 되게 하옵소서. 예수 그리스도의 이름으로 기도합니다. 아멘

• 가을

주님을 가까이 하게 하소서

나의 힘이 되신 여호와여, 내가 주님을 사랑합니다. 오늘도 이 저녁에 저희 발걸음을 주님의 교회로 인도하여 주심을 감사드립니다.

사랑의 주님! 죄 많고 속된 세상에서 마음과 영혼이 시달리고 더러움에 눌려 가슴이 터질 것만 같았나이다. 그러나 지치고 상한 영혼을 그대로 버려두지 아니하시고 품어주실 것을 생각하니 고향의 푸른 잔디처럼 주님의 동산이 참 평안과 안식이 되나이다. 저희의 온전치 못한 모습을 사랑으로 감싸주시고, 용서하여 주시며, 더욱 든든한 믿음으로 서갈 수 있도록 인도하여 주옵소서.

주님! 수요예배는 늘 출석률이 적습니다. 이생의 안목을 위해서는 설레임에 밤잠을 이루지 못할 정도로 기쁨에 들뜬 생활을 하면서도 주님을 대면하는 이 한 시간을 위해서는 힘에 겨워 궁색한 변명만 늘어놓는 저희의 모습이 아니었는지 돌아보기를 원합니다. 원하옵기는 현실에서 부딪치는 여러 가지 일들로 인하여 주님을 멀리하는 방편으로 삼는 모습이 되지 않게 하여 주옵소서.

오늘도 내면 속에서 끓어오르는 세속의 욕망들을 꺾어버리고 주님의 전으로 달려 나온 저희들에게 세상이 알지 못하는 신령한 은혜로 채워주시고, 이렇게 주님을 가까이 하는 자들로 인하여 주님의 교회가 든든히 서가고, 천국의 지경이 확장되는 역사가 있게 하여 주옵소서.

특별히 현실의 벽에 부딪쳐 고통을 겪으며 실의에 빠진 성도들을 기억하시고, 고통 속에 담겨진 하나님의 온전하신 뜻이 무엇인지를 깨달아 더욱 주님을 가까이 하고 의지할 수 있는 성도들이 되게 하여 주옵소서.

오늘도 주님의 말씀이 목사님을 통하여 강단에서 선포될 때마다 심령의 묵은 땅을 기경하기를 원합니다. 하나님의 백성은 말씀을 붙들어야 살 수 있음을 확실히 깨닫고 느끼는 시간이 되게 하여 주옵소서.

말씀을 전하시는 목사님을 성령의 능력으로 붙드실 것을 믿사옵고 예수 그리스도의 이름으로 기도합니다. 아멘

• 가을
흠 없는 신앙을 가꿀 수 있게 하소서

　은혜로우신 하나님! 주님 앞에 겸손히 엎드려 그 영광을 찬송합니다. 귀하신 주님! 저희들로 하여금 섬김의 종이 되게 하여 주시기를 원합니다. 이 시간 인간의 죄악으로 인하여 시들어버린 주님과의 관계가 다시금 향기 나는 꽃으로 피어나는 새로운 기쁨이 가득 넘쳐나게 하옵소서. 십자가의 수욕과 겸허를 몸소 나타내신 주님을 닮아 겸손해지게 하옵소서. 저희의 자랑을 버리고 늘 겸손의 띠를 동이게 하옵소서.
　자비로우신 하나님! 저희들의 모든 처지와 생활, 모든 것들을 돌보셔서 새롭게 하시길 원합니다. 더욱 건강하게 하여 주시고, 더욱 활동적일 수 있게 하시며, 계획하고 추진하는 일들이 형통하게 하옵소서. 희망이 넘쳐흐르고 모든 생활에 활력이 넘쳐나게 하셔서 주님의 일을 하는 데 더욱 충실한 열매들을 맺을 수 있게 하옵소서. 주님을 위하여 살기에 부족함이 없는 삶이 되게 하시고, 충성되고 헌신된 삶에 흠이 없는 귀한 신앙을 가꿀 수 있게 하옵소서. 믿음과 소망과 사랑 속에서 하나님을 찬양하고 주님의 사랑에 감사하면서 성령의 인도하심에 순종할 수 있게 하시며, 언제나 증인된 삶을 살아가는 저희 모두가 되게 하여 주옵소서.
　긍휼이 풍성하신 주님! 저희의 가정들마다 평안을 주시기 원합니다. 가족들에게 건강을 주시고, 질병으로 고생하며 희망을 잃고 사는 가족들에게는 크신 긍휼을 베푸사 치료하여 주옵소서. 생업의 터전을 잃은 자에게는 어서 속히 수고의 열매를 맺을 수 있는 터전이 준비되게 하시고, 상처 입은 가족들에겐 위로와 평안의 복을 더하여 주옵소서.
　오늘도 여전히 이 은혜로운 자리에 참석하지 못한 교우들이 있습니다. 우리 주님께서 한 사람마다 찾아가셔서 사랑으로 강권하여 주시고, 주님을 경외하는 것이 지식의 근본임을 깨닫게 하시옵소서.
　오늘도 주님의 복된 말씀을 듣고 단 위에 서신 목사님을 붙드시고, 능력의 말씀, 생명의 말씀을 전하시기에 조금도 부족함이 없게 하옵소서. 예배의 시종을 주님께 의탁하오며 예수 그리스도의 이름으로 기도합니다. 아멘

• 가을
하나님을 경외하게 하소서

　섭리하시는 하나님! 오늘도 공허한 심령을 말씀으로 채우시고, 새 힘을 주시기 위하여 불러주심을 감사드립니다. 오늘 저희들이 흩어졌던 마음을 모아서 주님 앞에 예배드리기 원합니다. 주님이 향기로 받으시는 예배가 될 수 있도록 인도하여 주옵소서.
　사랑의 주님! 철마다 역사하시는 하나님의 예정된 손길이 늘 저희에게 함께하심을 믿습니다. 그러나 저희는 작은 일에서 큰일에 이르기까지 그 모두를 주님이 아심에도 스스로의 방법과 지혜를 의지하고 다른 방법으로 해결하려고 했음을 고백합니다. 저희의 불신앙적인 생각을 용서하여 주시고 고쳐 주시옵소서.
　주님! 지금도 처처와 곳곳에서 상한 영의 탄식소리가 들려옵니다. 빛을 잃은 많은 사람들이 길을 잃고 헤매고 있습니다. 죽어가는 영혼들에 대한 거룩한 부담을 갖게 해주시고, 이들의 영혼을 살리는 데 마음을 다하여 헌신할 수 있는 저희가 되게 하여 주옵소서.
　주님! 저희가 깨끗한 그릇이 될 수 있도록 도와주시옵소서. 저희가 하나님의 일을 할 때 재능과 실력과 재력보다 더 중요한 것이 하나님을 경외하는 마음인 줄 압니다. 하나님을 경외하는 것이 모든 지혜의 근본임을 고백합니다. 하나님을 두려워할 줄 아는 저희들이 되게 하시고, 모든 일에 주님의 이름만을 붙들고 그 이름 때문에 감격해하는 저희들이 되게 하여 주옵소서.
　오, 주님! 하나님의 영광이 임하는 예배의 회복이 있기를 원합니다. 예배할 때마다 주님의 임재가 있기를 원합니다. 주님의 자녀로서 예배에 등진 삶이 되지 않게 하시고, 늘 예배와 동행하는 삶이 되게 하여 주옵소서. 오늘도 저희들이 드리는 예배가 진정으로 주님의 은혜를 갈구하는 예배가 되게 하여 주옵소서.
　말씀을 전하시는 목사님을 기억하시어 전하시는 말씀에 힘을 얻게 하시고, 저희들 또한 주님의 음성을 듣는 시간이 되게 하옵소서. 예배의 시종을 주님께 맡기오며 예수 그리스도의 이름으로 기도합니다. 아멘

• 가을

성전을 사랑하게 하소서

거룩하신 하나님! 오늘도 저희를 황량한 사막과 같은 세상에 버려두지 아니하시고 주님의 푸른 초장으로 인도하셔서 신령한 말씀의 꿀을 먹게 하여 주심을 감사드립니다. 불의하고 속된 세상에서 믿음을 지키려고 애쓰기는 했지만 죄 가운데서 거룩한 생활을 등질 수밖에 없었던 흔적들이 많음을 고백하지 않을 수 없습니다. 마음을 어둡게 한 잘못, 세상 풍조에 따르는 언사, 신앙인답지 못한 행위들이 많았음을 용서하여 주옵소서.

능력이 많으신 주님! 이 시간 다시 한 번 사람의 의지와 노력으로도 바꿀 수 없는 못된 것들이 변화되기를 고대하오며 삶의 변화를 기다립니다. 새롭게 하여 주옵소서. 신앙인으로서 잃었던 모든 것들을 다시 찾는 시간이 되게 하여 주옵소서.

오늘도 믿음의 권속들이 다 함께 참석하지 못하여 빈자리가 너무도 많음을 안타까워하지 않을 수 없나이다. 주님께 드리는 예배가 이렇게 힘을 잃고 있다고 생각하니 심한 슬픔에 잠기지 않을 수 없나이다. 예배에 나오지 못한 성도들이 어디에서 무엇을 하든지 원수 마귀에게 마음을 빼앗기고, 시험에 빠지는 일이 되지 않도록 크신 사랑으로 붙들어 주옵소서.

예배의 자리가 심히 초라하여 주님을 향하여 얼굴조차 제대로 들 수 없는 부끄러움이 앞서지만 "두세 사람이 내 이름으로 모인 곳에는 내가 그들과 함께하겠다"(마 18:20)는 주님의 말씀에 힘을 얻어 예배를 드립니다. 저희의 삶의 방향이 확실한 성전 신앙으로 변화되게 하여 주옵소서.

이 시간도 찬송을 부를 때 심령 깊은 곳에서 우러나오는 가락이 되기를 원합니다. 말씀을 들을 때 저희들의 심령을 영적으로 끝없이 기경하고 계시는 주님의 손길을 느끼기를 원합니다. 역사하여 주옵소서.

오늘도 말씀을 들고 단 위에 서시는 목사님을 붙들어 주셔서 예배드리는 숫자에 흔들리지 않게 하여 주시고, 예배하기를 원하는 그 한사람을 보며 힘 있게 증거하실 수 있게 하여 주옵소서. 모든 영광을 주님께 돌리며 예수 그리스도의 이름으로 기도합니다. 아멘

• 가을

열매 맺는 신앙생활이 되게 하소서

저희의 모든 삶을 주장하시고 이끌어 가시는 하나님 아버지! 오늘도 저희들을 죄악 된 세상에 버려두지 아니하시고 주님의 전으로 인도하여 주셔서 풍성한 은혜의 기쁨을 맛볼 수 있게 하시니 감사드립니다. 이 시간 주님의 전에서 찬송을 부르고 기도하며, 예배드릴 때에 주님의 은혜와 사랑으로 충만하게 하시고, 진리의 말씀으로 가득 채워 주시옵소서.

사랑의 주님! 새해를 맞으며 좀 더 잘 해보겠노라고 다짐하며 각오한 일들이 엊그제 같은데 벌써 추수의 계절 가을입니다. 그러나 저희들 자신을 돌아보니 잎만 무성했을 뿐 열매 맺는 것이 별로 없었음을 고백하지 않을 수 없습니다. 이 해의 남은 기간도 열매 없는 무화과나무처럼 잎만 무성한 신앙생활이 되지 않게 하여 주시고, 주님께 한 광주리 가득 담아 드릴 수 있는 열매 맺는 신앙생활이 되게 하여 주옵소서.

주님께 제대로 충성치 못한 일들이 있었다면 더욱 충성할 수 있게 하시고, 헌신하고자 하는 믿음의 결단이 약했다면 더욱 헌신할 수 있게 하여 주셔서, 사나 죽으나 주님을 위해서 충성과 헌신의 삶을 다할 수 있는 복된 삶을 살 수 있게 하여 주옵소서. 그리하여 믿음의 좋은 소문을, 그리고 믿음의 역사를 많이 일으킬 수 있는 저희 모두가 되게 하시고, 주님의 교회도 더욱 은혜가 충만하여 성령의 능력이 나타나는 교회가 됨으로, 힘찬 성장이 있게 하여 주옵소서. 고통 받는 이웃을 위해서도 힘쓸 수 있도록 도우시고, 참 평안을 심어줄 수 있는 교회가 되게 하여 주옵소서.

사랑의 주님! 이 민족이 심한 몸살을 앓고 있습니다. 하나님 앞에서 방만한 태도를 취했던 당연한 결과라고 봅니다. 이제 방종의 꿈에서 깨어나 정신을 차리게 하시고, 진정으로 이 민족이 살 길은 주님 앞으로 돌아와야 한다는 것을 깨닫게 하옵소서.

오늘도 말씀을 전하시는 목사님을 성령의 능력으로 붙드셔서 말씀을 전하실 때에 조금도 피곤치 않게 하시고, 복된 말씀을 전하실 수 있도록 인도하시옵소서.

살아 계신 예수 그리스도의 이름으로 기도합니다. 아멘

• 겨울

예배와 영성의 회복이 있게 하소서

오늘도 회개하는 인생들을 다시 불러주신 하나님!

인자하신 주님의 사랑이 그리워 검붉은 죄악을 안고 나왔습니다. 주님의 뜻대로 살 것을 다짐하면서도 늘 저희 자신의 힘을 자랑하며 교만한 모습으로 사는 무지와 불신앙을 용서하여 주옵소서.

저희들은 그 옛날 이스라엘 백성들처럼 주님 앞에 어찌할 수 없는 목이 곧아 있는 백성임을 시인합니다. 늘 주님 앞에서 철없는 모습으로 살아가는 저희들을 불쌍히 여기시고, 이 시간도 끝까지 참아주시는 주님의 사랑을 깨닫는 시간이 되게 하여 주옵소서.

은혜로우신 주님!

새해를 출발하면서 수요예배도 주님께서 임재하실 수밖에 없는 예배가 될 수 있도록 저희가 적극 참여할 수 있게 하시고, 뜨겁고 간절한 기도로 흐려진 예배의 영적 분위기를 다시 세울 수 있게 하여 주옵소서. 우리 주님이 임재하실 수밖에 없고 성령의 교통하심이 강하게 나타날 수밖에 없는 예배가 되기를 원합니다.

오늘도 걱정과 근심을 떨쳐 버리지 못하고 지친 인생으로 살아가는 저희들을 긍휼히 여기사 위로하여 주시고, 상처 있는 심령마다 주님의 따뜻하신 손으로 어루만지셔서 새 힘을 얻고 돌아가는 시간이 되게 하여 주옵소서. 강퍅해진 저희의 심령이 녹는 시간이 되게 하시고, 영적인 시야를 넓힐 수 있는 시간이 되기를 원합니다. 주님의 주권을 고백할 수 있는 시간이 되기를 원합니다. 담대한 복음 전도자로 부름 받을 수 있는 시간이 되기를 원합니다.

저희가 주님을 찾기 전에, 먼저 저희들을 살리시는 주님께서 찾아오셔서 크신 은혜를 부어 주실 줄 믿사옵고, 또한 말씀을 듣는 순간 저희 모두가 마음을 쏟고 영혼을 쏟는 거룩한 몸부림의 단계로 나아가게 하실 것을 믿사오며 예수 그리스도의 이름으로 기도합니다. 아멘

• 겨울

이 나라를 긍휼히 여기소서

사랑과 은혜가 풍성하신 하나님 아버지!
　지난 삼일 동안도 저희들을 지켜 주셔서 주님의 은혜 가운데 거하게 하시다가 다시금 주님의 전을 찾아 예배를 드릴 수 있게 하시니 감사드립니다. 가진 것 없고 보잘 것 없고 한없이 부족한 저희들이지만 용납하여 주시고 영접하여 주실 것을 믿습니다.
　삼일 동안이었지만 그릇된 생각과 실수가 있었던 시간이었습니다. 속된 문화 속에서 속된 삶을 살기에 전혀 불편함을 느끼지 못했던 저희들을 용서하여 주시고 정결한 삶을 살아갈 수 있도록 인도하여 주옵소서.
　주님! 먼저 나라와 민족, 이 사회를 위하여 기도하기를 원합니다. 저희들이 살아가는 이 나라를 지켜 주옵소서. 정치적으로나 경제적으로 너무 불안한 상태에 있습니다. 이 나라의 위정자들이 헌신하여 어서 속히 안정을 찾을 수 있게 하여 주시고, 국민의 설움과 아픔을 대변할 수 있는 진실함도 갖게 하여 주옵소서. 또한 경제적으로 어려워지면서 빈부의 격차가 심해지고 있사오니 땀 흘려 수고하고 정직의 열매를 거둔 만큼 누구나 안정된 삶을 살 수 있는 사회가 될 수 있도록 인도하여 주옵소서.
　세계에 흩어진 수많은 교회들이 있습니다. 주 안에서 하나 되어 이 땅을 주님의 빛으로 환하게, 소금으로 썩지 않게 만들 수 있는 복된 교회들이 되게 하여 주옵소서.
　저희 교회의 각 기관을 강하게 하셔서 주어진 사명을 다하게 하시며, 당회와 제직회의 효과적인 정책 결정과 시행을 통하여 온 교회가 크게 부흥하게 하여 주옵소서. 저희 교회 모든 교우들에게 주님의 사랑의 손길이 함께하심으로 소외되거나 낙심한 자가 한 사람도 없게 하여 주옵소서.
　말씀을 전하시는 목사님께 큰 권세를 더하여 주셔서 이 시간 참석한 모든 교우들이 큰 은혜를 받게 하여 주옵소서.
　모든 영광을 하나님께 돌리오며 예수 그리스도의 이름으로 기도합니다. 아멘

• 겨울

영적인 사람으로 거듭나게 하소서

자비로우신 하나님 아버지!
혼란 속에서도 주님을 의지할 수 있는 믿음을 주시니 감사드립니다. 저희의 무가치한 생을 복되게 하셔서 천사도 흠모하는 주님의 복음 사역을 위해 일하는 인생이 되게 하시오니 감사드립니다. 오늘 수요일 저녁도 저희의 심령을 주님께로 향하오니 우리의 구주 되신 주님의 삶을 더욱 깊이 깨닫게 하시고, 주님을 본받아 날마다 기도하는 삶이 되게 하옵소서.
주님 앞에 설 때마다 저희들이 얼마나 무가치하고 무기력한 존재인지 절감하지 않을 수 없습니다. 입으로는 "부름 받아 나선 이 몸 어디든지 가오리다" 찬송을 힘 있게 부르면서도 아무 데도 가지 않고 순종하지도 않았던 거짓말쟁이였던 사실에 마음을 찢는 회개의 기도를 드리지 않을 수 없습니다.
주님의 뜻을 실현하기 위하여 힘쓰고 노력하기 보다는 세상 영광과 세속적인 영화를 유지시켜 보려고 힘쓰던 저희들의 모습이 너무나 부끄럽습니다. 세속적인 것을 벗어버리지 못하는 나약한 믿음을 꾸짖으며 주님의 도우심을 구합니다.
주님께서 진정한 일꾼을 애타게 찾으시는 이때에 주님의 음성을 들을 수 있는 영적인 귀를 열어 주옵소서. 주님 앞에 설 때마다 거룩함이 회복되게 하시고 세속에 매인 종으로서가 아닌 주님의 충성스런 종으로 살아가기에 부족함이 없는 인생이 되게 하여 주옵소서. 저희들 자신만을 위하여 구원을 지켜가는 성도가 아니라 주님의 몸 된 교회를 세우기 위해서 헌신할 수 있는 성도가 되게 하여 주옵소서.
오늘도 목사님이 전하시는 말씀을 듣는 가운데 영적인 현실을 바로 볼 수 있는 눈이 열리기를 원합니다. 지금도 여전히 사랑을 쏟고 계시는 주님의 사랑을 체험하기를 원합니다. 주여! 불쌍히 여기시고 이 시간 강림하여 주옵소서. 갈급한 영혼에게 성령의 위로를 더하시는 예수 그리스도의 이름으로 기도합니다. 아멘

• 겨울

삶의 멍에를 기꺼이 짊어지게 하소서

저희를 흑암의 권세에서 건져 내사 빛의 나라, 생명의 나라로 옮기신 주님!

지난 삼일 동안도 저희를 주님의 사랑과 은혜와 보호 속에서 살게 하시고 다시금 이 시간 주님의 거룩하신 임재 앞에 서게 하시니 감사합니다. 저희가 이 시간 예배하며 기도할 때 주님께서 미워하시는 교만한 마음이 물러가게 하시고, 모든 허탄한 것들이 뿌리 뽑히게 하시며, 믿음이 새롭게 열리는 복된 시간이 되게 하여 주옵소서.

주님! 오늘도 저희들은 갈급합니다. 말씀으로 저희들의 갈급한 영혼을 채워주시고, 주님의 음성을 들을 수 있는 영적인 귀를 열어 주시옵소서.

사랑이 많으신 주님! 저희가 세상에 살면서 걱정과 두려움이 많이 있습니다. 육신의 피로도 감당키 어려울 때도 많이 있습니다. 때론 괴로움 속에서 주님을 원망할 때도 있습니다. 이웃사랑이 짜증스럽게 느껴질 때도 있습니다. 경건한 생활이 아니라, 방탕하고 나태할 때도 너무나 많습니다. 주여! 크신 사랑으로 다시 한 번 저희를 격려해 주시고 새로운 힘으로 삶의 멍에를 기꺼이 짊어질 수 있게 하여 주옵소서. 진실한 마음으로, 강한 믿음으로 살아갈 수 있게 하여 주옵소서.

새해를 맞이한 것이 엊그제 같은데 벌써 한 달이 흘렀습니다. 새해의 다짐이 많이 흔들리고 있음을 느낍니다. 많이 희석되어 가고 있음을 느낍니다. 주님, 흐지부지 흘러가는 인생이 되지 않도록 저희의 인생을 다잡아 주시고, 저희의 믿음을 굳게 하여 주옵소서. 주님께서 맡겨 주신 사명도 게으름 피우지 않고 잘 감당 할 수 있도록 능력을 더하여 주옵소서.

이 시간 예배를 인도하며 말씀을 전하시는 목사님을 기억하셔서 언제나 새 능력으로 함께하시는 주님을 경험하며 목양에 힘쓰실 수 있도록 함께하시옵소서.

생명의 강가로 인도함 받는 시간이 되기를 원합니다. 천사도 흠모하는 이 자리가 되기를 원합니다. 예배의 시종을 주님께 의탁하오며 예수 그리스도의 이름으로 기도합니다. 아멘

• 겨울

교회의 정체성을 회복하게 하소서

　자비와 긍휼이 풍성하신 하나님 아버지! 저희에게 주신 크신 은혜를 깨달으며 감사와 찬송을 드립니다. 세상은 냉랭하고 험악하여 불신과 의혹이 가득한 이때에 주님을 바라보며 살게 하시니 진정으로 감사드립니다.
　그러나 저희들이 주님을 바라보는 삶을 사노라 하면서도 지난 삼일 간을 돌이켜 볼 때, 길 잃고 헤매는 한 마리의 양처럼 주님 곁을 떠나 방황했던 적이 많았습니다. 이 시간 고백하오니 십자가의 보혈로 저희를 깨끗하게 하여 성령의 불로 태워 주시옵소서.
　이 시간 항상 주님께 간구하는 기도의 제목이 있습니다. 주님의 몸 된 교회를 위해서 간구하기를 원합니다. 교회가 세속의 이념과 타협하지 아니하고 진리의 빛을 비출 수 있도록 함께하여 주옵소서. 세상 사람들이 하나님을 멸시하는 이야기를 자주 듣습니다. 그만큼 교회가 저들에게 소망을 주지 못한 까닭인 줄 압니다. 이제부터라도 교회가 잘못된 구습을 벗어버리고 주님을 대면할 수 있는 교회가 되게 하여 주옵소서. 좌절과 낙심에 빠져 있던 심령들이 새로운 희망을 얻으며, 고통 중에 있는 사람들이 쉼과 위로를 얻을 수 있는 교회가 되게 하여 주옵소서.
　2월의 중반을 맞이하였는데 저희는 아직 새해의 다짐으로만 만족하며 안주하고 있는 것 같습니다. 매일 새롭게 만회하는 삶이 될 수 있도록 은혜를 더하여 주시고, 주님의 향기를 발하기에 조금도 부족함이 없도록 이끌어 주옵소서.
　주님, 이 나라가 매우 어지럽습니다. 이런 때일수록 교회의 사명이 막중한 줄 깨닫습니다. 교회가 나라를 위하여 끊임없이 기도할 수 있게 하여 주시고, 기도를 멈추는 죄를 짓지 않도록 늘 깨워주옵소서.
　오늘도 말씀을 들고 서시는 목사님을 기억하시고 크신 능력으로 함께 하셔서 이 자리에 모인 영혼들의 빈 잔을 채울 수 있는 능력의 말씀을 전하게 하여 주옵소서. 은혜 받기를 사모하며 예수 그리스도의 이름으로 기도 합니다. 아멘

• 겨울
기도의 불이 꺼지지 않게 하소서

   선택받은 백성들의 힘이 되시며 보호자가 되시는 주님! 저희의 죄를 사하시고 생명의 길로 인도하시려고 독생자 예수 그리스도를 이 땅에 보내주심을 감사드립니다.
   그러나 은혜와 구원의 기쁨을 알면서도 죄악을 씻지 못한 저희를 용서하여 주시옵소서. 이 시간 저희를 대신하여 십자가를 지신 그 사랑 앞에 진심으로 참회할 수 있도록 도와주시옵소서. 아직도 남아 있는 죄의 잔재가 깨끗이 사라지게 하여 주시며, 씻지 못할 죄악이 하나도 없음을 깨닫게 하여 주옵소서.
   오늘도 주님의 몸 된 교회를 위하여 간구합니다. 주님께서 친히 세우신 교회가 진리로 충만하게 하시고, 기도의 불이 늘 꺼지지 않는 능력의 제단이 되게 하여 주옵소서. 돌 같은 마음들도 주님의 전에 발을 들여놓는 순간 주님의 사랑을 느끼게 하시고, 심령의 부흥이 일어나는 놀라운 은혜를 체험하게 하여 주옵소서.
   주님! 성도들을 위하여 간구합니다. 주님을 그리워하는 심령들이 되게 하여 주옵소서. 거룩한 빛을 비출 수 있는 성령의 사람들이 되게 하시고, 어디서나 주님의 인격으로 변화된 모습이 확실한 일꾼들이 되게 하여 주옵소서. 서로 뜨겁게 사랑할 수 있게 하시며, 말씀과 진리로 날마다 바르게 성장하게 하시며, 주님이 분부하신 전도와 선교에 헌신할 수 있는 뜨거운 믿음이 있게 하여 주옵소서. 무슨 일을 하든지 믿음으로 할 수 있게 하여 주시고, 사랑의 수고와 봉사를 천직으로 알 수 있는 저희 모두가 되게 하여 주옵소서.
   특별히 직분과 직책을 맡아 교회를 받들어 섬기는 손길들을 기억하시고, 몸을 드리는 수고가 있을 때마다 교회를 사랑하고 영혼을 사랑하는 마음이 넘쳐나게 하여 주옵소서.
   말씀을 전하시는 목사님을 기억하옵소서. 언제나 흔들림 없이 진리의 말씀을 전하실 수 있도록 성령의 충만을 주옵소서. 생명이 되시는 예수 그리스도의 이름으로 기도합니다. 아멘

• 겨울

십자가를 붙들게 하소서

　사랑의 주님! 미천한 저희를 용서하시고 저희의 죄를 사하시기 위하여 험한 십자가를 지신 주님을 생각할 때마다 주님의 한없는 사랑과 놀라운 은혜에 감사와 찬송을 드립니다. 이 시간에도 주님이 당하신 고난을 묵상하며 예배할 수 있도록 이끌어 주신 은혜와 사랑을 감사드립니다.
　아무 죄도 없으신 주님께서 저희를 대신하여 고통을 당하시고 십자가에 달려 죽으신 일을 생각하면 눈물만 흐를 뿐입니다. 하오나 저희들은 주님의 고난을 깊이 깨닫지 못하고 안일과 평안만을 추구하면서 태만하게 살아왔음을 고백합니다. 주님을 배반한 가롯유다보다도 더 큰 배신의 삶이 저희들에게 있었음을 고백합니다. 떨리는 심령으로 참회하며 회개하오니 저희의 죄를 용서하여 주시고 십자가만이 저희의 보람이 되게 하여 주옵소서.
　주님께서 구원을 향하여 나아가셨듯이, 이제 저희들도 주님을 향하여 힘차게 나아가게 하여 주옵소서. 무의미하게 바라보던 십자가가 저희 삶을 뒤바꾸게 하시고 십자가만 붙들고 십자가를 증거할 수 있는 아름다운 믿음을 주옵소서.
　사랑의 주님! 성도들 중에는 고통과 어려움으로 고생하는 교우들이 있습니다. 저들을 긍휼히 여기셔서 친히 위로하여 주시며, 주님의 십자가 날개 아래서 쉼을 얻게 하여 주옵소서. 주님이 친히 세우신 교회도 우리 주님께서 살을 찢으시고 피를 쏟으신 그 십자가 위에 세워졌다는 것을 기억하게 하셔서 십자가의 사랑을 높이 나타낼 수 있는 복된 교회가 되게 하여 주옵소서.
　이 시간 말씀을 듣고 단 위에 서신 목사님을 성령의 능력으로 붙드시고, 이 예배가 주님의 고난에 동참하여 주님의 고난을 곧, 나의 고난으로 받아들이는 복된 예배가 되게 하여 주옵소서. 이미 예배가 시작되었습니다. 예배의 시종을 주님께 의탁하오며 십자가의 사랑을 보여주신 예수 그리스도의 이름으로 기도합니다. 아멘

• 겨울

십자가 사랑을 나타내게 하소서

　십자가의 사랑을 쏟아 부어 주신 주님! 지난 삼일 동안도 주님의 십자가 은혜 속에서 평안함과 안식을 누리면서 살게 하여 주시다가 이 시간 주님을 가까이 하는 기도회 시간을 갖게 하여 주심을 감사드립니다. 이 시간을 통하여 저희를 흑암의 권세에서 건져내셔서 빛과 생명의 자리로 옮기신 구속의 은혜를 마음껏 찬양하고 영광 돌리게 하여 주옵소서.
　저희에게 거저 주신 은혜를 알면서도 배은망덕하게 살았던 것이 부끄럽습니다. 게으르고 핑계대기를 좋아하는 저희의 사악함을 깊이 뉘우치며 회개하오니 다시 한 번 주님의 사랑으로 용서하여 주옵소서.
　주님을 본받아 십자가를 지고 사는 삶이란 무엇보다도 희생적인 봉사의 삶임을 깨닫습니다. 구원의 주님을 위해 개인적이고 세상적인 욕망은 포기하고 순종할 수 있도록 도와주시옵소서. 높아지려는 마음과 명예보다, 그 어느 곳에서든지 주님께 감사하며 헌신과 봉사로 십자가의 사랑을 나타내는 삶이 되게 하여 주옵소서.
　사랑의 주님! 성도의 가정마다 사랑의 줄로 붙들어 주시기를 원합니다. 고통과 어려움이 가정에도 있사오니, 이런 때일수록 고난도 유익이 된다는 성경의 말씀을 굳게 의지하게 하시고, 우리의 목자이신 주님만을 바라보며 잘 이길 수 있게 하여 주옵소서.
　나라가 어렵고 힘들면서 교회의 책임도 크다는 것을 깨닫습니다. 어지러운 조국을 가슴에 품고 마음을 쏟아 주님 앞에 울부짖던 믿음의 선조들처럼, 진정으로 조국을 위하여 주님 앞에 눈물로 부르짖을 수 있는 교회가 되게 하여 주옵소서. 오늘도 열매 맺는 삶을 위해 주님의 고난에 적극적으로 동참하기를 원하는 성도들을 붙드시고, 세상의 빛과 소금으로 사는 것을 부끄러워하지 않게 하여 주옵소서.
　말씀을 들고 단 위에 서신 목사님을 기억하시고 구언의 복음을 힘 있게 선포하실 수 있도록 새 능력을 더하여 주옵소서. 이미 예배가 시작 되었습니다. 마치는 시간까지 주님 홀로 영광을 받으실 것을 믿사옵고 예수 그리스도의 이름으로 기도합니다. 아멘

3

금요기도회 대표기도문

눈물로 기도하게 하소서

　창조와 구속의 역사로 저희들과 함께하시는 주님!
　오늘도 이 밤에 저희를 주님의 전으로 이끄셔서 주님과 깊은 교제를 할 수 있도록 은혜를 주시니 감사합니다. 주님의 십자가 공로를 힘입어 이전에 나왔지만, 저희들의 모습은 심히 아름답지 못한 것들로 가득차 있음을 고백하지 않을 수 없나이다. 늘 마음에 죄와 욕심을 담고 제 주장만 앞세워 삶을 꾸려나가는 저희들입니다. 주님을 대하기 너무나 부끄럽사오니 긍휼을 베푸셔서 용서하여 주옵소서.
　주님! 이 사회가 평안을 상실한 채 불안과 초조로 방황하는 이때에 주님의 십자가 사랑을 넘치도록 받고 있는 저희들이 더욱 힘써서 기도해야 될 줄로 압니다. 살아 있으나 모든 것이 죽어 있는 이 사회가 예수님의 숨결, 생명의 숨결을 체험할 때까지 눈물로 기도할 수 있는 저희들이 되게 하시고, 주님의 허락하신 참된 평화가 이 민족 곳곳에 가득 넘칠 때까지 영혼을 쏟는 부르짖음을 멈추지 않는 저희들이 되게 하여 주옵소서.
　특별히 주님의 교회가, 분열이 가득한 이 사회를 성령의 하나 되게 하시는 역사로 치료할 수 있는 교회가 되게 하시고, 미움과 다툼이 끊이지 않는 곳에 화평과 사랑을 심어줌으로써 한 마음 한 뜻으로 통일을 이룰 수 있는 역할을 감당할 수 있게 하옵소서.
　주님! 교회 내에도 멍든 심령으로 주님의 도움을 호소하는 교우들이 있습니다. 상한 심령을 위로하시고 치유하시는 주님께서 저들이 더 큰 설움을 안고 매일의 삶에 힘겨워하지 않도록 긍휼을 베풀어 주옵소서.
　오늘 저희들이 주님을 간절히 사모하는 마음으로 예배드리며, 기도하고 말씀을 들을 때에 내주하시는 주님의 숨결을 강하게 느낄 수 있게 하시고, 주님의 예비하신 은혜를 넘치도록 받는 시간이 되게 하옵소서.
　말씀을 전하시는 목사님을 성령의 능력으로 인도하시기를 원합니다. 더욱 상처받은 심령들이 많은 이때에 새 힘이 되는 치유의 말씀이 되게 하시옵소서. 예배의 시종을 주님께 의탁하오며 예수 그리스도의 이름으로 기도합니다. 아멘

깊은 기도를 체험하게 하소서

영화롭고 거룩하신 하나님 아버지! 어렵고 힘든 삶 가운데서도 기도의 시간을 잊지 아니하고 주님의 전을 향하여 발걸음을 옮길 수 있게 하시니 감사합니다. 이 밤에 저희들이 간구하고 부르짖기 위하여 주님의 전을 찾았사오니 하늘에서 들으시고 믿음에 합당한 은혜로 채워주시옵소서.

주님께서 쓰시는 사람은 하나님과 많이 대면하는 기도의 사람임을 생각할 때 저희들이 이 시간 주님께 드리는 기도가 주님의 보좌를 움직이는 기도가 되게 하시고, 기도에 깊이 빠져들수록 저희에게 향하신 주님의 뜻이 무엇인지를 가슴 깊이 깨닫는 시간이 되게 하여 주옵소서. 더 많은 기도와 더 깊은 기도를 드리기 위해서 주님의 무한한 능력과 신비를 체험할 수 있는 저희가 되게 하여 주옵소서. 내 집은 만민이 기도하는 집이라고 하셨사오니, 주님의 몸 된 교회도 기도가 흘러넘치는 교회가 되게 하시고, 기도의 능력과 응답이 강하게 역사하는 교회가 되게 하여 주옵소서.

오늘 저희들이 주님 앞에 기도하면서 행여 경박한 기도로 주님의 마음을 아프게 하는 일이 발생하지 않을까 두렵사오니, 저희의 중심과 입술을 성령의 능력으로 붙들어 주옵소서.

주님의 몸 된 교회를 위하여 세움을 받은 직분자들도 기도의 종들이 되게 하여 주셔서 엎드리는 기도가 없이는 열매도 없음을 기억하게 하여 주옵소서.

기도로 주님의 말씀을 준비하여 단 위에 서시는 목사님을 기억하시고, 깊이 있는 주님의 말씀을 증거하실 수 있도록 입술을 주장하여 주옵소서.

금요기도회의 시종을 주님께 의탁합니다. 기도의 본을 보여주시고 저희를 죄에서 구원하여 주신 예수 그리스도의 이름으로 기도합니다. 아멘

주님의 은혜를 경험하게 하소서

할렐루야! 사랑이 충만하신 하나님 아버지! 고달프고 힘든 생활 가운데서도 기도의 자리로 나올 수 있도록 이끌어 주신 주님의 은혜를 감사합니다. 특별히 주님께서 저희들을 위하여 십자가에 달려 돌아가신 성 금요일에 주님의 십자가의 사랑을 생각하며 기도할 수 있는 은혜를 베풀어 주시니 감사합니다.

사랑의 하나님! 육신은 피곤하고 뼈마디가 저릴지라도 영혼을 새롭게 하시는 주님의 사랑을 경험하는 이 밤이 되게 하여 주옵소서. 기도하면서 주님의 음성을 듣는 시간이 되기를 원합니다. 응답받는 이 밤이 되기를 원합니다. 새 힘과 새 능력을 받는 이 밤이 되기를 원합니다. 성령의 불길이 타오르는 이 밤이 되기를 원합니다. 이 밤에 참석한 모든 성도들이 충만하게 채우시는 주님의 은혜를 경험하게 하옵소서.

나라와 교회를 위해서도 간절히 기도할 수 있는 밤이 되게 하시고, 믿음의 형제들과 이웃을 위하여도 눈물 뿌리며 기도할 수 있는 밤이 되게 하여 주옵소서.

자비로우신 하나님! 여러 가지 문제로 힘들어 하는 성도들이 있는 줄 압니다. 악한 병마로 고생하는 성도도 있는 줄 압니다. 이 시간 주님 앞에 기도할 때에 치료받고 해결 받는 역사가 있게 하시고, 주님의 은총을 경험하는 시간이 되게 하여 주옵소서.

이 시간 성령께서 강하게 역사하셔서 악한 마귀의 속삭임이 없게 하시고, 기도하는 저희들의 마음을 흔들어 놓지 못하도록 보호하여 주옵소서.

이 밤에 말씀을 전하실 목사님을 주님의 능력으로 붙드시고 권세 있는 말씀을 전하실 수 있도록 함께하여 주옵소서.

이 기도회의 시종을 주님께 의탁하오며 예수 그리스도의 이름으로 기도합니다. 아멘

주님의 능력이 깃들게 하소서

할렐루야! 은혜와 사랑이 충만하신 하나님 아버지! 원수마귀가 우는 사자 같이 삼키려고 하는 이때에 믿음의 권속들이 한 자리에 모여 영적으로 무장할 수 있게 하시니 감사합니다.

이 시간 심야 기도회로 모였사오니 이 밤에 능력의 하나님을 경험하게 하여 주옵소서. 마음껏 기도하여 하늘 보좌를 움직일 수 있게 하시고, 믿음의 기도에 따라 응답받는 시간이 되게 하여 주옵소서. 오순절 마가의 다락방에서와 같이 성령의 불길이 저희 가운데 임하게 하시고, 더 깊은 기도의 세계를 경험할 수 있게 하여 주옵소서.

주님! 이 자리에 참석한 성도 가운데 죄 문제로 고민하는 자가 있습니까? 회개할 영을 허락하여 용서의 하나님을 경험하게 하여 주옵소서. 여러 가지 문제로 고통 속에 낙심하는 자들이 있습니까? 눈물을 뿌리며 부르짖을 때에 상한 심령을 어루만지시는 위로의 주님을 만날 수 있게 하여 주옵소서. 질병으로 인하여 고통당하는 성도들이 있습니까? 자신의 질병을 끌어안고 부르짖을 때에 악한 병마를 물리치시는 주님의 권세를 경험케 하여 주옵소서.

주님! 이 시간 강하게 역사하실 것을 믿습니다. 성령의 역사로 진동하는 시간이 되게 하실 것을 믿습니다. 하늘의 능력을 경험하는 시간이 되게 하실 것을 믿습니다.

주님! 이 밤에 참여치 못한 성도들을 기억하옵소서. 기도가 생명임을 깨닫게 하셔서 기도하지 않고는 견딜 수 있는 저들의 삶이 되게 하여 주옵소서.

이 시간 말씀을 전하시는 목사님을 기억하시고, 생명의 말씀을 대언하실 때에 피곤치 않게 하여 주옵소서. 말씀을 사모하는 심령마다 주님의 놀라우신 은혜를 경험하게 하실 것을 믿습니다.

기도회의 시종을 주님께 의탁하옵고 예수 그리스도의 이름으로 기도합니다. 아멘

주님을 찬양할 수 있게 하소서

능력이 많으신 하나님 아버지! 이 밤에 저희들을 기도의 자리로 불러 주시고, 주님 앞에 부르짖을 수 있는 복된 시간을 주심을 감사합니다. 오늘도 하늘에서 저희의 간구를 들으시고 합당한 은혜를 베풀어 주옵소서.

이 밤에 주님의 도우심을 바라보며 생활의 어려운 문제와 가정, 사업, 자녀 등 영육간에 무거운 짐을 가지고 온 성도가 있습니까? 주님 앞에 간절히 부르짖는 가운데 시원케 하시는 주님의 은혜를 경험하게 하시고, 생명의 주님을 찬양할 수 있게 하옵소서.

형제나 이웃을 용서치 못하여 마음이 무거운 성도가 있습니까? 일흔 번씩 일곱 번이라도 용서하라는 주님의 말씀을 마음에 새기게 하셔서 용서의 기쁨을 회복할 수 있는 시간이 되게 하여 주옵소서. 또한 영적으로 시달림을 받는 성도가 있습니까? 기도하는 가운데 그를 괴롭히는 어두운 영이 물러가고 새 영으로 새롭게 충만해지는 시간이 되게 하여 주옵소서.

전능하신 하나님! 어렵고 힘든 때일수록 저희의 기도무릎이 더욱 강해져야 할 줄로 믿습니다. 모든 것을 주관하시고 다스리시는 주님께 맡기고, 힘써서 부르짖을 수 있는 저희가 되게 하시고, 기도를 통하여 합력하여 선을 이루시는 주님의 은혜를 경험할 수 있게 하여 주옵소서.

오늘도 이 자리에 꼭 나와야 할 성도가 보이지 않습니다. 특히 교회의 귀한 직분을 맡은 제직들을 기억하셔서 무릎으로 사명을 감당할 수 있도록 이끄시고, 깊은 기도를 통하여 주님의 세미한 음성을 듣고 더욱 충성할 수 있는 제직들이 되게 하여 주옵소서.

이 밤에 말씀을 증거하시는 목사님을 기억하시고, 듣는 자들에게 복과 소망이 되는 말씀이 되게 하여 주옵소서. 언제나 저희의 부르짖는 기도를 향기로 받으시고 큰 능력으로 함께하시기를 원하시는 예수 그리스도의 이름으로 기도합니다. 아멘

4

헌신예배 대표기도문

제직 헌신예배

 은혜로우신 하나님 아버지! 새해 첫 주일을 맞이하여 저희 제직들이 헌신예배를 드릴 수 있게 하심을 감사드립니다.
 지난해에도 핑계와 게으름으로 주님의 몸 된 교회를 위하여 충성을 다하지 못한 저희들이온데 책망치 아니하시고 금년에 또다시 제직의 직분을 선물로 주시니 그 크신 주님의 사랑에 감격할 뿐이옵나이다. 금년에는 주님이 주신 귀한 직분을 잘 감당할 수 있는 저희들 되게 하여 주옵소서.
 사랑의 주님! 주님이 맡겨주신 귀한 직분을 억지로 감당하거나, 말과 지식이 앞서는 직분 감당이 되지 않게 하옵소서. 수단과 방법을 앞세우는 것이 아니라 주님의 희생하심과 섬김의 사역을 본받아 진정한 봉사를 실천할 수 있는 저희들 되게 하여 주시옵소서. 믿음이 약해질 때 더욱 엎드려 기도하는 제직들이 되게 하시고, 초대교회 집사들 같이 생명을 다하여 사명 감당하는 모습이 되게 하옵소서.
 섬김의 주님! 교회뿐만 아니라 이 지역을 위해서도 구제와 봉사하는 일에 힘쓰기를 원합니다. 교회 안에서만의 제직이 아니라 교회 밖에서 주님의 일꾼 된 모습을 잘 보여줄 수 있는 제직들이 되게 하셔서 믿지 않는 자들로 하여금 그들도 하나님 앞에 영광 돌릴 수 있는 자리로 이끌 수 있는 신실한 종들이 되게 하여 주시옵소서.
 은혜의 주님, 교회의 비전과 목사님의 목회 방침에 발맞추어 가는 제직들이 되기를 원합니다. 교회의 일을 긍정적으로 보고, 말하고, 듣고, 행동하는 제직들이 되게 하시고, 담임 목사님을 중심으로 하나가 되어서 주님의 몸 된 교회를 잘 섬길 수 있는 제직들이 되게 하옵소서. 제직들의 가정과 경영하는 사업장 마다 복을 더하여 주셔서 물질로 주님의 교회를 섬기고, 이웃을 돌아보는 데 부족함이 없게 하여 주시옵소서.
 오늘도 강단에 세워주신 강사 목사님을 성령의 능력으로 붙들어 주실 것을 믿사옵고 예수 그리스도의 이름으로 기도합니다. 아멘

참고 성경: 고린도전서 4:12

찬양대 헌신예배

홀로 영광을 받으시기에 합당하신 하나님 아버지! 미천한 저희를 불러 주셔서 주님의 자녀로 삼아 주시고 이전에 세상과 마귀를 찬양하던 입술을 정케 하사 주님을 찬송하는 새 노래, 구원의 노래를 부르게 하여 주신 은혜를 감사드립니다.

이 시간은 저희들을 주님을 힘껏 찬양할 수 있는 찬양대원으로 세워 주신 것이 너무나 감격스럽고 놀라워 헌신을 결단하는 마음으로 찬양대 헌신예배를 드립니다. 모든 찬양대원들이 뜻을 같이하여 주님께 헌신과 충성을 다짐하는 이 예배를 받아주옵소서.

구원의 노래가 되시는 하나님 아버지! 저희 찬양대가 부르는 찬양이 구속 받은 은총의 감격과 특별한 은사를 받은 데 대한 기쁨을 가지고 찬양하게 하옵소서. 찬양할 때에 항상 향기로운 제물을 주님께 드린다는 정성스런 마음으로 찬양하게 하시고, 오직 하나님을 사랑하고 감사하는 마음으로 주님을 찬양할 수 있는 대원들이 되게 하여 주옵소서. 듣는 이들의 영혼도 감동시킬 수 있는 찬양이 되기를 원합니다.

찬양을 듣는 주의 백성들 심령 가운데도 주님을 찬양해야 한다는 마음을 더욱 사모하고 사무치게 만드는 데 동력이 될 수 있게 하여 주옵소서. 연습을 게을리 하지 않게 하시고, 신앙의 훈련에도 더욱 충실하며 예배와 기도생활에도 모범을 보일 수 있게 하옵소서.

아직 부족한 것이 많고 주님을 찬양하기에는 부끄러운 것도 많사오나 찬양을 힘써서 준비하고 주님 앞에 드리는 가운데 저희들의 신앙인격도 격상되게 하시고, 예배 때만 찬송하는 것이 아니라 가정에서도, 학교에서도, 직장에서도 찬송이 끊이지 아니하는 저희들 되게 하여 주시옵소서.

이 시간 함께 예배드리는 온 성도들의 심령을 주님을 찬양하는 은혜로 가득 채워 주실 것을 믿사옵고 언제나 찬양을 기뻐하시는 예수 그리스도의 이름으로 기도합니다. 아멘

참고 성경: 이사야 43:21, 에베소서 5:19,20

교사 헌신예배

사랑의 하나님! 저희들에게 어린 생명을 주님의 말씀으로 양육할 수 있는 귀한 직분을 맡겨 주셔서 감사드립니다. 이 시간, 교사들이 한 자리에 모여 더욱 큰 헌신을 다짐하는 헌신 예배로 드리오니 주님 홀로 영광을 받으시옵소서.

자비하신 하나님! 저희들에게 맡겨주신 어린 양떼들을 자원하는 마음으로 잘 보살피게 하시며, 어린 생명들이 주님께로 가는 길을 막고 있는 저희들이 되지 않도록 믿음을 더하여 주옵소서. 어린 심령들에게 언제나 신앙의 모범을 보일 수 있는 교사들이 되게 하시고, 먼저 우리 자신을 주의 말씀으로 잘 갈고 닦을 수 있도록 이끌어 주옵소서. 영혼을 귀하게 여길 줄 아는 교사들이 되기를 원합니다. 맡겨진 영혼들을 한 영혼이라도 곁길로 나가지 않도록 잘 살필 수 있는 교사들이 되게 하여 주시옵소서.

특별히 간구하옵기는 열악한 환경 속에서도 교사의 직분을 감당하고자 힘쓰고 애쓰는 주의 종들이 있나이다. 성령께서 위로하여 주시고 은혜를 더하여 주셔서 항상 기쁨이 넘치는 삶이 되게 하시고 착하고 충성 된 종이라고 인정하시는 주님의 축복이 있기를 원합니다.

또한 지도 교역자님을 위시하여 지도부장, 지도 교사들이 한마음 한뜻이 되어 주님이 맡기신 어린 생명들을 잘 양육할 수 있게 하시고, 부흥하는 주일학교가 될 수 있도록 이끌어 주시옵소서.

이 자리에 함께 머리 숙인 모든 성도들도 영적인 교육의 중요성을 깨닫기를 원합니다. 온 성도들이 혼연 일치가 되어서 자녀들의 신앙교육에 전념할 수 있도록 축복해 주시옵소서.

오늘 말씀을 들고 단 위에 서시는 강사 목사님을 성령의 능력으로 붙들어 주셔서 선포하시는 말씀을 통해 모든 교사들이 영적으로 재충전하고 더욱 사명에 충실한 교사들로 결단하는 시간이 되게 하여 주시옵소서. 어린 생명들을 사랑하시는 예수 그리스도의 이름으로 기도합니다. 아멘

참고 성경: 에베소서 4:11,12

구역(속회) 헌신예배

고마우신 주님! 약하고 부족한 저희들을 부르셔서 세상의 어떤 강한 것, 지혜 있는 것보다 더욱 복되게 하신 은혜에 감사와 영광을 돌립니다. 이 시간에 특별히 구역 연합헌신예배로 드릴 수 있도록 은혜 베풀어 주심을 감사드립니다. 이 시간 진정 사모하는 마음으로 주님의 이름을 높이 부르오니 홀로 영광 받아 주시옵소서.

은혜의 주님! 저희를 구원하여 주시고 천국 백성으로 삼아주신 것도 감격할 일이온대 교회의 구역을 돌볼 수 있도록 사명을 주시니 그 크신 은혜에 감사드립니다. 저희들에게 구역장이라는 귀한 직분을 맡겨 주셨사오니 죽도록 충성할 수 있게 하여 주옵소서. 저희들의 부족함과 연약함 때문에 상처 받는 구역 식구들이 없도록 기도로 돌보게 하시며, 구역장으로서 범사에 모범이 될 수 있게 하옵소서. 언제나 십자가의 정신을 잃지 않는 구역장들이 되게 하시고, 혹 환난을 당하거나 문제가 있는 구역 식구가 있을 때 주님의 말씀으로 위로할 수 있도록 준비하게 하시며, 멍에를 메는 마음으로 아픔을 같이 할 수 있는 구역장들이 되게 하여 주옵소서. 주님께서 "나는 마음이 온유하고 겸손하니 나의 멍에를 메고 내게 배우라" 말씀 하셨사오니 구역 안에서 그 어떤 일이 발생한다 할지라도 주님이 말씀하신 이 귀한 말씀을 잊지 않도록 도와주옵소서. 또한 구역을 든든히 세우는 데 혼신의 힘을 쏟는 구역장들이 되어 가정마다 천국이 이루어지는 축복이 있게 하시고, 구역을 통해서 전도의 문이 열려 교회가 부흥 성장 하는 데 앞장서는 구역이 되게 하옵소서.

이 시간 생명의 말씀을 전하실 강사 목사님을 성령의 능력으로 함께하셔서 말씀을 듣는 저희들 모두가 다시 한 번 새롭게 결단하는 시간이 되게 하여 주시옵소서. 예배의 시종을 주님께 의탁합니다. 순서를 맡은 종들에게도 큰 은혜 가운데 실수 없도록 인도하실 것을 믿사옵고 저희들을 죄악에서 구원하여 주신 예수 그리스도의 이름으로 기도합니다. 아멘

참고 성경: 마태복음 13:33, 사도행전 2:26

남전도(선교)회 헌신예배

은혜로운 하나님 아버지! 저희들을 지금까지 크신 사랑과 은혜로 품어 주시고 인도하여 주시니 무한 감사를 드립니다. 오늘 이 시간 특별히 남전도회 헌신예배로 드리게 하심을 감사드립니다. 이웃과 직장, 사업 현장에서 그리스도를 증거하고 빛을 발하는 회원들이 되게 하시고, 주님의 몸 된 교회를 위해서도 선한 청지기의 삶을 살 수 있도록 인도하여 주옵소서. 교우를 섬기고, 교우를 위로하는 봉사와 헌신에 몸을 드릴 수 있는 회원들이 되게 하시고, 가정에서도 가장으로서 화평과 평안이 넘치는 자정으로 이끌기에 부족함이 없도록 은총을 허락하여 주옵소서.

한 여자의 남편으로서 존경 받는 남편이 되기를 원합니다. 자녀들의 아버지로서 존경 받고, 삶의 기준을 제시하며, 자랑할 수 있는 아버지가 되기를 원합니다. 믿음을 더하여 주시옵소서.

능력의 주님! 남전도회를 이끌어가는 회장님 이하 임역원들에게도 축복하셔서 맡은 바 본분을 잘 감당하게 하시고, 부흥하고 성장하는 남전도회가 될 수 있도록 이끌어 주옵소서. 남전도회 뿐만 아니라 이 교회에 모인 모든 성도들도 한 마음 한 뜻으로 주님의 뜻을 높이는 삶을 사는 데 부족함이 없게 하시고, 주님의 지상 명령을 받들어 전도에 힘쓰고, 모이기에 힘쓰고, 기도에 힘쓰고, 봉사에 힘쓰는 성도들이 되게 하옵소서.

선한 사업을 위해 남전도회가 올해에 세운 사업 계획이 있습니다. 형식적으로 끝나는 사업 계획이 되지 않게 하시고, 선한 열매를 풍성하게 맺을 수 있는 사업 계획이 될 수 있도록 은총을 허락하여 주옵소서.

이 시간 능력의 말씀, 축복의 말씀을 증거하시기 위하여 단 위에 서실 강사 목사님을 성령의 능력으로 붙들어 주시고, 남전도회 회원은 물론 이 자리에 참석한 성도들 모두가 주님의 말씀으로 새롭게 거듭나는 축복의 시간이 되게 하여 주옵소서. 예배의 주인 되시는 예수 그리스도의 이름으로 기도합니다. 아멘.

참고 성경: 사도행전 8:11

여전도(선교)회 헌신예배

거룩하신 하나님! 저희를 택하여 구원 받게 하시고 영생의 축복을 누리며 거룩한 주님의 자녀로 살게 하심을 감사드립니다. 이 시간 저희 모두가 신령과 진정으로 예배드리고자 하오니 주님의 의가 충만히 나타나는 시간이 되게 하옵소서.

특별히 오늘은 저희 교회 여전도회 회원들이 주님 앞에 헌신을 드리고 다짐하기 위하여 마음과 정성을 한데 모아 헌신예배로 드립니다. 주님의 기도를 본받아 언제나 기도하는 기도의 여인들이 되기를 원합니다. 주님의 섬김을 본받아 언제나 다른 사람을 섬기며 사랑으로 감싸주는 믿음의 여인이 되기를 원합니다. 민족을 구원한 에스더와 같은 믿음이 있기를 원합니다. 가문을 구한 아비가일과 같은 신앙이 있기를 원합니다. 요시아 왕을 도와 부패한 종교를 개혁한 훌다와 같은 강한 의지가 있기를 원합니다. 여전도회 회원들 한 사람 한 사람마다 주님의 은총을 더하여 주셔서 주님이 인정하시고 귀히 쓰시는 일꾼들이 될 수 있도록 크신 은사를 내려 주옵소서. 무엇보다도 주님의 몸 된 교회를 받들어 섬기는 데 게으르지 않게 하시고, 여전도회의 몸과 마음과 시간을 바친 수고로 날마다 풍성한 믿음의 열매를 수확하는 교회가 되게 하여 주옵소서. 가정에서도 주님이 기뻐하시는 믿음의 가정을 세우는 데 헌신할 수 있는 여전도회 회원들이 되게 하시고, 늘 지혜가 샘솟는 여전도회 회원들이 되게 하여 주옵소서.

여전도회에서 선한 사업을 위하여 계획한 일들이 있습니다. 모든 일들이 주님의 뜻대로 잘 진행될 수 있도록 도와주시고 임원들도 서로가 하나 되어서 주님께 영광 돌리게 하여 주시옵소서.

오늘 이 저녁에 주님의 말씀을 대언하시는 강사 목사님을 기억하시고 헌신을 다짐하는 여전도회 및 모든 성도들에게 달고 오묘한 축복의 말씀을 전하게 하여 주시옵소서. 예수 그리스도의 이름으로 기도합니다.

참고 성경: 로마서 10:15

청년회 헌신예배

주님을 앙망하고 의지하는 자에게 새 힘을 주시는 능력의 하나님!
자신의 주장과 패기만을 앞세우며 살기 쉬운 청년 시절부터 주님을 경외하고 의지하는 지혜를 주셔서 하나님의 일꾼으로 쓰임 받으며 살게 하시니 감사드립니다.

사랑의 주님! 이 시간에 특별히 청년회 헌신예배로 주님께 영광을 돌립니다. 더욱 큰 헌신의 삶을 살고자 다짐하면서 주님께 드리는 청년들의 헌신예배를 향기로운 제물로 받아 주시고 이 청년들을 통해서 주님의 역사를 이끌어 가는 도구로 삼아 주시옵소서.

이 교회를 통하여 불러주신 주의 청년들이 주님의 몸 된 교회를 든든히 세우는 데 한결같이 귀한 일꾼으로 쓰임 받기를 원합니다. 청년들의 헌신을 통해서 더욱 건강한 교회, 젊은 교회가 되게 하시고, 독수리 날개같이 강한 믿음으로 비상하는 힘 있는 교회가 되게 하여 주옵소서.

은혜의 주님! 아직도 주님을 온전히 영접하지 못한 청년들도 있는 줄 압니다. 우리 주님이 그 심령 속에 찾아가셔서 주님을 온전히 영접할 수 있도록 도와주시옵소서. 주님을 위해서 자신을 깨뜨리는 청년들도 있습니다. 그러나 자칫 주님을 위한 열심과 열정이 교만함으로 나타나지 않게 하시고, 주님의 뜻을 앞서가는 지나침이 되지 않게 하옵소서.

청년의 때에 주님을 더욱 사랑하고, 영원을 사모하는 마음으로 살 수 있는 청년들이 되기를 원합니다. 때마다 필요한 지혜를 부어주셔서 인생의 참 주인이신 주님을 의지하는 삶이 되게 하여 주옵소서.

특별히 이 시간 청년들에게 생명의 말씀을 증거하시기 위하여 단 위에 세우신 목사님을 기억하시고 선포하시는 말씀마다 권세를 더하셔서 이 자리에 참석한 청년들과 모든 성도들이 심령의 뜨거움을 경험하게 하시고 새 힘을 얻어 승리의 삶을 살아가기를 다짐하는 복된 시간이 되게 하여 주시옵소서. 죄인은 아무 공로 없사오나 거룩하신 예수 그리스도의 이름으로 기도합니다. 아멘

참고 성경: 이사야 40:31

학생회 헌신예배

온세상을 섭리하시는 하나님 아버지! 오늘도 저희를 향하여 은혜와 평강을 허락하시니 감사드립니다. 이 시간에 특별히 저희 학생들이 주님 앞에 나와서 헌신예배를 드릴 수 있도록 인도하여 주시니 감사드립니다.

어릴 때부터 주님을 섬기고, 주님의 말씀을 가까이하며, 주님을 본받아 살기를 원하는 귀한 학생들을 축복하시고 붙들어 주셔서 늘 주님의 은혜를 체험하고 만나는 삶이 되게 하여 주옵소서. 다윗과 같이 주님만을 섬기고, 주님만을 의지하며, 주님만을 따라가는 복된 삶이 되게 하여 주시고, 솔로몬과 같이 지혜롭게 하시어 늘 진리 안에 거할 수 있도록 이끌어 주시기를 원합니다. 인격 또한 주님의 성품을 닮아가는 훌륭한 인격으로 성장하게 하여 주시기를 원합니다. 주님을 본받아 겸손과 섬김의 도를 실천할 수 있는 학생들이 되게 하시고, 주님과 이웃을 위해서 봉사의 삶을 살 수 있는 학생들이 되게 하여 주옵소서.

사랑의 하나님, 저희는 학업을 연마하는 가운데 있습니다. 선생님으로부터 가르침을 잘 받게 하시고, 배운 만큼 이 민족과 사회를 위하여 지식의 힘을 사용할 수 있는 학생들이 되게 하여 주옵소서. 그 무엇보다 하나님의 말씀에 잘 순종하고 하나님을 기쁘시게 하는 데 자신의 모든 것을 깨뜨릴 수 있는 학생들이 되게 하여 주옵소서.

학생들을 신앙으로 지도하고 양육하는 교역자와 교사들에게도 은총을 더하셔서 신앙의 인격을 고루 갖춘 사람으로 지도하는 데 부족함이 없게 하여 주옵소서. 학생회 임원들도 붙들어 주셔서 주님의 말씀과 사랑으로 뭉친 학생회를 운영해 나갈 수 있도록 도와주옵소서.

오늘 단 위에 서신 목사님도 주님이 함께하셔서 학생들에게 꼭 필요한 영생의 말씀을 허락하여 주시옵소서.

예배의 시종을 주님께 의탁하오며 예수 그리스도의 이름으로 기도합니다. 아멘

성경: 누가복음 16:10, 디모데전서 6:11,12

선교 헌신예배

땅 끝까지 이르러 내 증인이 되라고 명령하신 주님! 이 시간 선교 헌신 예배를 드리면서 주님이 분부하신 명령을 다시 한 번 묵상하며 예배드리게 하시니 감사합니다. 황무지 같은 이 땅위에 복음의 씨앗을 뿌려주시고, 전국 방방곡곡에 교회를 세우셔서 구원의 역사를 이루어 주시니 얼마나 감사한지요. 더욱이 복음을 수출하는 국가로 열매를 맺어갈 수 있게 하시니 주님의 넘치는 축복을 받고 있음을 깨닫지 않을 수 없나이다. 그러나 아직도 이 땅에 주님의 나라가 온전히 이루어지지 않았음을 깨닫습니다. 아직도 곳곳에 죄악의 그늘 속에서 허덕이며 방황하는 영혼들이 얼마나 많습니까? 사탄에게 매여 우상에게 절하고, 우상을 받들며 사는 인생들이 얼마나 많습니까? 그 영혼들을 사랑하고 불쌍히 여기는 마음이 저희의 마음에 가득 넘치게 하시고, 주님의 마음을 품고 생명이신 주님을 증거할 수 있는 저희 모두가 되게 하여 주옵소서. 그리하여 이 지역이 복음화 되고 이 나라 곳곳은 물론 저 북한 땅에도 교회가 다시 세워지는 축복을 누리게 하여 주옵소서.

특별히 한국의 농어촌 교회들과 낙도 오지에 있는 교회들을 기억하시고 이 땅에 주님이 세우신 몸 된 교회이오니 차별을 두지 않고 섬길 수 있는 마음이 저희에게 있게 하시고 물질로 후원하는 데 인색함이 없게 하옵소서. 외로움 속에서도 귀한 교회를 묵묵히 지키고 있는 목회자들을 위하여 기도의 후원을 아끼지 않는 저희 모두가 되게 하여 주옵소서.

오늘도 선교를 주제로 말씀을 선포하시는 강사 목사님을 성령의 능력으로 붙드시고 섬기시는 교회에도 동일한 역사가 있게 하여 주옵소서. 예배의 순서를 맡은 선교 위원들을 성령께서 붙들어 주셔서 은혜 가운데 진행할 있도록 도와주시옵소서. 선교의 주관자가 되시고, 지금도 땅 끝까지 이르러 복음 전하기를 소원하시는 예수 그리스도의 이름으로 기도합니다. 아멘

참고 성경: 마태복음 28:19,20, 사도행전 1:8

5

교회와 가정예식
대표기도문

성례식

전능하신 하나님 아버지! 이 시간 저희들의 예배를 받아주시고 주님의 사랑과 은혜를 다시 한 번 깨닫는 복된 시간이 되게 하여 주옵소서.

주님! 허물과 지은 죄가 많은 저희들입니다. 영적인 일에 우선하기보다는 썩을 양식을 위하여 마음을 쏟았던 저희들입니다. 연약한 저희를 불쌍히 여기시고 긍휼과 용서를 베풀어 주옵소서.

새롭게 하시는 주님! 오늘은 성례식이 있습니다. 이제껏 말씀과 기도로 잘 준비하여 학습과 입교, 세례를 받는 교우들을 기억하셔서, 성례식이 거행될 때에 예식을 받는 자나 참예하는 자 모두가 주의 신령한 은혜로 충만해지는 시간이 되게 하여 주옵소서.

특히 세례는 하나님의 백성으로 인정받는 귀한 예식이오니 그가 이제 새롭게 태어나 하나님의 뜻에 충성을 다하기로 결심하게 하시고, 주님의 백성으로 인정받아 가족을 구원하며 친척과 이웃들에게도 하나님을 증거하며 받은 바 주님의 크신 사랑을 나타낼 수 있도록 이끌어 주옵소서.

이제부터는 세상이나 자신을 제일로 삼을 것이 아니라 주님을 제일로 삼으며 세상 습관이 아니라 주님의 법에 따라 살고자 힘쓰는 믿음이 될 수 있게 하여 주옵소서. 그 가정도 축복하여 주셔서 온전히 주님을 모시고 살게 하시며 그의 앞날과 계획하는 것들도 주님의 섭리 가운데 이루어지게 하옵소서.

주님! 이 시간 환경과 육체로 인한 약함을 지닌 성도들이 있습니까? 이 거룩한 예식에 참예할 때에 신음과 고통이 사라지게 하시고, 위로하시는 주님의 음성을 들을 수 있게 하시며, 회복되고 치료되는 주님의 은총이 있게 하여 주옵소서. 어그러지고 깨어진 일들, 찢기고 상처 입은 일들이 말씀을 듣는 가운데 온전케 되는 역사가 있게 하여 주옵소서.

이 시간 성례식을 집례하시는 목사님을 주님의 능력으로 강권적으로 붙드실 것을 믿사옵고 예수 그리스도의 이름으로 기도합니다. 아멘

참고 성경: 요한복음 3:1~8, 사도행전 2:23, 베드로전서 3:21

성찬식

　사랑의 주님! 온갖 죄로 인하여 죽을 수밖에 없는 저희의 죄를 사하시기 위하여 험한 십자가를 지신 주님을 생각할 때마다 주님의 한없으신 사랑과 놀라운 은혜에 감사와 찬송을 올립니다. 아무 죄도 없으신 주님께서 저희들을 대신하여 고통을 당하시고 십자가에서 찢기시고 물과 피를 흘리신 것을 생각하면 눈물만 흐를 뿐이옵니다. 주님의 피 묻은 십자가를 생각할 때마다 저희의 추악함과 사특함을 고백하지 않을 수 없나이다. 저희의 죄 짐을 홀로 지시고 피 흘려 돌아가시기까지 사랑하신 은혜의 주님 앞에 이 시간 저희의 죄를 눈물로 아뢰옵니다. 주님의 보혈로 씻겨주시고 용서하여 주옵소서.
　오늘은 주님께서 저희들을 위하여 살을 찢으시고 피를 쏟으신 것을 기념하여 성찬식을 거행합니다. 아무런 감각 없이 이 예식에 참여하는 자들이 되지 않게 하시고, 주님의 상처를 진정으로 아파하고 주님의 죽으심을 진정으로 안타까워하며 예식에 참여할 수 있게 하여 주옵소서.
　또한 이 땅에 계시는 동안 마지막 피 한 방울까지도 아낌없이 쏟으셨던 주님의 사랑을 본받아 오늘 저희들도 저희 자신을 내어주는 희생의 욕구를 충족시키는 삶이 되게 하시고, 수치와 모욕을 당하면서도 끝까지 분노를 쏟지 않으셨던 그 온유하심을 본받아 오늘 저희도 겸손의 삶을 실천할 수 있게 하옵소서.
　이 시간 성찬식을 집례하시는 목사님을 성령의 능력으로 붙드시고, 이 예식에 참예하는 저희 모두가 주님의 살과 피를 먹고 마시며 눈물로 회개하게 하시고, 주님의 험한 십자가를 결코 놓지 않으리라는 다짐이 있게 하옵소서.
　예배와 예식의 모든 순서를 주님께 의탁하옵고 예수 그리스도의 이름으로 기도합니다. 아멘

참고 성경: 요한복음 6:56~57, 고린도전서 11:23~29

임직식

만유를 다스리시고 통치하시는 전능하신 하나님 아버지! 오늘도 피로 값 주고 사신 주님의 몸 된 교회를 다스리시고 통치하시는 주님의 능력과 권세를 찬양합니다.

오늘 특별히 하나님의 몸 된 교회를 위하여 헌신할 일꾼을 세우는 임직식을 갖게 하시니 주님께 영광 돌립니다. 이제 목사님을 보필하며 더욱 충성할 항존직을 세우게 되었사오니 주님께서 함께하사 기름 부어 주시고 성령과 지혜로 충만케 하여 주옵소서.

교회를 위하여 장로로, 안수집사로, 권사로 세움을 받은 성도들이 그 맡은 직분에 소홀함 없이 하나님과 사람 앞에 더욱 충성된 청지기가 되게 하시고, 교회에 유익을 끼치고, 성도들에게 믿음의 본과 덕을 끼칠 수 있는 복된 자들이 되게 하여 주옵소서.

항상 진리의 말씀을 굳게 붙들 수 있는 삶이 되게 하시고, 주님 앞에 부끄러울 것이 없는 일꾼으로 인정된 자로 드리기를 힘쓰는 자들이 되게 하여 주옵소서. 겸손으로 허리를 동이게 하시며, 온유함으로 사람을 대하게 하시며, 하나님의 공급하시는 힘으로 봉사할 수 있는 자들이 되게 하여 주옵소서. 이들 일꾼들의 가정과 개인 사업과 직장에 함께하셔서 믿는 자들에게나 믿지 않는 자들에게 본이 되게 하시며, 번영하고 창대하여 주님의 일에 더욱 헌신하는 일꾼들이 되게 하여 주옵소서. 이제 안수자가 안수할 때에 성령의 기름부으심이 있게 하시고, 취임을 받을 때에 성령의 충만으로 함께하여 주옵소서.

임직식의 순서를 맡아 수고하시는 목사님들을 기억하시고, 성령의 능력으로 붙드셔서 피곤치 않게 하여 주옵소서.

오늘 세움을 받는 일꾼들과 이 자리에 함께한 모든 성도들에게 큰 기쁨과 은혜로 함께하실 것을 믿사옵고 예수 그리스도의 이름으로 기도합니다. 아멘

참고 성경: 디모데전서 3:8,9,11; 디도서 1:7,8

약혼식

참으로 좋으신 하나님 아버지! 택하신 자녀들에게 복을 주시되 넘치도록 후히 주시는 그 은혜에 감사를 드립니다.

오늘 이 시간은 주님의 은총 가운데 OOO군과 OOO양이 약혼식을 갖게 되어 하나님께 영광을 돌리고자 합니다. 이 예식이 하나님께 기쁨이 되게 하여 주옵소서.

이제 두 사람이 하나님과 사람 앞에서 성혼을 약속합니다. 그 약속이 지켜질 수 있도록 두 사람의 가는 길을 주의 신실함으로 붙드시고 축복하여 주셔서 오늘의 이 약속이 굳게 지켜질 수 있게 하여 주옵소서.

하나님께서 사람을 지으실 때 남자를 지으시고 사람의 독처하는 것이 좋지 못함을 보고서 돕는 배필로 여자를 지으셨습니다. 오늘 이 두 사람이 하나님의 섭리 가운데 연합하여 가정을 이루고 평생을 하나님께 영광 돌리며 살기로 준비하는 마음으로 섰사오니 두 사람의 마음에 더욱 큰 주님의 은혜와 사랑을 채워주시옵소서.

이제 두 사람이 서로 신실한 사랑과 희생의 각오를 가지고 결혼을 준비하게 하시며, 하나님과, 부모와, 일가친척과, 함께하는 모든 사람에게 기쁨과 축복을 받을 수 있는 결혼을 이룰 수 있도록 붙들어 주옵소서.

오늘 두 사람의 서약을 위해 이 자리에 함께한 양가 부모님들과 친지들에게도 동일한 마음을 주셔서 두 사람이 주님의 사랑 안에서 아름다운 결실을 맺을 수 있도록 진심으로 기도해 줄 수 있게 하옵소서.

이 두 사람을 위하여 말씀을 준비하신 목사님을 기억하시고, 두 사람이 평생 동안 가슴에 새기고 주님께 영광 돌릴 축복의 말씀을 전하게 하여 주옵소서.

이 예식을 마치는 시간까지 주의 성령께서 함께하실 것을 믿사옵고 예수 그리스도의 이름으로 기도합니다. 아멘

참고 성경: 창세기 2:18, 잠언 18:22

결혼식

　창조주가 되시며 만복의 근원이 되시는 하나님 아버지! 오늘 하나님의 섭리와 뜻 가운데 OOO군과 OOO양이 혼례예식을 거행할 수 있게 하시니 감사드립니다. 또한 오늘 두 사람이 주님의 은혜와 섭리 가운데서 아름다운 만남과 교제를 갖게 하셔서 서로 연합하게 하시고 한 가정을 이룰 수 있게 하심을 감사드립니다.
　이제 두 사람이 주님 안에서 한 몸을 이루어 출발하고자 하오니, 이 자리에 서 있는 두 사람에게 더욱 큰 은총을 내려주옵소서.
　지금 이후로 두 사람이 한 가정을 이루게 되면 주 안에서 서로 존경하며 사랑하게 하시고, 하나님께 영광을 돌리는 믿음의 가정을 이루어 갈 수 있도록 축복하여 주옵소서. 남편 OOO군은 아내 OOO양을 자신의 몸같이 사랑하게 하시고, 아내 OOO양 역시 남편을 존경하고 순종함으로 믿는 자들에게나 믿지 않는 자들에게 주님의 자녀다운 아름다운 가정의 모습을 드러낼 수 있게 하옵소서.
　두 사람이 한 몸을 이루어 주님의 몸 된 교회를 섬기되 이전보다 더 크고 아름다운 섬김이 있게 하시고, 아굴라와 브리스가와 같이 목회자에게 평생 잊지 못할 아름다운 헌신자들이 되게 하여 주옵소서.
　또한 하나님께서 사람에게 생육하고 번성하는 복을 주셨사오니 오늘 혼례로 한 가정을 이루는 두 사람에게 하늘의 신령한 은혜와 땅의 기름진 복으로 충만하게 채워주시옵소서.
　자손의 복을 주셔서 믿음의 가문을 이룰 수 있게 하시고, 주를 사랑하는 자에게 인애를 천대까지 베푸시는 하나님의 자비하심을 맛보게 하옵소서.
　주례하시는 목사님을 성령의 능력으로 붙드셔서 이 자리에 참석한 모든 이들에게 귀한 말씀 전하게 하옵소서. 예수 그리스도의 이름으로 기도합니다. 아멘

참고 성경: 창세기 2:23,24, 잠언 18:22

임종(1)

　죄악과 허물을 용서하여 주시는 하나님 아버지! 이 시간 OOO 성도(직분)의 임종을 바라보면서 안타까운 마음을 안고 하나님께 예배드립니다.
　OOO성도(직분)가 이 세상에 사는 동안 그리스도 안에 계신 분이었음을 믿고 감사드립니다. 인간의 머리로는 이해할 수 없지만, 하나님의 주권 앞에 무릎을 꿇는 믿음의 삶이 되게 하옵소서.
　OOO성도(직분)를 잃은 슬픔도 크지만, 하나님 품에 안길 것을 믿고, 이 자리에 참석한 가족들과 저희들이 위로받게 하옵소서. 오직 주님만을 의지하고 살아오신 OOO성도(직분)의 믿음을 본받아 믿는 자로서 동일한 소망을 품고 사는 저희들이 되게 하옵소서.
　사랑하는 가족들과 성도들의 마음에 하늘의 위로가 넘쳐나게 하시고, 그들이 비록 이 땅에 살지라도 영원한 하늘나라의 소망을 가지고 믿음으로 살아가게 하여 주옵소서.
　또한 부모님의 신앙을 본받아 예수를 믿음으로, 남은 생애 헌신하며 살도록 인도하여 주옵소서. 주님 안에서 참된 기쁨과 행복을 얻게 하여 주옵소서.
　주를 믿는 자의 부활이요 생명이신 예수 그리스도의 이름으로 기도합니다. 아멘

참고 성경: 시편 103:15, 116:15

임종(2)

인간의 생사화복을 주관하시는 하나님 아버지!
이 시간 저희들은 OOO성도(직분)의 임종예배로 함께하고 있습니다.
주님! 저희는 너무도 유한한 인생임을 고백합니다. 그럼에도 영원히 살 것처럼 행동합니다. 고인이 이렇게 쉽게 저희 곁을 떠날 줄은 몰랐습니다. 저희로 하여금 인생이 안개와 같은 것임을 깨닫게 하옵소서.
이 시간 성령님께서 오셔서 저희에게 새 힘을 주시고, 고인을 잃은 슬픔 가운데 있는 유족들을 위로하옵소서. OOO성도를 잃은 슬픔도 크지만 하나님 품에 안기셨음을 믿고 가족들이 위로받게 하시고, 고인의 신앙을 본받아 믿는 자로서 동일한 소망을 품고 사는 저들이 되도록 은혜를 내려 주옵소서. 뿐만 아니라, 천국에 대한 확실한 소망을 가지고 믿음 안에서 그리스도의 사랑을 실천할 수 있도록 다짐하는 기회가 되게 하시고, 고인의 교훈을 따라 살면서 실천하도록 다짐하는 기회가 되게 하옵소서.
저희 모두가 이 땅에서의 삶을 허송세월하지 않게 하사, 주님을 모시고 섬기며 살아갈 수 있는 지혜로운 자녀가 되도록 인도하여 주옵소서.
오늘 목사님의 전하시는 말씀에서 큰 위로를 받고 천국의 소망을 갖기를 원합니다. 예수님의 이름으로 기도합니다. 아멘

참고 성경: 요한복음 14:1, 베드로전서 1:3

입관식(1)

과거를 용서 받고 의인으로 새 삶을 살게 하신 하나님 아버지! 이 시간 무한하신 아버지의 뜻 앞에 머리 숙였습니다.

주님! 이 시간 저희는 주 안에서 사랑하는 고 OOO성도(직분)의 입관예배를 드리고 있습니다. 참석한 저희 모두에게 영원한 본향에 대한 확신과 사모함을 갖게 하여 주옵소서.

죽음 앞에 선 저희도 이 시간만큼은 저희 신앙의 현주소를 반성합니다. 한낱 들에 핀 꽃같이 피었다가도 바람에 사라지는 인생임을 고백합니다. 저희 생명이 주님 손에 있음을 알면서도 주님 뜻대로 살지 못했고, 주의 사랑을 체험했으면서도 나누어주지 못했습니다.

주님의 명령은 좁은 길, 생명의 길인 줄 알면서도 그 길 가기를 회피했고, 주님의 고난에 동참하는 것이 넘치는 하늘의 은사인 줄 알면서도, 쉬운 길에 함정이 있다고 말은 하면서도, 안락과 편한 것을 변명으로 취했습니다. 저희들을 용서하여 주옵소서.

고인과 이별해야 할 이 시간, 슬픔에 쌓인 유가족에게 죽음의 십자가에서 부활의 주님을 바라보는 소망을 주옵소서.

고 OOO성도(직분)가 남기신 믿음과 사랑을 가지고 형제들이 서로 우애하게 하시고, 천국 소망을 가지고 살아가게 하옵소서.

이 시간 이 예식을 집례하시며 말씀을 전하시는 목사님을 붙드시기를 원합니다. 고 OOO성도(직분)의 장례가 마치는 그 날까지 피곤치 않도록 큰 능력으로 함께하여 주옵소서.

주의 나타나심을 사모하는 자에게 면류관을 예비해 놓으신 예수 그리스도의 이름으로 기도합니다. 아멘

참고 성경: 로마서 14:7,8; 디모데후서 4:7,8

입관식(2)

영원하신 하나님 아버지!

그 귀중한 생명이 떠났기에 저희는 애태우며 슬픔 마음으로 입관예배를 드립니다. 그 생명은 이미 부름을 받아 주님 품에 안기우고 여기에는 그 몸만이 남아 있습니다. 고인의 몸을 관 속에 고이 모시며 슬퍼하는 유족들과 저희들을 위로하여 주옵소서.

육신의 장막 집을 쓰고 사는 동안 갖가지의 고통을 당했으나 지금은 주님과 함께 편히 살게 된 것을 믿고 위로를 받습니다. 저희는 죄의 용서와 부활과 영원한 삶을 믿으면서 형제의 몸을 고이 모십니다.

영원한 나라로 인도하시는 하나님 아버지!

다시 간구하옵기는 고 OOO성도의 모든 죄를 사하시고 슬픔이 없고 눈물이 없는 영원한 하늘나라에 들어가게 하여 주옵소서. 영원한 하늘나라에서 주님이 주시는 위로와 안식을 얻게 하시고, 영생복락을 누리며 면류관을 씌워주옵소서.

특별히 유족들에게 큰 위로를 주시고 마음의 흔들림이 없도록 성령께서 붙드시옵소서. 천국의 소망을 가지고 ,부활하여 다시 만나는 그날을 사모하며 믿음의 생활을 잘할 수 있도록 도와주시옵소서. 오늘 고인의 장례식을 집례하시는 목사님을 기억하시고 피곤치 않도록 성령의 능력으로 붙드시옵소서. 생명의 주가 되시는 예수 그리스도의 이름으로 기도합니다. 아멘

참고 성경: 시편 62:5, 요한복음 6:40

발인식(1)

영생하시고 변함이 없으신 하늘에 계신 하나님 아버지!
사랑하는 자식(부모)의 죽음과 그의 얼굴을 마지막으로 보면서 보내는 이 슬픈 시간에 우리 모두 하늘의 위로를 기다리고 있습니다. 하나님께서는 날의 시작도 없으시며, 해의 마침도 없으시나이다.
그러나 저희는 오늘 이 시간 우리와 함께 신앙생활했던 고 OOO성도(직분)를 위해 기도드립니다. 육체의 쇠함으로 인해 심히 고통 중에 주님의 부름을 받았사오니 그의 영혼을 붙들어 주옵소서. 결코 밤이 없으며, 눈물도 없는 그 나라에 이르게 하시고, 주님께서 고 OOO성도(직분)와 함께하사 그의 영혼을 받아주옵소서. 하나님의 복되신 이름을 영화롭게 하시고, 우리 마음의 신을 새롭게 하사 저희로 하여금 주님 안에서 새로운 세계를 바라보게 하옵소서.
영원히 사랑하시는 하나님 아버지.
이곳에 모인 사랑하는 가족들 마음에도 주님의 위로와 함께 은혜가 넘치게 하옵소서. 저희들은 비록 이 땅에서 살더라도 영원한 하늘나라의 소망을 가지고 믿음으로 살아가게 하여 주옵소서.
이 시간 고 OOO성도(직분)와 유족들을 생각하면서 말씀을 전하시는 목사님을 기억하시고, 그 말씀을 들을 때에 주님을 믿고 의지하는 믿음이 더욱 굳세어지는 시간이 되게 하여 주옵소서.
남은 모든 장례 절차 위에도 주님께서 함께하셔서 홀로 주관하시며 영광을 받으시옵소서. 나그네 인생길을 지도하시며, 영원한 하늘나라로 이끄시는 예수그리스도의 이름으로 기도합니다. 아멘

참고 성경: 시편 23:4; 고린도전서 15:52,53

발인식(2)

　인간의 생명은 안개와 같은 것이라고 하신 하나님 아버지! 오늘 고 OOO성도(직분)의 발인식에 함께하셔서 슬퍼하는 자리를 위로하시고, 고인의 죽음을 보고 인생의 허무를 느끼는 자들에게는 삶의 의미를 다시 한 번 깨닫는 시간이 되게 하옵소서.
　고인의 죽음을 애도하기 위하여 모인 저희 모두의 인생도 종말이 언제인지 알지 못하오니 매일의 생활에 충실할 수 있는 심령들이 되게 하여 주옵소서.
　인생은 그 날이 풀과 같으며 그 영화가 들의 꽃과 같다고 하신 주님, 사람이 한번 죽는 것은 주님이 정하신 것이요 그 후에는 심판이 있다는 사실도 확실히 믿는 저희들이 되게 하여 주옵소서.
　주님, 오늘 저희는 고 OOO성도(직분)를 환송합니다. 고 OOO성도(직분)를 천국에서 다시 만나는 날까지 이 땅에서 믿음생활을 잘할 수 있게 하여 주시고, 주님의 심판을 철저히 준비하는 삶이 되게 하옵소서.
　특별히 고인을 잃고 슬퍼하는 유족들에게 인간의 말로는 그 어떤 위로도 권면도 할 수 없사오니 주가 친히 찾아오셔서 하늘의 위로와 축복을 주옵소서. 천국을 소망하는 가운데 낙심치 않게 하여 주시고, 더욱 큰 믿음으로 새롭게 되는 계기가 되게 하여 주옵소서.
　고인의 장례예식을 집례하시는 목사님을 성령의 능력으로 붙드셔서 피곤치 않도록 이끄시고 은혜의 말씀을 증거하심으로 예식에 참예하는 자 모두가 산 자에게 들려주시는 주님의 음성을 듣게 하옵소서.
　남은 모든 순서 위에도 주님이 주장하실 것을 믿사옵고 예수 그리스도의 이름으로 기도합니다. 아멘

참고 성경: 시편 103:15; 요한복음 6:40

하관식(1)

연약한 성도들의 피난처가 되어 주시는 하나님 아버지! 죄인을 사랑하시되 독생자 예수 그리스도를 내어주시기까지 사랑하시고, 예수 그리스도를 믿음으로 말미암아 사망 권세를 이기게 하심을 감사드립니다.

이제 고 OOO성도(직분)를 땅에 묻으면서 이제는 지상에서 영원으로 옮기시는 하나님의 은혜와 사랑을 인하여 감사와 찬송과 영광을 돌려드립니다.

저희들은 하나님의 부르심을 받은 고 OOO성도(직분)가 주님께서 호령과 천사장의 나팔소리로 강림하실 때에 다시 살아 영화로운 몸으로 영원히 살 것을 믿습니다. 그런즉 소망 없는 다른 이와 같이 슬퍼하는 자가 되지 말게 하시고, 오직 다시 만날 소망을 주셔서 무슨 일을 만나든지 흔들리지 않게 하옵소서. 항상 주의 일에 더욱 힘쓰는 자들이 되게 하여 주옵소서.

가족을 잃고 슬퍼하는 유족을 찾아와 주옵소서. 인간의 말로는 어떻게 위로할 말이 없습니다. 하늘의 위로와 소망을 이들에게 주사 하나님 앞에서 참된 위로를 얻게 하옵소서. 그리하여 남은 생애를 주님 앞에 더욱 신실하게 믿음으로 살아갈 힘을 주옵소서.

이 시간 이 예식을 집례하시며 말씀을 전하시는 목사님을 기억하시고 끝까지 피곤치 않도록 성령의 능력으로 붙드시옵소서.

처음과 나중이 되시고, 영원한 소망이 되시는 예수 그리스도의 이름으로 기도합니다. 아멘

참고 성경: 요한복음 11:25,26; 14:1~3

하관식(2)

전능하신 하나님 아버지!

저희는 지금 고 ○○○성도(직분)를 안장하려고 모였나이다. 흙으로 된 인생, 땅에서 왔으니 땅으로 돌아가고 호흡은 하나님께로부터 받은 것이기에 이미 하나님께로 들어갔나이다.

이제 이곳에 썩을 몸이 묻히지만 썩지 않을 몸으로 다시 살아날 것을 믿습니다. 천한 몸이 묻히지만 영광스러운 것으로 다시 살아날 것을 믿습니다. 약한 자가 묻히지만 강한 자로 다시 살아나며 육체적 몸이 묻히지만 영적인 몸으로 부활할 것을 믿고 여기에 안장하나이다. 세상의 모든 짐을 벗겨주신 주께서 고인에게 영원한 안식을 허락하여 주시옵소서.

주님께서 호령과 천사장의 나팔소리로 강림하실 때에 다시 살아 영화로운 몸으로 다시 살 것을 믿습니다. 눈물짓는 유족들과 저희 모두의 눈에서 눈물을 씻어주시며 부활의 소망을 가지고 주님이 계신 저 천국을 바라보게 하옵소서.

고인을 다시 만날 소망 가운데 남은 생을 서로 믿고, 서로 위로하며, 믿음의 격려를 하게 하시고, 항상 주님의 일에 더욱 힘쓰는 자들이 되게 하여 주옵소서.

장례 예식을 집례하시는 목사님에게도 피곤치 않도록 성령의 능력으로 붙드실 것을 믿습니다. 부활이요 생명이신 예수 그리스도의 이름으로 기도합니다. 아멘

참고 성경: 요한복음 6:40; 계시록 21:3,4

화장(1)

사랑으로 주의 백성들을 보살펴 주시는 참으로 좋으신 하나님 아버지! 유한한 인생을 살아가던 고인이 주님의 부름을 받고 이 세상을 떠나 주님 품에 안깁니다. 육신은 타서 한줌의 재로 돌아가 땅에 묻힐지라도 그 영혼은 이미 천국의 주님 품에서 큰 위로와 안식을 얻고 있는 줄 믿습니다. 고인을 떠나보내면서 슬퍼할 수밖에 없는 유족들의 마음을 감찰하여 주시고, 애통하는 그 마음에 위로와 평안이 가득 넘치게 하여 주옵소서.

이 자리에 모인 저희들도 인생의 무상함과 유한성을 깨닫고 영원을 준비할 수 있는 삶이 되게 하시고, 죄 많은 세상을 살아갈 때 세상의 죄악을 따라 살지 아니하고 주님의 십자가를 붙들고 살아갈 수 있는 삶이 되게 하옵소서.

○○○성도(직분)의 믿음을 기억하여 저희에게 남겨진 이 시간을 성도로서 믿음 안에서 살기에 마음을 쏟을 수 있게 하옵소서.

남겨진 유족들에게도 함께하여 주셔서 무한하신 하나님의 섭리를 바라보게 하시고, 고인이 뿌려놓은 신앙에 누를 끼치지 않게 하시며, 더욱 풍성한 열매를 맺는 자녀들이 되게 하여 주옵소서.

오늘 이 시간까지 장례식을 집례하신 목사님을 기억하시고, 육신적인 피곤함을 덜어주셔서 새 힘을 주시는 하나님을 찬양하게 하옵소서.

사랑하는 유족들도 그 피곤함을 기억하사 새 힘을 주시고, 이별의 슬픔이 변하여 부활의 주님을 더욱 찬양할 수 있게 하여 주옵소서.

영생의 기쁨을 맛보게 하시는 예수 그리스도의 이름으로 기도합니다. 아멘

참고 성경: 요한복음 14:1~3; 계시록 22:5

화장(2)

성도의 죽은 것을 귀중히 보시는 하나님 아버지!
고 OOO성도(직분)의 시신을 화장하기 전에 모든 유가족들과 성도들이 한 자리에 모여 하나님께 예배를 드립니다.
이제 고 OOO성도(직분)의 육신은 한줌의 재로 돌아가오나 영혼은 능히 불사르지 못하기에 영광의 나라로 옮기신 것을 믿습니다. 저희가 불에 던져지는 것을 두려워할 것이 아니라, 불같은 믿음이 없음을 두려워할 줄 알게 하시고, 부끄러운 구원을 받지 않기 위하여 이 땅에 사는 동안 믿음의 길을 잘 달려갈 수 있게 하옵소서.
남은 유족들, 서로가 헤어져야 하는 아픔이 있지만 고인은 이미 주 안에서 행복한 삶을 누리고 있다는 확신을 주시고, 이제 장차 주님의 나라에서 다시 만날 것을 기대하면서 소망 중에 살게 하옵소서.
그리고 고인이 뿌려놓은 신앙의 유산을 잘 이어받아 더욱 풍성한 열매를 맺는 유족들이 되게 하시고, 고인이 섬기던 교회를 잘 받들어 섬길 수 있는 유족들이 되게 하옵소서.
주 안에서의 죽음은 죽음이 아닌 것을 깨닫습니다. 주님이 영광 중에 다시 오시는 그날, 한줌의 재로 돌아가는 고인을 다시 일으키셔서 믿는 자의 부활에 참예케 하실 것을 믿습니다.
말씀을 전하시는 목사님을 기억하시고 이 자리에 있는 모든 자에게 큰 위로와 소망을 품는 말씀이 되게 하여 주옵소서. 예수 그리스도의 이름으로 기도합니다. 아멘

참고 성경: 로마서 14:7,8; 디모데후서 4:7,8

추도식(1)

만물을 새롭게 볼 수 있는 부활의 문을 열어 주신 하나님 아버지!

오늘 고 OOO성도(직분)의 추모일을 맞이하여 그 동안 주신 하나님의 위로와 다른 믿음의 형제들의 위로를 되돌아볼 수 있게 하심을 감사드립니다.

고 OOO성도(직분)의 영혼을 이 지상에서 영원으로 옮기시는 하나님의 은혜와 사랑을 믿습니다. 저희의 생각으로는 더 오래 함께 살고 싶었지만 하나님이 부르셔서 주님 곁으로 떠났습니다. 안타까운 마음과 슬픔을 금할 길이 없었습니다.

그러나 하나님께서는 저희 모두에게 하늘에 감추어진 새로운 세계를 바라보게 하셨습니다. 하나님의 뜻을 겸허하게 받아들이고, 합력하여 선을 이루실 주님께, 믿음으로 감사할 수 있게 하셨습니다.

이 모두가 하나님의 은혜임을 고백합니다. 앞으로도 고인을 주님 곁으로 떠나보내고 힘들어 하는 이 가정에 하나님의 은혜가 넘치게 하옵소서. 하늘의 신령한 은혜와 하나님의 한없는 위로를 주옵소서.

이들이 믿음을 잃지 않게 하시고, 고인의 믿음을 본받아 더욱 담대히 주님을 섬기며 이 땅에서 살아가는 동안 주님과 동행하며 승리하게 하옵소서.

저희의 큰 위로자가 되시며 부활하신 예수 그리스도의 이름으로 기도합니다. 아멘

참고 성경: 히브리서 11:16; 야고보서 4:14

추도식(2)

주 안에서 죽은 자는 복되다고 하신 하나님!

오늘 이 시간 0년 전에 주님의 품으로 불려갔던 고 OOO성도의 추모일을 맞이하여 주님께 예배를 드립니다.

이 시간 추모예배를 통하여 영원한 나라를 바라보면서 내가 결코 불쌍한 자가 아님을 바라볼 수 있게 하시니 감사합니다.

고인의 추도 예배를 드리는 믿음의 권속들 가슴 속에 변화될 몸에 대한 소망을 주시고, 영원한 나라에서 다시 만날 기대감에 벅차오르는 감격을 허락하여 주옵소서.

성령께서 유족들의 마음을 위로하시며, 소망 가운데서 그리스도의 사랑을 실천하면서 살기로 다짐하는 기회가 되게 하여 주옵소서.

고 OOO성도(직분)의 신앙을 본받아 믿는 자로 동일한 소망을 품고 사는 저희들이 되도록 은혜를 내려 주옵소서. 죽음이 끝이 아닌 것을 깨닫게 하시고 주님의 일에 더욱 힘쓸 수 있도록 인도하여 주옵소서.

남은 모든 유족들이 주 안에서 서로 우애하며 사랑하게 하옵소서. 부모님의 신앙을 본받아 예수를 믿음으로, 남은 생애 헌신하게 하시고 주님 안에서 참된 기쁨과 참된 행복을 얻게 하여 주옵소서.

말씀을 전하시는 목사님을 기억하시고 저희 모두가 다시 한 번 주님의 심판과 부활을 확신하며 소망을 굳게 할 수 있는 말씀이 되게 하여 주옵소서.

이 예배를 받으실 것을 믿사옵고 예수 그리스도의 이름으로 기도합니다. 아멘

참고 성경: 요한복음 14:3; 계시록 21:3,4

6

교회와 가정 감사예배
대표기도문

설립(창립)

거룩하신 하나님! 주님의 크신 뜻으로 이곳에 주님의 몸 된 교회를 세우시고 구원의 역사를 감당하게 하시며, 복음의 빛과 진리의 등불을 밝히게 하시니 감사드립니다. 오늘은 특별히 OO교회 설립(창립)을 맞이하여 온 교회 성도들이 한마음 한뜻이 되어 예배를 드리오니 홀로 영광을 받으옵소서.

하나님 아버지! 이곳에 교회를 세우신 것은 전적인 주님의 뜻인 줄 믿습니다. 뜻하신 곳에 교회를 세우셨사오니 복음을 전파하는 교회로, 이 시대를 구원하는 교회로 든든히 성장할 수 있도록 축복하여 주옵소서.

이 교회에 속한 교우들이 때를 얻든지 못 얻든지 힘써서 전도하기를 원합니다. 쉬지 않고 기도하기를 원합니다. 전도와 기도하는 것이 평생습관이 되기를 원합니다. 온 교우들이 전도와 기도로 주님을 더욱 닮아갈 수 있도록 축복하여 주옵소서.

이제껏 주님의 뜻하신 곳에, 이 교회를 세우기까지 눈물과 기도로 밤을 지새운 목사님을 기억하시기 원합니다. 주님의 몸 된 교회를 위하여 모든 것을 드리며, 모든 것을 쏟으며, 닳아서 없어지는 삶을 살 때에 그 수고가 결코 헛되지 않게 하시고 삼십 배, 육십 배, 백 배의 부흥이 일어나는 역사가 있게 하여 주옵소서.

이 교회를 위하여 함께 세움을 받은 교우들도 붙드시기를 원합니다. 이 교회를 세우기까지 그 동안 여러모로 수고한 것을 주님이 갚아 주시고 더욱 힘써서 충성할 수 있는 능력의 종들이 되게 하시옵소서. 내조하시는 사모님에게도 지혜와 명철을 더하여 주셔서 목사님의 목양 사역이 더욱 빛을 발하게 하여 주옵소서.

예배의 시종을 주님께 맡깁니다. 주님의 몸 된 교회가 세워지는 이 영광스럽고 복된 날 주님 홀로 영광 받으시옵소서. 모퉁이의 머릿돌이 되셔서 친히 교회를 세우신 주 예수 그리스도의 이름으로 기도합니다. 아멘.

참고 성경: 에베소서 2:20-22

정초(상량)

거룩하신 하나님 아버지!

00교회 성도들로 하여금 오랫동안 눈물로 호소하게 하시더니, 오늘 이 터전에 거룩한 주의 전을 건축하게 하시니 감사합니다. 하나님의 사람 다윗이 주님의 전을 건축하리라고 뜻을 정하기만 하였는데도 하나님이 기뻐하셔서 "어디로 가든지 함께하사 대적을 멸하며 이스라엘 백성 또한 다시 옮기지 않으며 모든 대적으로부터 벗어나 평안케 하리라"(삼하 7:9~10)고 축복해 주신 일을 우리가 아나이다.

다윗은 뜻을 정하였을 뿐이었는데도 이같은 복이 임하였거늘, 하물며 신령한 사역을 착수하고 이미 그 기초를 놓는 자리에 이르렀사오니 어찌 더욱 큰 축복이 없사오리까. 이미 놀라운 은혜와 사랑이 임하여 오늘도 내일도 끊임없이 풍성하게 하실 줄 믿어 감사와 찬송을 드립니다.

주께서 성전을 건축하기를 원했던 다윗에게 풍성한 물질을 주실 뿐 아니라, 거룩한 역사를 대리할 존귀한 아들 솔로몬을 허락하셨으며, 또한 수많은 일꾼들을 보내주셨고 특별히 두로 왕 희람의 마음을 움직여 레바논의 향기로운 백향목을 무궁무진하도록 쓸 수 있게 하셨던 것처럼, 앞으로 이 전을 건축하는 과정에서도 이같은 복을 허락하실 것을 확신합니다.

감격스러운 입당의 날을 어서 속히 앞당길 수 있게 하여 주옵소서. 재정을 원활하게 하시며, 인력 동원에 차질이 없게 하시며, 무엇보다도 산발랏과 도비야 같은 무리가 일어나 신령한 일을 훼방치 못하게 하옵소서.

이 예배를 통하여 하나님만이 영광을 받으시고, 오늘 이 자리에 참석한 저희 모두가 놀라운 은총을 힘입을 수 있게 하옵소서. 예수 그리스도의 이름으로 기도합니다. 아멘

참고 성경: 역대하 7:16

입당

　주님께서 피로 값 주고 사신 교회를 이곳에 세우시고, 저희들의 정성어린 힘과 헌금으로 아름다운 교회를 건축할 수 있도록 축복하신 은혜를 감사드립니다. 또한 새 성전에 입당하고 감격의 예배를 드릴 수 있도록 섭리하심을 진심으로 감사드립니다.

　이제 저희들에게 새로운 성전을 허락하여 주셨사오니 주님의 몸 된 교회를 위하여 뜻을 다하고, 힘을 다하고, 성품을 다하여 더욱 봉사할 수 있는 권속들이 되게 하여 주옵소서. 또한 주의 사랑하는 백성들이 이 자리에 나올 때마다 고민과 질병과 삶에 대한 궁핍함이 해결되고 새로운 평안과 기쁨과 소망으로 넘쳐나게 하옵소서.

　주님의 몸 된 교회를 저희들을 통하여 이곳에 더욱 크게 세울 수 있도록 하심은 이 지역 사회를 위한 사명도 크게 감당하라는 주님의 뜻이 계신 줄 압니다. 주님의 뜻을 받들어 이 지역 사회를 잘 섬길 수 있는 교회가 되게 하시고, 이 시대를 향하여 감당하여야 할 선지자적인 사명도 부족함 없이 감당할 수 있는 OO교회가 되게 하여 주옵소서. 또한 이 교회가 불쌍한 영혼들에게 생명을 나누고, 소망을 나누고, 광명을 나누고, 평강을 나누는 교회의 사명을 잘 감당할 수 있도록 권고하여 주옵소서.

　사랑의 하나님! 이 새로운 성전에서 주님의 사역을 맡아 저희를 양육하시는 목사님을 축복하시고 저희 모든 양떼들을 푸른 초장과 잔잔한 시냇가로 인도하여 먹이시는 데 조금도 부족함이 없게 하옵소서. 또한 주님의 선한 뜻을 전하시기에 조금도 피곤치 않게 건강을 붙들어 주옵소서.

　저희들을 사랑하사 이곳에 새로운 성전을 짓도록 은혜를 베풀어 주신 예수 그리스도의 이름으로 기도합니다. 아멘

참고 성경: 에스라 3:10~13

헌당

주님의 크고 놀라우신 은혜와 사랑에 감사와 영광을 돌립니다. 이 전이 세워진 것은 저희들의 수고로 이루어진 것이 아닌 오직 하나님의 크신 은혜와 능력으로 말미암아 이루어졌사오니 모든 영광과 존귀가 하나님께로 돌아갈 뿐이니이다.

저희는 이 전을 만민이 기도하는 집으로 드립니다. 저희는 이 전을 하나님께 경배하는 집으로 드립니다. 저희는 이 전을 진리의 기둥과 터전으로 하나님께 드립니다. 저희는 이 전을 하나님께서 베푸실 은혜와 사랑과 축복의 전으로 드립니다.

간절히 바라고 소원하오니 이 전을 성별하셔서 주께서 받으시고, 말씀대로 여호와의 이름을 이곳에 두시며, 여호와의 마음을 이곳에 두시며, 이 전을 향하여 주의 눈이 주야로 보옵시며, 이 전에서 드리는 기도와 간구와 경배를 통하여 영광을 거두시옵소서.

이 전에서 기도하는 자와 간구하는 자와 경배를 드리는 모든 권속들에게 놀라운 은혜와 사랑과 축복으로 함께하옵소서. 영육간에 허약한 질병으로 말미암아 고통을 받는 자가 이 전을 향하여 손을 펼 때에 주는 하늘에서 들으시고 저희의 질병을 치유하시어 기뻐 뛰며 주님께 영광을 돌리게 하옵소서. 환난과 역경 가운데서 몸부림치며 이 전을 향하여 무릎을 꿇고 능력을 구할 때에, 주는 하늘에서 들으시고 저희에게 이길 힘을 허락하여 주옵소서. 주님의 말씀에 기갈당한 심령들이 이 전을 향하여 호소할 때에, 주는 하늘에서 들으시고 하늘나라의 만나로 흡족하게 채우시옵소서. 이 전은 신령한 생수가 샘솟아 만만 강수를 이루며, 항상 그 크신 사랑과 은혜에 대하여 감사 감격하는 거룩한 찬미가 보좌의 영화가 되게 하여 주옵소서.

이 복과 은혜가 저희 후손들에게도 영원히 전해지게 하옵소서. 모든 것을 주 예수 그리스도 이름으로 기도합니다. 아멘

참고 성경: 출애굽기 25:8~22

백일

　사랑과 자비가 풍성하신 하나님 아버지! 오늘 이 가정에 선물로 주신 새 생명이 하나님의 축복 안에서 무럭무럭 자라게 하심을 감사드립니다. 어린 생명의 백일을 맞이하여 하나님의 은혜에 감사하는 마음으로 예배드립니다. 하늘에서 이 축복의 예배를 받아주시고, 영광을 받으시옵소서.
　이 가정에 기업을 잇게 하신 귀한 생명, 주님의 사랑과 은총 속에서 더욱 건강하게 자라게 하시고, 주님이 주시는 지혜와 아름다움도 넘치게 하여 주옵소서.
　부모가 아이를 양육할 때에 주님의 뜻을 놓치지 않게 하시고, 말씀과 기도로 잘 양육할 수 있도록 도와주시옵소서. 그리하여 이 아이가 장성해서도 주님께 합당한 그릇으로 쓰임 받게 하시고, 하나님의 영광을 최고의 가치로 여기며 살아갈 수 있는 아이가 되게 하여 주옵소서.
　주님! 세상이 참으로 험악합니다. 생명의 안전을 보장받을 수 없는 세상입니다. 주님께서 이 어린 생명의 보호자가 되어 주셔서 언제나 불꽃같은 눈동자로 지키시는 하나님을 경험하는 삶이 되게 하여 주옵소서.
　이 가정이 아이를 위하여 미래의 계획도 세우고 있는 줄 압니다. 무엇보다도 아이에게 성전신앙을 가르침으로, 하나님을 의뢰할 수 있는 아이로 양육할 수 있게 하시고, 주의 장막을 사랑할 수 있는 아이로 양육할 수 있게 하여 주옵소서.
　이 가정에 물질의 축복도 허락하셔서 아이를 양육하기에 어려움이 없게 하시고, 범사에 계획하는 모든 일들도 아름다운 열매를 맺을 수 있게 하여 주옵소서.
　이 아이를 축하하기 위하여 이 자리에 함께한 권속들에게도 함께하셔서 마음껏 축하해주고 복을 빌어줄 수 있게 하옵소서. 기쁨의 시간을 주님께 감사하오며 예수 그리스도의 이름으로 기도합니다. 아멘

참고 성경: 에베소서 6:4

생일(돌)

사랑과 자비가 풍성하신 하나님! 오늘 이 가정에 선물로 주신 새 생명이 주님의 은총 안에서 무럭무럭 자라게 하심을 감사합니다. 어린 생명의 생일을 맞이하여 감사하는 마음을 모아 주님께 예배하오니 계신 곳 하늘에서 기쁘게 받아주시옵소서.

이 가정에 기업을 잇게 하신 귀한 새 생명, 주님의 사랑과 은총 속에서 건강하게 자라게 하시고, 선한 인격과 아름다운 마음을 가지게 하옵소서. 장성해서도 늘 주님의 마음을 좇는 삶을 살게 하시고, 주님의 뜻을 높이는 일을 하게 하시고, 하나님의 영광을 생의 최고 가치로 여기며 살 수 있는 삶이 되게 하옵소서.

이 가정에 이 아이를 위하여 여러 가지 미래의 계획을 세우고 있는 줄 압니다. 무엇보다도 하나님을 경외하는 신실한 자녀로 양육하기에 정성을 쏟을 수 있게 하시고, 주님의 몸 된 교회를 가까이 하면서 자랄 수 있도록 양육하게 하옵소서. 주님께 찬양을 잊지 않는 아이, 기도를 잊지 않는 아이, 주님께 영광 돌리는 것을 잊지 않는 아이로 성장할 수 있게 하여 주옵소서. 장성하여서도 주님을 떠나는 일이 없게 하여 주시고, 주의 교양과 훈계를 멀리하지 않는 아이가 되게 하여 주옵소서. 우리 주님이 보시기에 내 마음에 합한 자로 인정되게 하옵소서. 아이는 부모의 말보다는 부모의 뒷모습을 보고 닮아간다고 하였사오니 아이에게 아이의 인성과 신앙을 해치거나 독이 되는 행동을 보이지 않는 부모가 되게 하여 주옵소서. 어린 자녀 앞에서 부부싸움을 하는 일이 없게 하시고, 남을 비방하는 일이 없게 하여 주옵소서.

오늘 첫 생일을 맞은 아이와 가정에 축복의 말씀을 들려주실 목사님을 기억하시고, 아이와 이 가정에 꼭 필요한 말씀을 증거하실 수 있게 하여 주옵소서. 첫 생일을 맞은 아이를 다시 한 번 축하하오며 예수 그리스도의 이름으로 기도합니다. 아멘

참고 성경: 창세기 21:8

생일(어른)

인생을 주관하시는 하나님 아버지!

오늘 OOO성도(직분)의 생일을 맞이하여 지금까지 지켜주신 하나님의 은혜를 찬양하면서, 예배드리게 된 것을 감사합니다. 하루 동안에도 무슨 일이 일어날지 모르는 현실 속에서 지나간 00년의 세월을 불꽃과 같은 눈동자로 지켜주신 것을 생각할 때 하나님께 감사를 드립니다.

앞으로의 남은 여생도 "여호와께서 내게 주신 은혜를 무엇으로 보답할꼬"(시116:12)라고 했던 시편기자와도 같이 그 동안 하나님께서 주신 은혜와 복을 생각하면서 항상 감사와 찬양의 생활이 넘치는 OOO성도(직분)가 되게 하여 주옵소서. 하늘과 땅의 권세를 가지신 주님의 권세를 받아 누릴 수 있는 삶이 되게 하시고, 주님의 교회와 믿음의 권속들을 위하여도 더 많이 충성하고 봉사할 수 있는 삶이 되게 하여 주옵소서.

주님이 특별히 사랑하시는 이 가정도 성도(직분)님을 통하여 더욱 큰 복을 받게 하시고, 온 가족이 영육간에 윤택하여지는 은혜를 입게 하시며, 기타 모든 일에도 축복이 넘쳐나게 하여 주옵소서. 먼 훗날 주님 앞에 가서도 귀한 상급과 칭찬을 받는 종이 되게 하시고, 이 영광된 일을 위하여 이 땅에서 살아가는 동안 주님이 기뻐하시는 열매를 풍성히 맺을 수 있게 하옵소서. 주님의 전에 나와서 겸손히 주님을 의뢰할 때마다 그 영혼을 만지시는 주님의 손길을 체험할 수 있게 하시고, 정직한자의 기도를 들으시는 주님의 사랑을 피부 깊숙이 경험하는 삶이 되게 하여 주옵소서.

사랑하는 자녀들을 기억하시고, 부모의 신앙을 이어받아 하나님을 기쁘시게 하는 신앙생활을 할 수 있게 하시고, 먹든지 마시든지 무엇을 하든지 하나님의 영광을 위해서 할 수 있게 하여 주옵소서.(고전10:31) 오늘 목사님이 전하시는 말씀 속에서 이제껏 동행하신 주님의 사랑을 다시 한번 깨닫게 하시고, 험악한 삶을 살아왔다면 말씀의 위로가 있게 하여 주옵소서. 예수 그리스도의 이름으로 기도합니다. 아멘

참고 성경: 시편 116:1

수연(회갑)

　만복의 근원이 되시며 인간의 생사화복을 주장하시는 하나님! 오늘 사랑하는 OOO성도(직분)의 수연을 당하여 감사와 영광을 돌립니다. 거룩하신 하나님의 뜻 가운데서 사랑하는 아들(딸)을 이 땅에 보내시고, 은총을 베푸셔서 예수 그리스도를 믿어 구원을 얻게 하시고, 영원한 소망과 주님의 사랑 안에서 복된 삶을 누리게 하였사오니 감사합니다. 특별히 질고와 죽음이 많은 이 땅에서 하나님의 보호와 축복으로 60년 동안 영육간에 건강하게 지냈음을 감사하옵니다. 그리고 주 안에서 결혼하여 행복한 성도의 가정을 이루게 하시고, 기업의 복을 주셔서 그들의 신앙과 지극한 효행으로 오늘 수연 축하 예배를 드리게 됨을 감사합니다.
　간구합니다. 사랑하는 OOO성도(직분)를 더욱 축복하사 영육간에 건강하게 하시고, 앞으로의 생애가 더욱 행복하고 하나님께 큰 영광을 돌리며 소망 중에 승리하는 생활이 되게 하여 주옵소서. 기도의 영력을 칠 배로 더하셔서 가정과 자녀와 교회와 국가를 위하여 기도하게 하시고, 바라는 소원이 생전에 모두 성취되는 복을 누릴 수 있게 하옵소서. 특히 자녀들에게 믿음의 유산을 남겨줄 수 있는 영적인 부모가 되게 하시고, 교회에서도 모두가 본받고 싶은 신앙의 사람이 되게 하여 주옵소서.
　오늘 OOO성도(직분)의 회갑을 맞이하여 목사님이 축복의 말씀을 준비하셨습니다. 그 말씀을 듣는 가운데 주님의 사랑이 가슴속으로 스며들게 하시고, 남은 생애 주님을 위하여 더욱 충성할 수 있는 위로의 말씀이 되게 하옵소서.
　OOO성도(직분)로 하여금 많은 믿음의 간증을 남기는 삶이 되게 하실 것을 믿사옵고 예수 그리스도의 이름으로 기도합니다. 아멘

참고 성경: 잠언 16:31

고희(칠순)

백발은 영화의 면류관이라고 하신 하나님!
특별히 하나님께서 OOO성도(직분)에게 장수의 복을 주시고, 자손의 자손을 볼 수 있는 은혜를 주시니 감사합니다. 오늘 고희를 맞아 이제껏 인도하여 주신 하나님의 은혜와 사랑을 감사하며 영광을 돌리는 것이 얼마나 큰 축복입니까? 그동안 인생의 여러 굴곡 가운데서도 하나님을 경외하는 중심이 흔들리지 않게 하시고, 모든 역경과 시련을 믿음으로 잘 이겨낼 수 있도록 함께하심을 감사드립니다.

앞으로의 남은 여생도 험난한 세상에서 어떠한 일을 만나든지 늘 주님을 의지하고 바라보며 믿음의 길을 걸어가는 복된 삶이 되게 하여 주옵소서. 또한 주님의 사랑과 크신 지혜와 측량할 길이 없는 은혜를 늘 체험하는 삶이 되게 하시고, 하늘과 땅의 권세를 가지신 주님의 권세를 늘 받아 누리는 삶이 되게 하옵소서. 지금까지도 주님의 뜻을 따라 주님의 몸 된 교회에 충성하며 헌신하는 삶을 살아오셨겠지만, 육체의 남은 때를 끝까지 주님의 말씀에 순종할 수 있게 하여 주옵소서. 현재의 신앙생활에서 만족하지 말게 하시고, 갈렙과 같이 청년의 기상을 가지고 부름의 상을 위하여 좇아가는 여생이 되게 하옵소서. 특별히 디모데의 모친과도 같이 물질보다는 믿음의 유산을 물려줄 수 있는 영적인 부모가 되게 하여 주옵소서. 의인은 종려나무 같이 번성하며 레바논의 백향목 같이 발육한다고 했는데(시92:12) 자손의 복은 물론이요, 물질의 복과 영적인 복까지 항상 넘쳐나는 가정이 되게 하시고, 주님께 늘 감사와 찬양을 드릴 수 있게 하여 주옵소서.

이 자리에 참석한 가족과 성도들에게도 함께하셔서 주님만을 의지하는 삶을 사는 가운데 주님이 주시는 장수의 복을 누릴 수 있게 하여 주옵소서. 목사님이 축복의 말씀을 들려주실 때에 위로가 넘치게 하시고 평안의 복을 얻게 하옵소서. 예수 그리스도의 이름으로 기도합니다. 아멘

참고 성경: 시편 92:12

입주

은혜로우신 하나님 아버지! 이 가정을 지켜 주셔서 부족함 없이 살아가게 하시니 감사합니다. 또한 아름답고 사랑이 넘치는 가정이 되게 하여 주심도 감사합니다.

특별히 감사하옵기는 이 가정이, 주님이 주신 새로운 장막으로 입주하여 먼저 주님께 감사 예배를 드리게 하시고 영광을 돌릴 수 있게 하시니 감사합니다.

이제껏 붙드시고, 인도하시고, 축복하신 하나님께서 앞으로도 이 가정과 함께하실 것을 믿습니다. 이제 새로운 집에 입주하였사오니 주님을 더 잘 섬길 수 있는 복된 가정이 되게 하여 주시고, 주님을 더욱 사랑하고 주님의 말씀을 더욱 가까이 할 수 있는 가정으로 이끌어 주옵소서. 그리하여 입주하기 전보다 더욱 성숙한 신앙생활이 되게 하여 주시고, 주님을 기쁘시게 하는 자로 쓰임 받게 하여 주옵소서.

주님! 이 가정에 계획하고 있는 일들이 있습니까? 우리 주님이 그 계획을 만져주셔서 주님의 영광을 나타낼 수 있게 하시고, 선한 열매를 맺게 하여 주옵소서. 또한 이 가정에 예배와 찬송이 늘 가득하고 주 안에서 형제자매들을 즐거이 대접하는 복된 처소가 되게 하여 주옵소서. 이 집이 육신의 장막뿐 아니라, 신앙의 집으로도 아름답게 세워지고 쓰임 받게 하여 주옵소서.

새집 증후군이 있습니다. 면역력을 강화시켜 주셔서 잘 적응할 수 있게 하여 주옵소서. 이웃과 좋은 사귐이 있게 하여 주시고, 전도할 수 있는 문도 열어주옵소서. 목사님이 오늘 이 가정을 위하여 준비하신 말씀이 가훈이 되게 하시고, 축복이 되게 하여 주옵소서.

이 가정의 호주가 되시는 예수 그리스도의 이름으로 기도합니다. 아멘

참고 성경: 마태복음 7:24

개업

사랑이 많으신 하나님 아버지!

오늘 이 가정이 새로운 사업을 준비하여 개업을 하게 되었습니다. 가게의 문을 열기 전에 먼저 개업 예배를 드릴 수 있도록 함께하심을 감사드립니다. 그동안 이 사업의 터전을 마련하기 위하여 힘든 과정이 있었지만 믿음으로 잘 이겨낼 수 있게 하시고, 믿음의 결과를 보게 하시니 감사드립니다.

오늘부터 개업하는 이 가게를 우리 주님이 붙드실 것을 믿습니다. 수고에 합당한 열매가 주어지게 하시고, 아름다운 소문이 잘 나게 하여 주셔서 손님의 발걸음이 끊이지 않는 생업이 되게 하여 주옵소서.

이 가게의 주인은 주님이심을 잊지 않기를 원합니다. 정직과 진실함으로 이 가게를 운영해 나갈 수 있도록 지혜를 더하여 주시고, 주님을 섬기는 주님의 백성임을 늘 의식하며 사업을 하게 하여 주옵소서. 이 일도 하나님이 주신 귀한 성직임을 깨닫게 하셔서 이 곳을 통하여 영적인 열매도 풍성히 맺을 수 있도록 도와주시옵소서.

수고의 열매 가운데 주님의 것은 정직히 구별하여 주님께 드릴 수 있게 하여 주시고, 범사에 하나님의 주권을 인정하는 믿음이 이 가게의 큰 자산이 되게 하여 주옵소서. 가게를 운영하다보면 어려움도 만나게 될 것입니다. 그 때마다 좌절하지 않고 주님께 더 가까이 나아가 부르짖을 수 있는 믿음이 되게 하여 주옵소서. 가게 때문에 주일을 범하는 일이 없게 하여 주시고, 주님의 날은 주님께 정직하게 돌릴 수 있도록 이끄시옵소서.

이제 시작하오니 우리 주님이 형통케 하실 것을 믿습니다. 큰 복으로 채워 주실 것을 믿습니다. 주님의 영광을 드러내게 하실 것을 믿습니다. 오늘 축복의 말씀을 준비하신 목사님을 기억하시고, 그 말씀이 이 사업을 하는 동안 이 가게를 운영하는 중심이 되게 하여 주옵소서. 좋은 것으로 채워주시는 예수 그리스도의 이름으로 기도합니다. 아멘

참고 성경: 마태복음 13:45,46

사업 확장

사랑이 많으시고 은혜가 풍성하신 하나님 아버지!

오래 전부터 이 가정을 주님의 백성으로 택하여 주시고 이끌어 주시며 모든 것을 주관해 주시니, 주님의 사랑과 은총에 감사드립니다. 또한 주님의 섭리와 은총 속에 이 가정이 사업을 시작하게 하시고, 주님의 축복으로 사업을 더욱 확장하게 하셔서 감사예배를 드릴 수 있게 하시니 더욱 큰 영광을 주님께 돌립니다.

사업의 확장이 있기까지 얼마나 많은 수고의 땀을 흘렸겠으며 정성을 쏟았겠습니까? 모든 것이 땀의 결실인 것을 믿어 의심치 않습니다. 더욱이 주님이 이 가정의 사업을 친히 주관하시고 이끌어 주셨기에 더 좋고 넓은 곳으로의 확장이 가능했음을 믿습니다. 이제껏 이 가정을 형통의 길로 인도하신 하나님, 이제 새롭게 확장한 사업장에서 정직과 성실을 심으며 최선을 다할 때에 이전과 같이 매 순간마다 함께하시는 주님의 손길을 느낄 수 있게 하시고, 수고의 열매를 풍성히 맺을 수 있는 길로 이끌어 주옵소서.

원하옵기는 이 가정이 사업의 확장뿐만 아니라 믿음과 신앙의 영역도 더욱 확장되게 하시고, 주님의 몸 된 교회를 섬기는 일에도 열심을 내는 가정이 되게 하옵소서. 하나님께서 이가정의 사업을 확장케 하신 것은 주님의 영광을 위한 도구로 쓰시기 위한 것임을 믿습니다. 이 사업체를 통하여 선한 사업에 동참할 수 있게 하시고, 주님의 사랑을 나타내고 주님의 뜻을 높이는 일에 크게 쓰임 받을 수 있게 하옵소서.

이 사업체를 경영하는 OOO성도에게 지혜와 능력을 더하여 주셔서 이 사업체를 주님이 기뻐하시는 방향으로 이끌고 나갈 수 있게 하옵소서. 앞으로의 모든 계획과 원하는 것들을 복된 성공으로 이끄실 것을 믿사옵고 예수 그리스도의 이름으로 기도합니다. 아멘

참고 성경: 시편 37:11

사업 이전

사랑과 자비가 풍성하시며 공의로우신 하나님 아버지,
　주님의 넘치는 사랑과 은혜를 감사드립니다. 이 가정을 주님의 사랑 안에 품어 주시고 사업을 축복해 주시는 주님, 이제 주님의 뜻에 따라 귀한 사업체를 이전하고 먼저 주님께 감사의 예배를 드릴 수 있게 하시니 얼마나 감사한지요. 오늘 이전 감사 예배를 드리면서 먼저 주님의 섭리를 깨달아 알 수 있는 저희 모두가 되게 하시고, 전능하신 하나님께서 이 가정의 사업을 붙들고 계심을 가슴 깊숙이 느낄 수 있게 하여 주옵소서.
　주님, 이 사업이 사람의 뜻과 유익만을 위한 것이 아니라, 주님의 섭리와 뜻에 따른 것임을 믿사오니 이 사업을 통하여 더욱 주님의 영광을 드러낼 수 있게 하시고, 날로 번창하는 사업이 될 수 있도록 복에 복을 더하여 주옵소서. 특별히 복음적인 경영관을 잘 간직하여 개인의 욕심을 채우기 위한 사업이 아니라, 주님의 영광을 위하며 주님의 몸 된 교회를 든든히 세우는 일에 도구로 쓰임 받는 사업으로 발전시켜 나갈 수 있게 하옵소서.
　새로운 곳에서 새로운 결심으로 시작하는 이 가정으로 하여금 새롭게 믿음 생활을 할 수 있게 하시고, 인간의 지혜나 힘을 의지하지 않고 주님의 지혜와 뜻을 따라 운영하도록 붙들어 주옵소서.
　혹 이 사업을 경영하면서 여러모로 힘들고 어려운 일도 많을 줄 아오니 그때마다 무릎으로 주님을 찾을 수 있게 하시고, 주님의 도우심을 얻어 힘든 과정을 잘 이겨 나갈 수 있게 하옵소서.
　사업을 위하여 수고하는 모든 분들에게 육신의 건강과 영혼의 강건함을 더하여 주옵소서. 예수 그리스도의 이름으로 기도합니다. 아멘

참고 성경: 시편 128:2,4

7

행사와 회의
대표기도문

부흥회

어제나 오늘이나 영원토록 살아계신 전능하신 하나님 아버지!

영적 기근의 시대를 살아가는 저희들에게 구별된 삶을 살고자 하는 열망을 갖게 하시고, 소망을 하나님께 두며 이 세대를 본받지 않게 하시니 감사드립니다.

식어버린 저희의 심령에 성령의 충만을 허락하시기 위하여 심령 부흥회를 갖게 하시고, 성령 충만한 강사 목사님도 보내주심을 진심으로 감사드립니다. 오늘부터 시작되는 이 부흥집회에 성령님이 바람같이, 불같이, 생수같이, 임하셔서 상하고 애통하고 갈급한 심령들이 소생하며, 육신의 문제와 질병으로 고통 받는 자들의 문제가 해결되며, 치료의 광선이 비치고 가정과 사업과 생활에 뒤엉켜있는 모든 문제들이 근본적으로 해결되는 축복의 시간이 되게 하옵소서.

또한 성령의 권능을 힘입어 초대교회 성도들 같이 복음을 증거하는 일꾼이 되기를 원합니다. 이 시간 소낙비와 같이 성령의 능력을 부어주셔서 냉랭한 심령에 불이 붙게 하시고, 우리의 가족과 친척과 이웃에게 복음을 전하고, 성령의 불을 붙일 수 있는 능력의 종들이 되게 하여 주시옵소서.

사랑의 주님, 육신적인 문제에 얽매여 이 시간 참석하지 못한 성도들이 있사온데 그들을 불쌍히 여겨 주시고 하나님을 재물과 겸하여 섬길 수 없음을 깨달아 하나님께 영광 돌리며 살 수 있는 복된 삶으로 이끌어 주시기를 원합니다.

이 시간, 단에 세우신 강사 목사님을 주님의 강하신 오른팔로 붙드셔서 심령을 쪼개는 말씀을 전하게 하시고, 은혜를 사모하는 저희 모두가 주님의 임재하심을 체험하는 놀라운 시간이 되게 하여 주옵소서. 이 시간부터 복되고 은혜로운 성회를 마치는 날까지 악한 사탄 마귀 일절 틈타지 못하도록 성령의 검으로 막아 주실 것을 믿사옵고 저희에게 은혜를 쏟아 부어 주시기를 원하시는 주 예수 그리스도의 이름으로 기도합니다. 아멘

참고 성경: 골로새서 3:2,3

찬양집회

우리의 찬송이시요, 구원이시요, 소망이 되시는 하나님 아버지!

한 뜻과 한 목소리로 구원의 주님께 찬양을 드립니다. 미천한 저희를 주님의 자녀로 삼아주시고 영원토록 주님을 찬송할 수 있는 특권을 주심을 감사합니다.

오늘은 특별히 찬양집회로 주님께 영광을 돌립니다. 이 자리에 참석한 저희 모두가 구속받은 은총의 감격과 기쁨을 가지고 찬양하게 하옵소서. 마음 깊은 곳에서 우러나오는 참된 찬양이 있게 하시고, 주님을 향한 저희의 영혼의 울림이 되게 하여 주옵소서.

심령이 메마른 자 있다면 찬양하면서 단비 같이 내리는 주님의 은혜를 경험하게 하옵소서. 심령이 강퍅한 자가 있다면 찬양 중에 마음을 녹이시는 주님의 은혜를 경험하게 하옵소서. 질병으로 고통당하는 자가 있다면 찬양 중에 치유하시는 주님의 능력의 손길을 경험하게 하옵소서. 온갖 문제로 신음하는 자가 있다면 찬양 중에 상한 심령을 치유하시는 주님의 은혜를 경험하게 하옵소서. 감사를 잃어버린 자가 있다면 찬양 중에 그 마음을 감사로 채우시는 주님의 손길을 경험하게 하옵소서.

오늘 주께 올리는 찬양이 기쁨의 고백이 되기를 원합니다. 하늘 보좌에까지 상달되는 향기가 되기를 원합니다. 주님이 기뻐하시는 신령한 노래가 되기를 원합니다. 저희의 심령을 찬양의 은혜로 가득 채워 주옵소서.

오늘 이 집회에 초대된 찬양사역자들에게도 함께하시기를 원합니다. 주님께서 저들에게 귀한 달란트를 주셨사오니 은사를 받은 데 대한 기쁨과 감격을 가지고 주님을 기쁘시게 할 수 있는 사역자들이 되게 하여 주옵소서.

"이 백성은 내가 나를 위하여 지었나니 나의 찬송을 부르게 하려 함이니라"(사 43:21) 말씀하였사오니 오늘의 이 집회에 주의 성령께서 운행하심을 믿사옵고 예수 그리스도의 이름으로 기도합니다. 아멘

참고 성경: 시편 66:4; 71:23; 104:33

간증집회

은혜가 풍성하신 하나님 아버지! 오늘 저희들에게 간증집회를 허락하셔서 은혜 받을 수 있도록 축복하심을 감사드립니다. 귀한 집회를 허락하여 주셨사오니 가벼운 마음으로 참여하지 않게 하시고, 모두 갈급한 심령으로 은혜를 사모하며 나오게 도와주옵소서.

주님께서 이번 간증집회를 통하여 저희들에게 들려주시고픈 음성이 있는 줄 믿습니다. 저희의 귀를 복되게 하셔서 강사님이 전하시는 말씀 속에서 그 음성을 분명히 들을 수 있게 하여 주옵소서. 그리하여 저희의 신앙을 다시 한 번 새롭게 결단할 수 있는 시간이 되게 하여 주옵소서.

이름뿐인 신앙인이었다면 가슴 치는 회개를 통하여 진실한 신앙인으로 거듭나는 시간이 되게 하시고 주님을 향한 뜨거움을 회복할 수 있는 시간이 되게 하여 주옵소서. 또한 열심을 품고 주님을 따르는 신앙인이었다면 더욱 큰 헌신과 충성을 다짐할 수 있는 시간이 되게 하여 주옵소서.

인생의 어려움으로 인하여 낙심한 자들이 있습니까? 간증을 듣는 가운데 새 힘을 얻게 하시고, 질병으로 인하여 고통당하는 자들이 있습니까? 간증을 듣는 가운데 그 어떤 질병이든 치료하시는 주님을 만날 수 있게 하옵소서. 또한 오늘 이 자리에 처음 참석한 영혼이 있습니까? 주님의 전도를 받게 하셔서 구원의 감격을 누릴 수 있게 하여 주옵소서.

주님! 특별히 간구하오니 주님이 귀히 쓰시는 강사님의 건강을 붙들어 주시기 원합니다. 이 집회를 인도하시는 동안 피곤치 않도록 권능의 오른팔로 붙들어 주시고, 교회마다 간증집회를 인도할 때에 성령의 불길이 뜨겁게 타오르는 역사가 있게 하여 주옵소서.

이 집회를 마련하기 위하여 밤낮으로 수고하며 애쓴 손길들을 기억하시고 이 시간 예비하신 주님의 은혜로 충만히 채워주시옵소서. 마치는 시간까지 주의 성령께서 이 자리에 운행하심을 믿사옵고 예수 그리스도의 이름으로 기도합니다. 아멘

참고 성경: 사도행전 22:3-16

전도집회

한 영혼을 천하보다 귀하게 여기시고 사랑하시는 주님!

이 시간에 특별히 주님이 귀히 쓰시는 강사 목사님을 모시고 전도 집회를 가질 수 있도록 은혜 베푸심을 감사드립니다.

저희의 마음을 다 아시는 주님! 그 동안 저희들이 전도의 중요성을 알면서도 영혼을 구원하는 일에 마음을 쏟지 못했던 것은 아닌지요. 바쁘고 시간이 없다는 것을 핑계 삼아 복음 전하는 일에 아예 관심을 접으려고 했던 것은 아닌지요. 주님의 크신 사랑과 은혜로 용서하여 주옵소서. 저희의 간사함과 완악함을 성령의 불로 녹여 주시고 성령충만을 허락하여 주옵소서.

이 시간 강사 목사님이 들려주시는 말씀을 통하여 영혼구원의 중요성을 다시 한 번 깨닫는 시간이 되게 하시고, 전도에 대한 뜨거운 열정이 회복되는 시간이 되게 하여 주옵소서. 전도의 미련한 것으로 믿는 자들을 구원하시기를 기뻐하시는 주님의 마음을 온몸으로 느낄 수 있는 시간이 되게 하여 주옵소서. 저희가 움직여야 교회가 부흥되는 줄 믿습니다. 저희가 움직여야 하늘나라의 지경이 확장되며, 사탄의 권세 아래 놓여있는 자들이 주님의 자녀로 변화되는 기적의 역사가 나타날 줄 믿습니다. 이 시간 강사 목사님의 말씀을 들으면서 전도인의 직무를 잘 감당하겠노라는 고백과 다짐이 있게 하여 주옵소서.

오늘 이 복된 자리에 미참한 성도들이 있습니다. 오늘의 이 집회를 가볍게 여기는 저들이 되지 않게 하시고, 전도자로 세우시려는 주님의 안타까운 마음을 헤아릴 수 있는 은혜를 주옵소서.

이 시간 강사 목사님을 성령의 능력으로 강하게 붙드시기를 원합니다. 이 집회가 끝나는 시간까지 육신의 피곤함이 엄습하지 않도록 도와주시옵소서. 이 집회 시간 내내 주의 성령께서 친히 이 자리에 운행하실 것을 믿사옵고 예수 그리스도의 이름으로 기도합니다. 아멘

참고 성경: 고린도전서 1:21; 디모데후서 4:2

총동원 주일

내 집을 채우라 말씀하신 주님!

복되고 즐거운 이날, 은혜로우신 주님 앞에 몸과 마음과 저희들의 모든 것이 총동원 되는 총동원 전도주일로 지키게 하시니 감사드립니다.

주님이 분부하신 복음전도의 명령을 조금이라도 더 힘써서 감당하고자 총동원전도주일로 지키게 되었사오니 저희의 마음을 받으시고 영혼구원의 열매를 맺기 위하여 마음을 쏟은 저희들에게 큰 능력을 더하옵소서.

짧은 기간이라 조급한 마음이 앞섰던 것이 사실이지만 행사에 그치는 전도주일이 되지 않게 하기 위하여 기도하며 영혼구원의 사역에 총력을 기울였습니다. 영혼구원의 열매를 맺은 성도들에게 주님의 칭찬과 위로가 있게 하시고, 열매 없이 무겁고 안타까운 마음으로 이 자리에 참석한 성도들에게는 낙심과 실망에 사로잡히지 않도록 크신 사랑으로 감싸 안아 주시옵소서.

저희 모두가 때가 되면 주님께서 반드시 거두실 것이라는 믿음을 갖고 계속해서 영혼을 구원하는 일에 마음을 쏟을 수 있게 하옵소서. 날마다 주님의 마음을 품고 기도하며 전도에 힘쓸 때에 영혼구원의 결실을 맺는 귀한 축복이 있게 하여 주옵소서.

오늘 이 교회의 문턱을 처음 밟은 자들을 기억하시고, 모든 것이 낯설고 어색하겠지만, 불편한 자리가 되지 않도록 평안을 허락하여 주옵소서. 오늘 단 한 번의 참석으로 끝나지 않도록 성령께서 함께하시고, 목사님이 전하시는 말씀을 통하여 구원의 진리를 깨달아 주님을 영접할 수 있게 하사 천국을 향하여 달려갈 수 있는 발걸음들이 되게 하여 주옵소서.

생명의 말씀을 선포하시는 목사님을 능력의 오른손으로 붙드셔서 피곤치 않게 하여 주시고, 이 자리에 참석한 저희 모두가 하늘의 신령한 은혜를 다시 한 번 경험하는 시간이 되게 하여 주옵소서.

예배의 시종을 주님께 의탁하며 예수님의 이름으로 기도합니다. 아멘

참고 성경: 누가복음 14:23

체육대회

복의 근원이 되시는 하나님 아버지!

온 성도들이 한 자리에 모여 마음을 같이 하며 체력을 단련할 수 있는 체육대회를 갖게 하시니 감사합니다. 특별히 좋은 환경과 맑은 날씨를 허락하셔서 온 성도들이 기쁨 가운데 참여할 수 있게 하시니 감사드립니다.

오늘, 어린아이로부터 장년에 이르기까지 사랑하는 OO교회에 속해있는 온 교우들이 한 자리에 모였습니다. 믿음의 식구들이 뜻을 같이하여 체육대회를 가질 때 우리 주님께서 이 시간을 통하여 홀로 영광 받으시고 주님이 채워주시는 큰 은혜가 더욱 넘치는 귀한 시간이 되게 하옵소서.

사랑의 주님! 오늘 이 자리에 선수로 뛰는 교우와 응원하는 모든 성도님들 위에 축복하여 주시고, 이 체육대회가 단순한 체육대회가 아닌 마귀와의 영적 전투를 어떻게 해야 하는지를 배우는 자리가 되게 하시고, 영적으로 승리하는 삶을 살기 위하여 어떤 자세로 살아야 할 것인지를 깨닫는 시간이 되게 하여 주옵소서.

특별히 원하옵기는 오늘 경기에 선수로 출전하는 교우들의 마음을 주장하여 주셔서 지나친 승부욕에 집착하지 않게 하시고, 서로 용납하는 마음으로 선한 경기를 만들어 나갈 수 있도록 이끌어 주옵소서. 규칙을 어기거나 다투는 일 또한 발생하지 않게 하시고, 몸을 다치는 일이 없도록 성령께서 보호하여 주옵소서.

이 대회를 준비하고 진행하는 성도들에게도 함께하셔서 하루의 수고가 헛되지 않게 하시고 큰 보람과 축복이 되게 하여 주옵소서.

경기에 임하기 전에 목사님을 통하여 주님의 귀한 말씀을 듣습니다. 듣는 저희들의 귀가 더욱 복 있게 하시고, 말씀을 전하시는 목사님도 성령의 능력으로 붙들어 주옵소서.

오늘 하루의 모든 일들을 주님께서 주관하시고, 인도하시고 함께하여 주실 것을 믿사옵고 예수 그리스도의 이름으로 기도합니다. 아멘

참고 성경: 히브리서 12:1

전교인 수련회

사랑의 주님!

저희 00교회를 사랑하시고 축복하셔서, 주님이 빚으신 아름다운 자연 속에서 뜻 깊은 수련회를 갖게 하심을 감사드립니다.

금번 수련회 기간을 통하여 저희들의 신앙을 다시 한 번 점검할 수 있게 하시고, 새롭게 신앙을 무장하고 심신을 단련할 수 있는 은혜의 시간이 되게 하여 주옵소서. 또한 눈물로 드리는 기도와 회개도 있게 하시고, 큰 은혜와 은사를 사모할 수 있는 시간이 되게 하옵소서.

0박 0일의 짧은 기간이지만 저희들이 새롭게 변화 받고 성령의 큰 능력을 체험하는 데는 결코 짧은 기간이 되지 않게 하시고, 저희에게 향하신 주님의 놀라운 사랑과 은혜를 어느 때보다도 가슴 절절히 느끼는 축복의 시간이 되게 하옵소서. 여기에 머무는 동안 서로를 위해 배려하고 봉사하며, 희생하는 아름다운 모습이 넘쳐 나게 하시옵소서.

특별히 이번 수련회를 위하여 오래 전부터 땀과 기도로 준비하고 수고한 손길마다 갑절의 은혜를 내려주시고, 그 수고가 결코 헛되지 않았음을 귀로 듣고, 눈으로 보는 축복의 시간이 되게 하옵소서. 여러 가지 프로그램을 준비한 진행위원에게도 함께하셔서 준비한 모든 것들이 저희 모두에게 큰 유익이 되게 하시고, 시간 시간마다 큰 비전을 제시할 수 있는 귀한 시간들이 되게 하옵소서.

이 수련회를 돕기 위하여 함께 오신 목사님, 전도사님, 집사님들께도 은혜가 넘치게 하시고, 장소를 제공한 손길 위에도 함께하여 주옵소서. 수련회 기간 동안 날씨도 주관하여 주셔서 준비한 모든 프로그램들이 주님의 은혜 가운데 잘 진행되게 하시고, 그 어떤 불미스러움도 발생하지 않도록 성령의 검으로 막아주시옵소서.

성삼위 하나님께서 홀로 영광 받으실 것을 믿사옵고 예수 그리스도의 이름으로 기도 드립니다. 아멘

성경: 레위기 19:2, 20:7-8, 21:6 마태복음 13:31,32

특별 새벽 기도회

은혜가 풍성하신 하나님 아버지!

새 힘과 소망을 가지고 하루를 맞이하게 하여 주시니 감사드립니다. 또한 저희들을 재촉하셔서 이 새벽에 주님의 거룩한 집에 나와서 기도하게 하시니 감사드립니다.

자비로우신 하나님 아버지! 오늘부터 특별새벽기도가 시작됩니다. 그동안 세상의 안일만을 추구하고 주님께 엎드려 기도하는 데 인색하고 게을렀던 저희들입니다. 용서를 구하오니 긍휼히 여겨 주옵소서. 이 새벽에 새롭게 변화 받기를 원합니다. 성령의 단비를 내려 주셔서 빈들의 마른풀이 단비를 맞아 소생하듯 저희들의 영이 새롭게 변화되어 소생케 되는 역사가 있게 하여 주옵소서. 특별히 이번 특별새벽기도를 통하여 새벽기도가 훈련되게 하시고, 새벽잠을 희생하고서라도 기도해야 한다는 절박한 마음을 갖게 하셔서 앞으로 새벽기도를 멈추지 않는 복을 허락하여 주옵소서.

또한 하나님께서 새벽에 이적을 행하심으로 새벽을 깨우는 종들로 하여금 하나님의 능력과 성호를 찬양하게 하셨듯이, 저희들에게도 동일한 축복이 있게 하여 주옵소서. 아울러 이번 특별 새벽기도회가 저희 교회에 제2의 영적 대 각성 운동을 일으키는 불씨가 되게 하여 주옵소서. 그리하여 저희 개인은 물론 교회도, 이 지역과 사회도, 더 나아가 전 세계에 까지도 성령의 불길로 활활 타오르게 하여 주옵소서.

말씀을 전하시는 목사님을 능력의 오른손으로 강하게 붙들어 주시기를 원합니다. 언제나 능력의 말씀을 전하시기에 조금도 피곤함이 없게 하시고, 말씀을 듣는 자의 심령마다 성령의 불을 체험케 되는 역사가 있게 하여 주시옵소서.

예배의 시종을 주님께 의탁합니다. 시간마다 풍성한 은혜를 내려주실 것을 믿사옵고 예수 그리스도의 이름으로 기도 드립니다. 아멘

참고 성경: 호세아 6:3

야외예배

할렐루야! 하나님의 은혜와 사랑을 찬양합니다.
화창한 날씨와 좋은 장소를 허락하여 주시고 주님의 창조물인 대 자연 속에서 온 교우들이 한 자리에 모여 성도의 교제를 더욱 친밀하게 나누게 하심을 감사드립니다.
주님이 저희들에게 주신 아름다운 자연이 없다면 어찌 우리가 이 땅에서 자유롭게 호흡하며 살아갈 수 있겠습니까? 야외로 나와 주님이 창조하신 아름다운 대자연을 마주하니 저희들을 향하신 주님의 사랑이 얼마나 놀랍고, 깊고, 큰지를 다시 한 번 피부로 느끼지 않을 수 없나이다.
이 시간 야외예배로 한 자리에 모여 친밀한 성도의 교제를 나누는 데만 마음을 쏟을 것이 아니라 주님이 창조하신 이 아름다운 자연을 보며 저희에게 쏟고 계시는 주님의 사랑과 정성이 얼마나 놀라운 것인지를 마음 깊숙이 새겨보는 시간이 되게 하여 주옵소서. 또한 언제나 주님의 성호를 찬양할 수 있는 입술이 되게 하여 주옵소서.
이 복되고 아름다운 자리에 함께하지 못한 성도들이 있습니다. 그들의 안타까운 마음을 헤아려 주시기를 원합니다. 지금 어디에서 무엇을 하든지 주님께서 함께하시는 복된 자리가 되게 하시고 그들의 행위 가운데 주님께서 기뻐하시는 모습들이 넘쳐나게 하옵소서.
특별히 이번 야외예배를 준비하기 위하여 마음과 정성을 쏟은 손길들이 있습니다. 주님께서 더 큰 복으로 함께하시고 위로하여 주시기를 원합니다.
말씀을 전해주실 목사님도 성령의 능력으로 붙들어 주셔서 주님께서 창조하신 자연과 더불어 전해지는 말씀이 송이꿀보다 더 단 말씀이 되게 하여 주옵소서. 오늘의 순서를 다 마치고 돌아가는 교통 편 까지도 함께 하여 주시기를 원하오며 예수 그리스도의 이름으로 기도 합니다. 아멘

참고 성경: 이사야40:26-28

특별 기도회

은혜와 사랑이 충만하신 하나님 아버지!

고달프고 힘든 삶 가운데서도 주님께 엎드리는 시간을 잊지 아니하고 기도의 자리로 나올 수 있도록 이끌어 주신 은혜를 감사드립니다. 이 자리에 성 삼위 하나님께서 함께하심을 믿습니다.

은혜의 주님!

저희 모든 성도들이 그 어느 때보다 기도의 필요성을 절감하고 주님께 엎드리기 위하여 특별기도회를 갖습니다. 주님이 채워주시는 신령한 은혜에 젖어드는 이 시간이 되게 하여 주옵소서. 저마다 육신의 피곤함은 있을지라도 성령의 능력을 힘입어 힘써서 부르짖을 수 있게 하시고, 영혼을 새롭게 만지시는 주님의 은총을 경험하는 이 시간이 되게 하옵소서. '기도하는 한 사람이 한 민족보다 강하다'는 종교개혁자 존 낙스의 말이 사실임을 입증할 수 있는 저희 모두가 되게 하여 주옵소서.

여러 가지 문제로 근심 중에 놓여 있는 성도들도 있는 줄 압니다. 악한 병마로 고통 속에서 신음하는 성도들도 있는 줄 압니다. 이 시간 주님 앞에 엎드려 간절히 부르짖을 때 주님의 응답을 경험하게 하시고, 새 힘과 새 능력을 공급받는 시간이 되게 하여 주옵소서.

이 시간에 저희 모두가 더욱 큰 은사를 사모하는 시간이 되기를 원합니다. 주님의 능력이 충만히 임하는 시간이 되기를 원합니다. 성령의 불길이 타오르는 시간이 되기를 원합니다. 또한 이 시간에 악한 마귀의 속삭임이 없도록 저희를 성령의 화염검으로 지켜주시고, 마음이 흔들릴 때마다 말씀으로 물리칠 수 있게 하옵소서.

이 시간에 말씀을 전하실 목사님을 주님의 능력의 손으로 붙드시고, 계시된 주님의 말씀을 전하실 때에 저희들의 각 심령이 말씀으로 수술 받는 시간이 되게 하여 주옵소서. 하늘의 불 말과 불 병거로 이 자리를 지키실 것을 믿사옵고 예수 그리스도의 이름으로 기도합니다. 아멘

참고 성경: 예레미야 33:3

입시생을 위한 기도회

높고 맑은 하늘을 볼 수 있게 해주신 하나님!
주님의 크신 사랑을 인하여 감사와 영광을 돌립니다. 아름답게 물들어 가는 산하를 통하여 하나님의 나라를 보듯, 저희의 삶과 이해를 통해 믿음의 세계가 더욱 깊어질 수 있도록 도와주시옵소서.
이 시간은 특별히 수능시험을 앞두고 있는 수험생들을 위하여 기도하는 시간을 갖습니다. 이 자리에 참석한 부모와 수험생들을 기억하시고, 그 마음을 헤아려 주시기를 원합니다. 자신의 열심과 쌓은 지식을 의지하기보다 주님을 의지하고 의뢰하는 것이 지혜의 근본이기에, 그 동안 학업에 전념하며 꾸준히 힘써온 시험 준비에 기도로 마무리 하려고 이 자리를 찾았습니다. 그 발걸음이 복되게 하시고, 기쁨과 소망의 열매를 거둘 수 있도록 함께하여 주옵소서. 낙심과 절망이 밀려오지 않도록 평안과 담대함을 주시고, 끝까지 최선을 다할 수 있도록 용기와 힘을 더하옵소서.
수험생을 두고 있는 부모들에게도 함께하여 주시기를 원합니다. 이제껏 수능시험을 준비하는 자녀를 위하여 안타까운 마음으로 기도하며 수발해온 줄 압니다. 그 모든 수고와 마음의 간절함이 헛되지 않도록 은총을 더하여 주옵소서.
"무릇 여호와를 의지하며 여호와를 의뢰하는 사람은 복을 받을 것이라"고 말씀하였사오니 기도로 수능 준비를 마감하는 수험생들에게 복에 복을 더하여 주실 줄 믿습니다. 시냇가에 심은 나무가 번성하듯 그 앞길을 형통케 하실 것을 믿습니다. 담장너머로 뻗어가는 줄기처럼 저들의 앞길을 풍성케 하실 것을 믿습니다. 주님의 놀라운 지혜로 그 머리를 주장하실 것을 믿습니다.
이 기도회의 시간을 주님께 의탁하오며 예수 그리스도의 이름으로 기도합니다. 아멘

참고 성경: 잠언 3:5, 이사야 12:2, 26:3,4

제직회

거룩하신 하나님 아버지!

주님께 마음을 다하여 예배드릴 수 있게 하시고, 이 시간 특별히 제직회로 모이게 하심을 감사드립니다.

저희를 택하셔서 자녀삼아 주신 것도 말로 다 형언할 수 없는 큰 은혜이온데, 주님의 몸 된 교회를 위하여 충성할 수 있도록 특권을 주시니 감격할 따름이옵니다. 마음과 정성을 다하여 주님의 몸 된 교회를 섬길 수 있게 하시고, 핑계치 않는 믿음으로 주님을 기쁘시게 할 수 있는 저희 제직들이 되게 하여 주옵소서.

이 시간 회무를 진행할 때에 친히 성령께서 주장하셔서 회무와 모든 안건들을 다룰 때마다 저희의 생각이 앞서지 않게 하여 주시고, 주님의 뜻을 적극 반영할 수 있는 마음들이 되게 하여 주옵소서. 어려운 문제일수록 회장이신 목사님의 생각과 의견을 존중할 수 있게 하시고, 주님의 몸 된 교회를 위한 일이라면 오직 아멘만 있게 하여 주옵소서.

사랑과 은혜가 넘치는 자리가 되게 하실 것을 믿습니다. 기쁨과 만족이 넘치게 하는 자리가 되게 하실 것을 믿습니다. 저마다 교회를 위하는 마음이 서로에게 감동으로 다가오는 시간이 되게 하실 것을 믿습니다.

제직회의 사회를 보시는 목사님께도, 이 자리에 참석한 모든 제직들에게도 그 마음을 온전히 붙드실 것을 믿사옵고 예수 그리스도의 이름으로 기도합니다. 아멘

참고 성경: 빌립보서 2:3,4,14

월례회

은혜로우신 하나님 아버지!

거룩한 주일을 맞이하여 저희들이 한 자리에 모여, 신령과 진정으로 예배드리게 하시고, 목사님을 통하여 축복의 말씀을 듣게 하심을 감사드립니다.

이제 이 시간은 저희들이 정기 월례회로 모임을 갖고자 합니다. 이 시간도 주님의 은혜가 충만하게 넘치는 시간이 되게 하시고, 서로 사랑으로 용납하는 가운데서 모든 회무가 은혜롭게 마무리 될 수 있도록 이끌어 주옵소서. 의논하고자 하는 모든 일들이 주님께 영광이 된다면 기쁨으로 용납할 수 있는 회원들이 되게 하시고, 부족한 일들이 발견될 시에는 사랑으로 감싸주고 격려해 줄 수 있는 회원들이 되게 하여 주옵소서.

무엇보다도 주님의 일에 적극적이지 못하고 정성을 기울이지 못한 저희 자신들을 돌아보며 반성하는 시간이 되게 하시고, 주님의 몸 된 교회를 위하여 충성을 다짐할 수 있는 시간이 되게 하여 주옵소서.

회장님 이하 임원들에게도 함께하셔서 회를 운영해 나가는 데 어려움이 없게 하시고, 모든 기쁨으로 감당할 수 있게 하옵소서. 저희 회가 있음으로 이 교회에 큰 유익이 되게 하시고, 다른 회에 모범이 될 수 있는 회가 되게 하여 주옵소서.

지금은 회의를 시작하는 시간입니다. 이 회의를 주관해 나가시는 회장님께 운영의 지혜와 명철을 더하시고, 참석한 모든 회원들에게도 한결같은 은혜로 함께하실 것을 믿사옵고 예수 그리스도의 이름으로 기도합니다. 아멘

참고 성경: 빌립보서 2:3,4,14

공동의회, 사무총회(예, 결산)

사랑이 풍성하신 하나님 아버지!

저희들에게 새로운 해를 출발할 수 있도록 은혜를 베푸시고, 새해 첫 주일에 기쁨 가운데 감사의 예배를 드리게 하심을 감사드립니다.

이제 예배를 마치고 지난해의 교회 재정을 결산하고, 새해 예산 편성을 위한 공동의회(사무총회)를 갖게 되었습니다.

먼저, 한 해 동안 이 교회를 붙드셔서 큰 어려움 없게 하시고, 부흥과 성장이 있게 하신 주님의 크신 은혜에 큰 영광을 돌립니다.

저희 모두가 감사하는 마음으로 공동의회에 참여할 수 있게 하시고, 주님을 높일 수 있는 자리가 되게 하여 주옵소서.

이 자리는 입교한 자 중 세례교인이라면 누구나 참여할 수 있는 자리입니다. 교회 살림에 대하여 관심을 갖고 참여할 수 있게 되었음을 감격스럽게 여길 수 있게 하시고, 회무가 진행되는 동안 성령의 충만함을 구할 수 있게 하옵소서.

회무를 맡은 제직들에게도 함께하셔서 교회를 사랑하는 마음이 넘치게 하시고, 참여한 자 모두가 주님의 교회를 사랑하는 마음으로 회무와 안건을 매듭지을 수 있게 하여 주옵소서. 또한 책임을 맡은 자들에게 격려와 칭찬을 아끼지 않는 아름다운 모습도 있게 하여 주옵소서.

회장석에 서신 목사님께도 함께하셔서 이 회의를 잘 이끌어나갈 수 있도록 지혜와 능력을 더하여 주옵소서.

올해도 저희 교회가 한 해의 예산을 잘 세워서 교회로서의 사명을 잘 감당하는 데 부족함이 없게 하실 것을 믿사옵고 교회의 머리가 되시는 예수 그리스도의 이름으로 기도합니다. 아멘

참고 성경: 빌립보서 2:3,4,14

공동의회(직원선출)

거룩하신 하나님 아버지!

거룩한 주일을 맞이하여 저희 모두가 예배의 감격을 누릴 수 있게 하시고, 마음을 다하여 예배할 수 있게 하시니 감사드립니다.

이 즐겁고 복된 날, 저희에게 주님의 몸 된 교회를 위하여 더욱 충성하고 봉사할 일꾼을 세울 수 있는 은혜를 주심을 감사드립니다.

이 자리에는 세례교인 이상만 참여하여 일꾼을 세울 수 있는 자격을 갖게 되었사오니, 이에 들지 못한 성도들의 마음을 헤아려 주시고, 교회의 질서를 귀히 여기며 사랑할 수 있게 하여 주옵소서.

오늘 이 자리에 참여한 저희 모두에게 주님의 교회에 합당한 일꾼을 선출할 수 있는 지혜를 주시고, 은혜를 더하여 주시옵소서. 기분에 의한 것이나 사사로운 감정이 개입되지 않게 하여 주시고, 오직 주님의 몸 된 교회를 위하여 어떤 일꾼이 필요한지를 분별할 수 있게 하여 주셔서 기도하는 마음으로 투표에 임하게 하여 주옵소서.

거룩한 공회를 통하여 선출되는 직원들, 직분을 가볍게 여김으로 주님이 세우신 공동체를 욕되게 하는 일이 없게 하여 주시고, 두렵고 떨리는 마음으로 직분을 받게 하여 주옵소서. 주님이 세우시는 영광된 직분에 아멘만 있게 하여 주시고, 회개하는 마음으로 열과 성을 다하여 충성하고 헌신할 수 있는 일꾼들이 되게 하여 주옵소서. 주께서 세우셨사오니 어렵고 힘든 일일수록 앞장 설 수 있게 하여 주시고, 믿음이 약한 자들을 사랑으로 이끌어 주며, 주님을 위한 일이라면 불속에라도 들어갈 수 있는 일꾼들이 모두 되게 하여 주옵소서.

이 시간에 오직 주님만이 함께하시고, 저희의 심령을 붙드셔서 거룩한 한 표를 행사하며, 주님의 일꾼을 세우게 하실 것을 믿사옵고 예수 그리스도의 이름으로 기도합니다. 아멘

참고 성경: 사도행전 6:1-7, 디모데전서 3:8-13

기관총회

사랑의 주님!

한 해 동안 저희 00회를 붙드셔서 주님의 몸 된 교회를 섬기며 선한 사업에 힘쓸 수 있도록 이끄심을 감사드립니다. 연말을 맞이하여 한 해를 돌아보니 모든 것이 주님의 은혜의 흔적임을 다시 한 번 깨닫게 됩니다. 참으로 부족하고 연약한 저희들을 주님의 일꾼으로 삼으셔서 주님의 몸 된 교회를 위하여 봉사하며 섬길 수 있는 기회를 주시니 얼마나 감사한지요. 하지만 뒤돌아보니 참으로 부끄러운 기억밖에는 떠오르는 것이 없습니다. 주님 앞에 진실한 일꾼으로 최선을 다하지 못한 것을 용서하여 주옵소서.

오늘 이렇게 연말을 맞이하여 새 일꾼을 선출하는 총회를 하게 되었습니다. 먼저, 한 해 동안 수고한 임원들을 기억하시고, 부족한 것이 많았을지라도 그 수고를 기쁘게 받으시옵소서. 오늘 이 총회를 성령님께서 친히 주장하실 것을 믿습니다. 사람이 제비를 뽑으나 그 걸음을 인도하시는 분은 여호와시라고 하였사오니, 저희 모두가 합력하여 선을 이루시는 주님의 손길을 피부 깊숙이 경험하는 계기가 되게 하여 주옵소서.

이번에 선출되는 임원들의 마음을 굳게 붙드시기를 원합니다. 주님의 몸 된 교회를 위하여 더욱 충성하고 봉사할 수 있는 기회가 주어진 것에 대하여 감사할 수 있게 하시고, 육신의 생각에 치우쳐서 주님의 마음을 아프게 하는 자가 없게 하여 주옵소서. 주님이 보여주신 섬김의 본을 잘 실천 수 있는 임원들이 되게 하실 것을 믿습니다.

총회의 의장을 맡아 수고하는 회장님을 성령의 능력으로 붙드시고, 이 총회가 마치는 시간까지 주의 성령께서 친히 이 자리에 운행하실 것을 믿사오며 예수 그리스도의 이름으로 기도합니다. 아멘

참고 성경: 잠언서 16:33

더 잘 섬기게 하옵소서

주님!
주님을 더 잘 섬기게 하옵소서.
가난할지라도 불평하지 않고
주님을 더 잘 섬기게 하옵소서.
질병이 있을지라도 원망하지 않고
주님을 더 잘 섬기게 하옵소서.
몸이 약할지라도 서러워하지 않고
주님을 더 잘 섬기게 하옵소서.
고통 중에 있을지라도 괴로워하지 않고
주님을 더 잘 섬기게 하옵소서.
시험 중에 있을지라도 낙심치 않고
주님을 더 잘 섬기게 하옵소서.
절망 중에 있을 지라도 낙망하지 않고
주님을 더 잘 섬기게 하옵소서.
아픔이 있을지라도 서러워하지 않고
주님을 더 잘 섬기게 하옵소서.
고독이 있을지라도 방황하지 않고
주님을 더 잘 섬기게 하옵소서.
불안할지라도 초조해하지 않고
주님을 더 잘 섬기게 하옵소서.
안 좋은 일이 있을지라도 속상해하지 않고
주님을 더 잘 섬기게 하옵소서.
바쁠지라도 핑계치 않고
주님을 더 잘 섬기게 하옵소서.
유혹이 있을지라도 요동하지 않고
주님을 더 잘 섬기게 하옵소서.
편안할지라도 나태하지 않고
주님을 더 잘 섬기게 하옵소서.
어려움 없을지라도 자만하지 않고
주님을 더 잘 섬기게 하옵소서.

8

모임 대표기도문

구역(속회)모임

사랑이 많으신 하나님 아버지!
저희 교회를 사랑하셔서 교우들이 서로 돌아보며, 믿음의 교제를 나누고, 주님을 높일 수 있는 소그룹모임이 활성화되게 하심을 감사드립니다. 소그룹은 교회 안의 또 다른 작은 교회일진대 건강한 소그룹모임이 될 수 있도록 주의 성령께서 이끌어 주옵소서. 소그룹모임을 사랑할 수 있게 하시고, 소그룹을 든든히 세워 가는데 마음을 쏟을 수 있는 저희 모두가 되게 하여 주옵소서.
특별히 이 모임을 주관하는 지도자를 기억하셔서 힘주시기를 원합니다. 그룹원들을 위한 수고와 애씀이 주님께 향기가 되게 하시고, 큰 은혜와 위로로 채워주시옵소서.
주님, 안타깝게도 그룹원들 중에 잘 참석하지 못하는 이들이 있습니다. 그들이 처한 환경을 이해하지 못하는 것은 아니오나, 모든 것을 주님께 맡기고, 먼저 주님의 나라와 그 의를 구할 수 있는 저들이 되게 하여 주옵소서. 항상 주님께 우선권을 두고 주님을 높이며 사는 자를 우리 주님께서 크신 은혜로 채워주실 것을 믿습니다. 또한 이 자리에 참석한 그룹원들 중에 어렵고 힘든 가운데서도 참석한 이들도 있습니다. 이 모임이 침체되지 않고 활성화되기를 원하여 자신을 희생한 그 마음을 우리 주님이 기쁘게 받으시고 축복하여 주옵소서.
오늘 저희가 소그룹 모임을 가지면서 성령 안에서 모든 교제가 이루어지게 하시고, 서로를 위하여 축복해 줄 수 있는 은혜의 시간이 되게 하여 주옵소서. 무엇보다도 모임의 핵심이 되는 말씀을 앞세우게 하시고, 기도함으로 서로의 짐을 나누어 질 수 있는 복된 자리가 되게 하여 주옵소서.
우리 모두가 이 자리를 통하여 주님의 능력을 덧입고 천국을 경험하는 자리가 되게 하실 것을 믿습니다. 이 모임을 사랑하시고 주장하시는 예수 그리스도의 이름으로 기도합니다. 아멘

참고 성경: 사도행전 2:4, 히브리서 10:25

교사모임

은혜의 주님!
한없이 부족한 저희들을 생명의 말씀으로 가르치고 영적으로 지도하는 세워주심을 감사드립니다. 또한 교사로서의 사명을 능히 감당할 수 있도록 지혜를 더하시고 능력으로 이끄심을 감사드립니다.
어린 학생들을 신앙으로 양육하고 지도하기에 앞서, 자신의 영적 성숙을 위하여 늘 기도에 힘쓰게 하시고, 말씀을 가까이 할 수 있는 삶이 되게 하여 주옵소서. 이 시간 교사모임을 갖습니다. 탁월한 방법과 수단을 연구하고 토의하는 시간이 되지 않게 하시고, 저희의 부족한 면을 깨달아 반성하고 회개할 수 있는 시간이 되게 하여 주옵소서.
주님! 저희가 맡은 영광된 직분을 기쁨으로 감당하기를 원합니다. 마지못해 억지로 감당하는 모습이 없게 하시고, 천국의 씨앗을 키우는 영적인 농부의 마음으로 최선을 다할 수 있는 저희 모두가 되게 하여 주옵소서.
이 시간에 참석지 못한 교사들도 있습니다. 저마다 안타까운 사정이 있기 때문인 줄 아오나, 주님 나라와 그 의를 위하여 좋은 편을 택할 수 있는 지혜가 있게 하여 주옵소서.
이 시간, 주일학교의 부흥과 학생들의 영적 유익을 위하여 마음과 생각을 나눌 때에 성령께서 저희의 마음을 온전히 주장하여 주시기를 원합니다. 이 모임에 말없이 듣고 계신 주님이 계시다는 것을 잊지 말게 하시고, 내 생각을 내세우기에 앞서 서로의 마음을 헤아리고 살필 수 있는 온유함이 가득한 시간이 되게 하여 주옵소서. 주님이 기뻐하실 일들을 나눌 수 있는 복된 시간이 되게 하실 것을 믿습니다. 또한 어린심령들에게 꼭 필요한 계획들을 세울 수 있도록 도와주실 것을 믿습니다.
부장님을 늘 능력으로 붙드셔서 힘들거나 피곤에 지치지 않게 하시고, 교사들을 앞선 영성으로 잘 이끌 수 있도록 도와주옵소서. 사랑이 많으신 예수 그리스도의 이름으로 기도합니다. 아멘

참고 성경: 에베소서 4:11, 디모데후서 1:11

성가대 모임

사랑의 주님!
저희들의 입술을 모아 주님을 찬양할 수 있게 하시니 얼마나 감사한지요. 천사도 흠모하는 영광된 직분으로 세움을 받은 것을 늘 감사할 수 있게 하시고, 찬양으로 주님을 높이고 예배를 돕는 일에 충성을 다할 수 있는 저희 모두가 되게 하여 주옵소서.

오늘도 다음 주에 부를 찬양을 연습하고자 이 자리에 모였습니다. 저희 모든 대원들에게 성령의 충만함을 더하여 주셔서 피곤할지라도 마음과 정성을 다하여 찬양연습에 참여할 수 있게 하시고, 찬양의 곡조와 가사를 하나하나 익힐 때마다 저희들의 신앙도 고백되어지는 시간이 되게 하여 주옵소서.

오늘 이 자리에 참석하지 않은 대원들도 있습니다. 주님이 맡겨주신 직분이 얼마나 중요한지를 깨닫게 하셔서 찬양대원으로서 맡은 바 직분을 잘 감당할 수 있게 하여 주옵소서.

주님! 저희가 주님께 드리는 찬양이 영혼을 담은 찬양이 되게 하기 위해서는 영성훈련에도 힘써야 함을 깨닫습니다. 저희 모두가 영성을 쌓는 일에 마음을 다할 수 있게 하시고, 신앙인의 의무를 힘써서 지킬 수 있도록 도와주시옵소서.

이 시간, 지휘자를 더욱 강력하게 붙드시기를 원합니다. 저희들을 잘 지도하고 가르치기에 피곤치 않게 하여 주시고, 힘겨운 시간이 되지 않도록 새 힘을 더하여 주옵소서. 반주자에게도 함께하여 주셔서 힘들지 않도록 도와주시고, 지휘자와 하나가 되어 사역을 감당하기에 어려움 없게 하옵소서. 대장님에게도 함께하셔서 저희 대원들을 사랑으로 이끌기에 조금도 부족함이 없게 하여 주옵소서.

연습에 임하는 저희 대원들 한 사람 한 사람에게 주의 영으로 충만케 하실 것을 믿사옵고 예수 그리스도의 이름으로 기도합니다. 아멘

참고 성경: 시편 146:2, 147:1, 147:12, 148:1~5, 148:7, 13, 14

남전도(선교)회 모임

은혜로우신 하나님 아버지!
저희 남전도회를 사랑하셔서 주님의 몸 된 교회를 세워가는 데 귀하게 쓰임 받을 수 있도록 이끄심을 감사합니다. 또한 이 시간에 남전도회 모임을 가질 수 있도록 함께하심을 감사드립니다.

사랑이 풍성하신 하나님 아버지! 저희 회원들 모두가 주님을 사랑하듯 남전도회를 사랑할 수 있게 하시고, 주님의 몸 된 교회의 유익을 위하여 모임을 갖는 일에 최선을 다할 수 있게 하여 주옵소서.

주님의 몸 된 교회에 할 일이 너무나 많습니다. 출애굽한 이스라엘이 40년 동안 광야를 지날 때에 늘 선봉에 섰던 유다지파와 같이, 저희 남전도회도 주님의 몸 된 교회를 위하여 늘 선봉에 설 수 있는 부서가 되게 하여 주옵소서.

주님을 위하여 봉사하는 일에 늘 앞장 설 수 있게 하여 주시고, 헌신과 충성과 희생을 드리는 일에 선봉의 신앙을 드릴 수 있게 하여 주옵소서.

또한 목사님의 말씀에 순종함으로 목회 사역을 잘 도울 수 있는 남전도회가 되게 하여 주시고, 모든 기관에 본이 되는 남전도회가 되게 하여주옵소서. 오늘 이 모임은 주의 사업을 위하여 더 나은 의견을 모으고 더 나은 계획을 세우고자 하는 자리입니다. 성령님께서 저희들 가운데 함께하여 주셔서 사사로운 의견이기보다는 주님이 쓰실 생각을 나눌 수 있게 하여 주옵소서.

이 모임을 이끌고 계신 회장님께도 함께하셔서 힘들지 않도록 늘 새 힘을 부어 주시고, 우리 남전도회를 주님이 바라시는 대로 잘 이끌고 나갈 수 있도록 도와주옵소서. 저희들 또한 회장님을 잘 보필하여 건강한 남전도회를 세우는 데 부족함이 없게 하여 주옵소서.

예배를 드리며 기도로 시작하였사오니 저희의 생각을 도와주실 것을 믿사옵고 예수 그리스도의 이름으로 기도합니다. 아멘

참고 성경: 신명기 3:18, 골로새서 1:24, 계시록 2:10

여전도(선교)회 모임

하나님 아버지!
믿음의 여인들을 통하여 주님의 몸 된 교회를 세우게 하시고, 주님의 사역을 감당할 수 있도록 은총을 베푸심을 감사합니다. 또한 언제나 주님의 영광을 위하여 아름답게 쓰임 받을 수 있는 여전도회가 되게 하시니 감사합니다. "맡은 자에게 구할 것은 충성"(고전 4:2)이라고 하였사오니 기쁨으로 충성을 다할 수 있는 저희 여전도회가 되게 하여 주옵소서.

주님! 저희 여전도회가 주님이 이 땅에 남기신 몸인 교회를 위하여 최고의 헌신자들이 되기를 원합니다. 초대교회 때 여인들의 헌신을 통하여 교회가 아름답게 세워졌듯이, 저희들의 헌신을 통하여 이 교회가 더욱 든든히 서 가는 축복이 있게 하여 주옵소서. 또한 예수님이 십자가를 지시고 골고다 언덕으로 향하실 때, 그 뒤를 눈물로 따라간 여인들처럼, 저희들도 주님의 십자가를 따르는 담대한 믿음이 있게 하시고, 저희들의 희생을 통하여 생명의 역사가 일어나는 축복이 있게 하여 주옵소서.

여인의 기도를 기쁘게 받으시는 주님! 교회와 가정을 위하여 늘 기도에 힘쓸 수 있는 여전도회가 되게 하시고, 영혼을 구원하는 일에도 마음을 쏟을 수 있는 여전도회가 되게 하여 주옵소서.

주님, 여전도회에서 계획한 일들이 있습니다. 주님의 몸 된 교회가 부흥하는 데에 꼭 필요하고, 목사님의 목회에 도움을 드릴 수 있는 계획들이 되게 하여 주옵소서. 여전도회의 발전과 사업을 위하여 생각을 모을 것이 있습니다. 저희의 마음과 생각을 지켜주셔서 여전도회를 든든히 세울 수 있는 유익한 대화들이 오가게 하시고, 감정이 상하거나 서로 헐뜯는 일이 발생하지 않도록 성령께서 지켜 주시옵소서. 회장님과 임,역원들에게도 함께하셔서 영육간에 강건함을 주시고 맡은 직분을 잘 감당할 수 있도록 능력을 더하여 주옵소서. 이 모임의 모든 대화를 듣고 계시는 예수 그리스도의 이름으로 기도합니다. 아멘

참고 성경: 누가복음 8:3, 사도행전 12:12, 16:11~15

성경공부 모임

사랑의 주님!

저희들에게 구원의 은혜를 베풀어 주시고, 주님의 진리의 말씀을 탐구해 갈 수 있는 특권을 주심을 감사합니다.

특별히 연약한 저희들을 지도하시기 위하여 주님이 귀히 쓰시는 OOO 목사님을 세우심을 감사드립니다. 성경공부를 지도하시는 담당 목사님을 더욱 큰 능력으로 붙드셔서 피곤함이 없게 하시고, 늘 강건함으로 지켜주옵소서.

또한 가르치시는 목사님을 통하여 깊은 영성을 만날 수 있게 하여 주시고, 영감 있는 주님의 말씀을 보다 더 깊이 있게 알아갈 수 있는 축복의 시간이 되게 하여 주옵소서.

또한 저희들이 진리의 말씀을 더 알고 이해하는 것으로만 그치지 않기를 원합니다. 그 말씀에 대해 순종할 수 있게 하시고, 주님의 참된 제자로 살아갈 수 있는 저희 모두가 되게 하여 주옵소서.

주님! 이 귀하고 복된 자리에 참석하지 못한 교우들이 있습니다. 저들의 딱한 형편을 헤아려 주실 것을 믿습니다. 진리의 말씀과 멀어지지 않도록 저들의 안타까운 삶을 주님의 은혜로 만져주시옵소서.

주님! 더 많은 성도들이 하나님을 힘써 아는 데 참여하기를 원합니다. 말씀이 없으면 신앙의 성장도 없고, 영혼이 피폐해질 수밖에 없음을 깨달아 주님의 말씀을 공부하는 데 시간을 투자할 수 있게 하여 주옵소서.

오늘 저희가 주님의 말씀을 배우지만 지혜가 부족합니다. 놀라운 지혜를 더하여 주셔서 주님의 귀한 말씀을 놓치지 않게 하여 주옵소서.

이 시간에 성령님이 도와주실 것을 믿사옵고 예수 그리스도의 이름으로 기도합니다. 아멘

참고 성경: 사도행전 20:32, 고린도후서 6:7, 갈라디아서 6:6

기도 모임

은혜로우신 하나님 아버지!

저희들을 사랑하시고 축복하셔서 주님을 가까이할 수 있도록 이끄심을 감사드립니다. 오늘 저희들이 기도의 중요성을 알기에 이 시간 특별히 시간을 내어 기도회로 모이게 되었습니다. 기도야말로 하늘의 문을 열고 닫는 축복의 통로임을 깨닫습니다. 항상 기도하는 것이 저희들의 습관이 되게 하여 주시고, 기도를 통하여 언제나 주님과 교제하는 삶이 되게 하여 주옵소서.

그 동안 이 핑계 저 핑계로 기도의 자리를 외면했던 모습이 있었다면 이 시간 회개할 수 있게 하시고, 꾸준한 기도생활이 이어졌다면 더 깊은 기도의 세계를 경험할 수 있는 시간이 되게 하여 주옵소서. 이 시간 이후로 저희 모두가 항상 기도하는 기도자로 세움 받기를 원합니다. 깨어 있는 기도자가 되기를 원합니다. 사무엘과 같이 기도하기를 쉬는 죄를 범치 않기를 원합니다. 나라와 민족, 교회와 성도, 가정과 이웃을 위하여 두 손을 높이 드는 인생이 되게 하여 주옵소서. 기도할 때는 언제나 사슴이 시냇물을 찾기에 갈급함 같은 기도가 되게 하시고, 한나와 같이 성령에 취할 수 있는 기도가 되게 하여 주옵소서.

오늘 기도회 모임을 인도하는 인도자에게도 함께하셔서 모인 숫자에 힘을 잃지 말게 하시고, 두 세 사람이 모인 곳에서도 주님의 이름으로 모인 곳에는 함께하신다고 하였사오니 그 약속의 말씀을 붙들고 능력 있게 기도회를 인도할 수 있게 하옵소서.

이 시간 참석하지 못한 성도들에게도 함께하셔서 지금은 주님께 부르짖어야 할 때임을 깨닫게 하옵소서. 이 기도회가 하나님의 능력을 끌어내고 마귀의 공격에 철퇴를 가할 수 있는 기도회가 되게 하실 것을 믿사옵고 예수 그리스도의 이름으로 기도합니다. 아멘

참고 성경: 사무엘상 1:13, 12:23

전도 모임

지금도 잃은 양을 찾으시는 주님!

저희들을 죄에서 구원하여 주시고 복음을 전할 수 있는 도구로 삼아 주셔서 오늘도 구원의 역사를 감당하게 하시니 감사드립니다.

오늘 저희들이 "때를 얻든지 못 얻든지 항상 힘쓰라"(딤후4:2)는 주님의 말씀을 좇아 전도하려고 합니다. 전도하는 것은 사탄과의 영적 전쟁임을 깨닫습니다. 그러하기에 전도에 나가기에 앞서서 먼저 합심하여 기도합니다. 저희들에게 성령 충만을 허락하여 주셔서 사탄과의 영적 전쟁에서 승리할 수 있게 하여 주옵소서.

복음의 씨를 뿌립니다. 거두시는 이는 주님이시오니 당장 열매가 주어지지 않는다 할지라도 낙심치 말게 하여 주시고, 힘을 다하여 복음의 씨를 뿌릴 수 있는 저희 모두가 되게 하여 주옵소서.

사람을 만나고 사람을 접촉하는 일입니다. 저희들에게 지혜를 허락하여 주셔서 말과 행동 속에서 주님의 형체를 드러낼 수 있게 하여 주시고, 비난의 말을 듣거나 핍박을 받는다 할지라도 주님의 피 묻은 십자가를 바라보며 참고 인내할 수 있게 하여 주옵소서.

오늘 저희가 나가서 전도하는 것으로만 영혼구원을 위한 의무를 다한 것으로 생각하지 말게 하시고, 접촉한 영혼의 구원을 위하여 기도의 자리로 나아갈 수 있는 저희 모두가 되게 하여 주옵소서.

주님! 사도 바울과 같이 받을 상급을 바라보며 생명 있는 그 날까지 몸과 시간과 물질을 깨뜨려 복음을 전할 수 있기를 원합니다. 생명의 복음을 외치지 아니하고는 견딜 수 없는 저희의 마음이 되게 하여 주옵소서.

주님, 저희들뿐만이 아니라 많은 사람들이 영혼에 대한 타는 목마름이 있게 하여 주시고, 주님의 복음을 힘써서 전할 수 있는 전도의 도구가 되게 하여 주옵소서. 전도할 때에 주의 성령께서 저희와 동행하실 것을 믿사옵고 예수 그리스도의 이름으로 기도합니다. 아멘

참고 성경: 누가복음 19:10, 디모데후서 4:2,5

봉사 모임

저희들이 순종하기를 기뻐하시는 주님!
오늘 저희들이 주님의 말씀을 좇아 순종의 자리로 나아올 수 있게 하시니 감사합니다. 언제나 주님의 몸 된 교회를 위하여 순종의 욕구를 충족시킬 수 있는 저희 모두가 되게 하여 주옵소서.
늘 저희들이 이 자리에 봉사하기 위하여 모였습니다. 저희들이 하는 봉사가 주님께 드려지는 봉사가 되게 하시고, 주님을 나타내고 보여 줄 수 있는 봉사가 되게 하여 주옵소서.
혹여 저희들의 봉사가 남을 판단하는 기준이 되지 않게 하시고, 언제나 겸손함으로, 언제나 낮아짐으로, 언제나 성실함으로, 언제나 진실함으로 섬김의 의무를 다할 수 있는 봉사자들이 되게 하여 주옵소서.
봉사하다가 오해를 받는 일이 발생한다 할지라도 낙심치 않게 하여 주시고, 합력하여 선을 이루시는 주님을 끝까지 바라보며 충성을 다할 수 있게 하여 주옵소서. 봉사의 목표를 주님을 닮아 가는 데 둘 수 있게 하시고, 봉사의 이유는 주님의 흔적을 남기는 것이 되게 하여 주옵소서.
또한 저희의 봉사가 아름답게 열매 맺을 수 있기를 원합니다. 한 알의 밀이 땅에 떨어져 죽을 때에 많은 열매를 맺듯이, 저희들의 봉사를 통해 주님의 영광을 위한 열매를 혹은 백 배, 혹은 육십 배, 혹은 삼십 배로 맺게 하여 주옵소서. 천국의 상급이 되기를 원합니다. 이 땅에서의 아름다운 봉사가 천국에서 해 같이 빛날 수 있게 하시고 하늘나라의 영원한 상급으로 이어질 수 있게 하여 주옵소서.
저희들이 이 시간 봉사할 때에, 이것저것 가리지 않기를 원합니다. 힘들고 불편한 것이라면 내가 먼저 할 수 있게 하시고, 열심을 다함으로 은혜 받은 자의 모습을 보여줄 수 있는 저희 모두가 되게 하여 주옵소서.
저희의 몸과 마음을 주님께 영광을 돌리는 일에 사용하심을 감사하오며 예수 그리스도의 이름으로 기도합니다. 아멘

참고성경: 고린도후서 9:12, 빌립보서 2:17, 베드로전서 4:10,11

식사 모임

공중에 나는 새를 먹이시며 들에 핀 백합화를 입히시는 하나님!
저희에게 일용할 양식을 허락하시고 건강을 주시니 감사합니다.

특별히 이 시간 식탁교제를 나눌 수 있게 하시니 감사합니다. 먹든지 마시든지 무엇을 하든지 주님의 영광을 위해서 하라고 말씀하신 대로 언제나 주님의 영광을 의식하며 떡을 뗄 수 있는 저희 모두가 되게 하여 주옵소서.

나의 양식은 나를 보내신 이의 뜻을 행하는 것이라고 말씀하였사오니 이 음식을 먹고 저희의 지체를 불의의 병기로 사용치 않게 하여 주시고, 의의 병기로 사용하는 삶이 되게 하여 주옵소서.

저희들 모두가 이 땅에 사는 동안 먹고 마시는 일 때문에 지나친 염려함이 없게 하여 주시고, 하나님이 주신 식물을 감사함으로 받는 자가 되게 하여 주옵소서.

주님께서 굶주린 자들을 긍휼히 여기시고 먹이셨던 것처럼 제 자신만을 위해 호의호식하지 않게 하시고 의식주 때문에 고통당하고 있는 자들을 구제하는 일에 소홀히 하지 않게 하여 주옵소서.

또한 이 음식이 식탁에 오르기까지 정성껏 준비한 손길이 있습니다. 그 번거로움과 수고로움을 기억하셔서 하늘의 큰 기쁨으로 채워주시옵소서. 이 땅을 살아가는 동안 항상 주님의 마음을 가지고 선한 일에 동참할 수 있는 복 있는 손길이 되게 하여 주옵소서. 그 손으로 하는 모든 일들을 주의 강한 손으로 붙드셔서 언제나 나의 나 됨이 하나님의 은혜로 된 것임을 고백할 수 있게 하옵소서.

오늘 저희들이 식탁교제를 나누며 주고받는 대화 속에도 함께하셔서 모든 대화에 말없이 듣고 계신 주님을 의식하며 대화를 나눌 수 있게 하옵소서. 이 음식을 먹을 때마다 영원한 양식이 되시는 예수 그리스도의 이름으로 기도합니다. 아멘

참고 성경: 사도행전 2:46,47

만약 이러했다면

오늘 만약 제가 어떤 사람의 마음을 상하게 했다면,
만약 제가 어느 누구의 발자국 하나라도
빗나가게 했다면,
만약 제가 저의 고집대로만 살아왔다면,
자비로우신 주님, 용서하소서.
만약 제가 쓸데없거나 헛된 말을 하였다면,
만약 제 자신이 시련으로 고통 받지 않으려고
결핍이나 고통을 외면하였다면,
자비로우신 주님, 용서하소서.
만약 제가 고집을 부렸거나 모질었거나 냉정하였다면,
만약 당신께서 제가 지켜야 할 곳을
저에게 주셨을 때에도
당신의 우리 속에서 안식처를 구하였다면,
자비로우신 주님, 용서하소서.
당신께 고백한 이 모든 죄를 용서하소서.
제가 알지 못하는 감추어진 죄를 용서하소서.

_찰스H. 가브리엘

9

셀 모임 대표기도문

셀 기도(1)

저희의 빛과 구원이 되시는 여호와를 찬송하며 저희의 생명의 능력이 되시는 주님을 찬양합니다. 오늘도 저희 셀원들이 한 자리에 모일 수 있도록 이끄심을 감사드립니다. 항상 모이기에 힘쓸 수 있는 셀원들이 되게 하시고, 이 모임을 사랑할 수 있는 셀원들이 되게 하여 주옵소서.

사랑의 주님! 저희가 모이기에만 힘쓰는 것이 아니라 이 시간에 배우고 익힌 것을 실천 할 수 있는 삶이 되기를 원합니다. 주님이 저희에게 보여 주신 것처럼, 저희도 하나님을 사랑하고 이웃을 사랑하여, 하나님을 아는 자, 하나님께 속한 자로 살게 하여 주옵소서.

오늘 이 자리에 우리 주님이 내주하고 계신 것을 믿습니다. 저희의 생각을 붙드시고, 저희의 입술을 붙드실 것을 믿습니다. 신령한 교제를 가질 수 있는 시간이 되게 하여 주옵소서. 주의 성령께서 이 모임을 친히 주장하실 것을 믿사옵고 예수 그리스도의 이름으로 기도합니다. 아멘

셀 기도(2)

영광의 왕이신 주님! 저희들에게 끊임없이 은혜를 베풀어 주심을 감사드립니다. 저희들의 삶을 되돌아보면 모든 것이 주님의 은혜의 흔적이었음을 깨닫습니다. 늘 주님의 사랑과 은혜를 깨닫고 감사하는 삶이 되게 하여 주옵소서. 오늘도 저희를 사랑하셔서 이 복된 모임을 가질 수 있게 하심을 감사드립니다. 이 땅위에 천국의 지경이 확장되기를 간절히 소원하며 갖는 모임이오니 이 모임을 더욱 축복하여 주옵소서. 이 시간에 주님의 뜻 안에서 말씀을 상고하고 교제를 나눌 때에 저희의 마음이 더욱 뜨거워지게 하시고, 그 뜨거운 마음으로 주님의 몸 된 교회를 위하여 충성을 다할 수 있는 일꾼들이 되게 하여 주옵소서.

오늘도 서로를 위하여 기도할 때에 저희 안에 새로운 영으로 충만케 하실 것을 믿습니다. 또한 응답하시는 하나님을 경험하게 하실 것을 믿습니다. 이 모임을 사랑하시는 예수 그리스도의 이름으로 기도합니다. 아멘

셀 기도(3)

인자하시고 거룩하신 하나님 아버지! 허물과 죄가 많은 저희들이지만 한없는 긍휼로 이 복된 모임을 허락하심을 감사드립니다. 주님! 저희들이 이 모임을 가질 때마다 저희를 향하신 하나님의 뜻이 이루어지는 모임이 되기를 원합니다. 주님의 형상을 닮아가는 모임이 되기를 원합니다. 점점 더 온전함에 이를 수 있는 모임이 되기를 원합니다. 함께하여 주옵소서. 주님! 저희들을 통하여 생명의 역사가 일어나기를 원합니다. 구원받는 숫자가 날마다 더해지는 것은 주님의 뜻이오니 그 뜻을 이룰 수 있는 모임이 되게 하여 주옵소서.

저희 모두가 새 생명을 생산해내는 모임을 만들기 위해서 더 열심히 기도할 수 있게 하시고, 더 열심히 전도할 수 있게 하옵소서. 그리하여 이 모임 속에서 초대교회의 성령 충만한 모습이 느껴지게 하옵소서. 이 시간도 오직 주님만이 영광을 받으실 것을 믿사옵고 예수 그리스도의 이름으로 기도합니다. 아멘

셀 기도(4)

사랑의 하나님 아버지! 연약한 저희들에게 베푸신 은혜를 감사합니다. 오늘도 받은 은혜를 감사하며 이 모임에 참석했습니다. 주님께 큰 영광 돌리는 복된 자리가 되게 하여 주옵소서.

주님! 저희의 부족한 믿음을 아시오니, 항상 풍성한 은혜로 저희의 믿음을 채워주시기를 원합니다. 이 세상에서 강하고 담대하게 살아가게 하시고, 주님께 늘 믿음의 고백을 드릴 수 있게 하여 주옵소서. 오늘도 주님이 사랑하시는 경건한 모임이 되며 뜨겁게 기도하고 교제하는 모임이 되기를 원합니다. 이 모임이 세속적으로 기울어지지 않도록 주의 성령께서 역사하여 주옵소서. 저희의 모임을 항상 복되게 하셔서 믿음의 덕을 선전할 수 있는 모임이 되게 하여 주옵소서. 저희들과 함께하시는 예수 그리스도의 이름으로 기도합니다. 아멘

셀 기도(5)

저희로 하여금 예수 그리스도를 믿어 구원받게 하신 사랑의 하나님!
오늘도 기쁨과 은혜로 복된 모임을 가질 수 있도록 이끄심을 감사드립니다. 말씀을 묵상하는 가운데 하나님의 거룩하고 은혜로운 임재를 새로이 깨닫게 하시고, 사랑의 교제를 나누는 가운데 약한 믿음을 세워줄 수 있는 시간이 되게 하옵소서.
혹 시험 든 셀원이 있습니까? 이 시간 기도할 때에 응답받게 하시고, 혹 질병으로 고통당하는 셀원이 있습니까? 이 시간 기도하다가 주님의 치료하심을 경험하게 하옵소서.
주님! 열매 맺는 셀 모임이 되기를 원합니다. 이 자리에 있는 저희 모두가 각양 받은 은사대로 주님이 원하시는 열매를 많이 맺는 삶이 되게 하여 주옵소서. 이 시간도 오직 주님만이 영광 받으실 것을 믿사옵고 예수 그리스도의 이름으로 기도합니다. 아멘

셀 기도(6)

측량할 수 없는 큰 일을, 셀 수 없는 기이한 일을 행하시는 전지 전능하신 하나님을 찬양하며 경배드립니다. 오늘 저희가 이 모임을 가질 때에 하나님을 기뻐하며 그를 바라보며 모임을 가질 수 있게 하옵소서. 이 모임을 통하여 하나님과의 관계가 더욱 깊어지고, 하나님께서 우리 아버지 되심과 저희가 주의 자녀인 것을 다시 깨달으며 은혜가 더욱 새로워지게 하옵소서.
이 시간 말씀을 통하여 진리의 빛, 주의 평화를 내려 주시고, 저희가 주의 은혜를 먹고 사는 존재들임을 다시 한 번 깨닫게 하여 주옵소서. 저희들이 교제하는 가운데 혹 말과 생각으로 죄짓지 않게 하시고, 서로에게 기쁨이 되고 힘이 되는 대화를 나눌 수 있게 하옵소서. 온전히 성령의 이끌림을 받는 셀 모임이 되게 하여 주옵소서.
저희를 사랑하시는 예수 그리스도의 이름으로 기도합니다. 아멘

셀 기도(7)

　복음을 통하여 이 세상을 구원하시는 하나님의 사랑을 감사드립니다. 하나님의 사랑과 지혜를 찬양합니다. 오늘 이 모임을 주관하시는 주님의 은혜에 영광을 돌립니다. 저희의 맘과 정성을 다하여 이 모임을 주님께 드리길 원하오니 기쁘게 받으시옵소서.
　말씀을 묵상하다가 주의 거룩하신 품 안에 내가 있음을 다시 한 번 깨닫게 하시고, 성도의 교제를 나누다가 서로를 위한 기도의 제목을 발견할 수 있는 시간이 되게 하여 주옵소서. 이 모임이 주님의 몸 된 교회를 든든히 세우는데 밑거름이 되게 하시고, 구원받지 못한 이들에게 주님을 알릴 수 있는 복음의 전진기지가 되게 하여 주옵소서. 또한 이 모임이 사랑의 공동체가 되기를 원합니다. 치유의 공동체가 되기를 원합니다. 회복의 공동체가 되기를 원합니다. 성령의 능력으로 함께하여 주옵소서. 모든 것 주님께 맡기오며 예수 그리스도의 이름으로 기도합니다. 아멘

셀 기도(8)

　사랑의 하나님 아버지! 오늘 이 모임을 사랑하는 자들이 한 자리에 모였습니다. 주님이 기뻐 받으시는 거룩한 공동체를 세우기 위하여 마음을 쏟고 있는 저희에게 성령의 위로하심과 큰 은혜를 더하실 것을 믿습니다.
　세상의 풍속을 좇지 아니하고 이 땅위에 주님의 나라가 온전히 이루어지기를 소원하며 이 모임을 갖습니다. 주의 신실한 종들을 통하여 주님의 역사를 이루시옵소서.
　이 모임이 작은 모임이지만 주님의 몸 된 교회에 봉사자를 세우는 모임이 되기를 원합니다. 충성자를 세우는 모임이 되기를 원합니다. 헌신자를 세우는 모임이 되기를 원합니다. 이 모임을 위하여 세운 리더를 기억하시고, 어렵고 힘들지라도 은혜로 잘 감당할 수 있게 하옵소서. 모든 것을 다 아시는 예수 그리스도의 이름으로 기도합니다. 아멘

셀 기도(9)

자비로우신 하나님 아버지!
주님을 사랑하는 자들이 이 자리에 모였습니다. 약하고 미련한 저희들인지라 죄의 유혹을 뿌리치지 못했습니다. 주님의 한없으신 사랑으로 용서하여 주시고, 저희 심령 가득 주의 은혜로 채워주시옵소서. 오늘 이 모임이 이 땅위에 그 어떤 모임보다도 복된 모임인 줄 믿습니다. 저희가 이 모임을 더욱 사랑하게 하시고 적극적으로 참석할 수 있게 도와 주옵소서.
주님! 이 모임을 통하여 주님의 말씀이 선포되기를 원합니다. 주님의 평화가 선포되기를 원합니다. 이 모임을 더욱 축복하여 주옵소서.
저희의 짐을 친히 담당하신 주님! 셀원 가운데 여러 가지 문제로 힘들어하는 식구도 있을 줄 압니다. 위로와 평안을 주시고, 모든 일들이 아름답고 형통할 수 있도록 그 삶을 만져주시옵소서. 오늘도 이 셀 모임을 인도하는 자를 붙드시고, 모두 성령의 감화를 받는 시간이 되게 하실 것을 믿사옵고 예수 그리스도의 이름으로 기도합니다. 아멘

셀 기도(10)

저희의 정성을 보시는 하나님 아버지! 오늘 저희들이 주님의 사랑을 입은 자답게 살기 위하여 주님께서 합당하게 여기시는 셀 모임을 갖고자 합니다. 마가의 다락방에 충만히 임하셨던 그 성령님이, 오늘 이 자리에 모인 저희들에게도 충만케 하여 주옵소서. 저희가 이 모임을 가지면서 하나님의 자녀 된 것에 더욱 감사하게 하시고, 복음에 합당한 삶을 살기 위하여 주님의 도우심을 구할 수 있는 기도가 있게 하여 주옵소서.
또한 저희 모든 셀원들이 만나고 교제하는 모든 사람들에게 영적인 영향력을 끼칠 수 있는 그릇들이 되기를 원합니다. 참된 성공은 영적인 영향력을 끼칠 수 있을 때 이루어진다는 것을 잊지 않게 하셔서 하나님의 자녀로 최선을 다해 겸허히 살아가게 하옵소서. 이 모임을 사랑하시고 함께하시는 예수 그리스도의 이름으로 기도합니다. 아멘

셀 기도(11)

영광을 받으시기에 합당하신 하나님 아버지!
오늘도 이곳에 임재하셔서 이 모임을 주관하시고 영광을 받으옵소서.
이 시간, 여기에 모인 셀원들이 성경을 상고할 때에 저희들을 향하신 하나님의 사랑을 피부 깊숙이 경험하는 시간이 되게 하시고, 하나님의 능력이 얼마나 놀랍고 위대한지를 다시 한 번 경험하는 시간이 되게 하여 주옵소서. 저희들이 교제하며 기도할 때에 주님의 응답을 경험하게 하시고, 위로부터 주시는 기쁨과 위로와 즐거움을 풍성히 누릴 수 있게 하옵소서. 저희에게 이 모임을 허락하신 것을 늘 감사할 수 있게 하시고, 건강한 모임으로 성장할 수 있도록 최선을 다할 수 있게 하옵소서.
오늘의 모임에 인간의 그 어떤 간계와 궤계도, 사탄의 그 어떤 역사도 용납지 마시고 성령의 화염검으로 지키실 것을 믿사옵고 예수 그리스도의 이름으로 기도합니다. 아멘

셀 기도(12)

소망과 위로의 하나님!
어렵고 힘든 환경 가운데서도 거룩한 모임을 붙드심을 감사드립니다. 사람이 떡으로만 사는 것이 아니라 하나님의 입에서 나오는 말씀으로 사는 것인 줄을 저희가 알기에 이 모임을 갖습니다. 어렵고 힘들수록 거룩함을 좇아 나아갈 수 있는 저희 모든 셀원들이 되게 하여 주옵소서.
지금의 고통이 머잖아 기쁨이 되며, 지금의 고난이 훗날에 주님의 위로하심으로 넘쳐나게 될 것을 믿고 끝까지 믿음으로 달려갈 수 있는 저희 모두가 되게 하여 주옵소서.
오늘도 저희의 둔한 생각을 어루만져 주셔서 주의 놀라운 은혜를 깨닫게 하시고, 믿음, 소망, 사랑이 저희의 마음속에서 더욱 새로워지는 시간이 되게 하여 주옵소서. 저희의 마음을 항상 영원한 가치에 두게 하심을 감사하오며 예수 그리스도의 이름으로 기도합니다. 아멘

셀 기도(13)

저희에게 좋은 것을 아낌없이 주셔서 누리게 하시는 하나님!
오늘도 주님께 영광을 돌려야 할 시간을 잊지 않고 찾게 하여 주시니 감사드립니다. 언제나 주님을 앙망하는 자마다 새 힘을 얻게 하시고, 부끄럽지 않게 하시고, 수치를 당치 말게 하옵소서. 하나님을 앙망하는 자들이오니 하나님 이외에 다른 어떤 것에 의해 좌우되지 않게 하옵소서.
신실하신 주님! 하나님의 영광을 위하여, 주의 거룩한 이름을 위하여 모인 저희들입니다. 이 시간 말씀해 주실 것을 말씀해 주시고, 깨닫게 하실 것을 깨달아 알게 하여 주옵소서. 저희가 함께 기도할 때에 진실한 고백이 되게 하여 주시고, 찬송할 때에도 바울과 실라 같은 찬송이 되게 하여주옵소서. 떡을 뗄 때에도 초대교회의 성도와 같은 모습이 저희에게서 재현되게 하옵소서. 이 시간 이 모임에 주님의 축복이 가득하기를 원하오며 예수 그리스도의 이름으로 기도합니다. 아멘

셀 기도(14)

저희에게 주신 지극한 은혜와 말할 수 없는 주의 은사를 인하여 하나님께 감사합니다. 이 시간까지 저희의 삶을 만져주시고 축복해 주신 하나님, 오늘도 저희의 허물과 죄를 용서해 주시고 찬송과 영광을 받으시옵소서. 주님을 의지하는 자, 영혼이 잘 되며 범사가 잘되고 강건함으로 이끄실 것을 믿습니다. 이 시간도 주의 말씀을 상고할 때에 꿀같이 달다고 고백한 시인처럼 저희에게 주어진 말씀이 꿀송이와 같이 달게 하여 주실 것을 믿습니다. 환난을 당하거든 땅위에서 받는 고난이 잠시인 것을 알아 소망 중에 믿음의 생활을 기쁨으로 해나갈 수 있게 하옵소서. 주님의 몸된 교회와 주의 사랑하는 가정과 이 자리에 모인 권속들을 기억하셔서 부흥과 성장이 있게 하시고, 안식과 평안이 있게 하여 주옵소서.
사랑이 많으신 예수 그리스도의 이름으로 기도합니다. 아멘

셀 기도(15)

예수 그리스도를 통하여 인류에 대한 놀라운 긍휼과 자비와 사랑을 나타내 보여주신 하나님을 찬양하며 또한 믿음의 교제를 나누고자 여기에 모였습니다. 저희를 기억하시고 허물 있을지라도 인자와 긍휼로 관을 씌워주옵소서. 이 시간만큼은 세상 근심과 염려에 사로잡히지 않고 오직 하늘에서 내려주시는 주님의 신령한 은혜에 취할 수 있는 시간이 되게 하여 주옵소서. 주님의 말씀을 상고할 때 믿음의 눈이 열리게 하시고, 서로를 위하여 기도할 때 감사와 기쁨이 넘치는 시간이 되게 하여 주옵소서.

이 시간 셀원 간에 아름다운 교제가 있게 하시고, 서로에게 믿음의 덕을 세우고 기쁨을 더할 수 있는 교제가 되게 하여 주옵소서. 더욱 믿음으로 견고해지고 아름다운 덕을 선전할 수 있는 모임이 되기를 원합니다. 성령의 능력으로 붙드시옵소서. 여기에 함께한 이들의 마음을 받으실 것을 믿사옵고 예수 그리스도의 이름으로 기도합니다. 아멘

셀 기도(16)

영원하신 하나님 아버지! 저희가 인생길을 걷는 가운데 수많은 만남이 이루어지지만 이 시간 주를 고백하고 섬기는 자들이 복되고 아름다운 만남을 가질 수 있게 하시니 감사드립니다. 오늘도 저희들이 주께 영광 돌리며 믿음의 교제를 나눌 때에 새벽이슬 같은 주의 은혜를 경험할 수 있게 하옵소서. 주님을 사랑하는 자들입니다. 많은 허물이 있을지라도 너그러이 용서하여 주시고, 쓰임에 합당한 그릇이 될 수 있도록 성령 충만을 허락하여 주옵소서. 저희가 이 모임을 가질수록 주님을 닮아가는 모습이 나타나게 하시고, 주님의 형상을 보여줄 수 있는 삶이 되게 하옵소서.

이 시간 부끄러운 대화가 오고가지 않게 하여 주시고, 서로 간에 영적인 성숙함이 느껴질 수 있는 자리가 되게 하여 주옵소서. 부득불 참석치 못한 셀원을 기억하시고, 그 상한 마음을 위로하여 주옵소서. 저희를 너무도 사랑하시는 예수 그리스도의 이름으로 기도합니다. 아멘

셀 기도(17)

생명의 주님!

오늘 저희를 이 자리에 불러 주심을 감사드립니다. 오늘 이 자리가 주님을 만날 수 있는 자리가 되게 하여 주시고, 주님 앞에 충성과 헌신을 다짐할 수 있는 자리가 되게 하여 주옵소서.

이 모임을 통하여 건강한 그리스도인으로 다듬어질 수 있게 하시고, 아름다운 영성을 담아낼 수 있는 그릇으로 빚어질 수 있게 하옵소서. 모이기에만 힘쓰는 것이 아니라, 주님의 아름다운 덕을 선전하기에도 힘쓸 수 있는 모임이 되게 하시고, 많은 사람을 주께로 돌아올 수 있도록 하는 데 쓰임 받는 모임이 되게 하여 주옵소서. 드림도 풍성한 모임이 되기를 원합니다. 주님이 모든 것을 내어 주셨던 것처럼, 저희의 모든 것도 주님의 영광을 위하여 드림이 있는 삶이 되게 하여 주옵소서. 무한한 사랑으로 저희를 덮고 계시는 예수 그리스도의 이름으로 기도합니다. 아멘

셀 기도(18)

전능하신 하나님 아버지!

저희에게 모일 수 있는 시간을 허락하시고, 힘써서 모일 수 있게 하시니 감사합니다. 저희들이 이 땅에 있는 동안 하나님의 은혜를 헛되이 받는 일이 없게 하여 주옵소서. 받은 은사를 따라 착한 양심을 가지고 주의 일에 힘쓰게 하시고, 언제나 주님을 높이는 삶이 되게 하여 주옵소서.

사랑의 주님! 저희들이 이 모임을 가지면서 육욕을 채우기 위한 수단으로 기울어지는 일이 없기를 원합니다. 언제나 주의 성령께서 저희의 마음을 붙들어주셔서 주님의 나라와 그 의를 구할 수 있는 모임이 되게 하여 주옵소서. 이 모임을 통하여 주님이 각자에게 주신 은사를 늘 발견할 수 있게 하시고, 잘 활용할 수 있는 방법도 배울 수 있게 하여 주옵소서. 주님의 말씀을 묵상할 때나, 떡을 떼며 교제할 때나 주님께 합당한 모습이 되게 하실 것을 믿사옵고 예수 그리스도의 이름으로 기도합니다. 아멘

10

심방 대표기도문

등록한 새신자

사랑의 하나님 아버지!
　○○○성도에게 구원을 주신 주님의 은혜를 진심으로 감사드립니다. 이제 사랑하는 ○○○성도에게 주로 고백할 수 있는 믿음을 주셨사오니 교회를 통하여 예배의 즐거움을 누릴 수 있게 하시고, 주님을 섬기는 기쁨이 날마다 더하게 하여 주옵소서.
　구원의 진리를 깨달아 가는 가운데 그 영혼이 날마다 새로워지는 것을 경험할 수 있게 하시고, 영육간에 주님이 채워주시는 신령한 복과 은혜를 받아 누리는 삶이 되게 하여 주옵소서.
　주님의 몸 된 교회를 위하여도 귀하게 사용되는 그릇이 되기를 원합니다. 복된 교회생활을 통하여 주님이 주신 은사를 발견할 수 있게 하셔서 교회를 든든히 세우는 데 합당한 일꾼으로 쓰임 받게 하옵소서.
　주님! 이 가정에 주님을 만나지 못한 가족이 있다면 구원의 은총을 허락하여 주시기를 원합니다. 모든 가족이 예수 믿고 구원을 주신 주님을 찬양할 수 있게 하시고, 천국의 기쁨을 누릴 수 있는 가정이 되게 하여 주옵소서.
　주님! ○○○성도의 생업에도 복을 주시기를 원합니다. 그가 하는 일들이 하나도 땅에 떨어지지 않게 하셔서, 예수 믿는 사람은 이 땅에서도 넘치는 복을 받아 누린다는 사실을 경험하게 하여 주옵소서.
　이 가정에 고통의 문제가 있습니까? 주님을 의지함으로 고통의 문제를 다루시는 주님의 손길을 체험할 수 있게 하여 주옵소서.
　이 시간 이 가정에 축복의 말씀을 전하시는 목사님을 기억하시고, 들려주시는 말씀이 이 가정에 꼭 필요한 축복의 말씀이 되게 하옵소서.
　주님의 크신 능력과 은혜를 찬양하오며 예수 그리스도의 이름으로 기도합니다. 아멘

등록한 기신자

은혜로우신 하나님 아버지!
사랑하는 OOO성도(직분)님을 저희 교회로 인도하셔서 주님의 몸 된 교회를 섬길 수 있게 하심을 감사드립니다. 그 걸음을 00교회로 인도하신 것은 전적인 주님의 섭리임을 믿습니다.
OOO성도(직분)님이 00교회에 꼭 필요한 성도(직분)이기에, 00교회를 위하여 귀하게 사용하시려고 준비하신 일꾼이기에 그 마음에 감동을 주시고, 그 손길을 주장하사 등록케 하신 것을 믿습니다.
이제 저희들과 함께 OOO성도(직분)님이 주님의 몸 된 교회를 섬기며 신앙생활을 할 때에 더 크고 놀라운 하나님의 은혜를 경험하게 하시고, 영육간에 풍성한 열매를 맺는 삶이 되게 하여 주옵소서. 그가 주님의 전을 찾아 기도할 때마다 응답하시는 주님을 만나게 하시고, 힘을 다하여 봉사할 때마다 능력을 주시는 주님의 은혜를 경험케 하옵소서.
주님! 이 가정에 아직도 주님을 알지 못하는 식구가 있습니까? 사람이 떡으로만 사는 것이 아니라 하나님의 입에서 나오는 말씀으로 살아야 함을 깨닫게 하셔서 속히 주님을 영접할 수 있게 하여 주옵소서.
주님! 이 가정에 저희들이 알지 못하는 어려움이 있습니까? 애통하는 마음으로 부르짖을 때에 만져주시고 시원케 하시는 주님의 긍휼을 경험케 하옵소서.
이 가성의 생업이나 성영하는 사업노 기억하셔서 날마다 주님의 영광을 드러낼 수 있게 하여 주시고, 날마다 채우시는 주님의 은총을 경험할 수 있게 하여 주옵소서. 오늘 이 가정에 축복의 말씀을 전하시는 목사님을 기억하시고 성령의 능력으로 함께하여 주셔서 이 가정에 꼭 필요한 생명의 말씀이 되게 하여 주옵소서. 주님의 섭리하심을 찬양하오며 예수 그리스도의 이름으로 기도합니다. 아멘

이사

사랑이 풍성하신 하나님 아버지!

오늘 OOO성도(직분)님이 새로운 장막으로 이사하게 하심을 감사합니다. 이제 이 가정에 새로운 장막을 허락하여 주셨사오니 이곳에서도 변함없이 주님을 섬길 수 있는 OOO성도(직분)님이 되게 하여 주옵소서.

이 장막에 항상 주님을 향한 찬송이 끊이지 않게 하시고, 주님을 향한 감사가 멈추지 않게 하여 주옵소서. 모든 가족들의 믿음이 더욱 반석위에 세워질 수 있게 하시고, 시절을 따라 맺는 열매도 풍성하게 하여 주시옵소서.

또한 주님이 이 가정에 목자가 되셔서 주님이 이끄시는 대로만 따라갈 수 있는 가정이 되게 하여 주옵소서. 주님의 몸 된 교회를 위하여도 충성을 다할 수 있는 OOO성도(직분)님이 되게 하여 주시고, 기도할 때마다 응답하시는 주님의 은혜를 경험하는 삶이 되게 하여 주옵소서.

오늘 목사님을 통하여 주시는 축복의 말씀 듣고 하나님의 은혜와 사랑을 또 한 번 느낄 수 있게 하시고, 많은 사람을 부요케 할 수 있는 복 있는 손길로 살게 하여 주옵소서.

이 집을 출입하는 자마다 주님의 다스리심을 경험하게 하시고 주님의 영광을 보게 하실 것을 믿사옵고 예수 그리스도의 이름으로 기도합니다. 아멘

신혼

창세로부터 가정의 제도를 세워주신 하나님 아버지!

주님의 섭리와 뜻 가운데서 젊은 두 사람에게 한 가정을 세울 수 있는 축복을 주심을 감사드립니다. 이 두 사람이 하나님께서 세우신 가정임을 잊지 않게 하셔서 언제나 주님의 뜻을 이루기 위하여 마음을 쏟을 수 있게 하시고, 주님을 기쁘시게 해드릴 수 있는 가정이 되게 하여 주옵소서.

또한 이 두 사람이 주님의 몸 된 교회를 위해서도 갑절로 쓰임 받는 삶이 되기를 원합니다. 홀로였을 때보다 더 크고 더 아름다운 헌신을 드릴 수 있는 복된 부부가 되게 하여 주옵소서.

주님! 이제 이 두 사람이 하나가 되어 주님이 주신 가정을 위하여 미래의 계획을 세울 것입니다. 계획하는 모든 것들이 주님 보시기에 합당한 것이 되게 하시고, 주님을 높이고 그 삶 속에 주님의 뜻을 담아낼 수 있는 계획들이 되게 하여 주옵소서.

주님! 이 두 사람의 앞길에 뜻하지 않은 고통이 찾아올 수도 있을 것입니다. 그 때마다 주님을 찾을 수 있게 하시고, 믿음으로 승리할 수 있게 하여 주옵소서. 또한 영적으로 늘 무장하여서 그 어떤 사탄의 세력도 능히 물리칠 수 있는 능력의 가정이 되게 하여 주옵소서.

서로 다른 환경에서 성장한 사람이 하나를 이루었습니다. 의견의 불일치와 사소한 다툼이 있을지라도 서로가 이해하며 양보하는 가운데 행복한 가정생활을 이룰 수 있게 하여 주옵소서. 이 가정에 자손의 복도 허락하셔서 주님이 주신 아름다운 믿음의 기업을 이어갈 수 있게 하옵소서.

이 가정의 호주가 되시는 예수 그리스도의 이름으로 기도합니다. 아멘

출산

생명의 창조자이신 하나님 아버지!

만세 전부터 택하시고, 불러주신 이 가정에 귀한 생명을 선물로 주심을 감사합니다.

새 생명의 탄생을 어찌 이 세상의 그 무엇과 감히 비교할 수 있겠습니까? 산모는 물론 이 가정과 저희 모두에게 생명의 축복을 주신 하나님께 다시 한 번 감사와 영광을 돌립니다.

원하옵기는 구한 생명을 선물로 받은 부모들에게 믿음과 지혜를 더욱 충만케 하셔서 이 아기를 사랑과 믿음으로 잘 양육하게 하시고, 하나님의 은혜에서 떠나지 않고 하나님을 경외하며 주님을 의지하는 사람을 가르칠 수 있도록 인도하여 주옵소서.

또한 이 아기도 부모에게서 좋은 것만 본받게 하시고, 지혜와 명철을 더하여 주셔서 가정과 교회와 국가를 위해서 귀하게 쓰임 받을 수 있는 보배로운 아이가 되게 하여 주옵소서.

해산의 고통을 겪은 산모에게도 함께하시길 원합니다. 그동안 주님이 주신 귀한 생명을 잉태하고 출산하기까지 얼마나 힘들었겠습니까? 빠른 시일 내에 모든 것이 회복될 수 있게 하여 주시고, 건강한 모습으로 아이를 잘 양육할 수 있도록 도와주옵소서.

이 가정에 기업을 잇게 하신 주님의 은총을 감사하오며 예수 그리스도의 이름으로 기도합니다. 아멘

불화

화평케 하는 자는 복이 있다고 하신 주님!

이 시간 OOO성도(직분)의 가정의 평화와 화목을 위해서 기도합니다. 평강의 하나님께서 이 가정을 주장하여 주옵소서. 어렵고 힘들지라도, 화평을 이루시기 위하여 십자가에서 오래 참으신 주님을 생각할 수 있게 하시고, 도무지 용납할 수 없는 일이 있을지라도 죄인인 저희를 용납하신 주님을 깊이 생각할 수 있게 하옵소서.

서로가 불화의 원인을 지적하기 전에, 혹 내 자신이 영적인 자리에서 멀리 떠나 있었던 것은 아닌지, 살필 수 있게 하시고, 주님 앞에 엎드리는 삶이 너무나 부족했던 것은 아닌지, 회개할 수 있게 하여 주옵소서.

바라옵기는 이 가정에 회복의 은혜를 더하여 주옵소서. 어서 속히 이 불화의 먹장구름이 물러가고 화평의 무지개가 떠오르게 하여 주옵소서. 불화는 사탄이 좋아하는 것임을 깨달아 어서 속히 화평을 좇아갈 수 있게 하여 주옵소서. 성령 충만함을 허락하여 주셔서 주님의 피 묻은 십자가의 정신이 그 마음을 주장하게 하여 주옵소서.

각자가 주님 보시기에 화목제물이 되게 하여 주옵소서. 날마다 죽는 자로서의 삶을 살게 하시며 주님의 희생을 배우게 하여 주옵소서. 이해할 수 없는 것도 용납할 수 있는 능력을 주시고, 용서할 수 없는 것도 품어줄 수 있는 긍휼을 주옵소서.

어서 속히 서로가 하나가 되어 가정천국을 이룰 수 있게 하시고, 아름다운 부부의 모습으로 주님께 쓰임 받을 수 있게 하여 주옵소서. 오늘 이 가정에 주시는 말씀을 통하여 분쟁의 현장으로 찾아오시는 주님을 만나게 하실 것을 믿사옵고 평강의 왕이신 예수 그리스도의 이름으로 기도합니다. 아멘

이혼

긍휼이 풍성하신 하나님 아버지!
이 가정에 우리 주님도 원치 않는 헤어짐의 아픔이 주어졌습니다. 그동안 서로의 갈등을 풀어보기 위하여 수없이 노력해 보았지만 모든 것이 허사가 되어 버렸고, 가정에 금이 가는 아픔이 주어지고 말았습니다. 주님이 세우신 가정을 온전히 관리하지 못한 것은 분명히 주님 앞에 큰 죄를 지었음을 부인할 수 없나이다. 용서하여 주옵소서. 말할 수 없는 큰 죄를 지었을지라도 긍휼을 구하는 자를 외면치 아니하시고 품어주시는 주님이심을 믿습니다. 죄는 지었을지라도 상처받은 심령입니다. 긍휼히 여기셔서 넓으신 품으로 품어주시고, 이 아픔을 회복할 수 있도록 은총을 더하여 주옵소서.
이 일로 말미암아 주님의 교회와 멀어지지 않게 하시고, 주님을 가까이 하는 생활에 틈이 벌어지지 않도록 도와주시옵소서. 아픔이 있을 때 더욱 기도할 수 있게 하시고, 사랑이 풍성하신 주님을 더욱 의지할 수 있는 삶이 되게 하여 주옵소서.
성경을 읽음으로 마음의 평안을 찾게 하시고, 찬송을 부름으로 어두운 과거를 잊어버리게 하여 주옵소서. 앞으로 살아가야 할 길도 주님께서 이끌어 주셔서 온 세상 날 버려도 주님만은 버리시지 않음을 피부 깊숙이 느끼게 하옵소서.
우리 주님이 가장 연약한 상태에 있는 OOO성도(직분)를 다시 일으켜 세워주시고, 주님을 꼭 붙드는 삶이 되게 하실 것을 믿습니다. 죄인들의 친구가 되시는 예수 그리스도의 이름으로 기도합니다. 아멘

시험

자비하신 하나님 아버지!

주님께서는 하늘 위에 높이 계시지만 몸소 고난을 받으심으로 저희의 연약을 아시고 체휼하심을 감사드립니다. ○○○성도(직분)님에게 원치 않는 시험이 찾아왔으나 그가 주님의 사랑을 조금도 의심치 않게 하실 것을 믿습니다.

이럴 때일수록 사탄이 주는 파괴적인 생각들을 물리치기 위하여 더욱 기도로 무장할 수 있게 하시고, 성령의 충만함을 구할 수 있는 ○○○성도(직분)님이 되게 하여 주옵소서.

우리 주님은 믿음의 주님이심을 믿습니다. 온전케 하시는 주님이심을 믿습니다. ○○○성도(직분)님이 죽음도 이시기고 승리를 보여주신 주님을 끝까지 신뢰할 수 있게 하시고, 믿음 위에 굳게 서서 조금도 흔들리지 않게 하여 주옵소서.

지금 눈에는 아무 증거 안 보이고 귀에는 아무 소리 안 들려도, 또한 손에는 아무것도 잡히는 것이 없어도, "시험을 참는 자가 복이 있도다"(약 1:12)고 하신 주님의 말씀을 붙들고 이 어렵고 힘든 시기를 잘 인내하며 승리할 수 있도록 도와주시옵소서.

주님이 사랑하시는 자에게 허락하신 시험은 전적으로 시험당하는 자에게 엄청난 주님의 은혜를 체험케 하시기 위한 것임을 믿습니다. 욥이 엄청난 시험을 통과한 후에 비로소 귀로만 듣던 하나님을 눈으로 볼 수 있는 은총이 내려졌듯이(욥42:5) ○○○성도(직분)님에게도 그와 같은 주님의 은총이 있게 하여 주옵소서.

시험당하는 자들을 능히 도우시고 도고하고 계시는 예수 그리스도의 이름으로 기도합니다. 아멘

나태

은혜와 진리가 되시는 주님!

오늘 OOO성도(직분)님을 심방할 수 있도록 도우심을 감사드립니다. 이 죄인은 알 수 없사오나 우리 주님이 아실 줄 믿습니다. OOO성도(직분)님을 일으켜 주옵소서.

주님을 위해서 열심히 봉사하고 충성했던 OOO성도(직분)님입니다. 쉬지 않고 기도하기를 힘썼던 OOO성도(직분)님입니다. 그 어떤 상황 속에서도 예배생활을 철저히 했던 OOO성도(직분)님입니다. 신앙에 우선권을 두고 살았던 OOO성도(직분)님입니다. 모든 것을 다 아시는 주님께서 OOO성도(직분)님의 마음을 붙들어 주셔서 그 아름다운 신앙생활을 다시 회복할 수 있게 하여 주옵소서.

어떤 오해가 있었습니까? 주님이 풀어주시고, 다툼이 있었습니까? 관용의 마음을 주시옵소서. 상처를 받았습니까? 주님의 말씀으로 치료하여 주시고, 낙심한 상태에 있습니까? 주님이 두 손 잡아 일으켜 주옵소서.

주를 위하여 열심히 특심했던 엘리야 선지자도 낙심할 때가 있었습니다. 그러나 주님의 만져주심으로 회복되어 주님을 위하여 걸출하게 쓰임 받았듯이, 사랑하는 OOO성도(직분)에게도 그와 같은 은총을 내려 주옵소서.

지금도 주님은 OOO성도(직분)님을 찾고 계시고 기다리고 계시는 줄 믿습니다. 어서 오라고 손짓하고 계시는 줄 믿습니다. 사람을 보지 말게 하시고, 믿음의 주요 온전케 하시는 주님만을 생각하게 하옵소서.

우리 주님이 OOO성도(직분)님의 그 열심과 그 열정을 다시 회복시키셔서 주님의 몸 된 교회를 위하여 끝까지 충성하는 아름다운 일꾼으로 삼으실 것을 믿사옵고 예수 그리스도의 이름으로 기도합니다. 아멘

재난

인간의 생사화복을 주장하시는 하나님 아버지!

갑작스런 재난으로 인하여 감당키 어려운 슬픔에 잠겨 있는 이 가정을 위로하여 주시고 긍휼을 베풀어 주옵소서. 이와 같은 상황일 때 어떻게 위로해야할지 이 부족한 종도 참으로 당혹스럽고 할 말을 잃습니다.

그러나 합력하여 선을 이루시는 하나님이신 줄 믿습니다. 화가 변하여 복이 되게 하시는 하나님이신 줄 믿습니다. 이번 일로 사랑하는 OOO성도(직분)님이 절망에 이르지 않도록 그 중심을 더욱 강하게 붙들어 주시고, 소망을 잃지 않게 하여 주옵소서.

지금 잃은 것이 많은 상황이지만 잃은 것 때문에 너무 괴로워하지 말게 하시고, 오히려 남은 것을 인하여 감사할 수 있는 OOO성도(직분)님이 되게 하여 주옵소서.

참으로 어렵고 힘든 상황이지만 긍휼에 풍성하신 우리 하나님께서 재기할 수 있도록 도우실 것을 믿습니다. 이 위기의 상황을 지혜롭게 극복하여 하나님께 영광을 돌릴 수 있도록 이끄실 것을 믿습니다. 삶에 기적을 일으키는 하나님의 역사를 체험하는 기회로 삼게 하실 것을 믿습니다.

부자 욥이 하루아침에 감당할 수 없는 엄청난 고통을 당한 가운데서도 하나님을 원망하지 않고 그 섭리하심을 바라보며 찬송하였듯이, 사랑하는 OOO성도(직분)님에게도 그와 같은 믿음으로 채워주시옵소서.

지금 이 가정이 사방으로 우겨쌈을 당한 것 같고, 답답한 일을 당한 것 같고, 거꾸러뜨림을 당한 것 같지만 하나님께서 이 가정에 우리가 알지 못하는 깜짝 놀랄 일을 예비하고 계신 줄 믿습니다. 끝까지 신앙적으로 흔들림 없게 하셔서 주의 선하심과 인자하심을 경험하게 하옵소서.

슬픔을 당한자의 위로자가 되시는 예수 그리스도의 이름으로 기도합니다. 아멘

고난

참된 위로를 주시는 하나님 아버지!

지금 OOO성도(직분)님에게 필요한 것은 주님의 위로하심인줄 믿습니다. 고난당하고 있는 OOO성도(직분)님에게 참된 위로를 허락하여 주옵소서.

저희는 연약하여 고난 받을 때에 고난의 이유를 깨닫지를 못할 때가 많습니다. 고난을 깨닫는 지혜를 주셔서 원망과 불평의 자리로 나아가지 않게 하여 주옵소서.

고난당할 때 더욱 기도할 것을 권면하신 주님! 고난 받을수록 더욱 더 주님을 신뢰하고 의지할 수 있게 하여 주시고, 주님의 섭리하심을 바라보며 끝까지 기도할 수 있게 하여 주옵소서.

엎드리는 가운데 더 깊은 기도의 세계를 체험할 수 있게 하시고, 간구하는 가운데 주님의 세미한 음성을 들을 수 있게 하시며, 부르짖는 가운데 주님의 더 크고 놀라운 사랑을 체험할 수 있게 하여 주옵소서.

주님! 사랑하는 OOO성도(직분)님에게 불필요한 고난을 주신 것이 아님을 믿습니다. 유익을 더하시는 고난을 허락하신 것임을 믿습니다. 이 고난의 끝이 언제인지는 알 수 없사오나 감당치 못할 시험을 허락지 않으시는 주님이신 줄 알기에 믿음의 진검승부를 벌일 수 있는 OOO성도(직분)님이 되게 하여 주옵소서. 고난이 크면 클수록 주님과 더불어 받게 될 영광도 크다는 것을 생각하며 감사가 넘치는 믿음이 되게 하여 주옵소서.

고난의 때에 오래 참으신 주님의 겸손하심을 더욱 몸에 익힐 수 있게 하시고, 주님의 형상을 닮아가는 계기가 되게 하실 것을 믿습니다.

지친 영혼을 일으켜 주셔서 언제나 능력을 더하여 주시는 예수 그리스도의 이름으로 기도합니다. 아멘

핍박

사랑이 많으신 하나님 아버지!

지금 사랑하는 OOO성도(직분)가 주님을 믿는 것 때문에 가족들로부터 말할 수 없는 핍박을 받고 있습니다. "의를 위하여 핍박을 받는 자는 복이 있나니 천국이 저희 것임이라"(마5:10)고 하였사오니, 천국의 상속자가 된 것으로 인하여 위로를 얻게 하시고, 실족치 않게 하여 주옵소서.

또한 무릇 그리스도 안에서 경건하게 살고자 하는 자는 핍박을 받으리라(딤후3:12)고 하였사오니, 하늘나라의 상급을 바라보며 잘 견딜 수 있게 하여 주시고, 잘 이길 수 있게 하여 주옵소서.

핍박의 순간마다 이유 없이 핍박을 받으셨던 주님의 모습이 가슴으로 스며들게 하시고, 골고다 주님의 피 묻은 십자가가 OOO성도의 심령 속에 우뚝 세워지게 하여 주옵소서.

핍박을 인하여 주님 앞에 엎드릴 때마다 그 기도를 들으시고 그 마음의 안타까움과 괴롬을 살피시고 만지실 것을 믿습니다. 더 나은 신앙을 위하여, 더 굳센 믿음을 위하여 오늘의 풀무와 같은 아픔이 있음을 위로로 삼게 하시고, 큰 믿음으로 주님께 쓰임 받는 그릇이 되게 하여 주옵소서.

핍박자였던 바울을 변화시키셔서 놀라운 주님의 일꾼으로 삼으셨던 주님, 하실 수 있거든 OOO성도(직분)를 핍박하는 가족들의 마음이 일순간 녹아져서 주님을 믿고 따르는 사람으로 변화되게 하여 주옵소서. OOO성도(직분도)도 가족들의 영혼을 더욱 불쌍히 여길 수 있게 하시고, 주님 앞에 돌아올 때까지 낙망치 않고 기도하게 하여 주옵소서.

오늘 위로의 말씀으로 OOO성도(직분)를 찾은 목사님을 기억하시고, 권면하는 말씀 속에서 하늘의 위로와 신앙의 용기를 얻을 수 있게 하옵소서. 예수그리스도의 이름으로 기도합니다. 아멘

면회(교도소)

사랑이 풍성하신 주님!
오늘 이렇게 옥중에 있는 OOO형제를 면회하게 되었습니다. 주님이 피로 값 주고 택하신 귀한 아들을 기억하옵소서. 나라의 법에 따라 죗값을 치루고 있습니다. 그가 부지중에 저지른 일로 인하여 잠시 영어(囹圄)의 몸이 되었으나 그의 중심에는 주님 뜻대로 살려고 했던 믿음이 있었음을 기억합니다. 이곳에 있는 동안 주님을 더욱 깊이 경험할 수 있는 계기가 되게 하시고, 어디든지 찾아오셔서 상한 심령을 어루만지시고 싸매시는 주님을 만날 수 있게 하옵소서.

주님! 사랑하는 OOO형제의 건강을 붙들어 주옵소서. 몸 상하는 일이 없게 하시고, 마음 상하는 일도 없게 하여 주옵소서. 고요할 때 찬송할 수 있게 하시고, 외로울 때 기도할 수 있게 하여 주옵소서. 괴로울 때 십자가의 주님을 바라볼 수 있게 하시고, 답답할 때 말씀을 묵상할 수 있게 하여 주옵소서. 결코 좁은 마음이나 원망스러운 생각이나 자포자기의 마음이 들지 않게 하시고, 마음을 잘 정돈하여 여유 있는 품성을 이루는 기회로 삼게 하옵소서.

또한 일생을 걸어가는 동안 이번과 같은 경험이, 불행이 아니라 훌륭한 교훈을 얻을 수 있는 기회가 되게 하시고, 주어진 역경을 선용할 수 있는 지혜를 갖추는 계기가 되게 하여 주옵소서.

우리 주님은 의인을 위해 오신 것이 아니라 죄인을 위해 오셨다고 말씀하셨나이다. 저와 형제는 다같이 하나님 앞에서 죄인임을 깨닫습니다. 저희들을 불쌍히 여기시고 예수 그리스도로 인하여 새사람이 되게 하여 주옵소서. 아무쪼록 이 형제와 함께하시고, 속히 여기서 나와 훌륭한 사회인과 신앙인으로 일할 수 있도록 도와주시옵소서. 죄인을 사랑하시고 용서하시기를 기뻐하시는 예수 그리스도의 이름으로 기도합니다. 아멘

병문안(가정)

자비하시고 전능하신 하나님 아버지!

우리 하나님은 저희의 형편과 처지를 아시고 저희의 기도를 들으시며, 축복하여 주시기를 기뻐하시는 아버지이신 줄 믿습니다. 지금 사랑하는 OOO성도(직분)의 병상에 둘러서서 OOO성도(직분)의 건강을 위해 기도합니다. 전능하신 손을 펴서 OOO성도(직분)를 만져주시고 그 마음에 위로를 더하여 주옵소서.

고통에도 하나님의 뜻이 있음을 깨닫습니다. 모든 낙심되는 것과 고독함과 슬픈 생각을 멀리할 수 있도록 은혜를 더하여 주옵소서. 하나님의 크신 사랑과 전능하신 능력을 믿게 하시며, 합력하여 선을 이루시는 주님을 의지함으로 소망과 용기를 갖게 하옵소서.

우리 주님은 주를 의뢰하는 자의 마음을 아시며, 또 육체를 아시나이다. 주님께서 손수 사람을 지으셨기에 사람의 병든 부분과 그 정황을 잘 아시오며, 또 낫게 하실 권능도 소유하고 계시오니 치료의 광선을 발하여 주셔서 아픈 곳이 깨끗이 치료되는 은총을 더하여 주옵소서.

사랑하는 OOO성도(직분)가 주님의 몸 된 교회를 위하여 할 일이 많습니다. 병상을 오래 의지하는 일이 없게 하시고, 속히 병상에서 일어나 주님께 죽도록 충성하고 교회를 잘 섬길 수 있도록 도와주시옵소서.

믿음의 교우들도 OOO성도(직분)를 위하여 기도하고 있사오니 그 기도가 헛되지 않도록 이끄실 것을 믿습니다.

오늘 목사님이 들려주시는 말씀에 큰 위로와 용기를 얻게 하시고, 말씀을 통하여 치료하시는 주님의 능력을 체험하게 하여 주옵소서. 예수 그리스도의 이름으로 기도합니다. 아멘

병문안(병원)

사랑이 많으시고 긍휼이 풍성하신 하나님 아버지!
오늘 저희들이 원치 않는 질병으로 입원 중인 사랑하는 OOO성도(직분)를 심방하게 되었습니다.
놀란 그 가슴을 어루만져 주시고, 평안의 복을 더하여 주옵소서. 우리 주님이 반드시 치료하여 주실 것을 믿습니다. 반드시 회복시켜 주실 것을 믿습니다. 괴롬과 아픔이 마음을 짓누르지 못하도록 더욱 더 말씀을 의지할 수 있게 하시고, 만병의 의원이신 주님을 바라볼 수 있게 하옵소서.
약함이 마음을 괴롭게 할 때입니다. 우리 주님이 사랑하는 OOO성도(직분)의 강함이 되어 주실 것을 믿습니다. 날마다 약속의 말씀으로 용기를 더하여 주실 것을 믿습니다. 날마다 주님의 세미한 음성을 듣게 하심으로 기쁨이 샘솟게 하실 것을 믿습니다.
육체의 약함으로 누워있는 병상이 더 깊고 놀라운 주님의 은혜를 경험하는 호렙산이 되게 하시고, 영혼까지도 새롭게 하시는 주님의 은총을 경험하는 복된 자리가 되게 하여 주옵소서.
"네 믿음대로 되라"(마9:29)고 말씀하였사오니 사랑하는 OOO성도(직분)의 믿음대로 되게 하여 주실 것을 믿습니다. 그 믿음을 들어 크게 사용하실 것을 믿습니다. 병마에 주눅 든 인생이 아니라, 병마를 다스리는 능력자로 사용하실 것을 믿습니다.
온 교우도 사랑하는 OOO성도(직분)를 위하여 마음을 같이하여 기도하고 있습니다. 우리 주님은 병 낫기를 위하여 부르짖는 기도에 반드시 응답하실 것을 믿습니다. 살아계신 주님을 만나게 하실 것을 믿습니다.
오늘 목사님이 들려주시는 말씀에 큰 위로와 용기를 얻게 하시고, 말씀을 통하여 치료하시는 주님의 능력을 체험하게 하여 주옵소서. 예수 그리스도의 이름으로 기도합니다. 아멘

병문안(장기입원)

자비로우시고 사랑이 많으신 하나님 아버지!
　예수 그리스도 안에 있는 사람은 누구든지 영혼이 잘됨 같이 범사가 잘되고 강건하며 생명을 얻되 넘치도록 풍성히 얻는 삶을 살게 하여 주심을 조금도 의심치 않습니다.
　간구하옵기는 오래도록 병상에서 병마와 씨름하고 있는 ○○○성도(직분)를 긍휼히 여기시어 치료와 회복의 은총을 더하여 주시기를 원합니다. 너무나 많은 세월을 병마에 시달리고 있습니다. 쉽게 치료되지 않는 질병을 놓고 주님을 얼마나 많이 찾았겠습니까? 그 연약한 육신으로 흘린 눈물이 얼마나 많았겠습니까? 병마에 시달려 초라해진 영혼을 불쌍히 여기시고 어서 속히 이 병상에서 일으켜 주시옵소서.
　주님의 뜻이 어디에 있는지 무지한 저희는 알 수가 없사오나 믿음의 기도는 병든 자를 구원한다는 주님의 말씀을 붙들고 오늘도 기도합니다. 전과 같이 건강함을 되찾아 주님을 위하여 건강하게 쓰임 받다가 주님 품에 안길 수 있게 하여 주옵소서.
　주님이 아시다시피 아직은 젊습니다. 주님을 위해서나 사회를 위해서 아직도 할 일이 많은 사람이고 얼마든지 주님을 높이는 삶을 살 수 있는 사람입니다. 때가 아닌 줄 아오니 이 병상에서 일으켜 주옵소서.
　○○○성도(직분)의 빈자리가 너무 커서 온 교우가 합심하여 기도하고 있습니다. 못하실 일이 전혀 없으신 주님의 권세를 인하여 생명 되신 주님을 찬양할 수 있도록 역사하여 주옵소서.
　특별히 간호에 마음을 쏟고 있는 가족들을 기억하시고, 오랜 간호로 인하여 마음이 지쳐 있는 줄 아오나 끝까지 치료의 주님을 바라보게 하시고, 소망의 하나님을 붙들 수 있게 하여 주옵소서. 경제적으로도 매우 어렵습니다. 돕는 손길을 붙여 주셔서 이 고통의 때에 그 고통 속에 함께 참여하고 계신 주님의 사랑을 느낄 수 있게 하여 주옵소서. 만병의 의원이신 예수 그리스도의 이름으로 기도합니다. 아멘

수술(일반)

언제나 불꽃같은 눈동자로 지키시는 하나님! 이제 사랑하는 OOO성도(직분)가 잃었던 건강을 되찾기 위하여 수술을 받으려고 합니다. 수술대에 오르는 마음은 두렵고 떨리오나 성령께서 우리와 함께 계시오니 평안의 매는 줄로 굳게 잡아주실 것을 믿습니다.

수술의 모든 과정을 주님께 맡깁니다. 수술이 성공적으로 이루어질 수 있도록 졸지도 아니하시고 주무시지도 아니하시는 하나님께서 친히 주장하여 주옵소서.(시121:4)

특별히 수술을 집도하는 의사와 그 곁에서 돕는 간호사들에게 함께하여 주시기를 원합니다. 환자의 생명이 자신들의 손끝에 달려있다는 것을 잊지 않게 하여 주셔서 수술하는 매 순간마다 최선을 다할 수 있게 하시고, 끝나는 시간까지 항상 맑은 정신을 유지할 수 있도록 붙들어 주옵소서. 수술을 집도하는 것은 의사이지만 그 손길과 생각을 붙들고 계신 분은 우리 주님이신 것을 믿습니다.

가족들 위에도 불안한 마음을 없애주시고, 평안의 복을 더하여 주시기를 원합니다. 이제껏 사랑하는 OOO성도(직분)를 위하여 눈물로 기도하고, 정성껏 간호한 것이 하나님 앞에서 결코 헛되지 않음을 깨닫게 하시고, 기적을 베푸시는 하나님의 손길이 어떤 것인지를 확실히 체험하는 계기가 되게 하여 주옵소서. 혹 받아들이기 어려운 결과가 있을지라도 실족하지 않게 하시고, 하나님을 경외하는 자에게 복을 주시되 넘치도록 얻게 하신다는 것을 믿고 끝까지 주님을 바라보게 하옵소서.

생명을 주신 분이 하나님이신 것을 믿기에 생명을 살리시는 분도 주님이심을 믿습니다. 수술대 위에 오르는 OOO성도(직분)를 주님의 강한 손으로 꼭 붙드실 것을 믿사옵고 생명의 주인이 되시는 예수 그리스도의 이름으로 기도합니다. 아멘

수술(긴급)

천지만물과 인간의 영혼과 육신을 창조하신 하나님 아버지! 놀란 가슴이 아직도 진정되지 않습니다. 그러나 합력하여 선을 이루시는 주님의 섭리하심을 바라보며 받은 충격을 애써 지워봅니다. 주님의 선하신 손길을 멈추지 마옵소서. 주님의 큰 뜻을 알아갈 수 있도록 깨닫는 마음을 주옵소서. 감사할 수 있도록 도와주시옵소서.

이제 주께서 사랑하시는 OOO성도(직분)가 뜻하지 않은 사고로 말미암아 긴급 수술을 하게 되었습니다. 호흡을 끊지 않으시고 생명줄을 지켜주신 하나님께 감사와 영광을 돌립니다.

이제 수술에 들어갈 터인데 사랑하는 OOO성도(직분)의 생명을 지키신 하나님께서 수술의 모든 과정도 지키실 것을 믿습니다. 어려운 수술이 되지 않도록 도우실 것을 믿습니다. 우리 주님이 의사의 눈에 현미경이 되실 것을 믿습니다. 먼지같이 미세한 부분도 놓치지 않게 하실 것을 믿습니다.

집도하는 두 손을 성령의 권능으로 붙드시고 움직이게 하실 것을 믿습니다. 저희 모두가 주님이 친히 집도하시는 수술의 현장을 경험하며 감사할 수 있게 하옵소서.

갑작스럽게 닥친 고통으로 인하여 가족들이 적잖은 충격을 받았사오니 놀란 가슴을 어루만져 주시고 평안의 복을 더하여 주옵소서. 슬픔이 변하여 기쁨이 되게 하시고, 충격이 변하여 소망이 되게 하여 주옵소서. 이 일로 인하여 언제나 간섭하시는 주님의 사랑을 느낄 수 있게 하여 주시고, 생명을 붙들고 계시는 분은 주님이심을 알게 하옵소서.

OOO성도(직분)를 주님의 능력의 손에 의탁하오며 예수 그리스도의 이름으로 기도합니다. 아멘

불치(난치)병

전지전능하신 하나님 아버지!

하나님의 하시는 일은 가장 놀랍고 지으신 모든 것을 사랑하시는 줄을 아옵고 감사드립니다. 주님, 원치 않는 질병으로 인하여 고통 중에 있는 OOO성도(직분)를 위하여 기도합니다. 아픔과 괴로움 속에서 어찌할 바를 몰라 신음하고 있사오니 불쌍히 여겨주옵소서.

주님! 사랑하는 OOO성도(직분)가 이제껏 흔들림 없이 믿음의 길을 잘 달려오지 않았습니까? 그런데 질병 앞에 맥없이 쓰러져 신음하고 있는 모습을 보니 너무나 안타깝습니다. 저희의 작은 신음에도 응답하시는 하나님이심을 믿습니다. 치료의 은총을 베풀어 주옵소서. 어서 속히 이 병상에서 일으켜 주시고, 건강한 몸으로 주님께서 맡겨주신 사명을 잘 감당할 수 있도록 도와주시옵소서.

"예수께서 이르시되 할 수 있거든 이 무슨 말이냐 믿는 자에게는 능치 못할 일이 없느니라"(막 9:23) 하셨사오니, OOO성도(직분)의 믿음을 보시고 어서 속히 치료하시는 주님의 손길을 경험하게 하여 주옵소서.

믿음을 붙들고 주님만을 위하여 살아온 자의 말로가 초라하게 끝나지 않게 하실 것을 믿습니다. 다시 한 번 구원의 주님을 찬양하고 주님을 자랑하며 증거할 수 있도록 이끄실 것을 믿습니다.

더 좋은 믿음의 사람으로 우뚝 세우실 것을 믿습니다. 모든 주권이 주님께 속해 있사오니 주님의 살아계심을 다시 한 번 체험할 수 있도록 능력을 베푸시옵소서. 치료의 광선을 발하여 주옵소서. 치료하시는 여호와 하나님을 만나게 하여 주옵소서.

오늘 목사님이 들려주시는 말씀을 통하여 상한 심령 위로받게 하시고, 구원의 하나님, 치료의 하나님을 만날 수 있게 하여 주실 것을 믿사옵고 예수 그리스도의 이름으로 기도합니다. 아멘

사고(죽음)

자비와 긍휼이 풍성하신 하나님!
　사랑하는 사람의 갑작스런 죽음 앞에 놀란 가슴을 추스르지 못하는 이 가정을 불쌍히 여겨 주옵소서. 저희들도 도무지 믿어지지 않는 현실 앞에 어안이 벙벙할 따름입니다. 사랑하는 사람을 졸지에 잃어버린 이 가정의 아픔을 무엇으로 위로할 수 있겠습니까? 아직 저희들은 믿음이 온전치 못하여 주님의 오묘하신 섭리를 다 깨닫지 못하기에 밀려오는 충격과 절망을 감출 길 없나이다.
　주님, 인간적으로 생각하면 이별을 준비할 시간도 없이 왜 이렇게 모진 고통을 이 가정에 허락하셨는지 모르겠습니다. 이렇게 빨리 데려가시지 않아도 될 것을, 남은 자가 이 고통을 어떻게 추스르라고 이 험한 일을 당하게 하셨는지 모르겠습니다.
　주여! 참으로 참기 어려운 슬픔이 가슴속으로 밀려옵니다. 저희는 물론 가족들이 주님을 향하여 원망의 소리만 높이지 않도록 주님의 깊으신 뜻과 섭리가 무엇인지, 조금이라도 깨달을 수 있는 은혜를 베풀어 주옵소서. 주님의 무한한 섭리를 다 헤아릴 수 있는 지혜가 없어 심히 답답할 뿐이옵니다.
　사랑의 주님! 우리 주님은 이 고통의 현장을 놓치지 않으실 것을 믿습니다. 상한 심령을 위로하여 주시고, 이 괴로움의 현장을 헤아려 주실 것을 믿습니다. 충격을 받은 가족들이 어서 속히 안정을 찾을 수 있도록 도와주시고, 믿음이 흔들리지 않도록 붙들어 주옵소서.
　그 어느 때보다도 주님의 붙들어주심이 필요하오니 충격에 휩싸인 심령, 주님의 따사로운 품으로 꼭 껴안아 주시기를 원합니다.
　이 절망의 상황을 소망의 나라로 연결 지을 수 있도록 이끄실 것을 믿사옵고 예수 그리스도의 이름으로 기도합니다. 아멘

임종

선악을 따라 심판주가 되시는 하나님 아버지!

유한한 인생을 살아가던 고인이 주님의 부름을 받고 이 세상을 떠났습니다. 이제 저희도 인생의 무상함과 유한성을 깨닫고 영원을 준비하는 삶을 살아갈 수 있도록 은혜를 베풀어 주옵소서.

죄 많은 이 세상을 살아갈 때 세상의 죄악을 따라 살지 아니하고, 나를 위해 십자가를 지신 예수 그리스도의 사랑을 다시 한 번 깨닫고 주님의 십자가를 붙들고 남은 생을 살아가며 영생을 준비할 수 있게 하옵소서.

긍휼이 풍성하신 주님! 고인을 떠나보낸 사랑하는 유족들의 슬픔을 기억하시기를 원합니다. 결코 쉽지 않은 이별이었기에 아픔도 클 것임을 기억합니다. 주님의 넓으신 품으로 감싸 안아 주시고 하늘의 넘치는 위로로 채워주시옵소서.

저희들도 비록 이 땅에 살더라도 영원한 하늘나라의 소망을 가지고 믿음으로 살아가게 하여 주옵소서. 저희에게 있는 살고자 하는 욕망, 붙잡아두고자 하는 욕망보다는 그리스도 안에 감추어진 비밀을 발견할 수 있게 하여 주옵소서. OOO성도(직분)의 믿음을 본받아 저희에게 남겨진 이 시간을 성도로서 믿음 안에서 살게 인도하여 주옵소서.

남은 모든 장례 절차 위에도 주님께서 함께하셔서 홀로 주관하시며 홀로 영광 받아주시옵소서. 위로와 소망의 말씀을 전하시는 목사님을 기억하시고, 피곤치 않도록 붙들어 주옵소서. 예수 그리스도의 이름으로 기도합니다. 아멘

장례식장(어린이)

긍휼이 풍성하신 하나님!
저희는 지금 참으로 힘들고 어려운 자리에서 주님께 예배드립니다. 사랑하는 OOO군이 그 생을 다하지 못하고 주님 품에 안겼습니다.
OOO군이 장래에 주님을 위하여 좋은 일꾼이 되리라 확신했는데 갑작스런 죽음 앞에 놀란 가슴이 진정되지 않나이다.
주님! 저희는 주님의 그 크신 뜻을 다 알 수 없사오니 깨닫는 은혜를 허락하여 주옵소서. 참으로 사랑을 듬뿍 받던 아이입니다. 주님 품에 안긴 OOO군을 우리 주님이 큰 사랑으로 품어주실 것을 믿습니다.
충격을 받은 부모를 기억하시고 넘치는 위로로 함께하시기를 원합니다. 이 일로 말미암아 실족하거나 주님을 원망하는 자리에 이르지 않게 하시고, 믿음으로 잘 극복할 수 있도록 도와주시옵소서.
이보다 더한 슬픔은 영혼을 잃어버리는 것임을 깨닫습니다. 믿음을 잃지 않도록 강하신 팔로 붙들어 주시옵소서. 화가 변하여 복이 되게 하시고, 슬픔이 변하여 기쁨이 되게 하실 것을 믿습니다.
오늘 무거운 마음으로 말씀을 전하시는 목사님을 기억하시고 아이를 잃은 부모에게 용기와 소망이 되는 말씀을 전하게 하옵소서.
이 슬픔의 현장을 결코 외면치 아니하시고 함께 참여하고 계시는 예수 그리스도의 이름으로 기도합니다. 아멘

장례식장(어른)

생명을 주관하시는 하나님 아버지!
이 땅위에서 주님이 주신 연수를 다 마치고 주님 품에 안기신 고 ○○○성도(직분)를 기억하옵소서. 우리 주님이 부활하셨기에 저희들은 침울함 대신 소망이 넘칩니다.
약속의 새 나라를 바라보고 광명을 경험합니다. 고 ○○○성도(직분)는 이 땅의 삶을 마감하였지만 주님과 함께 영화로운 몸으로 부활의 은총에 참여한 것을 믿고 감사드립니다. 그러나 육정을 가진 사람은 육으로 떠난 섭섭함이 없을 수 없나이다.
사랑의 하나님! 하나님 보좌 앞에서 다시 만날 것을 믿고 용기를 얻게 하옵소서. 상주가 되시는 ○○○성도(직분)를 비롯해서 유족들과 친족들 위에 부활의 주님의 위로가 함께하시고 남은 모든 일들도 주님의 축복으로 마치게 하옵소서.
오늘 말씀을 전하실 목사님을 성령의 능력으로 붙드셔서 슬픔에 잠긴 이 자리에 위로와 소망이 넘치는 말씀을 전하실 수 있게 하여 주옵소서. 장례의 모든 절차를 주님께 맡기오며 부활이요 생명이신 예수 그리스도의 이름으로 기도합니다. 아멘

11

대심방 대표기도문

심방대원을 위하여

사랑과 자비가 풍성하신 하나님 아버지!

대심방을 좋은 계절과 맑은 날씨로 이끄심을 감사합니다. 목사님을 모시고 심방대원들과 함께 대심방의 일정을 시작하였사오니 하나님께 영광 돌리고 감사할 수 있는 대심방이 되게 하여 주옵소서.

가정 가정마다 방문하여 하나님께 예배드리며 찬송할 때에 앞서서 인도하시는 주님의 손길을 느낄 수 있게 하시고, 저희 가운데 강림하셔서 대심방에 참여하고 계시는 주님의 은혜를 경험할 수 있게 하여 주옵소서.

목사님과 심방대원들이 육신적으로는 피곤할지라도 새 힘을 더하시는 주님의 은총을 경험하게 하시고, 예배의 진지함과 말씀의 풍성함 속에서 영혼을 새롭게 하시는 주님의 은혜를 경험하게 하옵소서. 목사님이 가정 가정에 선포하시는 말씀이 그 가정에 꼭 필요한 말씀이 되게 하여 주시고, 소망과 새 힘을 얻는 말씀이 되게 하여 주옵소서.

특별히 심방을 인도하시는 목사님을 주님의 능력으로 강력하게 붙드셔서 누적된 육체의 피로로 건강에 적신호가 켜지지 않도록 이끄시옵소서. 대심방의 모든 일정에 성령께서 친히 동행하여 주실 것을 믿사옵고 예수 그리스도의 이름으로 기도합니다. 아멘

일반적인 성도의 가정

은혜로우신 하나님 아버지!
　사랑하는 목사님을 모시고 대심방을 할 수 있도록 은혜를 베풀어 주심을 감사합니다. 좋은 계절과 맑은 날씨를 주셔서 대심방하기에 불편함이 없도록 인도하심을 감사드립니다.
　오늘은 이 가정에서 사랑하는 목사님을 모시고 여러 심방 대원들과 함께 예배를 드립니다. 이 가정의 형편은 자세히 알 수 없사오나 주님께서 다 알고 계시오니 이 가정에 필요한 모든 것들과 그 마음의 소원을 주님이 감찰하셔서 믿음을 따라 승리하는 삶을 살아갈 수 있도록 이끌어 주옵소서.
　이 가정에 경영하는 사업과 생업에도 우리 주님이 강력하게 붙들어 주셔서 주님의 영광을 드러내고 주님을 알릴 수 있는 사업이 되게 하시고, 거기에서 얻어지는 수고의 열매를 통하여 이 가정에 물질의 넉넉함이 있게 하시며, 주님을 위해서도 귀하게 사용되어질 수 있는 복 있는 물질이 되게 하옵소서.
　자녀들도 믿음 안에서 건강하게 자라나게 하여 주셔서 주님을 위하여 귀하게 사용되는 그릇이 되게 하여 주옵소서. 말씀을 전하시는 목사님을 기억하시고 대심방이 끝나기까지 피곤치 않도록 지켜주시며 가정 마다 꼭 필요한 축복의 말씀을 전하실 수 있도록 큰 능력을 더하여 주옵소서.
　대심방의 모든 일정을 주님께서 친히 주관하여 주시고 성령께서 친히 동행하여 주셔서 은혜롭고 복 있는 심방이 되게 하실 것을 믿사옵고 예수 그리스도의 이름으로 기도합니다. 아멘

사업을 경영하는 가정

사랑의 하나님!
목사님을 모시고 사랑하는 ○○○성도(직분)의 집을 방문하여 심방예배를 드릴 수 있게 하시니 감사합니다. 대심방 일정을 우리 주님이 함께하고 계심을 피부로 느낍니다. 가정마다 드려지는 예배 속에서 임재하시는 주님의 은혜를 경험할 수 있게 하여 주옵소서. 준비된 예배를 하나님께서 기쁘게 받으시는 줄 믿습니다.

주님! 이 가정을 기억하시옵소서. 이 가정의 모든 형편을 우리 주님께서 아시오매 믿음의 길을 잘 달려갈 수 있도록 붙들어 주시고 물질 때문에 어려움 당하지 않도록 때를 따라 돕는 주님의 은혜를 경험하는 삶이 되게 하옵소서.

경영하는 생업 위에도 함께하셔서 주님의 뜻을 담아내는 경영이 될 수 있게 하여 주시고, 주님이 부어주시는 그 귀한 복이 아침이슬 같이 내리는 사업이 되게 하여 주옵소서. 육신의 일에 지나치게 마음을 쏟다가 주님의 은혜를 놓치는 일이 없게 하시고, 영적인 현주소를 바로 찾지 못하는 일이 없게 하여 주옵소서.

주님의 몸 된 교회를 위하여 귀한 일꾼으로 쓰임을 받고 있사오니 언제나 감사와 기쁨으로 충성을 다할 수 있게 하여 주옵소서. 사랑하는 자녀들에게도 함께하시고, 믿음으로 잘 성장하게 하여 주셔서 많은 사람들에게 사랑을 받고 주님을 위하여 보배롭게 쓰임 받는 자녀들이 되게 하여 주옵소서.

이 시간 말씀을 전하시는 목사님을 기억하시고 입술의 권세를 더하여 주셔서 이 가정에 꼭 필요한 말씀을 축복의 말씀으로 전하실 수 있게 하여 주옵소서. 저희의 모든 것을 주의 성령께서 친히 주관하실 것을 믿사옵고 예수 그리스도의 이름으로 기도합니다. 아멘

믿음이 신실한 가정

은혜로우신 하나님 아버지!
저희의 발걸음을 ○○○성도(직분)의 가정으로 인도하심을 감사드립니다. 대심방의 일정에 따라 오늘 ○○○성도(직분)의 가정에서 예배를 드리며 주님께 영광을 돌리오니 기쁘게 받아주시옵소서.

만세 전부터 주님이 택하신 가정입니다. 주님을 위하여 아름답게 쓰임을 받고 있는 가정입니다. 언제나 그 복된 길로 인도하셔서 아름다운 믿음의 꽃이 이 가정을 통하여 날마다 활짝 필 수 있게 하여 주옵소서.

주님의 몸 된 교회를 위하여 힘을 다하여 봉사하고 충성하고 있사오니 주님의 일을 하면 할수록 지치는 것이 아니라 샘솟는 기쁨이 그 심령에 넘쳐나게 하여 주옵소서. 지금까지도 주님의 은혜에 이끌려 살았지만 앞으로의 삶도 주님의 은혜의 지배를 받게 하여 주실 것을 믿습니다.

하나님 앞에 정직하고 성실하기를 힘쓰는 이 가정을 기억하시고 그 생업에 복을 더하여 주셔서 물질을 깨뜨려 주님의 몸 된 교회를 섬기는 데 부족함이 없게 하여 주옵소서. 사랑하는 자녀들도 기억하시고 부모의 좋은 믿음의 영향을 받아 주님 앞에 바로 세워지고 크게 쓰임 받을 수 있는 자녀들이 되게 하여 주옵소서.

오늘 목사님이 이 가정을 위하여 축복의 말씀을 전하시오니 이 가정에 꼭 필요한 말씀이 되게 하시고, 위로가 되고 새 힘을 얻는 말씀이 되게 하여 주옵소서.

사랑하는 심방대원들, 피곤할지라도 인내함으로 잘 참여할 수 있게 하여 주시고, 선한 일에 힘쓰는 저들의 마음을 우리 주님이 기억하실 것을 믿습니다. 시종을 주님께 의탁하오며 예수 그리스도의 이름으로 기도합니다. 아멘

홀로 신앙생활 하는 가정

사랑과 은혜가 충만하신 하나님 아버지!
오늘 사랑하는 OOO성도(직분)의 가정에서 대심방으로 하나님께 영광 돌리게 하여 주심을 감사드립니다. 대심방을 맞기 위하여 정성껏 준비한 OOO성도(직분)의 손길을 볼 때에 그의 신앙이 더욱 성숙되어져가고 있는 것을 보는 것 같아 기쁘기 한량없습니다. 우리 주님께서도 OOO성도(직분)의 그 중심을 보시고 친히 이곳에 강림하시고 계심을 믿습니다.
이제 사랑하는 OOO성도(직분)가 주님의 몸 된 교회를 통하여 그 심령에 심겨진 믿음이 더욱 아름다운 꽃을 피울 수 있게 하시고, 주님의 영광을 위해서도 귀하게 쓰임 받는 믿음의 그릇이 되게 하여 주옵소서.
온 가족이 예수 믿는 것은 아니지만, 이 가정에 OOO성도(직분)를 통하여 복음의 씨앗을 심어놓으셨사오니 주님의 뜻하심과 섭리하심 가운데 이 가정을 온전한 구원에 이르게 하실 것을 믿습니다. 그 때까지 하나님의 구원의 은총을 사모하며 기도할 수 있는 OOO성도(직분)가 되게 하시고, 주님을 의지할 수 있는 OOO성도(직분)가 되게 하여 주옵소서.
하나님께서 선물로 주신 사랑하는 자녀들도 기억하시고 믿음의 자녀로 성장할 수 있도록 이끌어 주옵소서. 참으로 어둡고 혼탁한 세상입니다. 주님의 밝은 빛으로 이 가정을 비추셔서 항상 주님의 빛 가운데 거하는 가정이 되게 하여 주옵소서.
오늘 목사님이 들려주시는 말씀 속에서 다시 한 번 주님을 만날 수 있게 하시고, 주님의 음성을 가까이서 듣는 말씀이 되게 하여 주옵소서. 시종을 주님께 의탁하옵고 주의 성령께서 함께하고 계심을 믿사오며 예수 그리스도의 이름으로 기도합니다. 아멘

먼 거리에 있는 가정

소망이 되시고 빛이 되시는 하나님 아버지! 오늘도 저희들의 발걸음을 힘 있게 하셔서 대심방에 참여할 수 있는 축복을 주심을 감사드립니다. 오늘 하루의 심방일정을 주님이 주장하시고 오직 주님께만 영광 돌리는 심방이 되게 하여 주옵소서.

오늘은 특별히 먼 거리에서 출석하고 있는 OOO성도(직분)의 가정으로 인도하여 주셔서 심방감사의 예배를 드릴 수 있게 하시니 감사합니다. 교회와의 거리는 멀지라도 주님과의 거리는 전혀 없게 하신 것을 믿습니다. 사랑하는 OOO성도(직분)의 믿음을 항상 붙드셔서 샘솟는 신앙생활이 될 수 있도록 이끌어 주옵소서.

때때로 힘겨움을 느낄 때 주님의 십자가를 바라볼 수 있게 하시고, 한계를 뛰어넘는 믿음의 자리로 나아갈 수 있도록 새 힘을 더하여 주옵소서. 우리 주님이 운전대도 친히 잡아주셔서 모든 위험으로부터 막아주시고 지켜주시는 주님의 손길을 느낄 수 있게 하옵소서.

주님, 이 가정의 생업을 붙드시기를 원합니다. 물질로도 헌신할 수 있도록 물질의 복을 더하여 주옵소서. 주님이 이 가정에 기업으로 주신 자녀들도 기억하시고 주님의 말씀을 먹으며 성장하고 있사오니 주님의 성품을 닮는 아이가 되게 하실 것을 믿습니다.

오늘 이 가정에 축복의 말씀을 들려주시는 목사님을 기억하시고 피곤하신 가운데서도 양떼를 향한 사랑을 쏟고 계시오니, 이 가정에 목사님을 통하여 주님의 말씀이 선포될 때에 OOO성도(직분)는 물론 저희 모두가 큰 은혜를 받는 말씀이 되게 하옵소서. 성령님의 인도하심을 믿사옵고 예수 그리스도의 이름으로 기도합니다. 아멘

연로한 교우 가정

지극히 높으신 하나님 아버지! 주님의 은혜와 사랑을 감사합니다.

사랑하는 OOO성도(직분)가 노구에도 불구하고 한결같은 믿음으로 주님의 몸 된 교회를 섬길 수 있게 하여 주시고, 변함없는 신앙생활을 할 수 있도록 이끄심을 감사드립니다. 일평생 주님의 몸 된 교회를 위하여 쏟아 붓는 삶을 사셨사오니 노년에 주님의 위로가 넘치는 삶이 되게 하여 주시고, 항상 그 마음에 주님이 채우시는 평안이 있게 하여 주옵소서.

OOO성도(직분)의 신앙생활은 교회의 역사나 마찬가지입니다. 교회와 함께 달려오신 신앙생활입니다. OOO성도(직분)의 수고와 헌신이 있으셨기에 오늘날 주님의 몸 된 교회가 든든히 서 가는 틀을 마련하게 된 줄 믿습니다. 이제 앞으로도 OOO성도(직분)와 같은 믿음을 가진 자를 통해서 주님의 몸 된 교회를 세우시고 주님 나라의 지경을 확장시키시옵소서.

노년에 정신이 흐려질까 염려되오니 항상 맑은 정신을 허락하여 주셔서 신앙의 젊음을 유지할 수 있도록 이끌어 주옵소서. OOO성도(직분)의 슬하의 자녀들도 기억하시고 부모의 신앙이 그대로 유전되어 자녀들의 신앙 속에서도 OOO성도(직분)의 신앙색깔이 발견되게 하옵소서. 자녀들이 하고 있는 모든 일들을 기억하셔서 항상 부모님에게 기쁨을 안겨 드릴 수 있는 일들이 되게 하옵소서.

오늘도 이 가정에 축복의 말씀을 들려주시는 목사님을 기억하시고 늘 듣던 말씀이라 할지라도 새롭게 OOO성도(성도)의 마음을 파고드는 말씀이 되게 하여 주옵소서. 언제나 주님 주시는 위로와 평안이 가득 넘치는 가정으로 이끄실 것을 믿사옵고 예수 그리스도의 이름으로 기도합니다. 아멘

초신자 가정

택하신 백성을 늘 품어 주시는 주님!

오늘 이 가정에서 사랑하는 목사님을 모시고 대심방 예배를 드리게 하시니 감사합니다. 예배하는 저희들 가운데 주의 성령께서 함께하고 계심을 믿습니다. 심방의 횟수가 더하여질 때마다 영혼에 깃드는 주님의 은혜를 체험케 하옵소서.

우리 주님이 이 가정의 믿음의 기초를 든든히 세우고 계심을 믿습니다. 주님을 믿은지 얼마 되지 않지만 교회를 찾는 그의 열심을 볼 때에 주님을 얼마나 사랑하고 사모하는지를 읽습니다. 주님을 향한 처음사랑이 끝까지 변치 않게 하여 주시고, 횟수와 연수를 거듭할수록 놀라운 믿음으로 성장할 수 있도록 은총을 더하여 주옵소서.

교회에서 주관하는 모임과 행사에도 잘 참석하여서 주님께 봉사하는 법을 잘 익힐 수 있게 하여 주시고, 아름다운 주님의 사람으로 쓰임 받을 수 있게 하여 주옵소서.

우리 주님께서 이 가정을 믿음의 터 위에 세우셨사오니 믿음의 역사가 일어나는 가정이 되게 하시고, 행하는 모든 일들 속에 주님의 역사가 나타나게 하여 주옵소서.

사랑하는 자녀들도 기억하시고 믿음으로 잘 성장할 수 있도록 도우시고 주님께 귀하게 쓰임 받는 그릇들이 되게 하여 주옵소서.

목사님이 이 가정을 위하여 축복의 말씀을 준비하셨사오니 이 말씀이 이 가정에 기준이 되게 하시고 주님의 은혜와 사랑을 더욱 깊숙이 체험하는 말씀이 되게 하옵소서. 감사하오며 저희의 심방을 돕고 계시는 예수 그리스도의 이름으로 기도합니다. 아멘

생활이 바쁜 가정

사랑의 하나님!

오늘 OOO성도(직분)가 심방을 받을 수 있도록 인도하심을 감사드립니다. 심방을 받기 위하여 바쁜 일들을 뒤로하고 특별히 시간을 마련하였습니다. 하나님께서 그 중심을 보시고 준비한 믿음의 그릇에 넘치는 은혜를 더하여 주실 것을 믿습니다.

주님, OOO성도(직분)는 하는 일이 많아 항상 바쁩니다. 일에 쫓기다 하나님의 은혜를 잃게 되는 일이 없도록 주의 성령께서 그 마음을 붙들어 주시옵소서.

시간이 없는 관계로 주일도 성수주일을 하지 못할 때도 있습니다. 주님은 먼저 하나님의 나라와 의를 구하라고 하셨사오니 육신의 유익과 재물만을 생각하지 않게 하여 주시고, 영원한 생명과 언제나 마르지 않는 주님의 양식을 사모할 수 있는 OOO성도(직분)가 되게 하여 주옵소서.

OOO성도(직분)가 하나님께 받은 은혜가 참으로 많습니다. 그 은혜에 보답하는 삶이 되게 하여 주시고, 범사에 주님을 인정하는 삶이 되게 하여 주옵소서. 하나님께서 집을 세우지 아니하시면 세우는 자의 수고가 헛되다고 했습니다. 하나님을 철저히 의지하는 OOO성도(직분)가 되게 하여 주시고, 어떤 길은 사람의 보기에 바르나 필경은 사망의 길이라고 했습니다. 주님을 철저히 의뢰하는 OOO성도(직분)가 되게 하여 주옵소서.

우리 주님께서 피로 값 주고 사신 가정 믿음으로 잘 세워질 수 있기를 원합니다. 주님의 나라가 임하는 가정이 되게 하여 주시고, 신령한 것으로 부요해지는 가정이 되게 하여 주옵소서. 가족들과 자녀들의 건강도 지켜 주셔서 주님을 잘 섬길 수 있게 하여 주옵소서.

축복의 말씀을 준비하신 목사님을 기억하시고 이 가정에 꼭 필요한 생명의 말씀이 되게 하옵소서. 예수 그리스도의 이름으로 기도합니다. 아멘

환자 가정

전지전능하신 하나님!

오늘 사랑하는 목사님을 모시고 OOO성도(직분)의 가정에서 대심방 감사 예배를 드릴 수 있게 하시니 감사합니다.

안타깝게도 사랑하는 OOO성도(직분)가 병환 중에 신음하고 있습니다. 저희가 이렇게 심방하여 그 아픔을 나누며 함께 기도하오니 불쌍히 여기시고 긍휼을 베풀어 주옵소서. 속히 병석에서 일어나서 치료하시는 여호와 하나님을 찬양하며 주님의 성소로 달려 나올 수 있게 하여 주옵소서.

우리 주님은 못 고칠 질병이 전혀 없사오니 사랑하는 OOO성도(직분)의 질병을 물리쳐 주시고 새 힘을 얻게 하여 주실 것을 믿습니다. 전과 같이 주님의 몸 된 교회에 봉사하며 주께 충성할 수 있도록 이끄실 것을 믿습니다. 이 병석에 누워 계시는 동안 주님과의 깊은 사귐이 있게 하시고, 상한 갈대를 꺾지 아니하시고 꺼져가는 심지를 끄지 아니하시는 주님의 사랑을 영혼 깊숙이 체험할 수 있게 하여 주옵소서.

간호하는 가족들에게도 함께하여 주시고, 그 마음에 상함이 없도록 평안을 더하여 주실 것을 믿습니다. OOO성도(직분)를 생명의 주님의 찬양할 수 있는 자리로 어서 속히 이끌어 주옵소서. 이 가정을 우리 주님이 강하신 팔로 붙들고 계신 것을 믿습니다.

오늘 목사님이 이 가정에 꼭 필요한 축복의 말씀을 준비하셨습니다. 말씀이 선포될 때에 병마가 물러가는 주님의 능력을 강력하게 체험할 수 있게 하여 주옵소서. 우리 주님의 능력이 심방의 순서 순서마다 깃들게 하실 것을 믿사옵고 예수 그리스도의 이름으로 기도합니다. 아멘

교회 중직자 가정

전능하시고 자비로우신 하나님 아버지!
오늘 일찍이 주님의 백성으로 불러주신 OOO성도(직분)의 가정으로 불러 주셔서 심방예배를 드릴 수 있게 하시니 감사합니다. 이 예배를 통하여 오직 우리 주님의 영광만 나타나게 하시고, 저희들이 이 복된 자리에서 주님의 은총을 받고 있음을 인하여 찬양과 감사를 드릴 수 있는 저희 모두가 되게 하여 주옵소서.
주님! 사랑하는 OOO성도(직분)는 주님의 몸 된 교회를 위하여 큰 일을 감당하고 계십니다. 개인적인 일보다도 항상 주님의 몸 된 교회의 일을 삶의 최우선에 두고 사는 이 가정을 기억하시고 주님의 한량없는 은혜로 이 가정을 채우시옵소서.
주님께 쓰임 받는 것을 기뻐하는 가정입니다. 주님을 위하여 충성하고 헌신하는 것을 최고의 축복으로 삼는 가정입니다. 주님을 위하여 물질을 깨뜨리는 것을 전혀 아까워하지 않고 더욱 힘써서 드리기를 소원하는 가정입니다. 그 생각과 그 마음을 기억하여 주셔서 언제나 주님이 보시기에 보배롭고 존귀한 일꾼이 되게 하시고, 주님이 두고 보시고 또 보시기에도 아깝고 사랑스러운 주의 사람이 되게 하여 주시옵소서.
그가 하는 모든 일들을 통하여 우리 주님이 더욱 높임을 받기를 원합니다. 주님의 영광이 더 크게 나타나기를 원합니다. 주님의 뜻을 더 크게 이루어 드릴 수 있는 OOO성도(직분)가 되게 하여 주시고, 많은 사람의 신앙의 본이 되는 OOO성도(직분)가 되게 하여 주옵소서.
우리 주님이 그가 하는 사업을 주장하여 주셔서 주님을 위하여 쏟아 붓는 삶이 멈추지 않게 하여 주옵소서. 자녀들도 축복하셔서 부모의 신앙이 자녀들의 신앙 속에 그대로 스며있게 하시고 그 믿음을 계승하여 주님께 영광 돌리는 축복의 자녀들이 되게 하여 주옵소서. 감사하오며 예수 그리스도의 이름으로 기도합니다. 아멘

젊은 부부 가정

사랑의 하나님!

오늘 이 가정에서 심방예배로 하나님께 영광을 돌리게 하여 주시니 감사합니다. 사랑하는 OOO성도(직분)의 가정을 사랑하셔서 젊을 때부터 창조주 하나님을 기억하는 삶을 살게 하여 주시고, 주님의 몸 된 교회를 위하여 왕성한 봉사를 할 수 있게 하시니 얼마나 감사한지요. 이 가정을 통하여 주님의 뜻하신 일을 이루시고 그 하는 모든 일들을 통하여 우리 주님이 영광을 받으시옵소서.

지금 OOO성도(직분)가 하고 있는 일을 기억하시기를 원합니다. 주님의 뜻을 담아낼 수 있는 일이 되게 하시고, 주님이 섭리하시고 간섭하시는 일이 되게 하여 주옵소서. 축복의 열매를 많이 거둘 수 있게 하시고, 거둔 만큼 헤아릴 줄도 아는 복된 손길이 되게 하여 주옵소서.

그의 생각과 마음의 묵상이 항상 하나님이 쓰시는 도구가 되기를 원합니다. 그러기 위하여 늘 기도에 힘쓰는 생활을 잊지 않게 하여 주시고, 주님의 몸 된 교회와 멀어지는 삶이 되지 않도록 그 삶을 온전히 주장하여 주옵소서.

이 가정에 선물로 주신 귀한 자녀들을 기억하시고, 자녀들은 부모의 뒷모습을 보고 배운다는 말이 있사오니 좋은 믿음의 모습을 자녀에게 보여줄 수 있는 OOO성도(직분)가 되게 하여 주옵소서. 믿음 안에서 맺혀지는 결실이 자녀들에게도 그대로 나타날 수 있기를 축복합니다.

오늘 이 가정을 위하여 축복의 말씀을 준비하신 목사님을 기억하시고, 전하실 때에 저희 모두가 이 가정에 임하시는 하나님의 임재하심을 경험할 수 있게 하옵소서. 또한 소망의 말씀, 새 힘과 용기를 얻는 말씀이 되게 하옵소서. 이 가정의 믿음과 순결한 신앙을 받으시는 예수 그리스도의 이름으로 기도합니다. 아멘

중년 부부 가정

모든 것의 주님이 되시며 만물을 섭리하시는 하나님 아버지!
 오늘 이 가정에서 심방예배로 하나님께 영광을 돌리게 하여 주시니 감사합니다. 믿음이 견고하고 은혜가 충만한 이 가정에서 예배를 드리니 저희가 큰 은혜를 받습니다. 집안 곳곳에서 배어나오는 경건의 흔적은 하루이틀에 만들어진 분위기가 아닌 것을 느끼게 합니다. 우리 주님이 언제나 이 가정을 통하여 큰 영광을 받으시옵소서.
 주님의 몸 된 교회를 위해서도 열심히 봉사하고 계시오니 그 수고와 땀이 헛되지 않게 하실 것을 믿습니다. 하고 계신 일들 속에도 함께하여 주셔서 아름다운 열매가 있게 하시고, 많은 사람을 부요케 할 수 있도록 이끌어 주시옵소서.
 사랑하는 자녀들을 기억하시옵소서. 성년이 되어 주님의 몸 된 교회를 위해서도 열심히 봉사하고 있사오니 그 앞길을 지도하시고 이끌어 주옵소서. 좋은 직장 좋은 배필을 만날 수 있게 하시고, 부모의 믿음을 그대로 계승하여 믿음의 가문을 만들어 갈 수 있는 자녀들이 되게 하옵소서.
 질병이 많은 세상입니다. 이 가정을 질병에서 막아주셔서 육체가 약함으로 주님께 충성치 못하는 일이 없게 하여 주옵소서.
 오늘 목사님이 축복의 말씀을 준비하셨습니다. 아멘으로 받게 하시고 만 가지 주의 은혜를 느끼는 시간이 되게 하여 주옵소서. 피곤할 수도 있는 목사님과 심방대원들에게 함께하셔서 끝까지 대심방을 잘 마칠 수 있도록 새 힘을 공급하여 주옵소서. 이 가정과 함께하시고 저희의 영혼을 날마다 새롭게 하시는 예수 그리스도의 이름으로 기도합니다. 아멘

문제와 아픔이 있는 가정

선한 목자이신 하나님 아버지!

오늘 사랑하는 OOO성도(직분)의 가정을 심방하여 하나님께 영광을 돌릴 수 있게 하시니 감사합니다. 어렵고 힘든 가운데서도 영적인 일을 놓치지 않는 이 가정을 기억하시고 크신 은총으로 함께하여 주옵소서.

주님! 이 가정이 당한 문제와 그로 인한 아픔이 있습니다. 주님이 택하신 은총을 입은 가정이오니 그 아픔을 만져주셔서 오직 소망은 주께 있음을 깨닫고 감사할 수 있게 하옵소서. "환난 날에 나를 부르라 내가 너를 건지리니 네가 나를 영화롭게 하리라"(시50:15) 약속하셨사오니 이 가정이 안고 있는 고통의 신음을 놓치지 마시고 부르짖을 때에 속히 응답하여 주옵소서.

또한 지금 이 가정이 당한 아픔을 통하여 신앙과 믿음이 성장하는 기회로 선용할 수 있게 하시며 그동안 들을 수 없었던 주님의 음성을 더욱 선명하게 들을 수 있는 축복의 계기가 되게 하여 주옵소서.

저희가 믿는 하나님은 합력하여 선을 이루시는 하나님이심을 믿습니다. 도우시고 건지시는 하나님이심을 믿습니다. 일으키시고 세우시는 하나님이심을 믿습니다. 그 하나님을 의지하여 살아계신 하나님을 만날 수 있게 하시고 믿음으로 끝내 승리할 수 있게 하옵소서.

오늘 목사님이 이 가정을 위하여 축복의 말씀을 준비하셨습니다. 마음을 담아 전하시는 말씀을 아멘으로 받게 하시고, 용기와 소망을 얻게 하옵소서. 이 가정을 더욱 굳게 잡아주시고 한 식구도 실족당하지 않도록 성령의 줄로 굳게 매주실 것을 믿사옵고 예수 그리스도의 이름으로 기도합니다. 아멘

심방자의 기도

주님!
저희를 도우시고 보호하소서.

무시당하는 자들을 건지시고,
핍박 받는 자들을 불쌍히 여기소서.

궁핍한 자들에게 자신을 보이시고
약하여 넘어진 자들을 꼭 일으키소서.

상처 받고 약한 자들을 높이시고,
질병으로 고통 받는 자들을 고치소서.

길 잃고 헤매는 자들을 붙잡으시고
곁길로 나갔던 자들을 돌아올 수 있게 하소서.

양식이 없는 자들의 그릇을 빌어 주시고,
헐벗고 굶주린 자들을 먹이소서.

상처받고 억울한 자들을 높이시고,
억압에 눌린 자들의 결박을 풀어주소서.

외롭고 고독한 자들을 안아 주시고,
버림받고 소외당한 자들의 벗이 되어주소서.

모든 사람이
주님만이 홀로 하나님이시며
예수 그리스도가 하나님의 아들이시며
저희는 하나님의 백성이고
주님께서 기르시는 양임을 알게 하소서.

_ 노진향

12

헌금 대표기도문

헌금기도(1)

하늘과 땅의 주인이시며 저희의 모든 물질의 소유권과 사용권과 또한 거두어 가실 수도 있는 회수권을 갖고 계신 하나님 아버지!

저희가 세상에 아무것도 가지고 온 것이 없었으나 오늘날까지 일용할 양식을 주신 은혜를 감사드립니다. 그러나 저희에게 주신 물질을 하나님의 뜻대로 바로 쓰지 못한 죄와 허물을 용서하여 주옵소서.

주님! 저희가 받은 모든 은사를 사용하되 낭비하거나 허비하거나 오용하거나 묻어두는 잘못을 범하지 않게 하여 주시고, 시시 때때로 주님께서 원하시는 일을 위하여 힘써서 바치며, 주의 복음을 위하여 더욱 풍성히 사용할 수 있게 하여 주옵소서. 저희의 생애를 통하여 주님의 몸 된 교회를 부요케 하고, 주님 나라를 부요케 할 수 있는 도구로 쓰임 받게 하여 주옵소서. 이 시간 마음을 담아 정성껏 예물을 드린 손길을 기뻐하시며 흠향하실 것을 믿사옵고 예수 그리스도의 이름으로 기도합니다. 아멘

헌금기도 (2)

자비로우신 주님!

이 시간 저희가 드린 예물과 정성을 받으시옵소서. 비록 정성과 예물이 미미하고 부족할지라도 저희 피조물의 속성을 아시는 주님께서 허물치 마시고 정성스럽게 바친 예물로 여기셔서 기쁘게 받으시기를 원합니다. 주님께서 저희들에게 주신 물질을 육신의 정욕과 이생의 안목을 위해서만 사용치 않게 하시고 주님을 섬기는 일에 기꺼이 사용할 수 있는 물질이 되게 하여 주옵소서. 저희들이 드린 물질을 통하여 주님의 몸 된 교회가 든든히 서 갈 수 있게 하시고, 천국의 지경이 확장되게 하여 주옵소서.

또한 주님께 힘을 다하여 드림으로 사람이 떡으로만 사는 것이 아님을 깨달아 알게 하시고, 하늘에 보물을 쌓아두는 기쁨과 보람을 느낄 수 있게 하옵소서. 저희의 드린 예물을 향기로 받으시고 축복하시기를 원하시는 예수 그리스도의 이름으로 기도합니다. 아멘

헌금기도 (3)

제단에 놓는 예물만이 아니고, 예물을 드린 자의 마음속 중심과 정성까지도 보시는 하나님 아버지! 저희 안에 믿음과 사랑과 하나님을 경외하는 마음을 더해 주시옵소서. 주님께 드리는 헌금, 이 봉헌의 예물이 정성어린 값진 예물이 되기를 원합니다.

주님! 항상 마음을 담아 정성껏 드린 예물이 저희의 손길을 통하여 하나님께 드려질 수 있게 하시고 또한 이 땅위에 주님의 뜻을 이루고 하나님의 나라를 건설하는 일에 저희의 물질이 귀하게 사용될 수 있도록 도와주시옵소서.

이 시간 예물을 드린 손길마다 은혜를 더하시고 축복의 손길로 함께하실 것을 믿사옵고 예수 그리스도의 이름으로 기도합니다. 아멘

헌금기도 (4)

사랑의 주님! 이 시간 저희들이 드린 예물을 기쁘게 받아주시옵소서. 저희에게 있는 모든 것은 주님께서 주신 것이오며 주님의 것이옵니다. 주님의 것을 가지고 저희가 사용하면서도 주님의 뜻대로 사용하지 못하고, 또한 마땅히 하나님께 구별하여 드려야 할 부분까지도 드리지 못하는 저희들을 용서하여 주옵소서. 이 시간 저희들이 순서에 따라 예물을 드렸습니다. 주님께 드린 예물이 인색한 마음으로 드린 것이 되지 않기를 원합니다. 온전한 예물이 되게 하시고, 주님이 기쁘게 받으시는 예물이 되게 하옵소서. 아직도 온전한 헌금생활을 하지 못하는 교우가 있습니까? 은혜를 더하여 주셔서 온전한 헌금생활로 범사에 주님의 주권을 인정하는 삶이 되게 하여 주옵소서. 또한 이 시간 저희들이 드린 헌금이 물질뿐만 아니라 저희의 마음까지도 주님께 드린 모습이 되기를 원합니다. 봉헌 예물에 동참한 모든 이들에게 주님의 은혜와 축복을 더하여 주옵소서.

저희의 드린 예물을 언제나 향기로 받으시기를 원하시는 예수 그리스도의 이름으로 기도합니다. 아멘

헌금기도 (5)

먼저 그 나라와 그의 의를 구하라 그리하면 이 모든 것을 너희에게 더하시리라고 말씀하신 주님! 저희가 믿음이 없어 날마다 근심하며 걱정하며 살아감을 용서하여 주옵소서. 이제는 저희가 주님의 약속을 믿고 믿음으로 살아가는 경건한 백성들이 되게 하시고, 때를 따라 드리는 봉헌 예물에 주님을 향한 사랑과 정성이 담길 수 있도록 도와주시옵소서.

이 시간 각자가 마음을 다하여 주님께 드린 예물을 받으시기 원합니다. 혹 인색함으로 드린 손길이 있다면 한없으신 사랑으로 덮어주시고, 즐겨 내는 손길이 될 수 있도록 변화의 축복을 허락하여 주옵소서. 또한 자원하는 마음으로 정성껏 드린 손길에겐 은혜 위에 은혜를 더하여 주셔서 물질의 어려움을 당치 않도록 막아주시고 항상 주님께 넉넉히 드릴 수 있는 환경을 허락하여 주옵소서. 저희가 드린 예물, 주님의 몸 된 교회를 위하여, 그리고 주님의 손길이 필요한 곳에 값지게 사용되게 하실 것을 믿사옵고 예수 그리스도의 이름으로 기도합니다. 아멘

헌금기도 (6)

날마다 저희의 삶을 지키시고 일용할 양식을 끊임없이 공급해 주시는 하나님 아버지! 오늘도 저희가 주님께서 주신 물질을 깨뜨려 봉헌예물을 드립니다. 저희가 주님께 받은 바 은혜와 사랑과 축복의 극히 적은 한 부분을 드린 것 같아 심히 부끄러운 마음이 앞섭니다. 하오나 모든 것을 사랑으로 감싸시고 덮으시는 하나님께서 저희의 드린 예물을 향기로 받으실 것을 믿습니다.

바라옵기는 이 시간 주님께 드린 물질이 주님의 영광을 위하여 쓰이며 주님의 뜻을 따라 사용될 수 있도록 도와주시옵소서. 예물을 드린 손길도 궁핍함이 없도록 때를 따라 채우실 것을 믿사옵고 예수 그리스도의 이름으로 기도합니다. 아멘

헌금기도 (7)

저희에게 일용할 양식을 끊임없이 공급해 주시는 하나님 아버지! 오늘 저희가 주님께 드리는 봉헌을 받으시옵소서.

주여! 이 헌금, 이 예물은 주님의 것이요, 저희가 받은 것을 드리는 것뿐임을 깨닫습니다. 심히 적고 부족할지라도 주님께 드리기 원하오니 기쁘게 받아주시옵소서. 이후로는 좀 더 준비되고 정성스러운 예물을 풍성히 드릴 수 있기를 원합니다. 저희의 마음을 온전히 주장하여 주셔서 정성이 담긴 예물을 주님께 드릴 수 있게 하옵소서.

이 시간 마음을 다하여 드리지 못한 손길도 긍휼히 여겨주시옵소서. 이 땅을 살아가는 동안 물질 때문에 어려움 당하는 일이 없도록 은총을 더하여 주시고, 주님 앞에 즐거운 마음으로 드릴 수 있도록 때를 따라 채워주시옵소서. 이 시간 마음을 다하여 정성껏 드린 손길마다 만 배로 갚으실 것을 믿사옵고 예수 그리스도의 이름으로 기도합니다. 아멘

헌금기도 (8)

저희의 드리는 예물을 향기로 받으시기를 원하시는 하나님 아버지! 이 시간 저희들이 드리는 예물을 받아주시옵소서. 이 시간 저희 모두가 예물을 드릴 때에 인색한 마음으로 드리지 아니하고 즐거운 마음으로 드린 줄 믿습니다. 마음을 담아 정성껏 드린 손길을 더욱 붙드셔서 주님의 영광을 드러낼 수 있게 하옵소서.

주님께 드려진 이 물질이 사용되는 곳에 주님의 영광만 나타나게 하시고, 주의 선한 사업에 귀하게 사용될 수 있는 예물이 되게 하여 주옵소서. 이 시간 마지못해 억지로 드린 손길이 있습니까? 주께서 성령 충만하게 하여 주셔서 주님을 사랑함이, 정성껏 준비해서 드리는 예물로 표현되게 하여 주옵소서.

주님께 더욱 힘써서 드리는 모습이, 저희의 평생 습관이 되게 하실 것을 믿사옵고 예수 그리스도의 이름으로 기도합니다. 아멘

헌금기도 (9)

은혜의 주님! 이 시간 주님이 베풀어 주신 은혜가 너무나 놀랍고 감사하여 물질로 저희의 마음을 표현했습니다. 부족할지라도 기쁘게 받아주시옵소서. 십의 일조는 주님의 것인 줄 알아 봉헌하였사오니 주님의 명령 따라 살기를 힘쓰는 손길을 기억하사 형통케 하시는 주님의 은혜를 날마다 경험할 수 있게 하옵소서. 여러 가지 감사의 조건을 가지고 봉헌한 손길도 있습니다. 일평생 사는 동안 감사가 떠나지 않는 삶이 되게 하여 주시고, 더욱 큰 감사를 주님께 드릴 수 있도록 복 있게 하여 주옵소서. 형편이 어려워 마음만 드린 손길도 있습니다. 주님 앞에 늘 빈손 인생이 되지 않도록 때를 따라 채워주시고, 드림의 기쁨을 누릴 수 있도록 은총을 더하여 주옵소서. 이 시간 주님께 봉헌한 예물이 주님의 영광을 나타내는 데 사용되게 하시고, 선한 일에 동참할 수 있는 예물이 되게 하여 주옵소서. 물질의 주인 되시는 예수 그리스도의 이름으로 기도합니다. 아멘

헌금기도 (10)

사랑의 하나님! 이 시간 저희들이 드리는 예물을 받아주시옵소서. 비록 정성이 부족하고 적은 것이라 할지라도 긍휼히 여기사 기쁘게 받아 주시기 원합니다. 저희들에게 좀 더 정성이 깃든 예물을 드릴 수 있도록 성령의 충만함을 허락하여 주시고, 물질로 주님의 몸 된 교회를 섬기기에 최선을 다할 수 있는 삶이 되게 하여 주옵소서. 주님께 예물을 봉헌하면서 세속에 집착하는 삶으로부터 자유를 얻게 하시고 신령한 것, 영원한 것에 가치를 두는 삶이 되게 하여 주옵소서. 이 시간 정성을 다하여 드린 손길 위에 주님의 은혜가 더욱 넘쳐나게 하실 것을 믿습니다. 선한 일에 복되게 사용되고 주님의 영광을 드러내는 일에 사용되는 예물이 되게 하옵소서. 일정한 소득이 없어 드리지 못한 손길도 기억하시고 주님 앞에 힘써서 드릴 수 있도록 물질을 회복시켜 주옵소서. 물질의 진정한 주인이 되시는 예수 그리스도의 이름으로 기도합니다. 아멘

13

자녀 축복 기도문

이런 자녀이길 원합니다.

사랑의 주님!
우리 아이가 이런 자녀가 되기를 원합니다.
아브라함처럼 갈 바를 알지 못했지만
약속의 말씀을 따라 움직였던 믿음의 자녀가 되기를 원합니다.
이삭처럼 번제물이 된다할지라도
기꺼이 아버지의 말씀을 따랐던 순종의 자녀가 되기를 원합니다.
야곱처럼 도망자가 된다 할지라도
하나님의 축복을 최고의 가치로 여길 줄 아는
은혜의 자녀가 되기를 원합니다.
요셉처럼 노예 신세가 된다 할지라도
하나님이 주신 꿈을 소중히 여기며
그 꿈을 이루기까지 인내할 줄 아는 꿈꾸는 자녀가 되기를 원합니다.
사무엘처럼 세상과 닫힌 공간에 산다 할지라도
언제나 하나님 음성 듣기를 사모하며
그 음성에 응답하기를 기뻐했던 영성의 자녀가 되기를 원합니다.
다윗처럼 높은 권세를 가졌다 할지라도
언제나 성전을 사랑하고 소년처럼 그 안에 거하기를 원했던
순수한 자녀가 되기를 원합니다.
다니엘처럼 사자 굴에 들어간다 할지라도
하나님의 섭리를 끝까지 신뢰하며
믿음을 굽히지 아니한 용기의 자녀가 되기를 원합니다.
사랑이 많으신 예수님의 이름으로 기도합니다. 아멘

기회를 잃지 않게 하소서

사랑의 주님!
기회를 잃지 않는 자녀가 되게 하소서.
주님의 뜻을 따를 수 있는 기회,
주님의 뜻을 펼칠 수 있는 기회를 잃지 않는 자녀가 되게 하소서.
주님께 가까이 나갈 수 있는 기회,
주님을 간절히 찾을 수 있는 기회를 잃지 않는 자녀가 되게 하소서.
주님의 은혜를 받을 수 있는 기회,
주님의 축복을 받을 수 있는 기회를 잃지 않는 자녀가 되게 하소서.
주님께 찬송할 수 있는 기회,
주님께 감사할 수 있는 기회를 잃지 않는 자녀가 되게 하소서.
주님을 섬길 수 있는 기회,
주님께 헌신할 수 있는 기회를 잃지 않는 자녀가 되게 하소서.
주님의 제자가 될 수 있는 기회,
주님의 동역자가 될 수 있는 기회를 잃지 않는 자녀가 되게 하소서.
주님의 몸 된 교회에 봉사할 수 있는 기회,
주님의 몸 된 교회에 충성할 수 있는 기회를 잃지 않는 자녀 되게 하소서.
영혼을 사랑할 수 있는 기회,
영혼을 구원할 수 있는 기회를 잃지 않는 자녀가 되게 하소서.
이웃을 헤아릴 수 있는 기회,
이웃을 구제할 수 있는 기회를 잃지 않는 자녀가 되게 하소서.
언제나 주어진 기회를 잃지 않고 선용할 수 있는 자녀가 되게 하소서.
예수님의 이름으로 기도합니다. 아멘

감사할 수 있게 하소서

사랑의 주님!
우리 아이가 이런 자녀가 되게 하소서.
언제나 감사할 수 있는 자녀가 되게 하소서.
일이 잘 풀리지 않는 다 할지라도
원망 않고 감사할 수 있는 자녀가 되게 하소서.
원하는 것을 이루지 못했다 할지라도
원망 않고 감사할 수 있는 자녀가 되게 하소서.
주어진 기회를 놓쳤다고 할지라도
원망 않고 감사할 수 있는 자녀가 되게 하소서.
꿈을 잃어버렸다 할지라도
원망 않고 감사할 수 있는 자녀가 되게 하소서.
배신을 당하였다 할지라도
원망 않고 감사할 수 있는 자녀가 되게 하소서.
사랑하는 이가 떠났다 할지라도
원망 않고 감사할 수 있는 자녀가 되게 하소서.
물질의 손해가 있을지라도
원망 않고 감사할 수 있는 자녀가 되게 하소서.
고난의 연속이라 할지라도
원망 않고 감사할 수 있는 자녀가 되게 하소서.
절망의 끝자락일지라도
원망 않고 감사할 수 있는 자녀가 되게 하소서.
하나님의 음성이 들리지 않는다 할지라도
원망 않고 감사할 수 있는 자녀가 되게 하소서.
예수님의 이름으로 기도합니다. 아멘

겸손하게 하소서

사랑의 주님!
우리 아이가 이런 자녀이게 하소서
언제나 기도할 수 있는 겸손의 자녀이게 하소서.
학식의 풍부함에 자만하지 않고
주님 앞에 무릎 꿇을 줄 아는 겸손의 자녀이게 하소서.
잘된다고 자만하지 않고
주님 앞에 무릎 꿇을 줄 아는 겸손의 자녀이게 하소서.
인생의 위기 앞에서도 불안해 않고
주님 앞에 무릎 꿇을 줄 아는 겸손의 자녀이게 하소서.
좌절된 꿈 앞에서도 비관하지 않고
주님 앞에 무릎 꿇을 줄 아는 겸손의 자녀이게 하소서.
열악한 환경 앞에서도 불평하지 않고
주님 앞에 무릎 꿇을 줄 아는 겸손의 자녀이게 하소서.
배신의 아픔 앞에서도 원망하지 않고
주님 앞에 무릎 꿇을 줄 아는 겸손의 자녀이게 하소서.
슬픔 앞에서도 괴로워하지 않고
주님 앞에 무릎 꿇을 줄 아는 겸손의 자녀이게 하소서.
불행 앞에서도 절망하지 않고
주님 앞에 무릎 꿇을 줄 아는 겸손의 자녀가 되게 하소서.
언제나 주님 앞에 겸손히 엎드릴 줄 아는 기도의 자녀가 되게 하소서.
예수님의 이름으로 기도합니다. 아멘

소중함을 알게 하소서

사랑의 주님!
우리 아이가 이런 자녀가 되게 하소서.
다해주지 못하는 부모라 할지라도
부모의 소중함을 느낄 줄 아는 자녀가 되게 하소서.
소박한 가정이라 할지라도
가정의 소중함을 느낄 줄 아는 자녀가 되게 하소서.
부족한 형제라 할지라도
형제의 소중함을 느낄 줄 아는 자녀가 되게 하소서.
아쉬움 많은 생활이라 할지라도
살아있음을 감사할 줄 아는 자녀가 되게 하소서.
마음대로 먹지 못하는 생활일지라도
건강의 소중함을 느낄 줄 아는 자녀가 되게 하소서.
마음대로 쓰지 못하는 생활일지라도
물질의 소중함을 느낄 줄 아는 자녀가 되게 하소서.
열악한 환경일지라도
주어진 환경을 소중하게 여길 줄 아는 자녀가 되게 하소서.
부족한 친구라 할지라도
친구의 소중함을 느낄 줄 아는 자녀가 되게 하소서.
불만 많은 스승일지라도
스승의 소중함을 느낄 줄 아는 자녀가 되게 하소서.
주님! 언제나 소중함을 느낄 줄 아는 자녀가 되게 하소서.
 예수님의 이름으로 기도합니다. 아멘

팔복이 있게 하소서

사랑의 주님!
우리 아이에게 팔복이 이루어지게 하소서.
심령이 가난함으로
영원한 기업인 천국을 소유하는 자녀가 되게 하소서.
애통함으로
주님의 위로를 받을 수 있는 자녀가 되게 하소서.
온유함으로
주님이 주신 땅을 기업으로 받는 자녀가 되게 하소서.
의에 주리고 목마름으로
주님이 베푸신 하늘의 만나로 배부른 자녀가 되게 하소서.
긍휼히 여김으로
주님의 긍휼과 자비를 받을 수 있는 자녀가 되게 하소서.
마음이 청결함으로
거룩하신 하나님을 늘 만나는 자녀가 되게 하소서.
화평케 함으로
늘 하나님의 아들이라 불리우는 자녀가 되게 하소서.
의를 위하여 핍박을 받음으로
생명의 면류관을 받는 자녀가 되게 하소서.
핍박가운데서도, 언제나 기뻐하고 언제나 즐거워함으로
하늘의 상급을 잊지 않는 자녀가 되게 하소서.
예수님의 이름으로 기도합니다. 아멘

사명을 감당하게 하소서

사랑의 주님!
우리 아이가 이런 자녀가 되게 하소서.
세상의 부패를 막을 수 있는
소금의 사명을 감당할 수 있는 자녀가 되게 하소서.
어두운 세상을 밝힐 수 있는
빛의 사명을 감당할 수 있는 자녀가 되게 하소서.
세상의 흉용함을 막을 수 있는
밀알의 사명을 감당할 수 있는 자녀가 되게 하소서.
상처 난 곳을 싸매어줄 수 있는
치유의 사명을 감당할 수 있는 자녀가 되게 하소서.
슬픔이 있는 곳에 기쁨을 줄 수 있는
위로의 사명을 감당할 수 있는 자녀가 되게 하소서.
미움이 있는 곳에 용서를 심을 수 있는
은혜의 사명을 감당할 수 있는 자녀가 되게 하소서.
다툼이 있는 곳에 평화를 심을 수 있는
화해의 사명을 감당할 수 있는 자녀가 되게 하소서.
절망이 있는 곳에 소망을 심을 수 있는
평안의 사명을 감당할 수 있는 자녀가 되게 하소서.
주린 곳을 부요케 할 수 있는
축복의 사명을 감당할 수 있는 자녀가 되게 하소서.
없는 자를 구제할 수 있는
섬김의 사명을 감당할 수 있는 자녀가 되게 하소서.
예수님의 이름으로 기도합니다. 아멘

다스릴 수 있게 하소서.

사랑의 주님!
우리 아이가 이런 자녀가 되게 하소서.
생각과 마음을 잘 다스릴 수 있는 자녀가 되게 하소서.
입과 혀를 잘 다스릴 수 있는 자녀가 되게 하소서.
손과 발을 잘 다스릴 수 있는 자녀가 되게 하소서.
안목과 정욕을 잘 다스릴 수 있는 자녀가 되게 하소서.
이성과 감정을 잘 다스릴 수 있는 자녀가 되게 하소서.
의욕과 욕구를 잘 다스릴 수 있는 자녀가 되게 하소서.
성격과 성질을 잘 다스릴 수 있는 자녀가 되게 하소서.
돈과 재물을 잘 다스릴 수 있는 자녀가 되게 하소서.
강함과 약함을 잘 다스릴 수 있는 자녀가 되게 하소서.
성공과 실패를 잘 다스릴 수 있는 자녀가 게 하소서.
걱정과 염려를 잘 다스릴 수 있는 자녀가 되게 하소서.
슬픔과 기쁨을 잘 다스릴 수 있는 자녀가 되게 하소서.
교만과 자만을 잘 다스릴 수 있는 자녀가 되게 하소서.
꿈과 비전을 잘 다스릴 수 있는 자녀가 되게 하소서.
환경과 생활을 잘 다스릴 수 있는 자녀가 되게 하소서.
예수님의 이름으로 기도합니다. 아멘

신자가 되게 하소서(1)

사랑의 주님!
우리 아이가 이런 자녀가 되게 하여 주소서.
세상의 지식보다,
주님의 말씀을 주야로 묵상할 줄 아는 자녀가 되게 하소서.
세상의 노래보다,
주님을 높이는 찬송을 언제나 부를 줄 아는 자녀가 되게 하소서.
세상의 경험을 신뢰하기보다
전적으로 하나님만 신뢰할 줄 아는 자녀가 되게 하소서.
우리 아이가 가까이 하는 것이 주님의 말씀이요,
주님의 몸인 교회가 되게 하시고,
주님께 예배하는 것을 인생의 본분이요,
최고의 가치로 여길 줄 아는 자녀가 되게 하소서.
부모를 존경하되 하나님처럼 존경할 수 있는 자녀가 되게 하시고,
부모의 말씀을 하나님 말씀처럼 여길 줄 아는 자녀가 되게 하소서.
언제나 주님이 보시기에 사랑스러운 자녀가 되게 하시고,
주님이 두고 보고 또 두고 보시기에도
전혀 아깝지 않은 자녀가 되게 하소서.
우리의 기도를 들으시는 예수님의 이름으로 기도합니다. 아멘

신자 되게 하소서(2)

사랑의 주님!
우리 아이가 이런 자녀가 되게 하소서.
하나님을 늘 가까이 하고
하나님을 늘 경외하는 자녀가 되게 하소서.
성경을 늘 가까이 하고
말씀을 늘 즐겨보는 자녀가 되게 하소서.
기도하기를 늘 좋아하고
간구하기를 늘 사모하는 자녀가 되게 하소서.
찬송하기를 늘 즐거워하고
찬양하기를 늘 기뻐하는 자녀가 되게 하소서.
영혼을 늘 사랑하고
전도하기를 늘 힘쓰는 자녀가 되게 하소서.
구제하기를 늘 좋아하고
섬기기를 늘 기뻐하는 자녀가 되게 하소서.
깨뜨리기를 늘 기뻐하고
쓰임받기를 늘 좋아하는 자녀가 되게 하소서.
봉사하기를 늘 즐거워하고
헌신하기를 늘 기뻐하는 자녀가 되게 하소서.
충성하기를 늘 소망하고
늘 죽도록 충성할 수 있는 자녀가 되게 하소서.
예수님의 이름으로 기도합니다. 아멘

주님을 닮게 하소서

사랑의 주님!
우리 아이가
주님을 닮아가는 자녀가 되게 하소서.
사랑할 수 없는 사람까지도
사랑할 수 있는 자녀가 되게 하소서.
품어줄 수 없는 사람까지도
품어줄 수 있는 자녀가 되게 하소서.
이해할 수 없는 사람까지도
이해할 수 있는 자녀가 되게 하소서.
용납할 수 없는 사람까지도
용납할 수 있는 자녀가 되게 하소서.
존중할 수 없는 사람까지도
존중할 수 있는 자녀가 되게 하소서.
용서할 수 없는 사람까지도
용서할 수 있는 자녀가 되게 하소서.
도와줄 수 없는 사람까지도
도와줄 수 있는 자녀가 되게 하소서.
신뢰할 수 없는 사람까지도
신뢰할 수 있는 자녀가 되게 하소서.
섬길 수 없는 사람까지도
섬길 수 있는 자녀가 되게 하소서.
축복할 수 없는 사람까지도
축복 할 수 있는 자녀가 되게 하소서.
예수님의 이름으로 기도합니다. 아멘

바르게 살게 하소서

사랑의 주님!
우리 아이가 이런 자녀가 되게 하소서.
지식이나 경험을 의지하여
자신을 너무 과신하지 않는 자녀가 되게 하소서.
목적이 아무리 훌륭해도
목적이 수단을 정당화 할 수 없음을 알고
방법이 나쁘면 하지 않는 자녀가 되게 하소서.
최고가 되는 것이 인생의 목표가 아니라
최선을 다하는 삶이 인생의 목표가 되는 자녀가 되게 하소서.
기회만 엿보는 기회주의자가 아니라
성실한 노력의 대가를 기대할 줄 아는 자녀가 되게 하소서.
자신에게 손해가 주어진다 할지라도
다른 사람의 입장을 고려할 줄 아는 자녀가 되게 하소서.
좋아하는 것에만 집착하는 것이 아니라
다른 것에도 관심을 가질 줄 아는 자녀가 되게 하소서.
자신의 의견만 내세우고 고집하는 것이 아니라
다른 사람의 의견도 존중할 줄 아는 자녀가 되게 하소서.
자신의 생각과 다르면 무조건 잘못된 것으로 판단하는 것이 아니라
다른 것을 인정할 줄 아는 자녀가 되게 하소서.
자기중심적인 삶을 사는 것이 아니라
하나님 중심적인 삶을 살 수 있는 자녀가 되게 하소서.
예수님의 이름으로 기도합니다. 아멘

이런 자녀이게 하소서(1)

사랑의 주님!
우리 아이가 이런 자녀이게 하소서.
다른 사람의 지극히 작은 것도
세심한 배려를 아끼지 않는 자녀이게 하소서.
다른 사람의 큰 실수에도
넉넉한 관용을 보여줄 수 있는 자녀이게 하소서.
다른 사람의 큰 허물도
감싸주고 덮어줄 수 있는 자녀이게 하소서.
다른 사람의 사소한 말에도
진지함으로 귀를 기울일 수 있는 자녀이게 하소서.
다른 사람의 강경한 의견도
대립하지 않고 존중해 줄 수 있는 자녀이게 하소서.
다른 사람의 불필요한 대화에도
정감 있는 대화로 응할 수 있는 자녀이게 하소서.
다른 사람의 거친 행동에도
온유함으로 설득할 수 있는 자녀이게 하소서.
다른 사람의 무시하는 태도에도
푸근함으로 받아줄 수 있는 자녀이게 하소서.
다른 사람이 안고 있는 아픔에도
따뜻한 위로를 아끼지 않는 자녀이게 하소서.
예수님의 이름으로 기도합니다. 아멘

이런 자녀이게 하소서(2)

사랑의 주님! 우리 아이가 이런 자녀이게 하소서.
정의 앞에서 부정을 보이지 않고
진실 앞에서 위선을 보이지 않는 자녀이게 하소서.
정직 앞에서 불의를 보이지 않고
거짓 앞에서 양심을 속이지 않는 자녀이게 하소서.
승리 앞에서 자만함을 보이지 않고
실패 앞에서 부끄러움을 보이지 않는 자녀이게 하소서.
유혹 앞에서 비굴함을 보이지 않고
비방 앞에서 반격을 보이지 않는 자녀이게 하소서.
기쁨 앞에서 오만함을 보이지 않고
슬픔 앞에서 좌절을 보이지 않는 자녀이게 하소서.
고난 앞에서 실족을 보이지 않고
희생 앞에서 약함을 보이지 않는 자녀이게 하소서.
의무 앞에서 회피를 보이지 않고
책임 앞에서 게으름을 보이지 않는 자녀이게 하소서.
불의 앞에서 타협을 보이지 않고
용기 앞에서 망설임을 보이지 않는 자녀이게 하소서.
결과 앞에서 핑계를 보이지 않고
영광 앞에서 자랑을 보이지 않는 자녀이게 하소서.
열매 앞에서 교만을 보이지 않고
감사 앞에서 자기 의를 보이지 않는 자녀가 되게 하소서.
 예수님의 이름으로 기도합니다. 아멘

이런 자녀이게 하소서(3)

사랑의 주님!
우리 아이가 이런 자녀이게 하소서.
그 어떤 유혹에도 흔들리지 않고
당당히 뿌리칠 수 있는 자녀이게 하소서.
그 어떤 실패에도 낙심하지 않고
당당히 일어설 수 있는 자녀이게 하소서.
그 어떤 시련에도 포기하지 않고
당당히 뚫고 나갈 수 있는 자녀이게 하소서.
그 어떤 위기에도 당황하지 않고
당당히 맞설 수 있는 자녀이게 하소서.
그 어떤 불행에도 불평하지 않고
당당히 수용할 수 있는 자녀이게 하소서.
그 어떤 아픔에도 슬퍼하지 않고
당당히 떨쳐버릴 수 있는 자녀이게 하소서.
그 어떤 고난에도 실족하지 않고
당당히 헤쳐 나갈 수 있는 자녀이게 하소서.
그 어떤 위험에도 피하지 않고
당당히 겨룰 수 있는 자녀이게 하소서.
그 어떤 불의에도 굴하지 않고
당당히 외칠 수 있는 자녀이게 하소서.
그 어떤 안 좋은 결과에도 단념하지 않고
당당히 다시 도전할 수 있는 자녀이게 하소서.
예수님의 이름으로 기도합니다. 아멘

이런 자녀이게 하소서(4)

주님!
우리 아이가 이런 자녀이게 하소서.
육체와 정신이 건강함으로
남을 위하여 자신을 배려할 줄 아는 자녀이게 하소서.
소유에 집착하는 것이 아닌
베푸는 것에 익숙해 질 수 있는 자녀이게 하소서.
남에게 군림하려는 태도보다는
남을 세워주고 높여줄 줄 아는 자녀이게 하소서.
강한 자에게는 비굴함을 보이지 않으며
약한 자에게는 한없는 너그러움을 보일 수 있는 자녀이게 하소서.
고집을 피울 줄 알되 지나침이 없게 하시고
다른 사람의 의견도 존중할 줄 아는 자녀이게 하소서.
자신의 말로 남을 설득하기보다
다른 사람의 말을 경청할 줄 아는 자녀이게 하소서.
생각 없는 말로 상처를 심는 사람이 아닌
위로의 말로 상처를 싸매줄 수 있는 자녀이게 하소서.
언제나 말보다 행동이 앞서지 않게 하시며
말한 것에 대해서는 책임을 질줄 아는 자녀이게 하소서.
자신의 지식과 경험을 너무 과신하기보다
지혜의 근본이신 하나님을 의뢰할 수 있는 자녀이게 하소서.
언제나 하나님을 인정하고
항상 하나님을 최우선에 두는 자녀이게 하소서.
예수님의 이름으로 기도합니다. 아멘

이런 자녀이게 하소서 (5)

사랑의 주님!
우리 아이가 이런 자녀이게 하소서.
죄를 멀리할 수 있는 자녀이게 하시고,
부지중에라도 죄를 지으면
즉시 회개할 수 있는 자녀이게 하소서.
항상 주님께 복을 구할 수 있는 자녀이게 하시고,
받은 복을 함께 나눌 수 있는 자녀이게 하소서.
늘 주님의 뜻 행하기를 즐거워하는 자녀이게 하시고,
늘 주님을 자랑할 수 있는 자녀이게 하소서.
늘 구원의 하나님을 만나는 자녀이게 하시고,
늘 능력의 하나님을 만나는 자녀이게 하소서.
늘 성전에 거하기를 기뻐하는 자녀이게 하시고,
늘 주님을 인하여 즐거워할 수 있는 자녀이게 하소서.
주님께 하듯
이웃을 섬길 줄 아는 자녀이게 하시고,
자신을 귀히 여기듯
남도 귀하게 여길 줄 아는 자녀이게 하소서.
늘 성령 충만을 사모하는 자녀이게 하시고,
성령의 아홉 가지 열매를 맺을 수 있는 자녀이게 하소서.
예수님의 이름으로 기도합니다. 아멘

14

가정 축복 기도문

이런 가정이 되게 하소서

사랑의 주님! 이런 가정이 되게 하여 주옵소서. 서로를 감싸주고 소박한 웃음소리가 그치지 않는 가정이 되게 하여 주옵소서. 보이는 허물도 감싸주고 큰 실수도 덮어줄 수 있는 가정이 되게 하여 주옵소서. 작은 말에도 귀를 기울이고 서로의 응어리진 마음도 사랑으로 털어낼 수 있는 가정이 되게 하옵소서. 서로 의견을 존중하고 화목을 위해 인내의 미덕을 보여주는 가정이 되게 하옵소서. 절망을 통해 영감을 얻는 기회로 삼고, 고난도 강한 사랑으로 이겨내는 가정이 되게 하여 주옵소서. 서로의 목표에 대하여 축복해 주고 기도해줄 수 있는 가정이 되게 하여 주옵소서.

한 끼의 식탁에서도 감사하고 불평 없는 생활을 최고의 축복으로 여기는 가정이 되게 하여 주옵소서. 궁핍할지라도 습관적으로 남을 도우며 이웃에게 복을 심어줄 수 있는 가정이 되게 하여 주옵소서. 예수 그리스도의 이름으로 기도합니다. 아멘

성령 충만한 가정이 되게 하소서

사랑의 주님! 저희 가정이 성령 충만한 가정이 되게 하여 주옵소서.

성령 충만함으로 늘 죄를 이기며, 늘 자신을 이겨갈 수 있는 가정이 되게 하여 주옵소서. 성령 충만함으로 늘 마귀에게 틈을 보이지 않는 가정이 되게 하여 주옵소서. 주님! 성령 충만함으로 늘 베푸는 가정이 되게 하시고, 남을 헤아릴 수 있는 가정이 되게 하여 주옵소서. 늘 사랑을 실천하는 가정이 되게 하시고, 늘 기도하는 가정이 되게 하여 주옵소서.

또한 성령 충만함으로 늘 전도하는 가정이 되게 하시고, 말씀에 늘 순종하는 가정이 되게 하여 주옵소서. 주님의 몸 된 교회를 위하여 늘 봉사할 수 있는 가정이 되게 하시고, 늘 충성할 수 있는 가정이 되게 하여 주옵소서. 성령 충만함으로 늘 주님의 남은 고난을 짊어질 수 있는 가정이 되게 하시고, 날마다 주님을 닮아가는 가정이 되게 하여 주옵소서.

예수 그리스도의 이름으로 기도합니다. 아멘

믿음이 성장하는 가정이 되게 하소서

　사랑의 주님! 저희 가정이 날마다 믿음이 성장하기를 원합니다. 누군가의 보살핌이 있어야 겨우 유지되는 그런 믿음이 되지 않게 하시고, 주님을 위해서 아름답게 쓰임 받을 수 있는 성숙한 믿음의 가정이 되게 하여 주옵소서. 항상 예배를 사랑하게 하여 주시고, 주일이 기다려지는 가정이 되게 하여 주옵소서. 주님을 위한 봉사도 부요함을 더하는 믿음이 되어 언제나 넘치는 봉사로 주님을 기쁘시게 할 수 있는 가정이 되게 하옵소서. 또한 온갖 유혹 앞에서도 흔들림 없는 믿음이 되기를 원하오니 저희 가정을 붙드셔서 어떤 악조건 속에서도 믿음의 승리를 보여줄 수 있는 가정이 되게 하여 주옵소서. 또한 믿음의 부요함으로 다른 이의 연약한 믿음도 세워주고, 다른 이의 아픔도 싸매어 줄 수 있는 믿음이 되기를 원합니다. 성장하는 믿음으로 언제나 주님을 기쁘시게 할 수 있는 가정이 되게 하여 주옵소서. 예수 그리스도의 이름으로 기도합니다. 아멘

화평한 가정이 되게 하소서.

　사랑의 주님! 주님이 세워주신 가정을 위하여 기도합니다. 주님을 믿는 가정답게 화평을 좇을 수 있는 가정이 되게 하여 주옵소서. 주님 안에서 안정과 평화를 누릴 수 있게 하시고, 안식을 누릴 수 있는 가정이 되게 하여주옵소서. 식구 중에 하나라도 질병으로 고생하는 일이 없게 하시고 건강한 몸으로 주님이 분부하신 명령을 잘 지켜 행할 수 있는 가정이 되게 하여 주옵소서. 다툼과 반목으로 고생하는 일도 없기를 원합니다. 서로 이해하고 용납함으로 십자가의 주님을 닮아갈 수 있게 하시고, 주님의 선하신 뜻을 이룰 수 있는 가정이 되게 하여 주옵소서. 또한 모든 식구들이 계획하는 일들이 주님 보시기에 합당한 계획들이 되게 하시고, 평안한 가운데서 아름다운 열매를 맺을 수 있게 하여 주옵소서. 언제나 수고하고 땀 흘린 그 열매들의 아름다움으로 인해 기쁨과 은혜가 충만한 가정이 되게 하여 주옵소서. 예수 그리스도의 이름으로 기도합니다. 아멘

감사하는 가정이 되게 하소서

사랑의 주님!

언제나 저희 가정을 품어 안으시고 은혜와 사랑으로 덧입혀 주심을 감사드립니다. 하나님의 그 크신 사랑을 생각하며 항상 감사할 수 있게 하시고, 감사한 마음으로 힘 있게 살아갈 수 있는 가정이 되게 하여 주옵소서.

삶 속에서 불만스러움이 없을 순 없겠으나 그래도 돌아갈 가정이 있고, 그리워 할 부모님이 계시고, 형제자매가 있음을 감사할 수 있게 하여 주옵소서.

힘든 생활이긴 해도 배움의 터전이 있고 안식처가 있고, 특히 직장이 있으며 기도와 말씀을 들을 수 있는 신앙의 보금자리가 있음을 감사할 수 있게 하여 주옵소서.

낙심할 만한 일들도 많이 있으나 주님이 함께 계심을 인하여 낙심하지 않게 하시고, 주의 능력을 의지해서 굳건하게 살아갈 수 있음을 감사할 수 있게 하옵소서.

또한 주위에 둘러선 많은 사람들을 기억할 수 있는 가정이 되기를 원합니다. 누가 나의 이웃이 되어줄 수 있는가를 생각하기 보다는 내가 누구의 이웃이 되어줄 수 있는가를 생각할 수 있는 가정이 되게 하여 주옵소서.

이웃을 생각하는 그 마음으로 항상 즐거워 할 수 있게 하시고, 감사할 수 있는 가정이 되게 하여 주옵소서.

저희 가정을 늘 사랑으로 감싸 안으시는 예수 그리스도의 이름으로 기도합니다. 아멘

기쁨의 가정이 되게 하소서

은혜의 주님!

우리 주님은 참 기쁨의 근원이 되심을 믿습니다. 주님을 의지할 때 저희의 삶의 길에서 더욱 큰 기쁨을 소유케 하시는 주님이심을 믿습니다. 참 기쁨의 근원이 되시는 주님을 더욱 찬양할 수 있는 가정이 되게 하여 주옵소서.

"주 안에서 항상 기뻐하라."(빌4:4)고 하였사오니 주님의 뜻을 좇아 항상 기뻐할 수 있는 가정이 되게 하여 주시고, 기쁨의 능력을 소유할 수 있는 식구들이 되게 하여 주옵소서.

또한 그 기쁨의 능력을 이웃과 함께 나눌 수 있는 가정이 되기를 원합니다. 저희 가정만 기뻐하면서 사는 것이 아니라 모든 사람에게 기쁨을 심어 줄 수 있는 아름다운 모습을 보일 수 있게 하시고, 더불어 영혼이 구원되는 복된 열매도 맺을 수 있게 하여 주옵소서.

기쁨과 은혜가 충만한 가정, 항상 기쁨 속에서 주님이 주시는 비전(Vision)을 세우는 가정이 되기를 원합니다. 기쁨 속에서 주님이 주시는 꿈을 이루어 갈 수 있는 가정이 되게 하여 주옵소서.

또한 기쁨으로 헌신하고 기쁨 속에서 봉사하며 충성하는 가정이 되기를 원합니다. 언제나 주님을 위한 희생의 삶이 기쁨의 번제물이 되게 하여 주옵소서. 항상 기뻐하기를 원하시는 예수 그리스도의 이름으로 기도합니다. 아멘

화목한 가정이 되게 하소서

사랑의 주님!

저희 가정의 화목을 위하여 기도합니다. 주님의 사랑 안에서 언제나 사랑하고 우애하며 화목을 이루어 갈 수 있는 가정이 되게 하여 주옵소서.

부부 간에 서로 돕고 사랑이 넘치게 하시고, 상대방의 아픔까지 내 아픔으로 아우를 수 있는 부부가 되게 하여 주옵소서.

부모님을 성실과 정성을 다하여 공경하게 하시고, 때로는 늙으신 부모님이 엉뚱한 일을 하신다 할지라도 낳으시고 기르신 부모님을 멸시하거나 무시하지 않게 하여 주옵소서.

자녀들을 주님 앞에 바로 설 수 있는 자녀로 키우기를 원합니다. 말씀으로 잘 양육하고 훈계할 수 있도록 지혜를 주시고, 아이들에게 부모로서의 위치를 상실하지 않도록 믿음의 본을 보일 수 있는 부모가 되게 하여 주옵소서.

주님! 저희 가정이 하나님 앞에서 바로 서고, 말씀 안에서 거룩하게 되어 모든 믿는 가정의 본이 되는 가정이 되게 하여 주옵소서.

주님의 사랑으로 하나 되어 화목하고 경건하며 하나님을 섬기는 일을 최고로 삼는 가정이 되게 하여 주옵소서. 세상의 그 어떤 일보다 하나님을 경외하는 일이 최고로 가치 있고 중요한 일임을 알게 하여 주옵소서. 저희 가정의 호주가 되시는 예수 그리스도의 이름으로 기도합니다. 아멘

열심을 다하는 가정이 되게 하소서

사랑의 주님!

저희 가정이 주님께 열심을 다하는 가정이 되기를 원합니다. 자신의 일에는 관대하고 주님의 일에는 옹색한 변명만 늘어놓는 식어버린 믿음이 되지 않게 하여 주시고, 언제나 뜨거운 믿음으로 주님의 몸 된 교회를 위하여 열심을 다할 수 있는 가정이 되게 하여 주옵소서.

봉사의 자리를 고의적으로 피하는 일이 없게 하시고, 남이 회피하는 봉사의 자리까지도 기꺼이 몸을 던져 헌신을 보일 수 있는 저희 식구들이 되게 하여 주옵소서.

호리라도 주님의 일을 가볍게 여기는 일이 없게 하시고, 주님의 뜻이라면 언제나 순종의 욕구를 충족시킬 수 있는 믿음으로 쓰임 받게 하옵소서.

조금 미련하게, 조금 우둔하게 보인다 할지라도 주님을 위한 충성의 자리에는 항상 선두에 설 수 있는 선봉신앙이 되게 하시고, 희생이 묻어 있는 헌신을 드림으로 주님을 기쁘시게 할 수 있는 저희 가정이 되게 하여 주옵소서.

주님을 위한 충성과 희생을 인생 최고의 기쁨으로 여길 수 있게 하시고, 주님을 위하여 깨뜨리는 삶에는 조금도 주저함이 없는 저희 가정이 되게 하여 주옵소서.

주님의 마음을 시원케 해드리는 아름다운 일꾼으로 쓰임받기를 원하오며 예수 그리스도의 이름으로 기도 합니다. 아멘

이런 부모로 살게 하소서

사랑의 주님!

이런 부모로 살게 하옵소서. 가난한 사람에게는 헤아리는 손길을, 병든 사람에게는 치유의 손길을 내밀 수 있는 부모로 살게 하옵소서. 슬픔에 빠진 사람에게는 위로의 손길을, 분노에 빠진 사람에게는 평화의 손길을 내밀 수 있는 부모로 살게 하옵소서.

힘든 사람에게는 너그러움의 손길을, 곤경에 처한 사람에게는 용기의 손길을 내밀 수 있는 부모로 살게 하옵소서. 근심 많은 사람에게는 평안의 손길을, 삶에 지친 사람에게는 감싸줌의 손길을 내밀 수 있는 부모로 살게 하옵소서. 약한 사람에게는 사랑의 손길을, 허물이 많은 사람에게는 품어줌의 손길을 보일 수 있는 부모로 살게 하옵소서.

약한 사람에게는 잡아줌의 손길을, 교만한 사람에게는 겸손의 손길을 내밀 수 있는 부모로 살게 하옵소서. 시기하는 사람에게는 자비의 손길을, 다툼이 있는 사람에게는 화해의 손길을 보일 수 있는 부모로 살게 하옵소서.

선을 행하는 사람에게는 격려의 손길을, 성공한 사람에게는 칭찬의 손길을 내밀 수 있는 부모로 살게 하옵소서. 방황하는 사람에게는 잡아줌의 손길을, 주님을 모르는 사람에게는 구원의 손길을 내밀 수 있는 부모로 살게 하옵소서. 주님 꼭 이런 부모로 살 수 있도록 은총을 더하여 주옵소서. 예수 그리스도의 이름으로 기도합니다. 아멘

15

타인을 위한 축복 기도문

처음 예수 믿는 성도를 위하여

만백성 가운데서 택한 자를 부르시고 생명을 주신 하나님!
사랑하는 OOO성도에게 구원을 주신 주님의 은혜를 진심으로 감사드립니다. 이제 예수 믿기로 작정한 OOO성도에게 성령 충만을 허락하여 주셔서 예수님을 믿는 기쁨이 날마다 더하여 지게 하시고, 구원의 진리를 깨달아 가는 가운데 그 영혼이 날마다 새로워지게 하여 주옵소서.

이전에는 세상만을 사랑하고 육신의 정욕과 이생의 안목을 위해서 살았으나 이제는 주님만을 사랑하게 하시고, 주님께 영광 돌리는 삶을 살아갈 수 있게 하여 주옵소서. 영육간에 주님이 채워주시는 신령한 복과 은혜를 받아 누릴 수 있게 하시고, 천국 백성의 기쁨을 누릴 수 있는 삶이 되게 하여 주옵소서.

주님! 주님을 모르는 가족들도 기억하셔서 구원의 은총을 허락하여 주시기를 원합니다. 그리하여 모든 가족이 구원을 받을 수 있게 하여 주시고, 천국을 소유한 축복의 가정이 되게 하여 주옵소서.

주님! 사랑하는 OOO성도가 수고의 열매도 더욱 풍성히 맺을 수 있도록 이끄시기를 원합니다. 그리하여 주님이 붙드시는 손길은 이 땅에서도 차고도 넘치는 복을 받아 누린다는 사실을 체험하게 하여 주옵소서.

혹 OOO성도에게 고통의 문제가 있습니까? 주님을 의지함으로 고통의 문제를 다루시는 주님의 손길을 체험할 있게 하여 주시고, 원치 않는 질병에 시달리고 있습니까? 만병의 의원이신 주님을 의지함으로 치료하시는 주님의 손길을 체험할 수 있게 하여 주옵소서.

OOO 성도가 주님의 몸 된 교회를 위해서도 귀하게 쓰임 받을 수 있는 그릇으로 빚으실 것을 믿습니다. 기도의 열매, 전도의 열매도 많이 맺을 수 있는 하늘나라의 복된 일꾼으로 세우실 것을 믿습니다. 주님의 크신 경륜을 찬양하오며 예수 그리스도의 이름으로 기도합니다. 아멘

구원의 확신이 없는 성도를 위하여

구원의 하나님!
사랑하는 OOO성도(직분)에게 구원의 빛을 비추시옵소서. 아직 구원의 확신을 갖지 못하여 적극적인 신앙생활을 하지 못하고 있나이다. 우리 주님께서 사랑하는 OOO성도(직분)를 만세전부터 택정하시고 하나님의 백성으로 택하여 부르신 것을 믿습니다.

사람이 마음으로 믿어 의에 이르고 입으로 시인하여 구원에 이르게 된다.(롬10:10)고 하였사오니 그 마음에 믿음의 빛을 비춰 주셔서 구원의 주님을 입으로 시인할 수 있는 OOO성도(직분)가 되게 하여 주옵소서.

이는 혈통으로나 육정으로나 사람의 뜻으로 나지 아니하고 오직 하나님께로부터 난 자들이라고 하였습니다.(요1:13) OOO성도(직분)도 그 가운데 한 사람임을 기억하게 하시고, 구원의 주님을 찬양할 수 있는 자리로 나아갈 수 있게 하옵소서.

주님!
아직 OOO성도(직분)가 믿음이 연약하여 구원의 확신이 없는 줄 압니다. 믿음은 들음에서 나고 들음은 그리스도의 말씀으로 말미암는다(롬10:17)고 하였사오니 OOO성도(직분)에게 말씀을 자꾸 들을 수 있는 자리로 인도하여 주시고, 말씀을 들을 때에 깨달아 알 수 있는 지혜를 부어 주시옵소서.

OOO성도(직분)가 지금은 어린아이 같은 믿음이라 할지라도 장차 그 입으로 구원의 주님을 시인하며 주님을 위하여 순종을 드리고 헌신을 드릴 수 있는 자리로 나아가게 될 것을 믿습니다. 주님께 크게 쓰임 받는 그릇이 되게 하실 것을 믿습니다. 하늘나라의 백성으로 주님께 영광 돌리는 삶을 살게 하여 주실 것을 믿습니다.

예수 그리스도의 이름으로 기도합니다. 아멘

출산한 성도를 위하여

생명의 창조자이신 하나님 아버지!
　주께서 세우신 OOO성도(직분)의 가정에 새 생명을 선물로 주심을 감사드립니다. 새 생명의 탄생을 천하의 어떤 것과 비교할 수 있겠사오리까? 주님이 주신 귀한 생명으로 인하여 저희에게 기쁨이 넘치게 하시니 감사합니다. 새 생명의 축복을 허락하신 하나님께 다시 한 번 감사와 영광을 돌립니다.
　주님! 해산의 고통을 겪은 산모를 기억하셔서 빠른 회복을 주시기를 원합니다. 아기가 먹고 싶은 때에 언제나 젖을 물릴 수 있도록 젖샘이 풍부하게 하여 주옵소서. 또한 산모를 항상 건강으로 지켜주셔서 어린 생명을 키우는 데 조금도 어려움이 없게 하여 주옵소서.
　산모의 태중에 있을 때에도 건강으로 지켜주신 하나님, 이 어린생명 위에 건강의 복을 내려주시옵소서. 잘 먹고 잘 자고, 잘 자라게 하여 주시고, 질병 없이 무럭무럭 성장할 수 있도록 늘 지켜 주옵소서. 그 키가 자라감에 따라 사랑스러움이 더하여지게 하시고, 지혜와 명철도 더하여 주옵소서.
　주님! 탄생의 신비와 생명의 신비스러움을 통하여 창조주 하나님을 찬양하는 가정이 되게 하여 주옵소서. 이 어린 심령이 부모의 신앙으로 인하여 날 때부터 주님께 맡긴바 되었사오니, 주님께서 이 아이의 평생 동안 동행하여 주시고 그의 삶을 인도하여 주옵소서. 성실한 부모의 믿음 안에서 신앙교육으로 잘 양육 받을 수 있게 하시고 주님이 쓰시는 귀한 아이로 성장할 수 있게 하옵소서.
　사랑하는 OOO성도(직분)에게 해산의 기쁨을 주심을 다시 한 번 감사하오며 기업을 잇게 하신 예수 그리스도의 이름으로 기도합니다. 아멘

이혼한 성도를 위하여

긍휼이 풍성하신 하나님 아버지!

사랑하는 OOO성도(직분)에게 우리 주님도 원치 않는 헤어짐의 아픔이 주어졌습니다. 그동안 서로 갈등을 풀어보기 위하여 수없이 노력했지만 모든 것이 허사가 되어 버렸고, 가정이 금이 가는 아픔이 주어지고 말았습니다.

주님! 주님이 세우신 가정을 온전히 관리하지 못한 것은 분명히 주님 앞에 큰 죄를 지었음을 부인할 수 없나이다. 사랑하는 OOO성도(직분)에게 긍휼을 베푸셔서 용서하여 주옵소서. 말할 수 없는 큰 죄를 지었을지라도 용서를 구하는 자를 외면치 아니하시고 품어주시는 주님이심을 믿습니다. 죄는 지었을지라도 상처받은 심령입니다. 불쌍히 여기셔서 넓은 품으로 품어주시고, 아픔을 회복할 수 있도록 은총을 더하여 주옵소서.

이 일로 말미암아 OOO성도(직분)가 믿음이 떨어질까 염려되오니 주님의 교회와 멀어지지 않게 하시고, 주님을 가까이 하는 생활에 틈이 벌어지지 않도록 도와주시옵소서. 아픔이 있을 때 더욱 기도할 수 있게 하시고, 배반하지 않는 주님을 더욱 의지할 수 있는 삶이 되게 하여 주옵소서. 성경을 읽음으로 마음의 평안을 찾게 하시고, 찬송을 부름으로 어두운 과거를 잊어버리게 하여 주옵소서. 사랑하는 OOO성도(직분)가 앞으로 살아가야 할 길도 주님께서 이끌어 주셔서 온 세상 날 버려도 주님만은 버리시지 않음을 피부 깊숙이 느끼게 하옵소서.

주님! 아이들을 기억하시기를 원합니다. 부모에게 사랑 받으며 맑고 티 없이 자라야 할 아이들인데 아이들 마음에 상처가 나고 말았습니다. 어린 심령들을 불쌍히 여기시고 부모의 허물과 아픔이 자녀들에게 미치지 않도록 막아주시옵소서. 우리 주님이 가장 연약한 상태에 있는 OOO성도(직분)를 다시 일으켜 세워주시고, 주님을 꼭 붙드는 삶이 되게 하실 것을 믿습니다.

죄인들의 친구가 되시는 예수 그리스도의 이름으로 기도합니다. 아멘

재난당한 성도를 위하여

인생의 생사화복을 주장하시는 하나님 아버지!
갑작스런 재난으로 인하여 고통을 받고 있는 OOO성도(직분)를 긍휼히 여겨 주옵소서. 금번일로 하나님을 원망하는 자리에 이르지 않게 하시고, 합력하여 선을 이루시는 주님의 섭리하심을 바라보며 믿음으로 극복할 수 있도록 도와주시기를 원합니다. 잃은 것이 많은 이때에 잃은 것을 인하여 애달파하지 말게 하시고, 남아 있는 것을 인하여 감사할 수 있도록 은총을 더하여 주옵소서.
어렵고 힘든 상황이지만 소망을 가지고 재기할 수 있는 은혜를 더하여 주시고, 이 위기의 상황을 지혜롭게 극복하여 하나님께 영광을 돌릴 수 있는 축복의 기회로 삼을 수 있게 하여 주옵소서.
부자 욥이 하루아침에 거지 같이 가난한 자가 되고 육체의 질병으로 고통을 당하면서도 하나님을 원망하지 않았던 믿음을 OOO성도(직분)에게도 주시고, 그에게 향하신 하나님의 사랑을 조금도 의심치 않게 하여 주옵소서, 주신자도 여호와시오니 여호와의 이름을 찬송을 받을 것이라고 한 것처럼 재난 가운데서도 더욱 감사할 수 있는 믿음을 더하여 주옵소서.
특별히 바라옵기는 사랑하는 OOO성도(직분)가 사방으로 우겨쌈을 당하여도 싸이지 아니하며 답답한 일을 당하여도 낙심하지 아니하며 거꾸러뜨림을 당하여도 망하지 않도록 지켜 주옵소서.(고후4:8,9) 끝까지 신앙적으로 흔들림 없게 하셔서 믿음의 재난만큼은 당하지 않도록 이끄시고 크신 긍휼을 베푸실 것을 믿습니다.
예수 그리스도의 이름으로 기도합니다. 아멘

시험에 든 성도를 위하여

자비하시고 거룩하신 하나님 아버지!

주님께서는 하늘 위에 높이 계시지만 몸소 고난을 받으심으로 저희의 연약을 아시고 체휼하심을 감사드립니다. 사랑하는 OOO성도(직분)에게 원치 않는 시험이 찾아왔으나 그가 자기에게 향하신 주님의 사랑을 조금도 의심치 않게 하실 것을 믿습니다. 주님을 의지하는 자에게 유익을 더하시는 하나님이신 것을 믿습니다.

이럴 때일수록 마음을 어지럽히는 모든 부정적이고 파괴적인 생각들이 찾아들기 쉽사오니 믿음의 주요 온전케 하시는 이인 예수님만을 온전히 바라볼 수 있도록 붙들어 주옵소서. 주님이 작정하신 시험이라면 감사함으로 받게 하시고, 끝까지 인내할 수 있는 강하고 담대한 믿음을 주시기를 원합니다. 믿음 위에 굳게 서서 조금도 흔들리지 않게 하여 주옵소서.

눈에는 아무 증거 안 보이고, 귀에는 아무 소리 안 들려도, 손에는 아무 것도 잡히는 것이 없어도, "시험을 참는 자가 복이 있도다 이것에 옳다 인정하심을 받은 후에 주께서 자기를 사랑하는 자들에게 약속하신 생명의 면류관을 얻을 것임이니라"(약1:12)고 약속하신 주님의 말씀을 붙들고 이 어렵고 힘든 시기를 잘 인내하며 승리할 수 있도록 도와주시옵소서.

주님이 사랑하시는 자에게 허락하신 시험은 전적으로 시험 당하는 자에게 엄청난 주님의 은혜를 체험케 하시기 위한 것임을 믿습니다. 욥이 엄청난 시험을 통과한 후에 비로소 귀로만 듣던 하나님을 눈으로 볼 수 있는 주님의 은총이 내려졌듯이(욥42:5) OOO성도(직분)에게도 그와 같은 주님의 은총이 있게 하여 주옵소서.

시험당하는 자들을 능히 도우시고 도고하고 계시는 예수 그리스도의 이름으로 기도합니다. 아멘

질병이 있는 성도를 위하여

사랑과 긍휼이 풍성하신 하나님 아버지!

사랑하는 OOO(직분)성도가 질병의 고통을 받고 있습니다. 모든 것이 약해질 수밖에 없는 사랑하는 OOO성도(직분)를 기억하시고 주님의 긍휼을 거두지 마시옵소서.

그가 얼마나 하나님을 찾았겠습니까? 얼마나 주님의 이름을 간절히 불렀겠습니까? 매순간 매순간이 진지할 수밖에 없고 매순간 매순간이 정직할 수밖에 없을 것입니다. 상한 갈대를 꺾지 아니하시고 꺼져가는 심지를 끄지 아니하시는 우리 주님이심을 믿습니다. 심령이 가난한 마음을 주님께 의뢰하는 자를 외면치 아니하시는 우리 주님이심을 믿습니다.

이제는 병상을 의지해야 하는 초라한 삶으로 변해버린 그의 형편을 기억하시고 돌아보시옵소서. "믿음의 기도는 병든 자를 구원하리니 주께서 저를 일으키시리라"(약5:15) 말씀하였사오니 그 말씀이 지금 OOO성도(직분)에게 그대로 이루어지는 역사가 있게 하여 주시옵소서.

아직도 그가 할 일이 많습니다. 주님의 섭리하심은 분간하기 어려우나 지금은 때가 아니라는 생각을 갖습니다. 조금 더 주님을 위하여 충성할 수 있는 기회를 주시고, 헌신할 수 있는 기회를 주시옵소서.

많은 병자를 일으키셨던 우리 주님, 죽은 자도 살리셨던 우리 주님, 주님이 죽음의 권세를 깨뜨리시고 부활하실 때 무덤 속에 잠자던 자들도 일으키셨던 우리 주님, 그 주님을 믿사오니 지금 여기에 오셔서 OOO성도(직분)를 치료하여 주옵소서.

그 아픔을 어루만져 주시고, 다시 한 번 사망권세에서 일으키시는 주님의 기적을 체험하게 하여 주옵소서. 살아 계신 주님, 주님의 치료의 강물에서 OOO성도(직분)가 꼭 나음을 얻게 하실 것을 믿습니다.

예수님의 이름으로 기도합니다. 아멘

탈선 자녀를 둔 성도를 위하여

잃은 양을 찾으시는 주님!
사랑하는 OOO성도(직분)의 자녀가 방황하고 있습니다. 방황하는 자녀를 생각할 때마다 OOO성도(직분)의 마음이 얼마나 애타고 가슴 아프겠습니까? 정말 속상하고 괴로운 심정 말로다 표현을 못할 것입니다.

주님! 그 마음의 아픔을 긍휼히 여겨 주옵소서. 무너진 그 마음에 위로를 더하여 주옵소서. 그 눈물을 기억하시고 그 부르짖음에 귀를 기울이옵소서. 지금 부모의 안타까운 마음도 아랑곳하지 않은 채 방황하는 자녀를 불쌍히 여겨 주옵소서.

정말 교회생활을 착실하게 했던 아이입니다. 많은 성도들에게 사랑을 받았던 아이입니다. 언제부터 어떤 이유로 인하여 아이가 방황의 길로 접어들었는지는 모르지만 모든 것을 다 아시는 주님께서 아이가 다시 가정으로 돌아올 수 있도록 그 방황을 종식시켜 주옵소서. 주님 앞으로 돌아와 전과 같이 믿음생활 잘할 수 있도록 도와주시옵소서.

주님! 그 마음에 깨달음을 주시고, 그 발걸음을 돌이키게 하실 분은 주님밖에 없음을 깨닫습니다. 아이가 학업을 놓치지 않게 도와주시옵소서. 평생 후회로 남을 일을 하지 않도록 그 마음을 진리의 빛을 비춰주셔서 현재의 자신의 모습을 바로 볼 수 있게 하시고, 자신이 하고 있는 행동이 잘못된 것임을 깨닫게 하옵소서. 부모의 마음을 아프게 하고 괴롭게 하는 것임을 깨닫게 하옵소서. 하나님 앞에서 죄짓는 것임을 깨닫게 하옵소서.

그 아이를 버리지 않으실 것을 믿습니다. 품어주실 것을 믿습니다. 주님의 음성을 들려주실 것을 믿습니다. 멸망의 길로 가지 않게 하실 것을 믿습니다. 어서 속히 그 깊은 수렁에서 건져 주시옵소서.

한 영혼을 잊지 아니하시는 주님의 사랑을 의지하오며 예수 그리스도의 이름으로 기도합니다. 아멘

고부간의 갈등이 있는 성도를 위하여

사랑이 많으신 하나님 아버지!
지금까지 OOO성도(직분)의 가정을 지켜주시고 평강의 길로 인도하심을 감사드립니다. 이 가정을 향한 주님의 인자하심이 크고 놀라움을 깨닫습니다.

하오나 주님! 사랑하는 OOO성도(직분)가 시어머니와의 갈등으로 인하여 많은 고통을 겪고 있습니다. 얼굴까지 어두운 OOO성도(직분)의 모습을 볼 때에 결코 가볍지만은 않음을 깨닫습니다. 어느 가정이건 고부간의 갈등은 항상 있을 수 있사오나 OOO성도(직분)가 겪고 있는 갈등이 매우 심각함을 깨닫습니다.

주님! 사랑이 한없으신 우리 주님께서 OOO성도(직분)와 시어머니의 마음을 만져 주시옵소서. 더 이상 감정의 골이 깊어지지 않게 하여 주시고, 주님을 믿는 것이 부담이 되지 않게 하여 주옵소서. 사소한 일로 인하여 감정을 앞세우지 않게 하여 주시고, 보이는 허물을 감싸주고 덮어줄 수 있는 푸근함이 그 마음을 지배할 수 있도록 도와주시옵소서. 살아 계신 부모님을 진정으로 잘 모실 수 있는 OOO성도(직분)가 되게 하여 주시고, 자부의 효를 기쁨으로 받을 수 있는 부모님이 되게 하여 주옵소서.

주님! 표현은 안 하지만 뒤에서 자녀들이 보고 있는 줄 믿습니다. 자녀들에게 가정의 화목을 지키지 못하는 어른의 모습을 보이지 않게 하여 주시고, 자녀들이 부모의 뒷모습을 보고 배운다는 것을 기억하여 화평의 가정을 이루기에 마음을 쏟을 수 있는 시어머니와 며느리가 되게 하여 주옵소서. 성경에 나오는 나오미와 룻같이 아름다운 고부의 사이가 될 수 있도록 이끌어 주옵소서. 감정을 쏟아내는 입술이 변하여 기도의 입술이 되게 하시고, 서로의 아픔을 어루만져주며 불평 없는 식탁에서 감사의 기도를 드릴 수 있도록 은총을 더하여 주옵소서.

회복하실 것을 믿사옵고 예수 그리스도의 이름으로 기도합니다. 아멘

치매 부모를 모시는 성도를 위하여

우리를 지극히 사랑하시는 하나님 아버지!

사랑하는 OOO성도(직분)를 기억하옵소서. 부모님이 치매를 앓고 있습니다. 아무리 굳센 믿음을 소유한 사람이라 할지라도 감당하기 어려운 질병임을 절감합니다. 긴 병에 효자 없다는 말이 이에서 생겨난 것이 아닌가 싶습니다. 경제적으로, 정신적으로, 육체적으로 짊어져야만 하는 OOO성도(직분)의 고통을 돌아보시옵소서.

이 무시무시한 병마 앞에서 주께서 사랑하시는 OOO성도(직분)가 처한 상황은 근심과 걱정입니다. OOO성도(직분)의 가정에 속한 어느 한 사람도 이 병으로부터 자유로울 수 없음을 주님께서 아시오니 부모님의 질병을 돌아보시옵소서.

주님을 잘 섬기는 가정에 화평이 깨지지 않도록 도와주시옵소서. 그 가정의 믿음이 식어지지 않도록 붙드시옵소서. 불효의 죄책감에 시달리지 않도록 도와주시옵소서.

절망으로 몸서리치지 않게 하여 주시고, 복되고 아름다운 신앙생활이 엉망이 되지 않게 하여 주옵소서. 할 수만 있거든 사랑하는 OOO성도(직분)의 부모님께 치료의 능력을 더하여 주셔서 온전한 정신으로 회복할 수 있게 하여 주시고, 주님이 주신 소중한 인생, 끝까지 맑은 정신으로 주님을 가까이 하다가 천국으로 향할 수 있게 하여 주옵소서.

믿음이 좋은 사랑하는 OOO성도(직분)의 마음이 부모님의 치매로 인하여 강퍅해지지 않도록 도우실 것을 믿습니다. 성령의 능력을 더하셔서 불쌍히 여기는 마음을 주시고 인성이 파괴되지 않도록 지켜주옵소서. 우리 주님이 이 가정에 밝은 빛을 주실 것을 믿습니다.

사랑하는 OOO성도(직분)를 비롯한 이 가정의 식구가 이 질병의 노예가 되지 않도록 이끄실 것을 믿습니다. 도와주시옵소서.

주님의 선하신 손길을 바라보며 예수 그리스도의 이름으로 기도합니다. 아멘

외로움을 느끼는 성도를 위하여

저희의 가장 친한 벗이 되어주시는 주님!
주님이 OOO성도(직분)와 함께하시고 친한 벗이 되어주심을 믿습니다. 지금 OOO성도(직분)는 주님이 항상 곁에 계심을 믿지만 외로움과 고독함을 떨쳐 버리지 못하여 심적인 고통을 겪고 있습니다. 밀려드는 외로움과 고독을 이기지 못하여 고통당하는 OOO성도(직분)를 기억하시고 넓으신 주님의 품으로 안으시옵소서.
주님도 고난당하실 때 홀로 십자가를 지셔야만 하는 고독을 겪으셨지만 하나님이 함께하심을 믿으며 조금도 흔들리지 않으셨음을 기억합니다. 그리고 하나님의 뜻을 이루기 위하여 고독과 싸워가며 홀로 골고다의 언덕을 오르셨음을 기억합니다.
사랑하는 OOO성도(직분)도 주님의 함께하심을 굳게 믿고 외로움과 고독을 잘 이길 수 있도록 믿음을 강화시켜 주시고 주님의 뜻을 이루어 드릴 수 있는 주님의 사람이 되게 하여 주옵소서.
주님이 OOO성도(직분)에게 고독을 주신 것은 고독에 숨겨진 주님의 뜻이 계신 줄 믿습니다. 고독해하는 이웃을 살필 줄 아는 하나님의 사람으로 쓰시기 위해서 고독을 경험하게 하신 것을 믿습니다. 고독할 때에 외롭고 쓸쓸함 속에서 지내는 이들을 돌아볼 수 있는 마음을 주시고 그들을 주님의 이름으로 위로할 수 있는 위로자의 역할을 감당할 수 있게 하옵소서.
우리 주님은 외로움과 고독을 아시는 주님이심을 믿습니다. 체휼하시는 주님이심을 믿습니다. 동정을 베푸시고 공감하시는 주님이심을 믿습니다. 지금 OOO성도(직분)의 마음속에 은총을 더하여 주옵소서.
예수 그리스도의 이름으로 기도합니다. 아멘

용서가 필요한 성도를 위하여

사랑이 많으신 하나님 아버지!

주님은 십자가에 달리셨을 때에도 자신을 십자가에 못 박은 사람들을 위하여 하나님께 용서의 기도를 드린 것을 기억합니다.

사랑하는 OOO성도(직분)가, 받은 상처로 인하여 미움의 감정을 삭이지 못하고 있습니다. 상처는 작건 크건 간에 사람에게 큰 고통이 되는 것을 깨닫습니다. 고통이 있기에 마음을 온통 미움으로 가득 채울 때도 있습니다.

주님! 미워하고 싶어 미워하는 것이 아니라, 상처받았기에 미운 감정을 물리칠 수 없음을 기억하시옵소서. 이럴 때 원수까지도 사랑하라고 말씀하신 주님의 계명을 실천에 옮길 수 있어야 하는데, 상한 감정을 다스리기가 너무나 어렵고 힘이 들 것입니다.

사랑하는 OOO성도(직분)를 긍휼히 여기셔서 그 마음의 아픔이 속히 아물 수 있게 하여 주시고, 주님의 가르침대로 일곱 번씩 일흔 번이라도 용서할 수 있는 은혜가 있게 하여 주옵소서.

미움의 감정을 오래 품고 있으면 주님의 말씀을 받기가 어려워지고 영혼의 궁핍함이 찾아올 수 있다는 것을 기억하여 빨리 잊어버리게 하여 주시고, 용서의 본을 보이신 주님만을 바라보게 하옵소서.

아픔과 상처를 준 자를 위하여 스데반 집사와 같이 기도할 수 있게 하여 주시고, 그 영혼을 불쌍히 여길 수 있는 마음을 주시옵소서.

기도의 영으로 충만케 하여 주시고, 주님을 닮아갈 수 있게 하옵소서.

십자가로 용서의 극치를 보여주신 예수 그리스도의 이름으로 기도합니다. 아멘

교회에 나오지 않는 성도를 위하여

잃은 양을 찾되 끝까지 찾으시는 주님!
교회를 등지고 있는 사랑하는 OOO성도(직분)를 위하여 기도합니다.
사랑하는 OOO성도(직분)가 교회를 출석하지 않은 날수가 참으로 많음을 살펴봅니다. 이러다 그의 믿음이 완전히 식어져서 신앙생활을 접지는 않을까 걱정이 앞섭니다. 그 마음에 어떤 상처가 있는지 어떤 문제가 있는지 심히 부족한 이 죄인은 알 수 없사오나 우리 주님은 아시고 계시오니 살피시고 상한 마음을 치유하여 주시기를 원합니다.
개인의 문제 때문입니까? 어렵고 힘든 때일수록 주님을 더욱 굳게 의지해야 함을 깨닫게 하시고, 성도들 간의 문제로 인하여 상처를 받은 것이 있습니까? 사람을 보면 실망할 수밖에 없고 상처 받을 수밖에 없지만 주님만을 바라보면 기쁨이 되고 소망이 됨을 가슴 깊숙이 느낄 수 있도록 평안을 더하여 주옵소서.
주님! OOO성도(직분)는 만세 전부터 주님이 작정하시고 택하신 주님의 백성임을 믿습니다. 이미 하늘나라의 생명책에 기록된 천국 백성임을 믿습니다. 그 어두운 마음에 강한 빛을 비추어 주셔서 빛이신 주님을 보게 하여 주시고, 그 마음에 성령을 기름 붓듯 부어주셔서 응어리진 것이 눈 녹듯이 녹아지게 하시고 주님에게서 만큼은 등을 돌리지 않도록 이끌어 주시옵소서.
우리 주님은 천하보다 OOO성도(직분)를 사랑하시는 주님이심을 믿습니다. 우리 주님은 OOO성도(직분)를 끝까지 찾아가셔서 강권하시는 주님이심을 믿습니다. 주님의 사랑을 깨닫고 돌아올 때까지 기다리고 또 기다리시는 주님이심을 믿습니다. 사랑하는 OOO성도(직분)를 불쌍히 여기시고 선한 목자이신 주님의 인도함을 받는 삶이 되게 하여 주옵소서.
예수 그리스도의 이름으로 기도합니다. 아멘

헌금에 시험 든 성도를 위하여

자비로우시고 은혜가 풍성하신 하나님 아버지!

사랑하는 OOO성도(직분)가 헌금으로 인하여 마음의 상처를 받았습니다. 그도 주님께 마음을 다하여 정성껏 헌금하고 싶은 생각이 왜 없겠습니까? 생활이 어렵고 힘들다보니 헌금생활에 많은 어려움을 겪고 있습니다. 풍족한 자가 들으면 아무렇지도 않을 목사님의 설교가 형편이 어렵다보니 예민해지고 마음의 부담이 되고 상처가 됩니다.

목사님이 OOO성도(직분)를 들으라고 설교하신 것은 아닐 것입니다. 모든 성도를 하나님께 축복받는 성도로 세우시려고 하신 말씀인 것을 믿습니다. 은혜 받기 위하여 주님의 전을 찾았다가 헌금 때문에 마음의 상처를 받은 OOO성도(직분)의 마음을 위로해 주시고 그 영혼에 은총을 더하여 주옵소서.

"나의 하나님이 그리스도 예수 안에서 영광 가운데 그 풍성한 대로 너희 모든 쓸 것을 채우시리라"(빌4:19) 말씀하였사오니, 사랑하는 OOO성도(직분)의 형편을 다 아시는 주님께서 물질에 약해진 이 가정을 붙드시고 일으켜 주시기를 원합니다. 다시는 물질로 인하여 상처를 받거나 고통을 당하지 않아도 될 신앙생활을 할 수 있도록 축복하여 주옵소서. 주님께 정성껏 드리고 싶은 대로, 더 많이 드리고 싶은 대로 힘써서 드릴 수 있도록 물권을 허락하여 주시기를 원합니다.

그리고 이 시험의 단계를 잘 이겨서 더욱 성숙된 신앙의 자리로 나아갈 수 있도록 이끌어 주옵소서. 주님이 사랑하는 OOO성도(직분)를 더욱 사랑하고 계심을 믿습니다.

실족하여 넘어지지 않도록 붙드실 것을 믿사옵고 예수 그리스도의 이름으로 기도합니다. 아멘

목사님께 상처받은 성도를 위하여

사랑이 풍성하신 하나님 아버지!

사랑하는 목사님을 통하여 하늘나라의 진리를 배우고 양육 받게 하여 주심을 감사드립니다. 하오나 사랑하는 OOO성도(직분)가 목사님께 상처를 받았다고 합니다. 상처의 깊이가 어느 정도인지는 알 수 없사오나 그 마음을 주님의 넓은 품으로 감싸시고 위로하여 주시기를 원합니다.

목사님도 때로는 인간인지라 실수할 수도 있음을 헤아려봅니다. 목사님의 단점이 눈에 들어올 때, 목사님을 위하여 기도하라는 주님의 응답으로 받아들일 수 있게 하시고, 말씀에 실수가 있다면 주님의 음성을 담아낼 수 있는 입술의 권세를 더하여 달라고 기도할 수 있는 OOO성도(직분)가 되게 하여 주시옵소서.

사랑하는 OOO성도(직분)의 마음의 상처가 주님을 사랑하고 주님께 영광 돌리는 데 걸림돌이 되지 않기를 원합니다. 주님의 몸 된 교회를 섬기는 데 틈이 벌어지는 일이 되지 않기를 원합니다. 상대방의 허물과 약점을 덮어주고 용서할 수 있는 넓은 마음을 허락하여 주셔서 주님의 성품을 보여주시기에 부족함이 없는 OOO성도(직분)가 되게 하여 주옵소서.

한걸음 더 나아가 목사님이 외롭고 힘드실 때 따뜻한 벗이 되어 주고, 목사님이 힘들고 지치셨을 때 따뜻함을 담은 말로 위로와 용기를 줄 수 있는 OOO성도(직분)가 되게 하여 주옵소서.

목사님도 OOO성도(직분)가 시험에 든 것을 인하여 마음 아파하고 더 많이 기도하고 계실 것입니다. 조금 더 이해하고 조금 더 헤아림으로 주님의 나라를 이루어 갈 수 있는 OOO성도(직분)가 되게 하여 주옵소서.

평안의 복을 더하시는 예수 그리스도의 이름으로 기도합니다. 아멘

주일성수를 못하는 성도를 위하여

인생의 본분이 무엇인지를 깨닫게 하시는 하나님!
저희에게 복된 날을 허락하셔서 주님께 예배하고 영광 돌릴 수 있는 복된 인생길을 걸어가게 하시니 감사합니다. 주일은 하나님께서 예배를 통하여 저희들에게 복주시기로 작정하신 날임을 믿습니다.
안타까운 것은 사랑하는 ○○○성도(직분)가 늘 육신의 일에 쫓기고 얽매여서 이 귀한 날에 주님을 만나지 못하고 있고, 주님의 은혜를 경험하지 못하고 있습니다. 사랑하는 ○○○성도(직분)를 주님의 능력의 손으로 굳게 붙드셔서 이 날에 구별된 삶을 살 수 있도록 도와주시고, 영. 육간에 안식을 얻는 날이 되게 하여 주옵소서. 이 날을 주님께 온전히 드림으로 주님을 주님 되게 해 드릴 수 있는 ○○○성도(직분)가 되게 하여 주시고, 예배를 통하여 부어주시는 주님의 놀라운 은혜를 경험하는 삶이 되게 하여 주옵소서.
사람이 떡으로만 사는 것이 아니라 하나님의 입에서 나오는 말씀으로 살아야 함을 기억하게 하여 주시고, 육신의 일에 얽매여서 마귀가 좋아하는 일만 좇다가 은혜를 잃어버리고 마는 ○○○성도(직분)가 되지 않게 하여 주옵소서.
"주의 궁정에서의 한 날이 다른 곳에서의 천 날보다 낫다"(시84:10)고 고백했던 시편기자와도 같이 주일마다 주의 궁정을 사모함으로 세상에서는 맛볼 수 없는 더 큰 기쁨과 평강을 얻을 수 있는 ○○○성도가 되게 하여 주옵소서.
특별히 주님의 몸 된 교회를 위하여 하루를 봉사하고 헌신할 수 있는 날이 되게 하여 주시고, 헤어졌던 성도들과도 만나서 신앙생활에 유익을 더하는 믿음의 좋은 교제를 나눌 수 있게 하여 주옵소서. 주일이 ○○○성도(직분)에게 세상일을 접고, 오직 여호와 하나님만을 찬양하는 귀하고 복된 날이 되게 하실 것을 믿습니다.
사랑 많으신 예수 그리스도의 이름으로 기도합니다. 아멘

교우 간 시험에 든 성도를 위하여

화평케 하시는 주님!
사랑하는 OOO성도(직분)가 다른 성도와의 관계 속에서 마음의 상처를 받았습니다. 그 마음을 지켜 주시기를 원합니다. 이럴 때 주님의 마음을 품을 수 있다면 얼마나 축복받은 성품이 될 수 있겠습니까? 마음을 잘 다스릴 수 있게 하여 주셔서 주님의 성품을 닮아 가는 데 힘쓸 수 있는 OOO성도(직분)가 되게 하여 주옵소서.

불쑥 불쑥 솟아오르는 상한 감정이 마음을 괴롭힐지라도 미움의 감정을 더욱 키우는 것이 되지 않게 하여 주시고, 감정에 성령의 기름을 부어 달라고 기도할 수 있는 OOO성도(직분)가 되게 하여 주옵소서.

사랑이 제일 큰 은사라고 하였사오니 사랑으로 상대방의 잘못과 허물을 덮을 수 있게 하여 주시고, 용서함으로 주님의 십자가를 앞세울 수 있는 OOO성도(직분)가 되게 하여 주옵소서.

이럴 때일수록 함께 찾아오는 것이 영적인 침체인 것을 깨닫습니다. OOO성도(직분)가 불편해진 인간관계로 인하여 주님과의 관계가 식어지지 않도록 이끌어 주시고, 이럴 때일수록 더 깊은 주님과의 교제를 갈망할 수 있는 OOO성도(직분)가 되게 하여 주옵소서. 마음에 아픔이 있을 때 주님의 아픔을 헤아릴 줄 아는 은혜가 있게 하시고, 마음의 고통이 있을 때 주님의 십자가의 고통을 살필 줄 아는 OOO 성도(직분)가 되게 하여 주옵소서.

잘 이기면 능력이 될 줄 믿습니다. 더욱 성숙된 신앙의 단계로 나아가게 될 줄로 믿습니다. 따라서 아픔도 축복이 됨을 깨닫습니다. 승리하게 도와주시고, 믿음의 좋은 관계를 위하여 더욱 기도할 수 있게 하여 주옵소서.

OOO성도(직분)를 사랑하시는 예수 그리스도의 이름으로 기도합니다. 아멘

16

교회와 민족을 위한
축복 기도문

이런 교회가 되게 하소서

주님!
우리 교회가 이런 교회가 되게 하여 주옵소서.
항상 말씀이 충만한 교회가 되게 하여 주옵소서. 인생에 지친 심령들이 말씀을 통하여 위로를 얻고 새 힘을 얻는 교회가 되게 하시고, 갈한 심령마다 주님의 흘러넘치는 은혜를 체험할 수 있는 그런 교회가 되게 하여 주옵소서.
항상 사랑이 넘치는 교회가 되게 하여 주옵소서. 증오와 미움으로 가득 찬 사람일지라도 교회에 발을 들여놓기만 하면 사랑과 용서의 사람으로 변화를 체험하는 그런 교회가 되게 하여 주옵소서.
항상 모이기에 힘쓰는 교회가 되게 하여 주옵소서. 함께 모여 말씀을 상고하고 떡을 떼므로 천국의 아름다움을 보여줄 수 있는 그런 교회가 되게 하여 주옵소서.
항상 깊이 있는 기도가 있는 교회가 되게 하여 주옵소서. 누구나 이곳에서 기도하면 주님의 음성을 듣기도 하며 주님의 능력을 체험할 수 있는 그런 교회가 되게 하여 주옵소서.
항상 찬송과 감사가 넘치는 교회가 되게 하여 주옵소서. 뜨거운 찬송으로 하늘의 문도 열 수 있는 그런 교회가 되게 하여 주시고, 온전한 감사로 믿음의 역사를 이룰 수 있는 그런 교회가 되게 하여 주옵소서.
항상 구제하는 교회가 되게 하여 주옵소서. 연약한 이웃에게 힘이 되고 실패한 이웃들에겐 희망을 줄 수 있는 그런 교회가 되게 하여 주옵소서.
항상 선교하는 교회가 되게 하여 주옵소서. 주님의 구원의 복된 소식을 힘을 다하여 전하므로 주님이 분부하신 명령을 잘 수행할 수 있는 그런 교회가 되게 하여 주옵소서. 예수 그리스도의 이름으로 기도합니다. 아멘

목사님을 붙드소서

사랑의 하나님!

목사님을 위하여 기도합니다.

영육간에 강건케 하셔서 주님의 몸 된 교회와 양무리들을 위하여 맡은 바 직임을 감당하시는 데 조금도 피곤치 않도록 붙드시옵소서. 목양하시는 데 사람을 의식하지 않게 하여 주시고, 오직 하나님의 영광만을 위하여 힘쓰실 수 있도록 이끄시옵소서.

말씀을 준비하실 때 지혜와 능력을 더하여 주셔서 양 무리들에게 신령한 꼴을 먹이기에 부족함이 없게 하여 주시고, 예수님의 구원의 은총과 천국의 능력을 나타내기에 조금도 부족함이 없게 하여 주옵소서.

목사님이 외로우실 때 따뜻한 벗이 되어주시고 힘들고 지치셨을 때 위로와 용기를 더하여 주옵소서.

아무도 알아주는 이 없다고 할지라도 복음을 위하여 기꺼이 걸어가실 수 있는 목사님이 되게 하여 주시고, 하늘의 상급을 바라보며 힘차게 달려가실 수 있는 목사님이 되게 하여 주옵소서.

충성과 성실로, 겸손과 온유로 사역을 감당하실 때 주님을 닮아가는 종이 된 것을 인하여 기뻐할 수 있게 하시고, 넘치는 감사가 있게 하여 주옵소서.

목사님의 가정도 큰 은혜로 함께하시옵소서. 사모님께도 더욱 큰 능력으로 함께하셔서 목사님을 내조하시는 데 조금도 부족함이 없게 하여 주시고, 마음의 괴롭고 아픈 일이 찾아올 때 영광의 주님을 바라보며 평안과 위로를 얻게 하옵소서. 자녀들도 주님이 직접 돌보아 주셔서 주님께 귀하게 쓰임 받는 그릇들이 되게 하여 주옵소서.

목사님의 가정에 날마다 생활의 필요를 공급하여 주셔서 양무리들을 성심을 다하여 돌보시는 데 어려움이 없게 하여 주옵소서. 예수 그리스도의 이름으로 기도합니다. 아멘

기관과 부서를 붙드소서

사랑의 주님!
교회의 각 기관과 부서를 위하여 기도하기를 원합니다.
먼저, 주일학교를 기억하옵소서. 어릴 때부터 교회생활을 열심히 함으로 키가 자라듯 믿음도 쑥쑥 자랄 수 있도록 붙드시고, 주님 안에서 아름다운 꿈을 키워갈 수 있는 아이들이 되게 하여 주옵소서.
학생회를 위하여 기도합니다. 아직 가치관이 미성숙한 때입니다. 길과 진리가 되시고 생명이 되신 주님께서 여리고 연약한 학생들의 마음을 강하게 붙드셔서 주의 법도를 익혀가며 불의에 흔들리지 않고 주님께 영광 돌리는 믿음의 사람으로 성장할 수 있도록 도우시옵소서.
청년들을 위하여 기도합니다. 젊을 때에 주님을 위하여 더욱 헌신할 수 있는 청년들이 되게 하시고, 모든 일에 성실한 자세를 잃지 아니함으로 존귀한 사람으로 불려 지기에 합당한 청년들이 되게 하여 주옵소서.
남, 여전도회를 위하여 기도합니다. 주님의 영광을 위하여 선한 청지기의 삶을 살 수 있도록 인도하여 주시고, 주님의 몸 된 교회를 위하여 교우를 섬기고 교우를 위로하는 봉사와 헌신에 최선을 다하는 회원들이 되게 하여 주옵소서.
성가대를 위하여 기도합니다. 성가대원들이 다 성령 충만하여 인간의 자랑이나 즐거움이 아니라 성령으로 말미암아 지극히 높으신 하나님을 높이고, 경배하며 하나님을 영화롭게 하는 찬양을 드릴 수 있게 하옵소서. 예수 그리스도의 이름으로 기도합니다. 아멘

직분자들을 붙드소서

자비로우신 하나님 아버지!

교회의 직분자들을 위하여 간구합니다.

주님의 피 흘림이 있었기에 오늘 저희가 여기 있게 되었고, 주님의 희생 사역이 있었기에 오늘 저희들이 주님이 쓰시는 영광된 일꾼으로 부름 받게 된 것을 믿습니다.

주님이 맡기신 영광된 직분에 열과 성을 다하여 충성하고 헌신하는 직분자들이 되게 하여 주옵소서. 주의 종을 위하여 기도하며 사역을 돕는 직분자들이 되게 하여 주옵소서.

주님의 몸 된 교회를 위하여 주님께 충성하듯 믿음의 권속들을 위하여 수종드는 직분자들이 되게 하여 주시고, 어렵고 힘든 일일수록 앞장서서 일할 수 있는 직분자들이 되게 하여 주옵소서.

또한 주님의 몸 된 교회를 든든히 세우는 일이라면 불속에라도 들어갈 수 있는 직분자들이 되게 하여 주시고, 주님의 향기를 드러내는 일이라면 물질도 아끼지 않고 깨뜨릴 수 있는 직분자들이 되게 하여 주옵소서.

믿음이 연약한 자를 사랑으로 이끌어주며, 고난 중에 있는 형제를 위해 기도하며 권면하고 도와주는 일에 열심인 직분자들이 모두 되게 하여 주옵소서.

언제나 사랑과 은혜로 충만한 직분자들이 되게 하여 주실 것을 믿습니다. 예수 그리스도의 이름으로 기도합니다. 아멘

구역(속회)을 붙드소서

사랑의 주님!
구역을 위하여 기도하기를 원합니다.
시대가 악하여 갈수록 모이기에 힘쓰는 것이 둔화되고 있습니다. 주님의 몸 된 교회도 예배드리는 횟수가 점점 줄어들고 있고, 구역(속회) 모임도 모임을 갖는 구역(속회)이 점차 줄어들고 있습니다.
"모이기를 폐하는 어떤 사람들의 습관과 같이 하지 말고 오직 권하여 그 날이 가까움을 볼수록 그리하자(히10:25)는 주님의 말씀을 생각할 때 너무도 안타깝고 부끄러울 뿐입니다.
주님! 이 악하고 패역한 때에 믿음을 강화하고 지키기 위하여 더욱 힘써서 모이는 구역(속)원들이 되게 하여 주옵소서. 악한 사탄의 꾀임에 넘어가지 않도록 성령의 음성에 귀를 기울이는 구역(속)원들이 되게 하여 주옵소서.
구역(속회) 모임을 가질 때마다 주님의 사랑과 은혜가 더욱 넘쳐나게 하시고, 주님의 몸 된 교회를 세우고 가정을 세우는 구역(속회)모임이 되게 하여 주옵소서. 특별히 구역을 통하여 주변에 믿지 않는 사람들에게 전도의 문이 열릴 수 있게 하시고, 구역(속)원들 모두가 복음증거에 힘쓸 수 있는 뜨거움이 있게 하여 주옵소서.
구역(속회)을 책임지고 있는 구역의 지도자들을 붙드셔서 주님의 사랑으로 구역(속회)식구들을 돕고 격려하며 믿음으로 이끌어 줄 수 있는 지도자들이 되게 하여 주옵소서.
또한 구역(속)원들마다 성령의 능력과 은사를 충만하게 부어주셔서 주님의 일에 적극적으로 헌신하고 봉사할 수 있는 일꾼들이 되게 하여 주옵소서. 그러므로 가정 같은 교회, 교회 같은 가정의 모습이 나타나게 하여 주옵소서. 예수 그리스도의 이름으로 기도합니다. 아멘

이 나라를 기억 하소서

사랑이 풍성하신 하나님 아버지!

오늘도 이 나라, 이 민족을 권고하여 주셔서 주님의 큰 은총 속에 복을 받으며 살게 하여 주심을 감사드립니다. 장구한 세월동안 주님을 모르는 가운데 전쟁과 분단과 가난으로 상처입고 눌려있던 이 민족이 주님의 은혜로 복을 받고 번영하게 되었음을 감사드립니다. 또한 주님의 말씀과 성령의 역사가 이 땅의 교회에 있게 하시고 세계 열방에 주의 복음을 널리 증거하게 하여 주심을 감사드립니다.

주님! 이 나라, 이 민족을 위하여 간구합니다. 먼저 국가의 영도자인 대통령을 사랑하시고 붙들어 주시기를 원합니다. 대통령에게 사람의 지식과 경험을 의지하기보다는 주님을 의지하고 주님께 지혜와 지식을 구하는 경건한 지도자가 되게 하여 주시옵소서. 권력과 탐욕에 빠져 부패하지 않도록 보호하여 주시고, 오직 그 마음 가운데 주님의 공의와 정직을 간직하고 깨끗한 마음으로 민족을 위해 헌신할 수 있는 지도자가 되게 하여 주시옵소서.

국회의원들도 하나님을 두려워하고 민족에 책임의식을 가지고 일하는 충성 된 일꾼들이 되게 하시고, 국민을 위하여 정직하고 진실하게 일하는 일꾼들이 되게 하여 주시옵소서. 입법부의 지도자들도 권력과 명예에 집착하여 공의를 흐리고 부패하지 않도록 붙들어 주시고, 공의를 행하고 정직한 마음으로 민족을 사랑하게 하여 주시옵소서.

사법부도 이 땅의 재판장들이 하나님께 심판의 주권이 있음을 기억하고 공의와 공평을 행하게 하시며, 양심을 속이고 불의의 이를 탐하는 어리석은 자들이 되지 않게 하여 주시옵소서.

공무원들도 나라와 민족에 대해 사랑과 책임의식을 가지고 일하게 하시고, 정직과 성실로 민족 앞에 거리낌 없는 양심을 보일 수 있는 충성 된 사람들이 되게 하여 주시옵소서. 우리 주 예수 그리스도의 이름으로 기도합니다. 아멘

경제를 회복 시키소서

만복의 근원이 되시는 하나님 아버지!

지금 경제적으로 어려움을 당하고 있는 이 나라를 기억하시옵소서. 나라의 경제가 어려워지면서 곳곳에 탄식소리만 높아지고 있습니다. 물질의 고갈은 물론 정신적인 고갈도 갈수록 심화되고 있사오니 이 민족을 이 깊은 경제의 수렁에서 속히 건져 주시기를 원합니다.

원하옵기는 이런 때일수록 모든 국민이 희망을 잃어버리지 않게 하여 주옵소서. 오늘의 아픔에 젖어있기 보다는 내일에 대한 희망으로 지금의 위기를 잘 이기고 나갈 수 있도록 도와주시옵소서. 위기를 위기로 생각할 것이 아니라 또 다른 기회로 생각할 수 있게 하여 주시고, 변장된 축복의 발판으로 삼을 수 있게 하여 주옵소서. 희망을 잃지 않는 이상 언젠가는 이 민족에 드리워진 먹장구름이 물러가고 기쁨을 노래하고 감사를 노래하게 되는 날이 올 것임을 믿습니다. 서로의 손을 잡고 힘든 어깨를 다독여주며 따뜻한 포옹을 할 날이 분명히 있을 것을 확신합니다. 지금의 고통의 눈물을 기쁨의 눈물로 씻게 될 날이 분명히 있을 것을 확신합니다.

사랑의 주님! 고통을 함께 나누면 작아지고 기쁨을 함께 나누면 커진다는 말이 있듯이, 지금은 서로에게 위로와 격려를 보낼 수 있는 국민들이 되게 하여 주옵소서. 서로에게 용기를 심어줄 수 있는 국민들이 되게 하여 주옵소서. 서로의 아픔에 대하여 품어주고 평안을 심어줄 수 있는 국민들이 되게 하여 주옵소서.

교회는 이와 같은 때에 이 민족을 끌어안고 더욱 기도하게 하여 주옵소서. 경건의 모양은 있었으나 경건의 능력은 상실하였던 것을 회개하며 더욱 엎드릴 수 있게 하시고, 새벽을 깨울 수 있는 교회가 되게 하옵소서. 이 민족의 희망이 교회를 통하여 싹틀 수 있도록 주님 앞에 매달리는 교회가 되게 하여 주옵소서. 하루 중에 동터 오는 새벽이 가장 춥듯이, 지금의 상황을 그와 같이 생각하게 하여 주옵소서.

온 우주의 소망이 되시는 예수 그리스도의 이름으로 기도합니다. 아멘

남북통일을 이루소서

자비로우신 하나님 아버지!

이 민족을 사랑하여 주셔서 고난과 시련과 아픔의 역사 속에서도 부강한 나라로 성장하게 하여 주신은혜를 감사드립니다. 많은 위기 속에서도 다시 일어서게 하시고, 전쟁의 위협 속에서도 발전을 거듭할 수 있게 하시니 감 드립니다.

그러나 아직까지 남과 북이 냉전 상태에 놓여있고, 서로를 향하여 총부리를 겨누고 있습니다. 국가나 여러 단체들이 남북통일을 위하여 온갖 노력을 다하고 있지만 아직도 뚜렷한 열매가 없음을 절감합니다.

이 민족을 사랑하시는 주님! 그 옛날 이 강토에 복음을 심어주시고, 놀라운 영적 대 각성 운동이 일어나게 하셔서 팔도강산에 부흥의 불길이 활활 타오르게 하셨던 주님! 이 민족을 불쌍히 여기셔서 어서 속히 남과 북이 하나가 되게 하시고, 민족 통일을 이루게 하여 주시옵소서.

전 세계에 유일한 냉전국가는 우리 민족밖에 없습니다. 언제까지 이 민족이 내 동포, 내 혈육을 향하여 총부리를 겨누고 있어야만 하겠습니까? 이 민족이 통일을 이룰 수 있는 것은 인간의 수단과 방법에 달려있는 것이 아니라 전적으로 하나님의 손에 달려 있사오니 온 백성이 그토록 목말라 하는 통일을 허락하여 주시기를 원합니다.

더 이상 이 백성이 무고한 피를 흘려야만 하는 전쟁이 일어나서는 안 될 줄 압니다. 더 이상 전쟁의 폐허 속에서 헐벗고 굶주리며 방황하는 일들이 있어서는 안 될 줄 압니다. 더 이상 생이별하는 이산가족의 아픔이 더 있어서는 안 되겠고, 더 이상 총탄에 희생된 자녀들을 가슴에 묻고 쓰라린 아픔을 추스르며 살아야 하는 부모들이 있어서는 안 될 줄 압니다.

주여! 전쟁의 쓰라린 아픔이 후손들에게 계속 되물림되지 않도록 이 나라에 통일을 주시고, 진정한 평화를 주시옵소서. 남과 북이 하나 되어 손에 손을 붙잡고 감격의 노래를 부를 수 있도록 큰 은총을 허락하여 주시옵소서. 예수 그리스도의 이름으로 기도합니다. 아멘

근로자들을 기억하소서

온 천지만물을 창조하시고 주관하시는 하나님 아버지!

온 땅의 백성들이 하나님께서 주신 만물을 통해 일용할 양식과 필요를 채우고 살게 하여 주심을 감사합니다. 또한 이 민족이 가난에서 벗어나 번영하고 부요한 삶을 누리게 하여 주심을 감사합니다. 이렇게 이 민족이 경제적으로 번영하고 부요를 누릴 수 있게 된 것은 정부와 기업인들의 끊임없는 연구와 노력 때문이기도 하겠지만 이 땅의 근로자들의 성실하고 충성스러운 마음, 선한 양심을 가지고 각자의 본분에서 최선을 다한 것도 무시될 수 없음을 깨닫습니다.

하오나 아직도 근로자들 중에는 가난을 면키 어려운 수많은 형제자매들이 있습니다. 주님, 그들을 위하여 기도하기를 원합니다. 가난하게 자랐기 때문에 근로자가 되었고, 근로자가 되었기 때문에 가난을 면키 어려운 저들을 기억하시옵소서.

남달리 노력을 해도 불공정한 분배를 비롯한 사회의 구조적 문제들 때문에 최소한의 인간다운 삶조차도 보장 받지 못하고 사는 저임금의 근로자들이 아직도 이 땅에 많음을 기억하시기를 원합니다.

힘 있는 사람들과 가진 자들이 먼저 근로자들을 소중히 여기고 고마움을 느끼게 도와주시옵소서. 기술자와 전문가들, 그리고 사용자와 경영인만으로는 이 사회가 지탱될 수 없음을 깨닫고 근로자들의 존재를 재인식하도록 도와주시옵소서. 저임금 근로자들의 피땀 흘린 노동의 대가를 착취하는 기업인들이 없게 하시고, 자신들만 생각하는 탐욕과 이기주의도 없게 하여 주시옵소서.

정부의 근로 정책도 저임금의 근로자들을 위한 복지정책이 확실하게 수립될 수 있게 하여 주셔서 근로자들이 자신이 맡은 일에 마음 놓고 최선을 다하여 떳떳하게 종사할 수 있게 하여 주시옵소서.

이 땅의 근로자들을 긍휼히 여기시기를 원하오며 예수 그리스도의 이름으로 기도합니다. 아멘

부록

대표기도 문구 자료

주님의 제자이게 하소서(요8:31,32).

저희를 사랑하시는 하나님, 듣기만 하거나 말로만 주님을 믿고 의지한다고 하기보다는 주님의 말씀을 따라 살기를 원합니다. 올해는 하나님의 말씀을 실천하여 주님의 제자 됨을 드러내게 하옵소서. 예수 그리스도의 이름으로 기도합니다. 아멘

늘 순종 할 수 있게 하소서(창12:1~3)

믿음을 주시는 하나님, 순종이 제일임을 기억하며 주님의 말씀만 좇아 살아가게 하옵소서. 주님이 명령하시면 떠나고, 주님의 뜻이 아니면 멈추어 서는, 주님과 동행하는 삶이 되게 하옵소서. 예수 그리스도의 이름으로 기도합니다. 아멘

거듭난 모습으로 살게 하소서(요3:5)

저희의 힘과 능력이 되시는 하나님, 주님을 닮아가기를 원합니다. 주님이 저희를 새롭게 하셨던 것처럼 세상을 새롭게 하는 거룩한 삶을 살게 하옵소서. 예수 그리스도의 이름으로 기도합니다. 아멘

응답받는 삶이 되게 하소서(요16:22~24)

저희의 기도를 들어주시는 하나님, 약속을 믿고 기도함으로 기적의 응답을 받기를 원합니다. 주님이 함께하시는 증거를 가지고 승리하여 기뻐하며 살게 하옵소서. 예수 그리스도의 이름으로 기도합니다. 아멘

저의 운명을 바꾸신 예수님 감사합니다(롬8:1,2)

섭리의 하나님, 사망과 실패의 운명을 생명과 승리의 운명으로 바꾸어주시니 감사합니다. 아직도 사망과 실패의 운명을 가지고 살아가는 사람들에게 생명으로 바뀐 저희의 삶을 전하게 하옵소서. 예수 그리스도의 이름으로 기도합니다. 아멘

풍성한 삶을 누리게 하소서(요(14:1~6)

생명의 주가 되시는 하나님, 저희를 위해 이 땅에 예수님을 보내주시니 감사합니다. 세상의 고난과 어려움 속에서도 주님이 주시는 풍성한 삶을 살게 하옵소서. 예수 그리스도의 이름으로 기도합니다. 아멘

복된 눈을 갖게 하소서(눅10:21~24)

사랑의 하나님, 저희에게 주님을 바라보는 눈을 주시니 감사합니다. 영원한 천국의 소망을 바라보는 복된 눈으로 살아가게 하시고, 보이는 것을 감사함으로 받게 해 주옵소서. 예수 그리스도의 이름으로 기도합니다. 아멘

복된 귀를 갖게 하소서(계3:20~22)

들을 귀를 주신 하나님, 저희의 귀는 하나님의 음성에서 멀어지고, 세상의 소리에만 익숙해져 갑니다. 찰나의 순간에도 묵상하게 하시고, 주님의 음성을 듣게 하옵소서. 예수 그리스도의 이름으로 기도합니다. 아멘

복된 입을 갖게 하소서(약3:1,2)

말씀으로 세상을 만드신 하나님, 저희에게 할 말은 하고, 하지 말아야 할 말은 하지 않을 수 있는 지혜와 용기를 주옵소서. 복된 입이 되어 주님에게 영광 돌리며 많은 사람을 전도하게 하옵소서. 예수 그리스도의 이름으로 기도합니다. 아멘

보호하소서(왕하6:16)

저희를 보호하시고 인도하시는 능력의 하나님, 저희가 어려움 당할 때에도 주님이 도우심을 믿습니다. 언제나 주님의 능력의 방패로 저희를 지켜 주옵소서. 예수 그리스도의 이름으로 기도합니다. 아멘

따뜻한 마음을 갖게 하소서(마18:6)

사랑의 하나님, 지극히 작은 자 하나에게 한 것이 곧 주님에게 한 것이라고 하신 말씀을 기억합니다. 저희도 주님의 뜻을 받들어 작은 자들을 돌아보며 배려하고 격려할 수 있게 하옵소서. 예수님의 이름으로 기도합니다. 아멘

자유하지 못한 자를 기억하소서(사58:6)

사랑의 하나님, 저희가 자유를 누리며 살도록 복에 복을 더하여 주시니 감사합니다. 이 땅에는 아직도 자유를 마음껏 누리지 못하는 사람들이 많습니다. 이들을 기억해 주시고, 인도해 주옵소서. 예수 그리스도의 이름으로 기도합니다. 아멘

뜨거운 믿음을 갖게 하소서(계3:16)

믿음을 굳게 하시는 하나님, 오늘날 저희의 믿음이 싸늘하게 식어가고 있음을 고백합니다. 연약한 저희를 도우셔서 뜨거운 믿음을 갖게 하시고, 더욱 충성하며 살아갈 수 있도록 도와주시옵소서. 예수 그리스도의 이름으로 기도합니다. 아멘

의롭게 살게 하소서(창18:32)

의로우신 하나님, 이 시대에 필요한 의로운 지도자가 되기를 원합니다. 저희가 세상을 의롭게 바꿀 수 있는 용기를 주시고, 나라와 민족을 위해 기도하게 하옵소서. 예수 그리스도의 이름으로 기도합니다. 아멘

부모님에게 순종하게 하소서(엡6:1)

사랑의 하나님, 부모님의 사랑이 있었기에 오늘날 저희가 있음을 압니다. 주 안에서 부모에게 순종하라는 말씀처럼, 주님에게 순종하고, 부모님에게 순종하게 하옵소서. 예수 그리스도의 이름으로 기도합니다. 아멘

하나님만 의지하게 하소서(민6:24)

항상 지키시는 하나님, 하나님만이 참 복의 근원이심을 믿습니다. 저희 마음속에 신주단지를 깨뜨리게 하시고, 항상 주님만을 섬기며 살게 하옵소서. 예수 그리스도의 이름으로 기도합니다. 아멘

정성껏 예배하게 하소서(요4:24)

저희의 예배를 받으시는 하나님, 예배의 귀중함을 깨닫게 하시고, 감격이 넘치는 예배가 되게 하소서. 저희가 드리는 예배가 의례적인 예배가 아니라 신령과 진정으로 드리는 예배가 되게 하옵소서. 예수 그리스도의 이름으로 기도합니다. 아멘

말씀을 적용하게 하소서(시119:105)

말씀으로 찾아오시는 하나님, 저희에게 생명의 말씀인 성경을 주시니 감사합니다. 저희가 이 말씀을 듣고, 배우고, 익혀 삶에 적용함으로써 말씀의 능력을 날마다 체험하며 감동의 나날을 살아가게 하옵소서. 예수 그리스도의 이름으로 기도합니다. 아멘

합력하여 선을 이루게 하소서(롬8:28)

함께하시는 하나님, 저희를 위해 기도해 주시는 이 말씀만큼 저희에게 힘이 되는 것은 없습니다. 저희에게 힘을 주사 주님을 겸손히 섬기게 하시고, 합력하여 선을 이루게 하소서. 예수 그리스도의 이름으로 기도합니다. 아멘

믿음의 자세를 보이게 하소서(히11:4)

하나님, 저희의 마음이 주님만 사모하길 원합니다. 주님을 기쁘게 하였던 믿음의 선진들의 신앙을 본받아, 주님이 기뻐하실 만한 믿음의 자세를 보이게 하옵소서. 예수 그리스도의 이름으로 기도합니다. 아멘

하나님의 뜻을 깨닫는 기도가 되게 하소서(눅22:42)

능력의 하나님, 저희가 드리는 기도가 하나님의 뜻을 깨닫는 기도가 되게 하옵소서. 그리하여 기도를 통해 주님의 나라와 뜻을 이 땅에서 실천할 수 있게 하옵소서. 예수 그리스도의 이름으로 기도합니다. 아멘

결심한 것을 꼭 지키게 하소서(단6:10)

사랑의 하나님, 올해에는 하나님 제일주의로 살고, 형제를 배려하며, 베풀며 살고자 합니다. 연약한 저희를 붙들어 주시고, 결심한 것을 꼭 지키게 하옵소서. 예수 그리스도의 이름으로 기도합니다. 아멘

새롭게 하소서(시103:3~5)

치료의 하나님, 주님은 고치셔서 새롭게 하시는 분임을 믿습니다. 저희의 연약한 육신이 앓고 있는 병을 고쳐 주시고, 속사람이 날마다 새로워져 주님을 섬기며 찬양하게 하옵소서. 예수 그리스도의 이름으로 기도합니다. 아멘

평안을 갖게 하소서(시편 62:1~2)

사랑의 하나님, 오늘도 저희에게 임재 하시어, 각박한 세상에서 늘 평안한 마음을 갖게 하옵소서. 주님이 주시는 평안을 누리게 하시고, 주님만 신뢰하는 사람이 되게 하옵소서. 예수 그리스도의 이름으로 기도합니다. 아멘

주님을 사랑하게 하소서(사 53:7~9)

자비로우신 하나님, 늘 주님을 사랑한다고 하면서도 주님보다 다른 것을 더 사랑하는 저희를 외면하지 않고 사랑해 주시니 감사합니다. 저희도 변치 않는 주님의 사랑을 본받아 살아가게 하옵소서. 예수그리스도의 이름으로 기도합니다. 아멘

말씀에 귀 기울일 수 있게 하소서(롬 16:16~21)

말씀으로 함께하시는 주님, 쓸데없는 것에 귀 기울이고 마음을 빼앗겨 살아가는 어리석은 마음을 용서하시고, 진정으로 귀 기울여 마음을 쏟아야 할 것이 무엇인지 깨닫게 하옵소서. 주님의 음성에 귀 기울여 살게 하옵소서. 예수 그리스도의 이름으로 기도합니다. 아멘

어려운 이웃들에게 도움의 손길을 보내게 하소서(잠 14:21)

사랑의 하나님, 주변에는 힘들고 어려운 삶을 살아가는 이웃들이 너무나 많습니다. 그들 앞에서 무관심한 구경꾼이 되는 것이 아니라 도움의 손길을 베풀 수 있는 그리스도인이 될 수 있게 힘과 지혜와 능력을 주옵소서. 예수 그리스도의 이름으로 기도합니다. 아멘

그리스도의 향기를 풍기게 하소서(고후 2:12~17)

거룩하신 하나님, 그리스도인으로서 마땅한 삶을 살지 못하여 주님의 영광을 가리웠던 저희를 용서하여 주옵소서. 주님을 닮기 원하오니 사람들에게 그리스도의 향기를 풍기며 살아가게 하옵소서. 예수 그리스도의 이름으로 기도합니다. 아멘

행함으로 믿음을 드러내게 하소서(약 2:14~26)

사랑의 하나님, 주님을 믿는다고 말만 앞세우기보다 참 믿음대로 행동하는 성도가 되게 하옵소서. 주님의 사랑을 실천하게 하옵소서. 예수 그리스도의 이름으로 기도합니다. 아멘

대망을 가지고 신앙생활 하게 하소서(창 13:9~17)

생명의 근원이 되시는 하나님, 저희의 욕심에서 비롯된 야망을 버리고, 주님이 주시는 대망을 따라 미래를 꿈꾸며 현재를 준비하게 도와주옵소서. 예수 그리스도의 이름으로 기도합니다. 아멘

아름다운 뒷모습이 있게 하소서(신 34:9·12)

하나님, 저희는 주님이 오라 하시면 앉은 자리를 털고 떠나야 하는 존재임을 압니다. 저희의 뒷모습이 모세처럼 향기롭고 아름답게 기억되어 주님에게 영광 돌리게 하옵소서. 예수 그리스도의 이름으로 기도합니다. 아멘

하나님의 보호하심을 인정하며 살게 하소서(단 3:13~18)

인도하시는 하나님, 저희는 불 속에서 쉽게 타버리는 연약한 존재입니다. 세상의 불길 속에서 변치 않는 믿음을 갖게 하옵소서. 그 믿음으로 저희의 삶을 승리케 하옵소서. 예수 그리스도의 이름으로 기도합니다. 아멘

하나님의 약속을 믿고 인내하게 하소서(시 95:8~11)

언제나 선한 목자가 되시는 하나님, 어려움을 당할 때마다 주님의 약속을 의지함으로 마음의 평강을 유지할 수 있게 인도하여 주옵소서. 언제나 저희가 승리할 수 있게 능력을 주옵소서. 예수님의 이름으로 기도합니다. 아멘

변화의 시기에 반응할 수 있게 하소서(삿 8:22~32)

하나님, 저희는 삶 속에서 겪게 되는 변화의 시간들을 지혜롭게 보내지 못해 좌절하다가 많은 시간을 허비하기도 합니다. 저희에게 주님의 지혜를 주셔서 끝까지 주님의 기쁨이 되는 삶을 살게 하옵소서. 예수 그리스도의 이름으로 기도합니다. 아멘

실패를 극복할 수 있게 하소서(대상 15:1~28)

하나님, 연약한 저희를 긍휼히 여겨 주시니 감사합니다. 실패하고 넘어질 때마다 새 힘을 주시며 인도하시는 주님의 은혜를 잊지 않게 도와주옵소서. 불평보다는 먼저 기도할 수 있는 신실한 믿음을 주옵소서. 예수 그리스도의 이름으로 기도합니다. 아멘

예수님만 따라가게 하소서(막 1:16~20)

하나님, 저희를 사랑하셔서 그리스도를 보내주시고, 구원의 은혜를 허락하시니 감사합니다. 저희가 주님만을 따라가는 믿음의 성도가 되게 하옵소서. 주님의 말씀을 따라 순종하는 삶을 살게 하옵소서. 예수 그리스도의 이름으로 기도합니다. 아멘

주님을 신뢰하게 하소서(막 6:45~52)

위안과 힘이 되시는 하나님, 저희에게 어려움이 있을 때마다 주님은 지나치지 않으시고 도와주심을 압니다. 두려워하지 않고 주님을 신뢰하는 믿음의 동작을 나타내게 인도하여 주옵소서. 예수 그리스도의 이름으로 기도합니다. 아멘

하나님 나라의 기준을 갖고 살게 하소서(눅 9:48)

하나님, 생명의 복음을 주셔서 감사합니다. 하나님 나라의 새로운 기준을 가지고 용기 있게 살아가도록 저희 안에 오셔서 다스려 주옵소서. 예수 그리스도의 이름으로 기도합니다. 아멘

교만을 온전히 버릴 수 있게 하소서(롬 7:17~18)

하나님, 죄 아래 놓여 있는 옛사람을 버리고, 주님 안에서 새사람을 이루어 살아가길 원합니다. 죄 속에 사는 저희의 모습은 없애 주시고, 주님만 나타나게 하옵소서. 예수 그리스도의 이름으로 기도합니다. 아멘

예수님이 걸어가신 길을 따라가게 하소서(요 14:1~7)

하나님, 길과 진리가 되시고 소망이 되시는 예수님을 바라보게 하옵소서. 주님이 걸어가신 길을 따라가는 제자가 되게 도와주옵소서. 그 길이 고난의 길이라 할지라도 기쁜 마음으로 가게 하옵소서. 예수 그리스도의 이름으로 기도합니다. 아멘

겸손한 마음으로 섬기는 삶을 살게 하소서(막 9:33~37)

하나님, 저희에게는 첫째가 되려는 마음이 있습니다. 늘 겸손한 마음으로 섬기며 살아가는 것이 으뜸의 자리에 오르는 것임을 알게 하시고, 섬김을 받기보다는 섬기는 자가 되게 하옵소서. 섬김의 본을 보이신 예수 그리스도의 이름으로 기도합니다. 아멘

하나님의 인도하심을 굳게 믿고 살게 하소서(왕상 19:1~8)

하나님, 항상 저희에게 능력으로 함께하시는 하나님이심을 믿습니다. 늘 저희의 삶에 역사하셔서 절망하고 낙담하기 보다는 희망을 발견하게 하옵소서. 주님의 어루만지시는 손길을 통하여 회복케 되는 역사를 체험하는 삶이 되게 하옵소서. 상한 심령을 싸매시는 예수 그리스도의 이름으로 기도합니다. 아멘

주님께 실망을 안겨드리지 않게 하소서(창 8:6~12)

하나님, 부족한 저희는 늘 옛 생각을 좇아 죄악의 세상 가운데 파묻히려 합니다. 저희에게 성령 충만을 주셔서 옛 생각을 벗어버리고 주님의 뜻을 좇아 살아가는 삶이 되게 하여 주시고, 주님을 높이는 삶이 되게 하여 주옵소서. 예수 그리스도의 이름으로 기도합니다. 아멘

참 평안을 주시는 주님을 온전히 의지하게 하소서(요 14:27)

거룩하신 하나님, 예수님을 영접한 그리스도인이라면 누구나 주님이 주시는 평안을 누릴 수 있음을 확신하게 하시고, 주님을 온전히 의지하는 삶이 되게 하옵소서. 언제나 아멘으로 순종하며 나갈 수 있는 삶이 되게 하옵소서. 예수 그리스도의 이름으로 기도합니다. 아멘

하나님 우선주의로 믿음생활하게 하소서(마 6:31~33)

전지전능하신 하나님, 저희들은 물질만능주의 세태 속에서 자신에게 필요한 것이 무엇인지부터만 생각하며 살아왔습니다. 이제는 오직 하나님 제일주의로 굳건한 믿음생활을 할 수 있게 하시고, 만사가 형통케 하시는 주의 은혜를

날마다 경험하는 삶이 되게 하옵소서. 예수 그리스도의 이름으로 기도합니다. 아멘

성경말씀대로 자녀를 양육하게 하소서(창 22:9~14)

사랑의 하나님, 저희에게 주님의 귀한 선물로 자녀를 허락해 주시니 감사합니다. 주님의 말씀과 교훈으로 양육하되 저희에게 맡기신 하나님의 자녀로 인정하고, 신실하게 사랑하며 양육하게 하옵소서. 예수 그리스도의 이름으로 기도합니다. 아멘

받은 은혜에 감사하게 하소서(시 51:12)

사랑의 하나님, 넘치도록 많은 은혜와 사랑을 주시니 감사합니다. 저희가 세상의 것들을 바라보기 보다는, 저희에게 주신 하나님의 은혜와 사랑에 감사하는 자가 되게 하옵소서. 예수 그리스도의 이름으로 기도합니다. 아멘

하나님의 은혜로 살고 있음을 고백하게 하소서(고전 15:1~11)

저희 삶의 주인이 되시는 하나님, 저희는 무지하고 교만해서 주님의 은혜와 사랑을 잊고 지낼 때가 많이 있습니다. 환경이 좋을 때뿐 아니라 좋지 않을 때에도 주님의 섭리와 은혜를 믿으며 살게 하옵소서. 예수 그리스도의 이름으로 기도합니다. 아멘

겪는 역경을 디딤돌로 여기게 하소서(요 16:33)

저희의 고통을 모두 아시는 하나님, 지금 저희가 겪고 있는 고통이 주님께로 더 가까이 나아가게 돕는 디딤돌임을 깨닫게 하옵소서. 그리하여 늘 주님만 바라보며 기도하게 하옵소서. 예수 그리스도의 이름으로 기도합니다. 아멘

더 가치 있는 것을 분별할 수 있게 하소서(잠 16:8)

사람을 주관하시는 하나님, 저희 삶의 우선순위가 무엇인지, 더 가치 있는 것이 무엇인지 분별할 수 있는 지혜를 주옵소서. 가치 있는 삶을 깨닫는 데서 머

무르는 것이 아니라, 삶 속에서 실천할 수 있게 하옵소서. 예수 그리스도의 이름으로 기도합니다. 아멘

성실하게 살게 하소서(잠언 11:1~6)
진실하신 하나님, 저희는 성실을 뒤로한 채 성공만을 구했습니다. 이제라도 정직한 성도, 약속을 지키는 성도가 되기를 원하오니, 진실한 신앙으로 어두운 세상을 밝히는 삶이 되게 하옵소서. 예수 그리스도의 이름으로 기도합니다. 아멘

좋은 만남을 실천하게 하소서(마 7:12)
하나님, 저희가 살다 보면 참으로 많은 사람들과 만나게 됩니다. 매일 저희가 만나는 사람들과 좋은 만남을 갖게 하시고, 선한 사마리아인처럼 먼저 남을 대접하고 선한 이웃의 역할을 감당할 수 있게 하옵소서. 예수 그리스도의 이름으로 기도합니다. 아멘

성령의 능력을 체험하게 하소서(막 16:15~18)
하나님, 주님을 믿고 구원받게 하셨으니 감사합니다. 주님을 증거 하는 저희에게 성령의 능력이 나타날 줄 믿습니다. 구원받은 저희가 주님의 말씀대로 온 천하에 다니며 주님을 증거 하게 하옵소서. 예수 그리스도의 이름으로 기도합니다. 아멘

늘 성경을 묵상하게 하소서(눅 2:41~52)
고마우신 하나님, 주님처럼 성경 말씀을 따라 살기를 원합니다. 항상 말씀을 묵상하여 시험을 이기게 하시고, 말씀대로 행하는 가운데 주님의 뜻을 이루는 삶이 되게 하옵소서. 예수 그리스도의 이름으로 기도합니다. 아멘

입술로 범죄치 않게 하옵소서(잠 21:23)
저희의 입을 지으신 하나님, 저희가 입술로 범죄치 않게 하여 주옵소서. 오늘

도 기도하기 전에 말하지 않게 하시고, 감정에 치우친 파괴적인 언어가 나오지 않게 하여 주옵소서. 성령의 아름다운 언어를 구사할 수 있는 입술이 되게 하여 주옵소서. 예수 그리스도의 이름으로 기도합니다. 아멘

하나님 중심으로 살게 하소서(삼상 7:12~17)

은혜의 하나님, 날마다 지켜주시니 감사합니다. 저희가 언제나 주님 중심으로 생활하기를 원합니다. 주님 중심으로 살게 될 때에 더욱 도우시는 주님의 은혜를 경험하게 하실 것을 믿습니다. 예수 그리스도의 이름으로 기도합니다. 아멘

어려운 때일수록 소망을 품게 하소서(롬 5:3,4)

도우시는 하나님, 현재의 고난은 장차 나타날 영광과 족히 비교할 수 없음을 믿습니다. 현재는 아무 열매가 없을지라도 소망을 잃지 않게 하여 주시고, 어려움을 잘 견디게 하여 주옵소서. 예수 그리스도의 이름으로 기도합니다. 아멘

정직한 사회가 되게 하옵소서(사 58:1~9)

의의 하나님, 이 땅에 어둠과 불의와 분열이 물러가길 원합니다. 정의와 평화가 강물처럼 흐르는 정직한 사회가 되게 하옵소서. 또한 믿는 이들이 진리와 정의를 외치는 용기 있는 예언자들이 되게 하여 주옵소서. 예수 그리스도의 이름으로 기도합니다. 아멘

조건 없이 용서하게 하소서(마 18:21~22)

사랑의 하나님, 독생자를 보내주셔서 저희의 죄를 용서해 주시니 감사합니다. 값없이 은혜를 얻었사오니 저희도 주님에게 받은 사랑과 용서를 삶 속에서 실천하게 하옵소서. 예수 그리스도의 이름으로 기도합니다. 아멘

하나님의 뜻에 합당한 기도를 하게 하소서(눅 18:1~8)

하나님, 저희의 삶이 주님에게 바쳐진 기도의 삶이 되기를 원합니다. 주님에게 드리는 기도가 저희 자신의 이익만을 도모하는 이기적인 기도가 되지 않게 하시고, 먼저 주님의 뜻을 살피는 기도가 되게 하여 주옵소서. 예수 그리스도의 이름으로 기도합니다. 아멘

하나님과의 관계를 우선하게 하소서(빌 3:4~8)

하나님, 주님은 늘 저희의 삶에 관심을 가지고 계시는데 저희는 주님을 빼놓고 인생살이를 생각합니다. 이제는 주님과의 관계를 가장 우선으로 생각하며 살게 하옵소서. 예수 그리스도의 이름으로 기도합니다. 아멘

당당하게 살게 하소서(시 139:13~18)

하나님, 수만 수천의 사람과 부대끼고 살다 보니 저희 자신이 주님의 숭고한 사랑으로 빚어진 귀중한 존재임을 잊고 지냈습니다. 주님의 하나밖에 없는 작품임을 깨달아 그 존귀함을 잃지 않고 살아가게 하옵소서. 예수 그리스도의 이름으로 기도합니다. 아멘

암담한 현실을 이겨내게 하소서(히 11:1~3)

하나님, 저희가 인생을 허무하게 생각하지 않고 소망을 갖게 되는 것은 영원한 삶을 누릴 수 있는 하늘나라를 가졌기 때문입니다. 이 믿음 안에서 삶에 고통과 불안을 털어내고, 기쁨과 평강을 얻게 하옵소서. 예수 그리스도의 이름으로 기도합니다. 아멘

날마다 함께하시는 주님을 발견하게 하소서(눅 5:1~11)

살아계신 하나님, 생활 속에서 저희와 함께하시는 주님을 발견하는 것이 인생에서 가장 귀한 일임을 깨닫습니다. 매일의 삶 속에서 주님과 함께 사는 것이 가장 큰 행복임을 깨닫게 하옵소서. 예수 그리스도의 이름으로 기도합니다. 아멘

골고루 최선을 다하게 하소서(시 146:1~5)

하나님, 모든 일에 골고루 최선을 다하는 자녀가 되게 하옵소서. 하기에 편하고, 쉽게 인정을 받을 일에만 매달려 최고라고 자랑치 말게 하시고, 모든 것을 배우며 주님의 도우심을 바라는 자녀로 살게 하옵소서. 예수 그리스도의 이름으로 기도합니다. 아멘

대가를 바라지 않는 삶이 되게 하소서(갈 6:8~10)

믿는 이들을 통하여 날마다 역사하시는 하나님, 저희가 주님을 닮아 대가 없이 봉사와 희생의 삶을 살기를 원합니다. 저희에게 힘과 지혜를 주셔서 이 세상을 주님의 세상으로 아름답게 가꾸어 나갈 수 있게 하여 주옵소서. 예수 그리스도의 이름으로 기도합니다. 아멘